A inclusão do outro

FUNDAÇÃO EDITORA DA UNESP

Presidente do Conselho Curador
Mário Sérgio Vasconcelos

Diretor-Presidente
Jézio Hernani Bomfim Gutierre

Superintendente Administrativo e Financeiro
William de Souza Agostinho

Conselho Editorial Acadêmico
Danilo Rothberg
Luis Fernando Ayerbe
Marcelo Takeshi Yamashita
Maria Cristina Pereira Lima
Milton Terumitsu Sogabe
Newton La Scala Júnior
Pedro Angelo Pagni
Renata Junqueira de Souza
Sandra Aparecida Ferreira
Valéria dos Santos Guimarães

Editores-Adjuntos
Anderson Nobara
Leandro Rodrigues

JÜRGEN HABERMAS

A inclusão do outro

Estudos de teoria política

Tradução
Denilson Luís Werle

© Suhrkamp Verlag Frankfurt am Main 1996
© 2011 Editora Unesp

Título original: *Die Einbeziehung des Anderen – Studien zur politischen Theorie*

Direitos de publicação reservados à:
Fundação Editora da Unesp (FEU)
Praça da Sé, 108
01001-900 – São Paulo – SP
Tel.: (0xx11) 3242-7171
Fax: (0xx11) 3242-7172
www.editoraunesp.com.br
www.livrariaunesp.com.br
atendimento.editora@unesp.br

Dados Internacionais de Catalogação na Publicação (CIP)
de acordo com ISBD
Elaborado por Vagner Rodolfo da Silva – CRB-8/9410

H114i

Habermas, Jürgen
　A inclusão do outro: estudos de teoria política / Jürgen Habermas; traduzido por Denilson Luís Werle. – São Paulo: Editora Unesp, 2018.

　Tradução de: *Die Einbeziehung des Anderen: Studien zur politischen Theorie*
　Inclui índice e bibliografia.
　ISBN: 978-85-393-0768-5

　1. Ciência Política.　2. Teoria política.　3. Sociedade.　4. Habermas, Jürgen.　I. Werle, Denilson Luís.　II. Título.

2018-1597　　　　　　　　　　　　　　　CDD 320
　　　　　　　　　　　　　　　　　　　　CDU 32

Editora afiliada:

Asociación de Editoriales Universitarias
de América Latina y el Caribe

Associação Brasileira de
Editoras Universitárias

Sumário

Introdução à Coleção . 7

Apresentação à edição brasileira . *11*
  Denilson Luís Werle

Prefácio . *27*

I. Quão racional é a autoridade do dever?

1. Uma consideração genealógica sobre
o teor cognitivo da moral . *33*

II. O liberalismo político – um debate com John Rawls

2. Reconciliação pelo uso público da razão . *107*

3. "Razoável" versus "verdadeiro" ou a moral
das imagens de mundo . *147*

III. Há um futuro para o Estado nacional?

4. O Estado nacional europeu – sobre o passado
e o futuro da soberania e da cidadania . *193*

5. Inclusão: integrar ou incorporar? Sobre a relação entre nação, Estado de direito e democracia . *227*

6. A Europa precisa de uma Constituição? Uma observação sobre Dieter Grimm . *269*

IV. Direitos humanos – globais e internos aos Estados

7. A ideia kantiana da paz perpétua – à distância histórica de duzentos anos . *281*

8. Luta por reconhecimento no Estado de direito democrático . *341*

V. O que significa "política deliberativa"?

9. Três modelos normativos de democracia . *397*

10. Sobre o vínculo interno entre Estado de direito e democracia . *419*

VI. Apêndice a *Faktizität und Geltung*

Réplica às contribuições no Simpósio da Cardozo Law School . *437*

Referência dos textos . *557*

Referências bibliográficas . *559*

Índice onomástico . *571*

Introdução à Coleção

Se desde muito tempo são raros os pensadores capazes de criar passagens entre as áreas mais especializadas das ciências humanas e da filosofia, ainda mais raros são aqueles que, ao fazê-lo, podem reconstruir a fundo as contribuições de cada uma delas, rearticulá-las com um propósito sistemático e, ao mesmo tempo, fazer jus às suas especificidades. Jürgen Habermas consta entre estes últimos.

Não se trata de um simples fôlego enciclopédico, de resto nada desprezível em tempos de especialização extrema do conhecimento. A cada passagem que Habermas opera, procurando unidade na multiplicidade das vozes das ciências particulares, corresponde, direta ou indiretamente, um passo na elaboração de uma teoria da sociedade capaz de apresentar, com qualificação conceitual, um diagnóstico crítico do tempo presente. No decorrer de sua obra, o diagnóstico se altera, às vezes incisiva e mesmo abruptamente, com frequência por deslocamentos de ênfase; porém, o seu propósito é sempre o mesmo: reconhecer na realidade das sociedades modernas os potenciais de emancipação e seus obstáculos, buscando apoio em pesquisas empíricas e nunca deixando de justificar os seus próprios critérios.

Certamente, o propósito de realizar um diagnóstico crítico do tempo presente e de sempre atualizá-lo em virtude das transformações históricas não é, em si, uma invenção de Habermas. Basta se reportar ao ensaio de Max Horkheimer sobre "Teoria Tradicional e Teoria Crítica", de 1937, para dar-se conta de que essa é a maneira mais fecunda pela qual se segue com a Teoria Crítica. Contudo, se em cada diagnóstico atualizado é possível entrever uma crítica ao modelo teórico anterior, não se pode deixar de reconhecer que Habermas elaborou a crítica interna mais dura e compenetrada de quase toda a Teoria Crítica que lhe antecedeu – especialmente Marx, Horkheimer, Adorno e Marcuse. Entre os diversos aspectos dessa crítica, particularmente um é decisivo para compreender o projeto habermasiano: o fato de a Teoria Crítica anterior não ter dado a devida atenção à política democrática. Isso significa que, para ele, não somente os procedimentos democráticos trazem consigo, em seu sentido mais amplo, um potencial de emancipação, como nenhuma forma de emancipação pode se justificar normativamente em detrimento da democracia. É em virtude disso que ele é também um ativo participante da esfera pública política, como mostra boa parte de seus escritos de intervenção.

A presente Coleção surge como resultado da maturidade dos estudos habermasianos no Brasil em suas diferentes correntes e das mais ricas interlocuções que sua obra é capaz de suscitar. Em seu conjunto, a produção de Habermas tem sido objeto de adesões entusiasmadas, críticas transformadoras, frustrações comedidas ou rejeições virulentas – dificilmente ela se depara com a indiferença. Porém, na recepção dessa obra, o público

A inclusão do outro

brasileiro tem enfrentado algumas dificuldades que esta Coleção pretende sanar. As dificuldades se referem principalmente à ausência de tradução de textos importantes e à falta de uma padronização terminológica nas traduções existentes, o que, no mínimo, faz obscurecer os laços teóricos entre os diversos momentos da obra.

Incluímos na Coleção praticamente a integralidade dos títulos de Habermas publicados pela editora Suhrkamp. São cerca de quarenta volumes, contendo desde as primeiras até as mais recentes publicações do autor. A ordem de publicação evitará um fio cronológico, procurando atender simultaneamente o interesse pela discussão dos textos mais recentes e o interesse pelas obras cujas traduções ou não satisfazem os padrões já alcançados pela pesquisa acadêmica, ou simplesmente inexistem em português. Optamos por não adicionar à Coleção livros apenas organizados por Habermas ou, para evitar possíveis repetições, textos mais antigos que foram posteriormente incorporados pelo próprio autor em volumes mais recentes. Notas de tradução e de edição serão utilizadas de maneira muito pontual e parcimoniosa, limitando-se, sobretudo, a esclarecimentos conceituais considerados fundamentais para o leitor brasileiro. Além disso, cada volume conterá uma apresentação, escrita por um especialista no pensamento habermasiano, e um índice onomástico.

Os editores da Coleção supõem que já estão dadas as condições para sedimentar um vocabulário comum em português, a partir do qual o pensamento habermasiano pode ser mais bem compreendido e, eventualmente, mais bem criticado. Essa suposição anima o projeto editorial desta Coleção, bem como a convicção de que ela irá contribuir para uma discussão de

Jürgen Habermas

qualidade, entre o público brasileiro, sobre um dos pensadores mais inovadores e instigantes do nosso tempo.

Comissão Editorial

Antonio Ianni Segatto
Denilson Luís Werle
Luiz Repa
Rúrion Melo

Apresentação à edição brasileira

Denilson Luís Werle[*]

Ao observar os acontecimentos recentes, tanto em âmbito nacional como internacional ou global, amplamente noticiados na esfera pública em geral e discutidos na academia, ninguém terá muita dúvida de que estamos assistindo, em diversas sociedades, à ascensão de atitudes e políticas que ameaçam seriamente ideias fundamentais presentes na base das sociedades democráticas. Noticiários da TV, editoriais e reportagens dos jornais, discussões político partidárias, embates nas redes sociais etc. estão hoje em dia saturados de posições nacionalistas xenófobas, chauvinistas, autoritárias e racistas, que não poucas vezes se traduzem em atitudes de discriminação, preconceito e humilhação de pessoas e formas de vida culturais diferentes, tanto no âmbito interno das sociedades (em questões de gênero, sexualidade, etnias, minorias culturais) como em relação ao âmbito

---

[*] Professor de Ética e Filosofia Política no Departamento de Filosofia da UFSC, pesquisador associado do Cebrap e pesquisador do Néfipo.

externo, com medidas concretas de exclusão (cercas de arrame farpado, muros erguidos apressadamente, campos de detenção superlotados para migrantes refugiados ou econômicos que procuram asilo e abrigo). As razões para a dificuldade de aceitação e inclusão da alteridade são múltiplas, indo desde crises econômicas e a progressiva desregulamentação dos mercados de trabalho – e a "flexibilização" da mão de obra, que fragiliza ainda mais as já vulneráveis e precárias condições de vida e expectativas sociais das pessoas – até as guerras bestiais, regimes políticos despóticos e brutais, que impulsionam esse salto enorme no contingente de refugiados e pessoas procurando asilo.

É importante mencionar, é claro, que essa "crise da inclusão do outro" não pode simplesmente ser debitada na conta da vontade de políticos e partidos que buscam dividendos eleitorais ou dos arcaísmos culturais de populações que se querem homogêneas, ou coisas do gênero. Em curso estão processos que remontam a tendências da própria dinâmica social das sociedades modernas, que, ao lado da liberação de conteúdos normativos emancipatórios (as ideias de autoconsciência, autodeterminação, autorrealização de pessoas livres e iguais), produziram uma progressiva individualização, fragmentação, isolamento social, com erosão dos laços de solidariedade social e criação de estruturas de poder e dominação arbitrárias. Junto a isso, há uma deterioração da capacidade de ação política e da soberania popular das unidades políticas existentes, com a expansão de um sistema capitalista de economia de mercado, cuja lógica de autovalorização impulsiona, há tempos, um processo acelerado de globalização do poder econômico que não é acompanhado por uma globalização similar, na mesma medida, das instituições políticas democráticas de formação discursiva da opinião pública e tomada de decisão.

A inclusão do outro

Em face desse cenário, aqui apenas indicado em traços grosseiros, *A inclusão do outro: estudos de teoria política*, publicado por Habermas em 1996, continua a ser uma contribuição importante para o diagnóstico das sociedades contemporâneas e para a reflexão sobre as questões teóricas e normativas que dele emergem. O livro é uma coletânea de ensaios que combina, de modo sistemático, as reflexões teóricas sobre as relações entre moral, política e direito, com uma análise das questões práticas de inclusão do outro enfrentadas pelas sociedades democráticas, que, ainda enquadradas pela normatividade do Estado nacional, se defrontam com os fenômenos do multiculturalismo e da globalização. Como o subtítulo indica, neste livro Habermas analisa uma série de questões específicas da teoria política, procurando tornar mais inteligíveis as reflexões sistemáticas desenvolvidas nas obras anteriores, principalmente a teoria discursiva do direito, da moral e da política de *Facticidade e validade* (1992).

Por pressupor certa familiaridade com os desenvolvimentos teóricos desenvolvidos em obras anteriores e por se movimentar em planos conceituais diferentes, o livro acaba exigindo certo esforço interpretativo na leitura. Essa dificuldade é atenuada com uma estratégia argumentativa que procura distinguir os diferentes fenômenos e os planos de sua análise, oferecendo um percurso claro das principais dimensões envolvidas na questão da inclusão do outro, fio condutor de todos os ensaios.[1]

---

1 No final do livro há um apêndice que reúne questões e réplicas de Habermas a um simpósio, organizado pela *Cardozo Law School*, em torno do livro *Facticidade e validade* (1992), que resume muito bem os vários debates e as questões abordadas pela obra recente de Habermas.

Jürgen Habermas

A inclusão do outro é analisada por Habermas em diferentes âmbitos: no contexto mais abstrato da argumentação moral, que visa explicitar o teor cognitivo de uma moral universalista do respeito igual e da responsabilidade solidária por cada um; em discussões e posicionamentos sobre o desenvolvimento do Estado nacional e a concepção liberal igualitária de cidadania democrática em sociedades plurais, multiculturais e globalizadas; nas concepções de direitos humanos e nas reflexões sobre o cosmopolitismo e direito internacional; no âmbito das lutas por reconhecimento no contexto dos Estados constitucionais democráticos; nas concepções normativas de democracia e na defesa da concepção de política deliberativa a partir do aprofundamento dos vínculos entre Estado de direito e democracia radical.

O fio condutor das discussões é a questão sobre como assegurar a coexistência em igualdade de direitos e a convivência no respeito mútuo entre as pessoas no contexto de um crescente pluralismo de planos de vida pessoais e formas de vida culturais, que não apenas são diferentes, irreconciliáveis e estranhos entre si, mas que muitas vezes querem permanecer assim. Não se trata apenas de atitudes tolerantes de respeito igual a cada um, mas também da exigência de que cada um seja responsável pelo outro – ou seja, é preciso pensar as relações de responsabilidade e solidariedade entre as pessoas em sua alteridade, pessoas que formaram suas identidades em contextos de vida completamente diferentes e que se compreendem à luz de tradições que são estranhas entre si. Ou seja, como entender processos de reprodução cultural, de integração social, política e jurídica, e de socialização e formação de identidades individuais e coletivas que promovam uma inclusão do outro

A inclusão do outro

sensível a sua diferença e alteridade, evitando um universalismo que incorpora e assimila o outro de modo homogeneizante. A tarefa é examinar as possibilidades reais de construção de uma noção de comunidade política flexível, que "se opõe a tudo que é substancial e que amplia continuamente seus limites porosos". Isso implica uma noção de inclusão do outro que não pode ser entendida no sentido de uma incorporação ao que é próprio e de fechamento dos horizontes políticos, jurídicos e culturais do "nós" da comunidade moral. Para Habermas, "inclusão do outro" significa "que as fronteiras da comunidade estão abertas para todos – e precisamente também para aqueles que são estranhos uns aos outros e que querem permanecer estranhos". Esse sentido da inclusão do outro só pode ser mantido em práticas sociais de justificação de normas, regras, valores e interesses em que os próprios concernidos, ao assumir a perspectiva de participantes em deliberações práticas, mais ou menos institucionalizadas em esferas públicas informais e formais, podem se esclarecer sobre o que é igualmente bom para todos do ponto de vista alargado do "nós" de uma comunidade que, em princípio, não pode excluir ninguém.

O primeiro ensaio, "Uma consideração genealógica sobre o teor cognitivo da moral", visa justamente mostrar como a questão da inclusão do outro já está colocada no cerne da noção de comunidade moral de todos os seres humanos e da própria formação de um ponto de vista moral imparcial. Habermas procura defender o caráter cognitivo da moralidade ao argumentar que os proferimentos morais podem ser justificados mediante razões. Retomando temas desenvolvidos em um texto anterior, "Notas programáticas para a fundamentação de uma ética do discurso", publicado em 1983,[2] Habermas visa desenvolver uma compreensão reflexiva de práticas sociais de justificação que têm lugar nas ações comunicativas do mundo da vida, das quais participamos todos nós, e que podem ser objeto de "traduções reconstrutivas que promovem um entendimento crítico". Habermas retoma aqui um ponto central de sua teoria da ação comunicativa: as razões usadas para justificar algo, seja no mundo objetivo, social ou subjetivo, incorporam inevitavelmente pretensões de validade (de verdade, correção ou sinceridade) que expressam um uso do saber que é falível e criticável, capaz de ser resgatado discursivamente em práticas intersubjetivas de justificação pública, que se desdobram em processos de aprendizagem mútua, que geram aberturas e fechamentos no horizonte do mundo da vida. A partir disso, é possível identificar as condições que precisamos inevitavelmente para chegar a uma deliberação bem-sucedida sobre questões morais, jurídicas, éticas e políticas em geral.

Habermas desenvolve essa concepção descartando o ceticismo, realismo moral, utilitarismo e funcionalismo e mostrando como outras teorias cognitivistas, o empirismo dos sentimentos morais e a tradição contratualista não conseguem explicar o caráter obrigatório dos deveres morais e, portanto, não conseguem responder às exigências de uma nível pós-metafísico de justificação. Habermas pretende fornecer uma interpretação intersubjetiva do imperativo categórico preservando o teor cognitivo da moralidade ao vincular a validade normativa a uma prática de justificação em discursos práticos situados no interior da realidade social. De modo bem resumido, o ponto

---

2 Publicado em Habermas, *Consciência moral e agir comunicativo.*

A inclusão do outro

importante é que, sob as condições de um pluralismo de planos de vida individuais e formas de vida culturais, só mediante processos comunicativos, em que inevitavelmente estamos imersos, partindo do fato de que as pessoas só se individualizam pela via da socialização, é possível encontrar um ponto de vista moral que considere, de modo igual, as pessoas insubstituíveis tanto em sua singularidade e biografias individuais quanto em sua condição de membros de diferentes comunidades e contextos culturais. "O aspecto segundo o qual as pessoas como tais são iguais a todas as demais pessoas não pode se fazer valer *à custa* do outro aspecto, segundo o qual as pessoas, como indivíduos, são ao mesmo tempo absolutamente diferentes umas das outras. O respeito recíproco e igual a cada um, exigido pelo universalismo sensível à diferença, expressa uma forma de inclusão *que não-nivela* e *que não prende* o outro *em sua alteridade.*" Ou seja, o ponto de vista moral só pode ser justificado sob condições de comunicação que possibilitam a cada pessoa que ela, também da perspectiva de sua própria autocompreensão e compreensão do mundo, examine a aceitabilidade racional de normas, valores e interesses que têm a pretensão de serem aceitos de modo recíproco e universal.

É nesse sentido que Habermas defende uma concepção pragmática de fundamentação em que a inclusão do outro em sua alteridade é tratada em discursos que, como forma reflexiva da comunicação cotidiana, sejam entendidos como uma prática de justificação pública na qual as pretensões de validade criticáveis podem ser resgatadas mediante razões. Nessa prática de justificação, para evitar o risco do paroquialismo e do etnocentrismo, podem ser discutidos os próprios critérios de racionalidade que definem quais razões podem ser aceitas como boas. Isso porque, segundo Habermas, há certas qualidades procedimentais inscritas na própria prática de deliberação e justificação, a qual chamamos de argumentação, que são comuns a todas as sociedades e formas de vida culturais, que carregam o ônus de explicar a razoabilidade dos resultados alcançados nos empreendimentos cooperativos de justificação moral. É essa constituição comunicativa dos discursos racionais que deve "zelar para que todas as contribuições sejam levadas em conta e que só a coerção não coercitiva do melhor argumento defina o 'sim' ou o 'não' dos participantes". Portanto, é nessas práticas discursivas de justificação, geralmente institucionalizadas, mas também presentes em práticas sociais informais, que pode ser alcançado um ponto de vista moral capaz de delimitar os contornos continuamente permeáveis de uma comunidade inclusiva, em que seus membros lidam de modo razoável com suas diferenças. Com a forma reflexiva da ação comunicativa, "as argumentações *per se* apontam para além de todas as formas de vida particulares", rompendo os limites dados pela família, clã, cidade ou nação. "Nos pressupostos pragmáticos dos discursos ou deliberações racionais, o teor normativo das suposições assumidas na ação comunicativa é *universalizado, abstraído e deslimitado*, isto é, expandido para uma comunidade inclusiva que, em princípio, não exclui nenhum sujeito capaz de falar e agir, desde que possa produzir contribuições relevantes."

Para Habermas, após o colapso das forças moralmente vinculantes das imagens de mundo religiosas e metafísicas e a passagem para sociedades com um pluralismo de visões de mundo, não há nenhum outro equivalente para a solução racional de conflitos práticos a não ser a prática da argumentação que

A inclusão do outro

"estabelece uma disputa *cooperativa* pelos melhores argumentos, na qual a orientação pelo objetivo do entendimento vincula *a limine* os participantes". A aceitabilidade racional se apoia, em última instância, em razões, que são mostradas em práticas de justificação apresentadas em situações reais, e em determinadas qualidades do próprio processo de argumentação.[3]

É com essa indicação fenomenológica da experiência moral que Habermas contrasta, na segunda parte do livro, sua reconstrução do ponto de vista moral com a abordagem construtivista desenvolvida pelo liberalismo político de Rawls. Há vários pontos abordados nesta "disputa em família".[4] A principal divergência está no modo de propor uma interpretação intersubjetiva do conceito kantiano de autonomia, segundo o qual agimos de modo autônomo quando obedecemos precisamente àquelas leis que poderiam ser aceitas com boas razões por to-

---

3 Nesse ensaio, Habermas menciona apenas quatro: "(a) não podem ser excluídos da participação aqueles que possam fazer uma contribuição relevante; (b) a todos é dada a oportunidade igual de fazer contribuições; (c) os participantes devem dizer o que realmente pensam; (d) a comunicação tem de estar livre de coações internas e externas, de modo que as tomadas de posição sim/não acerca das pretensões de validade somente sejam motivadas pela força de convencimento das melhores razões".

4 Sobre os vários pontos da controvérsia, cf. McCarthy, "Kantian Constructivism and Constructivism: Rawls and Habermas in Dialogue", *Ethics*, v.105, n.1 (Oct., 1994), p.44-63; Forst, "Die Rechtfertigung der Gerechtigkeit. Rawls' Politischer Liberalismus und Habermas' Diskurstheorie in der Diskussion". In: Forst, *Das Recht auf Rechtfertigung. Elemente einer konstruktivistischen Theorie der Gerechtigkeit*, p.127-86; Werle, "Construtivismo não-metafísico e reconstrução pós-metafísica: o debate Rawls-Habermas". In: Nobre; Repa (Orgs.), *Habermas e a reconstrução*, v.1, p.169-295.

dos os concernidos com base em um uso público de sua razão. Habermas procura mostrar que a teoria do discurso é mais adequada para conceituar as intuições normativas implícitas na ideia de liberdade como autonomia, e seus desdobramentos para pensar as relações entre moral, política e direito no contexto das sociedades democráticas plurais. Para superar as dicotomias da concepção "política" da justiça de Rawls (entre autonomia privada e autonomia pública; direitos fundamentais e soberania popular; cultura política pública e cultura de fundo; identidade pública e identidades não públicas; razão pública e razões não públicas etc.) e tornar mais clara a distinção entre questões de aceitabilidade racional e aceitação social, Habermas propõe uma reconstrução do uso público da razão que opera de modo imanente às práticas sociais de justificação da esfera pública informal e que são institucionalizadas juridicamente os procedimentos de autolegislação democrática.

Nessa reconstrução crítica das dimensões procedimentais de uma razão prática entendida em termos de teoria da ação comunicativa, é possível mostrar como a filosofia pode encontrar uma confirmação de seu ponto de vista crítico na própria realidade social: "no ponto de vista moral a partir do qual as sociedades modernas são criticadas pelos seus próprios movimentos sociais". É essa intuição que está na base do que Habermas chama de "republicanismo kantiano" que possibilitaria compreender o exercício da liberdade como autonomia em toda a sua extensão: "ninguém pode ser livre à custa da liberdade dos demais. Uma vez que as pessoas só se individuam no percurso da socialização, a liberdade de um indivíduo está vinculada à liberdade dos demais não apenas nos termos de uma liberdade negativa de não interferência e não dominação, mas também

A inclusão do outro

pela via positiva da participação e deliberação em práticas de autolegislação exercidas em comum, nas quais os destinatários das leis e normas também se podem compreender como seus coautores. Por isso "o uso público da razão, institucionalizado pelo direito em um processo democrático, é a chave para garantir as liberdades iguais", e também para pensar o problema da inclusão do outro.

Nesses termos, cabe ao processo democrático definir os termos em que se coloca a questão da inclusão do outro, pois é a partir da prática de justificação pública que serão reiteradamente definidas as precárias fronteiras entre o privado e o público, bem como os próprios horizontes normativos da concepção liberal igualitária da cidadania democrática. É justamente esse o ponto de vista adotado por Habermas nas outras seções do livro, em que discute mais diretamente questões práticas de cidadania e nacionalismo levantadas (entre outras coisas) pela reunificação da Alemanha e pelo fluxo de migrantes econômicos e de refugiados procurando asilo e abrigo em decorrência das guerras, o status e a força dos direitos humanos e as lutas por reconhecimento no Estado constitucional democrático. Habermas elenca uma série de fenômenos (fluxos migratórios de refugiados, feminismo, multiculturalismo, nacionalismo, luta contra a herança eurocêntrica do colonialismo etc.) e problemas práticos urgentes e relacionados entre si que se referem ao direito de autodeterminação nacional e ao direito de intervenções humanitárias, à transferência de direitos de soberania para instituições supranacionais, à coexistência em igualdade de direitos em sociedades multiculturais, e assim por diante. São todos fenômenos que se assemelham, à medida que buscam se livrar da opressão, marginalização, exploração e do desrespeito, mas que também colocam demandas específicas que precisam ser analisadas caso a caso.

Considerando esses vários problemas como fio condutor e admitindo o uso público da razão institucionalizado em processos democráticos com única via disponível para uma definição comum e solução cooperativa dos problemas, o que Habermas pretende discutir, entre outras cosias, é principalmente a inadequação da compreensão etnonacionalista de soberania popular. Como primeiro passo, ele revê as condições históricas de surgimento e as realizações do Estado nacional, examinando os potenciais de conflito e as tensões inerentes às formas de integração social e legitimação política inscritos em sua dinâmica interna, para mostrar como a diferenciação multicultural e os processos de globalização sobrecarregam as capacidades de ação política do Estado nacional. O objetivo é mostrar que o nacionalismo, principalmente quando o *demos* é fundido artificialmente com o *ethnos*, não é m pressuposto constitutivo necessário para o processo democrático.

Ao analisar a relação entre nação, Estado de direito e democracia, Habermas enfaticamente critica a assimilação dos princípios universalistas e ideais igualitários de uma comunidade jurídica republicana de cidadãos livres e iguais ao particularismo dos valores de uma comunidade de destino, com uma população homogênea, unida pela ficção de uma ascendência comum, na construção de uma história compartilhada e em uma língua escrita. Essa ambivalência constitutiva do Estado nacional se deve ao duplo significado da ideia de nação. Por um lado, ela é entendida em sentido étnico de nação como povo ou, por outro, como conjunto de cidadãos livres e iguais. No primeiro sentido, corre-se o risco de pensar a nação como

A inclusão do outro

comunidade homogênea que pode virar um nacionalismo tribal que se volta agressivamente contra os outros estranhos, tanto externa quanto internamente. Só no segundo sentido de nação, o conceito republicano de nação como população, como conjunto de cidadãos que cultivam o sentimento de pertença a uma cultura política pública ancorada princípios constitucionais de liberdade igual, respeito mútuo e consideração igual de todos, é possível pensar em formas racionais de combater a discriminação, humilhação, opressão e dominação arbitrária, como também imaginar a dimensão positiva da inclusão do outro em sua alteridade e pensar em formas mais abstratas de solidariedade entre os cidadãos, com um abertura dos horizontes de valores compartilhados.

Essa ambiguidade e essa tensão constitutivas do Estado nacional são postas em movimento por dois processos históricos interligados: o multiculturalismo, que leva a uma diferenciação interna e ao pluralismo de planos de vida individuais e formas de vida culturais, e põe em xeque o força de integração social da ideia de nação, principalmente quando entendida como povo; e a globalização do processo de autovalorização do capital, que leva a um progressivo estreitamento das relações socioeconômicas e, com a flexibilização e a financeirização, corrói a capacidade de regulação e de ação política do Estado.

Diante disso, Habermas se pergunta se existe um equivalente funcional ao Estado nacional para lidar com as exigências e desafios de nosso tempo. Em relação ao desafio multiculturalista, contra uma interpretação etnonacionalista do Estado de direito democrático Habermas propõe uma compreensão intersubjetiva da soberania popular como procedimento. Nessa interpretação, "a prática de autodeterminação democrática não possui o sentido coletivista e ao mesmo tempo excludente da afirmação da independência nacional e da realização da singularidade nacional. Ao contrário, ela tem o sentido inclusivo de uma autolegislação que integra de modo igual todos os cidadãos. Inclusão significa que essa ordem política se mantém aberta para a equiparação dos discriminados e para a *integração* dos marginalizados, sem *incorporá-los* na uniformidade de um povo como comunidade homogeneizada. Para essa tarefa, o princípio da voluntariedade é fundamental; o pertencimento ao Estado tem como base o consentimento ao menos implícito por parte do cidadão". Com relação ao desafio da globalização, Habermas vê, a partir do contexto da União Europeia, a necessidade prática de criar no plano supranacional, sem renunciar às conquistas da soberania popular do próprio Estado de direito democrático, instituições capazes de agir politicamente de modo que possam acontecer processos de formação democrática da vontade ancoradas nos circuitos de comunicação de uma esfera pública política capaz de enfeixar temas e contribuições de um público anônimo, superando grandes distâncias. O ponto importante é que o próximo impulso de integração para uma socialização pós-nacional não depende de algum substrato cultural de um "povo europeu" unificado, ou algo desse tipo, mas "da rede de comunicação de uma esfera pública política de alcance supranacional assentada em uma cultura política comum, sustentada por uma sociedade civil com associações de interesses, organizações não estatais, movimentos e iniciativas de cidadãos, e assumida por arenas em que os partidos políticos possam se ocupar imediatamente com as decisões das instituições europeias e se desenvolverem um sistema partidário europeu, para além das alianças entre facções".

A inclusão do outro

Para ambos os desafios Habermas vê a necessidade de aprofundar os vínculos entre Estado de direito e democracia radical para manter viva a energia utópica da ideia de uma condução consciente da vida em práticas de autodeterminação coletiva e autorrealização pessoal por meio do uso público da razão sensível às diferenças, em que os próprios concernidos possam participar, ou sejam levados em conta, como pessoas livres e iguais. É essa ideia que Habermas reforça em sua discussão sobre os modelos normativos de democracia, nas considerações acerca dos vínculos internos entre Estado de direito e democracia e nas réplicas aos comentários e objeções feitas à sua teoria discursiva do direito, da moral e da democracia.

Referências bibliográficas

FORST, R. "Die Rechtfertigung der Gerechtigkeit. Rawls' Politischer Liberalismus und Habermas' Diskurstheorie in der Diskussion". In: Forst, R. *Das Recht auf Rechtfertigung. Elemente einer konstruktivistischen Theorie der Gerechtigkeit.* Frankfurt am Main: Suhrkamp, 2007, p.127-186.

HABERMAS, J. *Consciência moral e agir comunicativo.* Tradução de Guido A. de Almeida. Rio de Janeiro: Tempo Brasileiro, 1989.

MCCARTHY, T. "Kantian Constructivism and constructivism: Rawls and Habermas in Dialogue", *Ethics*, v.105, n.1 (Oct., 1994), p.44-63.

WERLE, D. L. "Construtivismo não-metafísico e reconstrução pós--metafísica: o debate Rawls-Habermas". In: Marcos Nobre; Luiz Repa (Orgs.). *Habermas e a reconstrução.* 1ed. Campinas: Papirus, 2012, v.1, p.169-295.

Prefácio

Os estudos aqui apresentados surgiram depois da publicação de *Facticidade e validade* (1992). O que os une é o interesse pela questão acerca das consequências atuais do teor universalista dos princípios republicanos, nas sociedades pluralistas, nas quais se acirram as oposições multiculturais; nos Estados nacionais, que hoje se associam em unidades supranacionais; e nos cidadãos de uma sociedade mundial, que foram unidos, sem seu consentimento, em uma comunidade de risco involuntário.

Na primeira parte, defendo o teor racional de uma moral do respeito igual a cada um e a responsabilidade solidária universal de cada um pelo outro. A desconfiança pós-moderna contra um universalismo que assimila e uniformiza, sem piedade, não compreende o sentido dessa moral e, no ardor da batalha, dissipa a estrutura relacional de alteridade e diferença que um universalismo bem entendido procura justamente defender. Em *Teoria da ação comunicativa* defini os conceitos fundamentais de uma maneira tal que pudessem formar uma perspectiva sobre as condições de vida que fizesse explodir a falsa oposição entre "comunidade" e "sociedade". A esse deslocamento em termos de teoria social corresponde, na teoria da moral e do direito, um universalismo altamente sensível às diferenças. O respeito igual a *cada um* não se limita aos que são semelhantes; ele se estende à pessoa do outro ou ao outro em sua diferença. E assumir a responsabilidade solidária para com um outro *como um de nós* se refere ao "nós" flexível de uma comunidade que se opõe a tudo o que é substancial e que amplia continuamente seus limites porosos. Essa comunidade moral se constitui exclusivamente pela ideia negativa da recusa da discriminação e do sofrimento, bem como pela inclusão dos marginalizados – e do que está marginalizado – em uma consideração recíproca. Essa comunidade, projetada de modo construtivo, não obrigaria seus membros homogeneizados a afirmar o distinto modo de ser dessa coletividade. Aqui, incluir não significa incorporar ao que é próprio e se fechar ao outro. Antes, a "inclusão do outro" quer dizer que as fronteiras da comunidade estão abertas para todos – e especialmente para aqueles que são estranhos uns aos outros e que querem permanecer estranhos.

A segunda parte contém uma discussão com John Rawls, para a qual fui convidado pela redação e pelos editores do *Journal of Philosophy*. Nela procuro mostrar que a teoria do discurso é mais adequada para conceituar aquelas intuições morais que norteiam tanto Rawls quanto eu mesmo. Minha réplica também serve, é claro, para esclarecer as diferenças entre o liberalismo político e um republicanismo kantiano, tal como eu o entendo.

A terceira parte destina-se a contribuir para o esclarecimento de uma controvérsia novamente reanimada na Alemanha após a reunificação. Prossigo com a linha de argumentação que outrora iniciei em um ensaio sobre *Cidadania e identidade nacional*.[1] Um conceito de nação inspirado no Romantismo, como uma comunidade cultural de raízes étnicas e de destino histórico comuns, que pode reivindicar uma existência independente do Estado, ainda alimenta certas atitudes e convicções problemáticas: o apelo a um pretenso direito de autodeterminação nacional, uma correspondente recusa do multiculturalismo e da política dos direitos humanos, bem como uma desconfiança em relação à transposição de direitos de soberania para instituições supranacionais. Os apologistas da nação entendida como povo [*Volksnation*] menosprezam o fato de que são exatamente as impressionantes conquistas históricas do Estado nacional democrático e de seus princípios constitucionais republicanos que podem nos ensinar como deveríamos lidar com os problemas atuais da inevitável passagem para as formas de socialização pós-nacionais.

A quarta parte se ocupa da implementação dos direitos humanos nos âmbitos global e interno aos Estados. O bicentenário do texto *À paz perpétua* dá ensejo para rever a concepção kantiana de direito cosmopolita à luz de nossas experiências históricas. Os sujeitos estatais outrora soberanos, que há muito perderam a presunção de inocência em termos de direito internacional, não podem mais apelar ao princípio da não interferência em assuntos internos. O desafio do multiculturalismo se apresenta de modo exemplar com relação à questão das intervenções humanitárias. Nesse caso, minorias também procuram se proteger de seu próprio governo. Mas no âmbito de um Estado de direito legítimo em seu todo, essa discrimina-

---

[1] Habermas, *Faktizität und Geltung*, p.632-60.

ção assume a forma sutil da obtenção de uma maioria pela fusão de uma cultura majoritária com uma cultura política geral. Contra a proposta comunitarista de Charles Taylor, defendo que uma "política do reconhecimento" – que deve assegurar a coexistência em igualdade de direitos de diferentes subculturas e formas de vida no interior de uma mesma comunidade republicana – deve fazê-lo sem direitos coletivos e sem garantias de sobrevivência.

A quinta parte lembra os pressupostos fundamentais da concepção da democracia e do Estado de direito conforme a teoria do discurso. Essa compreensão da política deliberativa permite principalmente especificar melhor a cooriginariedade entre soberania popular e direitos humanos.

Já em setembro de 1992, a Cardozo Law School organizou, em Nova York, uma conferência científica, às vésperas da publicação de *Facticidade e validade*. O apêndice contém minha réplica detalhada às objeções ali apresentadas, às quais sou grato.

Starnberg, janeiro de 1996.
J. H.

I
Quão racional
é a autoridade do dever?

1
Uma consideração genealógica sobre o teor cognitivo da moral

I

Se puderem ser fundamentados, as proposições ou os proferimentos morais têm um teor cognitivo. Assim, para compreendermos o possível teor cognitivo da moral, devemos examinar o que significa "fundamentar moralmente" algo. Ao fazê-lo, temos de distinguir o sentido dessa questão em termos de *teoria* moral – se proferimentos morais exprimem um saber em geral e, em caso afirmativo, como podem ser fundamentados – da questão fenomenológica sobre qual o teor cognitivo que os próprios participantes em tais conflitos vinculam a seus proferimentos morais. De início, falo em "fundamentar moralmente", em termos descritivos, tendo em vista a prática rudimentar de fundamentação que tem seu lugar nas interações cotidianas do mundo da vida.

Nesse caso, formulamos proposições que têm o sentido de exigir dos demais um determinado comportamento (ou seja, reivindicar uma obrigação), de nos comprometer com uma ação (contrair uma obrigação), de recriminar os outros ou nós mesmos, de reconhecer erros, de se desculpar, propor reparações etc. Nesse primeiro nível, os proferimentos morais servem para coordenar, de modo obrigatório, ações de diferentes atores. A "obrigatoriedade" pressupõe, é claro, o reconhecimento intersubjetivo de normas morais ou práticas habituais que definem, *de modo convincente*, quais são as obrigações dos atores e o que eles podem esperar uns dos outros em uma comunidade. "De modo convincente" significa que, quando a coordenação da ação falha no primeiro nível, os membros dessa comunidade moral sempre se reportam a essas normas para apresentá-las como "razões" presumivelmente convincentes para pretensões e tomadas de posição críticas. Os proferimentos morais trazem consigo um potencial de razões que pode ser atualizado em disputas morais.

As regras morais operam de modo autorreferente. Sua força para coordenar a ação comprova-se em dois níveis de interação interconectados. No primeiro nível, dirigem a ação social de modo imediato ao vincularem a vontade dos atores e orientá-la de uma determinada maneira. No segundo nível, regulam as tomadas de posição em caso de conflito. Uma moral não somente diz como os membros da comunidade devem se comportar; ela fornece, ao mesmo tempo, as razões para a resolução consensual dos respectivos conflitos de ação. O jogo de linguagem moral diz respeito a disputas que, do ponto de vista dos participantes, podem ser resolvidas convincentemente com a ajuda de um potencial de fundamentação igualmente acessível a todos. Sob o ponto de vista sociológico, em virtude dessa relação interna com a força branda do convencimento das razões, as obrigações morais se oferecem como uma alternativa a outros tipos de solução de conflitos não orientados ao en-

A inclusão do outro

tendimento. Dito de outro modo, se à moral faltasse um teor cognitivo convincente, ela não seria superior às formas mais dispendiosas de coordenação da ação (como o uso direto da violência ou a influência por ameaça de sanções ou em vista de recompensas).

Quando voltamos nosso olhar para as controvérsias morais, temos de incluir as reações sentimentais na categoria dos proferimentos morais. Pois o conceito central de obrigação se refere não somente ao conteúdo dos mandamentos morais, mas também ao caráter peculiar da validade deôntica que também se reflete no sentimento de estar obrigado. As tomadas de posição críticas e autocríticas diante de violações se manifestam em atitudes sentimentais: do ponto de vista da terceira pessoa, como repulsa, indignação e desprezo; do ponto de vista do concernido, relacionado à segunda pessoa, como sentimento de ofensa ou como ressentimento; do ponto de vista da primeira pessoa, como sentimento de vergonha ou de culpa.[1] A elas correspondem, na condição de reações sentimentais positivas, a admiração, a lealdade, a gratidão, e assim por diante. A esses sentimentos, que tomam a forma de atitudes, correspondem avaliações, pois neles se manifestam juízos implícitos. Nós julgamos as ações e as intenções como "boas" ou "más", ao passo que o vocabulário das virtudes se refere às qualidades das pessoas que agem. Também nesses sentimentos e avaliações morais se revela a pretensão de que os juízos morais podem ser fundamentados. Eles se distinguem de outros sentimentos e avaliações pelo fato de estarem entrelaçados com as obrigações que podem ser exigidas racionalmente. Nós, inclusive, não

---

1 Cf. Strawson, *Freedom and Resentment.*

entendemos esses proferimentos como expressão de meras sensações e preferências subjetivas.

É claro que da circunstância de que as normas morais "estão vigentes" para os membros de uma comunidade ainda não se segue que elas, consideradas em si mesmas, tenham um teor cognitivo. Um observador sociológico pode descrever um jogo de linguagem moral como um fato social, e pode até mesmo explicar por que os participantes estão "convictos" acerca de suas normas morais, sem estarem eles próprios em condições de compreender a plausibilidade dessas razões e interpretações.[2] Um filósofo não pode se contentar com isso. Ele aprofundará a fenomenologia das respectivas controvérsias morais para descobrir o que os membros fazem quando (acreditam que) fundamentam algo moralmente.[3] É claro que "descobrir" significa algo diferente de simplesmente "entender" os proferimentos. A compreensão reflexiva da prática de fundamentação no mundo da vida, na qual nós mesmos participamos como leigos, permite traduções reconstrutivas que promovem um entendimento crítico. Com essa atitude metódica o filósofo

---

2 Cf. Hart, que defendeu essa opinião e fez a unidade dos sistemas de direito remontar a regras básicas ou a regras de reconhecimento que legitimam o *corpus* de regras como um todo, sem que elas mesmas sejam suscetíveis de serem justificadas racionalmente. Da mesma maneira que a gramática de um jogo de linguagem, também a "regra de reconhecimento" está enraizada em uma prática que o observador somente pode constatar como um fato, ao passo que, para os participantes, ela representa uma autocompreensão cultural evidente, "que é aceita e presumida como válida". Hart, *Der Begriff des Rechts*, p.155.

3 Cf. a brilhante fenomenologia da consciência moral em Wingert, *Gemeinsinn und Moral*, Capítulo 3.

A inclusão do outro

amplia a perspectiva *expressa* na participação para além do círculo dos participantes *imediatos*.

Os resultados desses esforços podem ser examinados nas abordagens da filosofia moral desenvolvidas na modernidade. Essas teorias se diferenciam segundo o grau de sua boa vontade hermenêutica. Dependendo do grau de seu envolvimento no saber moral usado intuitivamente pelos participantes, elas conseguem mais ou menos recuperar de modo reconstrutivo o teor cognitivo de nossas intuições morais cotidianas.

O *não cognitivismo forte* pretende desmascarar o teor cognitivo da linguagem moral como um todo, mostrando que ele é ilusório. Ele tenta mostrar que, por detrás dos proferimentos — os quais, da perspectiva dos participantes, aparentam ser juízos e tomadas de posição morais passíveis de serem fundamentados —, se escondem apenas sentimentos, atitudes e decisões subjetivas. O utilitarismo também chegou a descrições revisionistas semelhantes às do emotivismo (Stevenson) e do decisionismo (Popper ou o primeiro Hare) ao reduzir a meras preferências o sentido "vinculante" das orientações por valores e obrigações. Contudo, diferentemente do não cognitivismo forte, o utilitarismo substitui a autocompreensão não esclarecida dos participantes pelo cálculo de utilidade feito da perspectiva do observador e, nesse sentido, o jogo de linguagem moral recebe uma fundamentação nos termos da teoria moral.

Nesse sentido, o utilitarismo se ocupa com as formas de um *não cognitivismo fraco* que leva em conta a autocompreensão dos sujeitos *que agem* moralmente, seja da perspectiva dos sentimentos morais (como na tradição da filosofia moral escocesa) ou da perspectiva da orientação por normas válidas (como no contratualismo de cunho hobbesiano). Todavia, a descrição revisionista perde de vista a autocompreensão do sujeito *que julga* moralmente. Em suas tomadas de posição e em seus juízos supostamente fundamentados de modo objetivo, devem se expressar efetivamente apenas motivos racionais, sejam sentimentos ou constelações de interesses (a serem fundamentados de modo racional com respeito a fins).

O *cognitivismo fraco* também deixa intacta a autocompreensão da prática de fundamentação moral cotidiana, na medida em que atribui às avaliações "fortes" um *status* epistêmico. Ter uma consciência reflexiva sobre o que é "bom" para mim (ou nós), visto de modo geral, ou do que é "normativo" para a minha (ou a nossa) condução consciente da vida abre (segundo Aristóteles ou Kierkegaard) uma espécie de acesso cognitivo para as orientações por valores. O que já é valioso ou autêntico se impõe a nós de algum modo e se distingue das meras preferências por uma qualidade vinculante que aponta para além da subjetividade das necessidades e preferências. No entanto, o que é revisto é a compreensão intuitiva da justiça. A partir da perspectiva de uma concepção própria do bem, a justiça talhada às relações interpessoais surge como um mero valor (ainda que evidente) ao lado de outros, e não como um padrão para juízos imparciais, independente do contexto.

O *cognitivismo forte* tem ainda a intenção de fazer jus à pretensão de validade categórica das obrigações morais. Ele procura reconstruir o teor cognitivo do jogo de linguagem moral em toda a sua amplitude. Na tradição kantiana, não se trata de uma explicação da prática de fundamentação moral que se move *no interior* do horizonte não questionado de normas reconhecidas, como no neoaristotelismo, mas sim da fundamentação de um ponto de vista moral sob o qual essas próprias normas podem

A inclusão do outro

ser julgadas de modo imparcial. Aqui, a teoria moral fundamenta a possibilidade de julgar moralmente, pois ela reconstrói o ponto de vista que os próprios membros de sociedades pós-convencionais assumem de modo intuitivo quando, em face de normas morais fundamentais que se tornaram problemáticas, só podem recorrer a fundamentos racionais. Porém, diferentemente do tipo de jogo empírico do contratualismo, essas razões não são concebidas como motivos relativos ao ator. Isso é feito de modo que o cerne epistêmico da validade deôntica permaneça intacto.

Em primeiro lugar, caracterizarei a situação inicial na qual a fundamentação religiosa da moral é desvalorizada (II). Esse é o pano de fundo para um questionamento genealógico a partir do qual examinarei, em seguida, as duas variantes do empirismo clássico (III), as duas interessantes tentativas de renovar o programa de explicação empiricista (IV-V) e as duas tradições que remontam a Aristóteles (VI) e a Kant (VII). Isso serve para preparar as duas questões sistemáticas sobre quais intuições morais podem ser reconstruídas de modo racional (VIII) e se o próprio ponto de vista desenvolvido em termos de teoria do discurso pode ser fundamentado (IX).

II

As tentativas para explicar o "ponto de vista moral" chamam a atenção para o fato de que, depois do colapso de uma imagem de mundo "católica" vinculante a todos, e com a passagem para uma sociedade pluralista em termos de visões de mundo, os mandamentos morais não podem mais ser justificados publicamente a partir de uma perspectiva divina transcendente.

Jürgen Habermas

Essa perspectiva para além do mundo permitia que o mundo como um todo fosse objetivado. O "ponto de vista moral" deve reconstruir essa perspectiva em termos intramundanos, isto é, chegar a ela nos limites de nosso próprio mundo compartilhado intersubjetivamente, sem perder a possibilidade de se distanciar do mundo como um todo – e, assim, sem perder a universalidade de um olhar abrangente sobre ele. Porém, com essa mudança de perspectiva em direção a uma "transcendência a partir de dentro",[4] coloca-se a questão de se, a partir da liberdade subjetiva e da razão prática dos seres humanos abandonados por Deus, é possível fundamentar a peculiar força vinculante de normas e valores em geral – e, se for o caso, como, junto a isso, muda a característica própria da autoridade do dever. Nas sociedades ocidentais profanas, as intuições morais cotidianas ainda estão impregnadas da substância normativa de tradições religiosas, particularmente pelos conteúdos da moral judaica da justiça do Antigo Testamento e pela ética cristã do amor do Novo Testamento – que de certo modo perderam sua centralidade e foram declaradas um assunto privado do ponto de vista jurídico. Esses conteúdos são transmitidos via processos de socialização, embora muitas vezes de modo implícito e com outros nomes. Portanto, uma filosofia moral que se entende como uma reconstrução da consciência moral cotidiana tem diante de si o desafio de verificar o que dessa substância pode ser justificado de modo racional.

---

4 Habermas, Transzendenz von innen, Transzendenz ins Diesseits. In: *Texte und Kontexte*, p.127-56. Sobre isso: Schmidt, Immanente Transzendenz. In: Hauser; Nordhofen (Orgs.), *Im Netz der Begriffe. Religionsphilosophische Analysen*, p.78-96.

A inclusão do outro

As doutrinas proféticas transmitidas pela Bíblia forneceram as interpretações e as razões que davam uma força de convencimento pública às normas morais. Elas explicavam por que os mandamentos de Deus não são comandos cegos, mas podem reivindicar uma validade em um sentido cognitivo. Suponhanos que também sob as modernas condições de vida não exista um equivalente funcional para a moral como tal, e que, portanto, o jogo de linguagem moral não pode ser substituído por (e nem percebido como) um mero controle do comportamento. Se assim for, o sentido de validade cognitiva dos juízos e tomadas de posição morais, comprovado em termos fenomenológicos, nos coloca diante da questão de saber se a força de convencimento dos valores e normas aceitos se assemelha a uma aparência transcendental ou se ela também pode ser justificada sob condições pós-metafísicas. A filosofia moral não precisa, ela mesma, produzir as razões e as interpretações que, nas sociedades seculares, poderiam assumir o lugar das razões e interpretações religiosas desvalorizadas – que são, em todo caso, *públicas*. Porém, ela precisaria mostrar que tipo de razões e interpretações poderia assegurar ao jogo de linguagem moral uma força de convencimento suficiente, sem o apoio da religião. Em vista dessa questão genealógica, pretendo (I) lembrar a base monoteísta da validade de nossos mandamentos morais e (2) definir de modo mais preciso o desafio do ponto de partida moderno.

(I) A Bíblia reduz os mandamentos morais à palavra revelada de Deus. Essas normas devem ser obedecidas de modo incondicional porque estão protegidas pela autoridade de um Deus todo-poderoso. Nesse sentido, a validade deôntica estaria configurada somente na qualidade de algo "necessário"

Jürgen Habermas

[*Müssens*], em que se reflete o poder ilimitado de um soberano. Deus pode forçar a obediência. Essa interpretação voluntarista, porém, ainda não confere um sentido cognitivo à validade deôntica. O sentido cognitivo só é adquirido quando os mandamentos morais são interpretados como manifestações da vontade de um Deus *onisciente* e absolutamente *justo e bom*. Os mandamentos não decorrem do arbítrio de alguém todo-poderoso, mas sim da manifestação da vontade tanto de um Deus sábio e criador quanto de um Deus redentor justo e bom. De ambas as dimensões – a da ordem da criação e a da história salvífica – podem ser extraídas razões ontoteológicas e soteriológicas para mostrar por que os mandamentos divinos são dignos de reconhecimento.

A justificação ontoteológica se refere a uma constituição do mundo que se deve à legislação sábia de um Deus criador. Ela atribui ao ser humano e à comunidade humana um *status* destacado em meio à criação e, com isso, sua "determinação". Com a metafísica da criação entram em jogo aqueles conceitos do direito natural típico das éticas fundamentadas em termos cosmológicos, conhecidas também nas imagens impessoais do mundo das religiões asiáticas e da filosofia grega. O que as coisas são *segundo sua essência* tem um teor teleológico. O ser humano também é parte dessa ordem essencial, e nela pode fazer a leitura do que ele é e deve ser. Desse modo, o teor racional das leis morais recebe uma confirmação ontológica a partir da instituição racional daquilo que existe como um todo.

Por outro lado, a justificação soteriológica dos mandamentos morais se refere à justiça e à bondade de um Deus redentor, o qual, no fim dos tempos, cumpre sua promessa de salvação – vinculada à condição de um modo de vida moral ou que res-

A inclusão do outro

peita a lei. À luz de seus mandamentos, Deus julga a conduta de vida de cada pessoa conforme seus méritos. Com isso, sua justiça estabelece um juízo que é adequado para a história de vida única de cada indivíduo, enquanto sua bondade leva em conta, ao mesmo tempo, a falibilidade do espírito humano e o caráter pecaminoso da natureza humana. As duas dimensões conferem um sentido racional aos mandamentos morais: tanto por indicarem o caminho da salvação individual como por serem aplicadas de modo imparcial.

É claro que o discurso dos "mandamentos" morais é enganador, já que o caminho da salvação não está traçado por um sistema de regras, mas definido por um modo de vida autorizado divinamente e que deve ser imitado. Esse é, por exemplo, o sentido da imitação de Cristo. Também outras religiões mundiais – e mesmo a filosofia, com seu ideal do sábio e da vida contemplativa – condensam a substância moral de suas doutrinas em formas de vida exemplares. Isso significa que, nas interpretações metafísicas religiosas, o *justo* ainda está entrelaçado com determinadas concepções da *vida boa*. É o modelo da conduta de vida exemplar que diz como devemos nos comportar uns com os outros nas relações interpessoais.

Além disso, a referência a um Deus que aparece *in persona* no dia do Juízo Final para julgar cada destino individual permite estabelecer uma diferença entre dois aspectos da moral. Cada pessoa tem uma dupla relação comunicativa com Deus: como membro da comunidade dos fiéis que firmaram uma aliança com Deus e como indivíduo singularizado por uma história de vida que, diante de Deus, não pode ser representado por nenhum outro. Essa estrutura comunicativa marca a relação moral com o próximo – mediada por Deus – sob os pontos de vista da *solidariedade* e da *justiça* (entendida agora em um sentido mais estrito). Na condição de membro da comunidade universal dos fiéis, estou vinculado de modo solidário ao outro como companheiro, como "um de nós". Na condição de indivíduo insubstituível, devo aos demais um respeito simétrico como "uma pessoa dentre todas" as pessoas que, na qualidade de indivíduos insubstituíveis, esperam um tratamento justo. A "solidariedade" fundada no pertencimento remete ao vínculo social que une a todos: um responde pelo outro. O inexorável igualitarismo da "justiça" exige, em contrapartida, a sensibilidade para a diferença que separa um indivíduo do outro: cada um exige do outro ser respeitado em sua alteridade.[5] A tradição judaico-cristã considera a solidariedade e a justiça como dois aspectos de uma mesma coisa: eles permitem ver a mesma estrutura comunicativa por dois lados diferentes.

(2) Nas sociedades modernas, com a passagem para um pluralismo de visões de mundo, a religião e o *ethos* nela enraizado desmoronam como fundamento *público* da validade de uma moral compartilhada por todos. Pelo menos a validade de regras morais *que vinculam de modo universal* não pode mais ser explicada por razões e interpretações que pressupõem a existência e o papel de um Deus transcendental criador e redentor. Com isso, por um lado, anula-se a certificação ontoteológica das leis morais racionais e objetivas e, por outro, anula-se o vínculo soteriológico de sua aplicação justa com os bens salvíficos objetivamente dignos de serem almejados. Aliás, a desvalorização dos

---

5 Sobre "justiça" e "solidariedade", cf. Habermas, *Erläuterungen zur Diskursethik*, p.15 e 69. Wingert, em *Gemeinsinn und Moral*, propõe outra concepção.

A inclusão do outro

conceitos metafísicos fundamentais (e a respectiva *categoria* de explicações) está também ligada ao deslocamento da autoridade epistêmica, que passa das doutrinas religiosas para as ciências experimentais modernas. Com os conceitos essencialistas da metafísica, se dissolve o nexo interno dos enunciados assertóricos com os respectivos enunciados expressivos, avaliativos e normativos. O que é "racional em termos objetivos" só pode ser fundamentado se o justo e o bom estiverem fundidos no próprio ente impregnado normativamente; o que é "digno de ser almejado em termos objetivos" só pode ser fundamentado se a teologia da história salvífica garantir a realização daquele estado de justiça perfeita, que, ao mesmo tempo, traz em si um bem concreto.

Nessas circunstâncias, a filosofia moral depende de um "nível de fundamentação pós-metafísico". Isso significa que, em primeiro lugar, em termos de método, lhe é negado o recurso ao ponto de vista de Deus; em termos de conteúdo, lhe é negado o recurso à ordem da criação e à história salvífica; e, em termos de estratégia teórica, o recurso àqueles conceitos essencialistas que se esquivam da diferenciação lógica entre diferentes tipos de enunciados ilocucionários.[6] A filosofia moral precisa justificar o sentido cognitivo dos juízos e das tomadas de posição morais sem esse aparato.

Contudo, há quatro reações a essa situação inicial que me parecem tão implausíveis que não entrarei em mais detalhes:

— O realismo moral que quer restaurar a justificação ontológica de normas e valores com meios pós-metafísicos.

---

6 Habermas, *Nachmetaphysiches Denken*.

Ele defende um acesso cognitivo a algo no mundo que possui a energia peculiar de orientar nossos desejos e vincular nossa vontade. Uma vez que essa fonte do que é normativo já não pode mais ser explicada com base na constituição do mundo como um todo, o problema se desloca para o domínio da epistemologia: aos juízos de valor assimilados a enunciados sobre fatos é necessário que seja postulado um fundamento da experiência análogo à percepção, uma apreensão intuitiva ou uma intuição ideal de valores.[7]

---

7 Para uma crítica, cf. Mackie, *Ethics*, p.38 et seq. Atualmente, a situação da argumentação a favor do realismo se modificou. Uma versão mais refinada da ética dos valores vinculada a Platão e Aristóteles, introduzida em termos de teoria do conhecimento, mas fundamentada em termos de filosofia da natureza, foi desenvolvida por McDowell, *Mind and World*, p.82: "The ethical is a domain of rational requirements, which are there in any case, whether or not we are responsive to them. We are alerted to these demands by acquiring appropriate conceptual capacities. When a decent upbringing initiates us into the relevant way of thinking, our eyes are opened to this tract of the space of reasons". ["O ético é um domínio de exigências racionais, as quais estão presentes em todos os casos, sejamos ou não responsivos a elas. Somos alertados para essas demandas ao adquirirmos as capacidades conceituais adequadas. Quando uma educação decente nos introduz no modo de pensar relevante, nosso olhos se abrem a esse terreno do espaço de razões."] McDowell faz a transição para o idealismo objetivo a partir da suposição de um processo de formação fundado organicamente, à luz do qual a razão prática aparece como uma disposição natural que pode reivindicar uma validade objetiva. "Our Bildung actualizes some of the potentialities we are born with; we do not have to suppose it introduces a non-animal ingredient into our constitution. And although the structure of the space of reasons cannot be reconstructed out of facts about our in-

A inclusão do outro

— O utilitarismo certamente oferece um princípio para fundamentar os juízos morais. Porém, a orientação pela utilidade total esperada de um modo de ação não permite uma reconstrução adequada do sentido da normatividade em geral. De modo mais específico, o utilitarismo perde o sentido individualista de uma moral do respeito igual a cada um.

— O ceticismo fundamentado de modo metaético leva, como mencionamos, a uma descrição revisionista do

---

volvement in the realm of law, it can be the framework within which meaning comes into view only because our eyes can be opened to it by Bildung, which is an element in the normal coming to maturity of the kind of animals we are. Meaning is not a mysterious gift from outside nature" (p.88). ["Nossa *formação* atualiza algumas das potencialidades com as quais nascemos; não precisamos supor que ela introduz um componente não humano em nossa Constituição. E, embora a estrutura do espaço de razões não possa ser reconstruída fora dos fatos sobre nosso envolvimento no domínio da lei, ela pode ser a moldura dentro da qual o significado se torna visível somente porque nossos olhos podem ser abertos a ele pela *formação*, que é um elemento no desenvolvimento normal em direção à maturidade do tipo de animais que nós somos. O significado não é um misterioso presente dado de fora da natureza."] De modo algum McDowell nega a pretensão metafísica dessa concepção, que aqui não posso discutir em detalhes. "The position is a naturalism of second nature, and I suggested that we can equally see it as a naturalized platonism. The idea is that the dictates of reason are there anyway, whether or not one's eyes are opened to them; that is what happens in a proper upbringing" (p.91). ["A posição é um naturalismo de segunda natureza, e proponho que podemos vê-la como um platonismo naturalizado. A ideia é que os ditames da razão estão presentes em todos os casos, quer nossos olhos estejam ou não abertos a eles; é isso o que acontece em uma educação adequada."]

jogo de linguagem moral que acaba perdendo o contato com a autocompreensão dos participantes. O ceticismo não consegue explicar o que pretende explicar: as práticas morais cotidianas, que desmoronariam se os participantes negassem haver qualquer teor cognitivo em suas disputas morais.[8]

— O funcionalismo moral não é tradicionalista no sentido de retornar aos padrões de fundamentação pré-modernos. Ele invoca a autoridade das tradições religiosas abaladas em virtude de suas consequências favoráveis, que estabilizam a consciência moral. Porém, essa justificação funcional, que opera a partir da perspectiva do observador, não pode substituir a autoridade daquelas razões que haviam convencido os fiéis. Ao tratar a autoridade epistêmica da fé *apenas* como um fato social, ele destrói sem querer o teor cognitivo da moral fundamentada na religião.[9]

III

As doutrinas religiosas da criação e da história salvífica forneceram razões epistêmicas que explicam por que os mandamentos religiosos não emanam de uma autoridade cega, mas são racionais ou "verdadeiros". Agora, quando a razão se afasta da objetividade da natureza ou da história da salvação e se desloca para o espírito dos sujeitos que agem e julgam, as razões

---

8 Cf. Lenk, Kann die sprachanalytische Moralphilosophie neutral sein? In: Riedel (Org.). *Rehabilitierung der praktischen Philosophie*, p.405-22.

9 Cf. Tugendhat, *Vorlesung über Ethik*, p.199 et seq.

A *inclusão do outro*

"objetivamente racionais" para os juízos e ações morais precisam ser substituídas por razões "subjetivamente racionais".[10] Depois que o fundamento religioso da validade ficou desvalorizado, o teor cognitivo do jogo de linguagem moral só pode ser reconstruído tendo como referência a vontade e a razão de seus participantes. "Vontade" e "razão" são, portanto, os conceitos fundamentais das abordagens da teoria moral que assumem essa tarefa. O empirismo entende a razão prática como a capacidade de determinar o arbítrio pelas máximas da prudência, ao passo que o aristotelismo e o kantianismo contam não apenas com os motivos racionais, mas também com uma vontade que se autovincula e é motivada pelo *discernimento* [*Einsicht*].

O empirismo entende a razão prática como uma razão instrumental. Para um ator é racional agir de certo modo e não de outro quando o resultado (esperado) da ação é de seu interesse, lhe satisfaz ou lhe é agradável. Em uma determinada situação, tais razões contam para um determinado ator, que tem certas preferências e persegue determinados fins. A essas razões damos o nome de razões "pragmáticas" ou preferenciais porque motivam à ação, e não porque fundamentam juízos ou opiniões, como as razões epistêmicas. É claro, elas só "afetam" o arbítrio na medida em que o sujeito que age *assume como sua* uma respectiva regra de ação. É nisso que a ação deliberada se diferencia da ação motivada de modo espontâneo em geral. Também a "intenção" é uma disposição. Porém, diferentemente da "inclinação", ela só é produzida pela liberdade do

---

10 Sobre a oposição entre razão objetiva e razão subjetiva, cf. Horkheimer, *Zur Kritik der instrumentellen Vernunft*; Schnädelbach, Vernunft. In: Martens; Schnädelbach (Orgs.), *Philosophie*, p.77-115.

arbítrio, ou seja, pelo fato de o ator adotar uma regra de ação. O ator age de modo racional quando ele age por *razões* e sabe por que segue uma máxima. O empirismo somente leva em consideração as razões pragmáticas, ou seja, quando o ator vincula seu arbítrio, mediante a razão instrumental, a "regras de destreza" ou a "conselhos de prudência" (como diz Kant). Com isso ele obedece ao princípio da racionalidade com respeito a fins: "quem quer o fim, quer também (se a razão tiver uma influência decisiva sobre sua ação) o meio indispensável para tal que estiver em seu poder" (*Grundlegung der Metaphysik der Sitten*, BA 45).

Essa é a base a partir da qual as duas abordagens clássicas do empirismo reconstroem o cerne racional. A filosofia moral escocesa parte dos sentimentos morais e entende por moral aquilo que promove a coerência solidária de uma comunidade (a). O contratualismo toma como referência imediata os interesses e entende por moral aquilo que assegura a justiça de uma interação social regulada em termos normativos (b). Ao final, ambas as teorias esbarram na mesma dificuldade: não conseguem explicar o caráter vinculante das obrigações morais, que aponta para além da força vinculante da prudência, recorrendo apenas aos motivos racionais,

a) As tomadas de posição morais expressam sentimentos de aprovação e de desaprovação. Hume as entendia como os sentimentos típicos de um terceiro que, de uma distância benevolente, julga as pessoas que agem. Uma concordância no julgamento moral de um caráter implica, portanto, uma convergência de sentimentos. Mesmo quando a aprovação e a desaprovação expressam simpatia e rejeição, ou seja, são de natureza emocional, é racional, para um observador, reagir des-

A inclusão do outro

sa maneira. Pois avaliamos uma pessoa como virtuosa quando ela demonstra ser útil e agradável (*useful and agreeable*) para nós e nossos amigos. Essa manifestação de simpatia, por sua vez, enche a pessoa virtuosa de orgulho e satisfação, enquanto a repreensão entristece aquele que é repreendido, ou seja, provoca nele uma aversão. Por isso também existem razões pragmáticas para a atitude altruísta: a benevolência aprovada pelos demais produz satisfação nas próprias pessoas úteis e agradáveis para as demais. Essas atitudes sentimentais formam a base a partir da qual pode se desenvolver a força de integração social da confiança recíproca.

É claro que essas razões pragmáticas para tomadas de posição e ações morais só são convincentes enquanto se tem em mente as relações interpessoais de pequenas comunidades solidárias, como as baseadas em laços familiares e relações de vizinhança. A coesão das sociedades complexas não pode ser mantida apenas por sentimentos como a simpatia e confiança, que estão ajustados à esfera local. O comportamento moral para com estranhos exige virtudes "artificiais", sobretudo a disposição à justiça. Em vista das cadeias de ação abstratas, a reciprocidade observável entre atividades e recompensas escapa aos membros dos grupos de referência primários – e com isso se perdem as razões pragmáticas para a benevolência. Os sentimentos de obrigação, que permitem transpor a distância entre os estranhos, não são "racionais para mim" do mesmo modo que o é a lealdade diante dos membros mais próximos, em cuja boa vontade, por sua vez, posso confiar. Uma vez que a solidariedade é o outro lado da justiça, nada se pode objetar à tentativa de explicar o *surgimento* dos deveres morais pela transposição das lealdades dos grupos primários a grupos cada vez maiores (ou pela transformação da confiança pessoal em "confiança sistêmica").[11] Porém, uma teoria normativa não se comprova pelas questões de psicologia moral. Em vez disso, ela precisa explicar a prioridade normativa dos deveres. Nos casos em que houver um conflito entre, por um lado, a ligação sentimental benevolente e, por outro, o imperativo abstrato da justiça, a teoria normativa deve explicar por que deveria ser racional para os membros próximos *preterir* sua lealdade às pessoas em que confiam face a face em favor de uma solidariedade com estranhos. É evidente que os sentimentos fornecem uma base muito estreita para a solidariedade entre os membros de uma comunidade de seres morais que se tornou opaca.[12]

---

11 Bayer, *Moral Prejudices*, p.184 et seq. Em vez da simpatia, Bayer se baseia no fenômeno da confiança infantil. *"Trust* [...] *is letting other persons* [...] *take care of something the truster cares about, where 'caring for' involves some exercise of discretionary powers"* (p.105). ["Confiança (...) é deixar que outras pessoas (...) cuidem de algo que aquele que confia tem em apreço, em que 'cuidar de' envolve algum exercício de poder discricionário."] Esse enfoque tem a vantagem de poder descrever a consideração moral, com fidelidade fenomênica, como uma compensação multifacetada de dependência e vulnerabilidade. Mas ao mesmo tempo apresenta uma desvantagem: na passagem de um modelo assimétrico, desenvolvido nas relações entre pais e filhos, às relações simétricas, entre adultos, surge o problema da dignidade da confiança e de seu mau uso (cf. os capítulos 6, 7 e 8).

12 O problema da vinculação moral com estranhos também não pode ser resolvido pela conversão da simpatia ou confiança em compaixão. Embora nossa capacidade de nos colocarmos no lugar das criaturas capazes de sofrer tenha mais alcance do que os sentimentos positivos relacionados às pessoas úteis, agradáveis e dignas de confiança, a compaixão não é uma base suficiente para fundamentar o respeito igual para com os outros *também e justamente em sua alteridade, que não pode ser sentida.*

A inclusão do outro

b) O contratualismo remove de antemão o aspecto da solidariedade porque a questão da fundamentação normativa de um sistema de justiça é remetida de imediato aos interesses dos indivíduos – e com isso a moral é deslocada dos deveres para os direitos. A imagem jurídica dos direitos subjetivos a um espaço de ação, garantido pelas leis para a perseguição irrestrita dos interesses próprios, vem ao encontro de uma estratégia de fundamentação que opera com razões pragmáticas e que está voltada para a questão de se é racional para um indivíduo subordinar sua vontade a um sistema de regras. Além disso, a figura *universalizada* do contrato, típica do direto privado, que fundamenta tais direitos de modo simétrico, serve para a construção de uma ordem que se funda na associação livre. Essa ordem é justa ou boa, em um sentido moral, quando satisfaz igualmente os interesses de seus membros. O contrato social surge da ideia de que qualquer um que deseje participar deve ter um motivo racional para se tornar voluntariamente membro e se submeter às respectivas normas e procedimentos. O teor cognitivo daquilo que faz dessa ordem uma ordem moral ou justa se baseia no consentimento agregado de todos os membros individuais. Ele se justifica precisamente pela racionalidade da ponderação que cada um faz sobre os bens a partir da sua própria perspectiva de interesses.

Essa abordagem se defronta com duas objeções. Por um lado, assimilar as questões morais às questões de justiça política de uma associação de parceiros de direito[13] tem a desvantagem de que, sob essa base, não é possível fundamentar

---

13 Cf. Mackie, *Ethics*; Mackie, Can there be a right-based moral theory? In: Waldron (Org.), *Theories of right*, p.168-81.

o respeito igual a cada um, ou seja, uma moral universalista. Somente para aqueles que têm um interesse em uma interação regulada um com o outro é racional assumir obrigações racionais recíprocas. Assim, o círculo dos que possuem direitos só pode se estender às pessoas de quem se pode esperar compensações porque querem ou precisam cooperar. Por outro lado, o hobbesianismo luta em vão com o conhecido problema do carona [*free rider*], que só aceita a prática comum sob a ressalva de que, em condições favoráveis, também possa abandonar as normas acordadas. Na figura do *free rider* se mostra que o acordo entre interesses *per se* não pode fundamentar as *obrigações*.

Esse problema levou a uma conexão interessante entre as duas estratégias de explicação empíricas. Uma ressalva interna diante de normas formalmente reconhecidas torna-se impossível tão logo as infrações às normas não são mais tratadas por sanções impostas externamente, mas sim por sanções *internalizadas*, ou seja, pelos sentimentos de vergonha ou de culpa.[14] Mas essa tentativa de explicação fracassa *prima facie* diante da dificuldade de explicar racionalmente os sentimentos de autopunição. Não pode haver nenhum motivo racional para "querer ter" esse tipo de sanção interna.[15] Inclusive não pode ser "racional para mim", por razões conceituais, levar a sério uma má consciência sem questioná-la e, ao mesmo tempo, torná-la objeto de uma reflexão prática, ou seja, questioná-la. Quando agimos de modo moral, o fazemos porque consideramos que é correto ou bom, e não porque, por exemplo, queremos evitar

---

14 Cf. Tugendhat, Zum Begriff und zur Begündung von Moral. In: *Philosophische Aufsätze*, p.315-33.
15 Tugendhat, *Vorlesung über Ethik*, p.75.

sanções internas. "Internalizadas" são precisamente aquelas sanções que adotamos como tais. Porém, essa mesma internalização não pode ser explicada em termos de racionalidade com respeito a fins, pelo menos não da perspectiva dos concernidos: para estes, não é de imediato racional aquilo que pode ser funcional para a regulação da comunidade como um todo.[16]

Assim como os sentimentos morais de simpatia e de rejeição não levam a um caminho direto para a fundamentação de deveres em termos de racionalidade com respeito a fins, tampouco a fundamentação contratualista de uma ordem normativa leva a um caminho de volta aos sentimentos de desaprovação internalizada. Os sentimentos morais expressam tomadas de posição que implicam juízos morais. E, em casos de conflito, discutimos a validez dos juízos morais não apenas com razões pragmáticas ou preferenciais. O empirismo clássico não faz jus a esses fenômenos porque exclui as razões epistêmicas. Enfim, ele não consegue explicar a força obrigatória das normas morais a partir das preferências.

IV

Em reação a esse problema, surgiram duas novas tentativas que se atêm aos pressupostos empíricos e, no entanto, também pretendem levar em conta a fenomenologia das normas obrigatórias. Allan Gibbard prefere seguir a linha expressivista para explicar a convivência solidária, enquanto Ersnt Tugendhat opta pela linha contratualista de reconstrução de uma

---

16 Cf. Elster, *The Cement of Society*, Capítulo 3.

convivência justa. Mas ambos partem da mesma intuição. Toda moral, vista da perspectiva funcional, soluciona problemas de coordenação da ação entre seres que dependem da interação social. A consciência moral é expressão das exigências legítimas que os membros cooperativos de um grupo social podem dirigir uns aos outros. Os sentimentos morais regulam o cumprimento das normas fundamentais. Vergonha e culpa sinalizam para uma pessoa séria que ela, como diz Tugendhat, falhou como "membro cooperativo" ou como "bom parceiro social".[17] Sobre esses sentimentos, Gibbard diz: "[they are] tied to poor cooperative will — to a special way a social being can fail to be a good candidate for inclusion in cooperative schemes".[18] Ambos os autores querem demonstrar a racionalidade do surgimento ou da escolha da moral em geral, mas também a de uma moral universalista da razão. Enquanto Tugendhat se atém à perspectiva subjetiva do participante, Gibbard segue o caminho objetivo de uma explicação funcional.

Diferentemente de Kant, que entende as normas apenas como máximas de ação, Gibbard usa o conceito de norma para todos os tipos de padrões que dizem por que é racional, para nós, termos uma opinião, manifestarmos um sentimento ou agirmos de determinada maneira. Ter certas opiniões pode ser tão racional para mim quanto manifestar determinados sentimentos ou executar determinados propósitos de ação. Que algo

---

17 Tugendhat, *Vorlesung über Ethik*, p.29 e 91.

18 Gibbard, *Wise Choices, Apt Feelings*, p.292. ["(eles estão) relacionados a uma vontade cooperativa pobre — a uma maneira específica de um ser social falhar em ser um bom candidato a ser incluído em esquemas cooperativos."]

seja "racional para mim" significa que adotei certas normas à luz das quais é "sensato" ou "conveniente", "plausível' ou simplesmente "melhor" acreditar, sentir ou fazer algo. Em seguida, Gibbard denomina "morais" aquelas normas que estabelecem quais os tipos de ações que merecem desaprovação espontânea em uma comunidade. Elas definem em quais casos é racional para os membros da comunidade se sentirem envergonhados ou culpados, ou se indignarem com a conduta dos demais. O uso inclusivo do conceito de norma impede que Gibbard possa atribuir a racionalidade da ação (segundo o mencionado princípio da racionalidade com respeito a fins) a razões pelas quais um ator vincula sua vontade a esta ou aquela máxima, como em Kant. Mas se *todos* os motivos racionais remetem a padrões que já são o fundamento, não se pode novamente perguntar por que havia sido racional interiorizar tais padrões em geral. A circunstância de alguém considerar algo racional *apenas expressa* que os padrões que autorizam esse juízo são *os seus* padrões. Por isso, Gibbard entende o proferimento de juízos de racionalidade, sejam do tipo moral ou não moral, como atos de fala expressivos. Eles não podem ser verdadeiros ou falsos, mas apenas verazes ou não verazes. Também a obrigatoriedade das regras morais relativa ao ator é autenticada unicamente por um estado mental expresso de modo sincero.[19]

De acordo com essa explicação "expressivista" da normatividade, Gibbard faz dois movimentos. Primeiro, a partir da perspectiva do observador, ele dá uma explicação das normas morais em geral em termos de teoria da evolução e, então, procura obter outra vez o "valor" biológico da moral a partir

---

19 Ibid., p.84.

da perspectiva do participante, isto é, pretende traduzir uma "biologia da coordenação da ação", tirada de uma linguagem teórica, em uma linguagem da reflexão prática.

Essa proposta de uma explicação neodarwinista afirma que os sentimentos morais, como a vergonha e a culpa, se desenvolveram como reguladores de coordenação eficientes no decorrer da evolução da espécie humana. A normatividade das regras, que faz que ter esses sentimentos pareça algo racional para os membros dos grupos cooperativos, ou seja, desaprovar o comportamento que se desvia das normas e oferecer ou esperar as respectivas desculpas como reparação por uma coordenação da ação fracassada, não possui nenhuma racionalidade reconhecível para os próprios participantes. Porém, para um observador, a autoridade que se *revela* nos juízos de racionalidade dos participantes se *explica* pelo "valor de reprodução" das normas interiorizadas e das respectivas atitudes sentimentais. O fato de que elas são vantajosas em termos evolutivos deve se manifestar efetivamente em seu caráter subjetivamente convincente. A tarefa própria da filosofia consiste em estabelecer uma ligação plausível entre o que é *funcional* para o observador e aquilo que é considerado *racional* para os participantes. Esse problema acaba se tornando atual quando os atores não podem mais confiar nas normas internalizadas e passam a discutir explicitamente sobre quais normas devem aceitar como válidas.

De qualquer maneira, a linguagem funciona como importante *medium* da coordenação da ação. Os juízos e as tomadas de posição morais que se apoiam em normas internalizadas se expressam em uma linguagem carregada de emoções. Porém, quando o consenso normativo de fundo desmorona e novas normas precisam ser desenvolvidas, torna-se necessária ou-

A inclusão do outro

tra forma de comunicação. Os participantes precisam, então, confiar na força orientadora dos "discursos normativos":

> I shall call this influence *normative governance*. It is in this governance of action, belief and emotion that we might find a place for phenomena that constitute acceptance of norms, as opposed to merely internalizing them. When we work out at a distance, in community, what to do or think or feel in a situation we are discussing, we come to accept norms for the situation.[20]

Evidentemente não está muito claro em que pode se apoiar essa "orientação normativa" esperada em tais discursos. Não podem ser as boas razões, pois estas retiram sua força, racionalmente motivadora, dos padrões internalizados, os quais, como se pressupõe, teriam perdido sua autoridade – caso contrário, não teria surgido a necessidade de um entendimento discursivo. O que os participantes precisam transformar em objeto de discussão não pode, ao mesmo tempo, lhes servir como padrão na discussão. Gibbard não pode conceber o entendimento discursivo acerca das normas morais segundo o modelo da busca cooperativa pela verdade, mas sim como processo de *influência* retórica mútua.

---

20 Ibid., p.72 et seq. ["Chamarei essa influência de *governança normativa*. É nesse governo de ações, crenças e emoções que podemos encontrar um lugar para fenômenos que constituem a aceitação das normas, em contraposição à sua mera internalização. Quando estabelecemos, na comunidade, uma distância sobre o que fazer ou pensar ou sentir em uma situação que estamos discutindo, acabamos aceitando normas para a situação."]

Um proponente que busca obter o consentimento para uma norma que, do seu ponto de vista, é digna de reconhecimento não pode fazer outra coisa a não ser expressar de forma sincera o estado subjetivo em que ele mesmo *sente* a norma como obrigatória. Quando consegue fazer isso de modo autêntico, ele pode "contagiar" seu interlocutor, ou seja, induzir nele estados de sentimentos semelhantes. Desse modo, na discussão normativa o convencimento mútuo é substituído por algo como uma afinação recíproca. É interessante observar que, para essa espécie de influência retórica, as condições de comunicação públicas, igualitárias e não coercitivas de um diálogo socrático deveriam ser as mais favoráveis. As "restrições da conversação", às quais esse diálogo deve se submeter, são de natureza pragmática (com exceção da coerência exigida nas contribuições).[21] Elas devem impedir a exclusão, ou seja, a exclusão não motivada de concernidos, bem como impedir que oradores ou temas sejam privilegiados, isto é, evitar o tratamento desigual. Elas também devem evitar a repressão e a manipulação, a possibilidade de influenciar por meios não retóricos. Essas condições

---

21 Ibid., p.193: "A speaker treats what he is saying as an objective matter of rationality if he can demand its acceptance by everybody. More precisely, the test is this: could he coherently make his demands, revealing their grounds, and still not browbeat his audience? What makes for browbeating in this test is a question of conversational inhibitions and embarrassments". ["Um falante trata o que está dizendo como uma questão de racionalidade objetiva quando pode exigir sua aceitação a qualquer um. De modo mais preciso, o teste é este: ele pode formular sua exigência de modo coerente, mostrando suas razões e ainda assim não intimidar sua audiência? O que torna algo intimidatório neste teste é uma questão de inibições e constrangimentos na conversação."]

de comunicação são exatamente iguais aos pressupostos pragmáticos de uma busca cooperativa pela verdade.[22] Portanto, não surpreende que as normas que recebem o consentimento sob essas condições de comunicação desemboquem, ao final, em uma moral da igual responsabilidade solidária por cada um. Visto que o processo discursivo não é concebido segundo a mobilização das melhores razões, mas sim conforme a força de contágio das expressões mais impressionantes, não se pode falar aqui de "fundamentação".

Por isso, Gibbard deve explicar por que as normas que deveriam obter o consentimento, sob as condições de comunicação pragmaticamente excelentes, são precisamente aquelas que se mostraram as melhores sob o ponto de vista funcional de seu "valor de sobrevivência" objetivo e mais elevado para a espécie:

> In normative discussion we are influenced by each other, but not only by each other. Mutual influence nudged us towards consensus, if all goes well, *but not toward any consensus whatsoever.* Evolutionary considerations suggest this: consensus may promote biological fitness, *but only the consensus of the right kind.* The consensus must be mutually fitness-enhancing, and so to move toward it we must be responsive to things that promote our biological fitness.[23]

---

22 O próprio Gibbard, id., p.195, nota 2, se remete à teoria do discurso.

23 Ibid, p.223. ["Na discussão normativa, somos influenciados um pelo outro, mas não apenas um pelo outro. A influência mútua nos empurra ao consenso, se tudo correr bem, *mas não em direção a um consenso qualquer.* As considerações evolucionárias afirmam o seguinte: o consenso pode promover a aptidão biológica, *mas apenas o consenso do tipo correto.* O consenso tem de promover a aptidão mutuamente,

Gibbard reconhece o problema de que os resultados obtidos, da perspectiva da investigação objetiva, precisam ser conciliados com os resultados considerados racionais a partir da perspectiva dos participantes do discurso. Porém, em vão se busca uma explicação. Não se consegue saber por que as improváveis condições de comunicação do discurso normativo são "seletivas" no mesmo sentido que os mecanismos da evolução natural e por que deveriam conduzir a um resultado semelhante ao de um incremento na probabilidade de sobrevivência coletiva.[24]

V

Ernst Tugendhat evita a via problemática de uma explicação funcionalista da moral. Em primeiro lugar, ele descreve como o sistema de regras morais funciona *universalmente* e quais motivos podemos ter para sermos morais *em geral* (a), para então perguntar *que* tipo de moral deveríamos escolher de modo racional sob as condições pós-metafísicas (b).

a) Diferentemente do contratualismo, Tugendhat começa com um conceito pleno de comunidade moral que inclui a autocompreensão daqueles que se sentem vinculados pelas regras morais – ou seja, os que "têm uma consciência moral" –, mani-

---

e assim, para nos movermos em sua direção, temos de ser responsivos a coisas que promovem nossa aptidão biológica."]

24 Isso também não pode ser assegurado pelo fato de os participantes do discurso adotarem a descrição biológica. Pois essa autodescrição objetivante ou destruiria a autocompreensão prática dos sujeitos capazes de agir, ou mudaria essencialmente seu sentido, com a mudança de perspectiva daquela do observador para a do participante.

A inclusão do outro

festam sentimentos morais, discutem sobre os juízos morais a partir de razões etc. Os membros acreditam que "sabem" o que é sempre válido como "bom" ou "mau" em sentido categórico. Uma vez resolvida essa questão, Tugendhat examina se, para um candidato qualquer, é racional ingressar em uma prática moral descrita como tal *em seu todo*, isto é, se é racional ser um membro disposto a cooperar em *alguma* comunidade moral. "O fato de querermos pertencer a uma comunidade moral [...] é, em última instância, um ato de nossa autonomia, e para isso só pode haver bons motivos, e não boas razões".[25] Tugendhat entende a "autonomia" apenas como a capacidade de agir orientado por regras a partir de motivos racionais. As razões práticas que ele depois enumera explodem o marco empirista das ponderações de prudência isenta de valores. Isto é, Tugendhat não menciona de modo algum interesses pré-morais dados, mas sim orientações por valores que só podem ter se formado no contexto de experiência de uma comunidade constituída de modo moral. Assim, por exemplo, do meu ponto de vista, é racional ingressar em uma comunidade moral porque prefiro ser sujeito e destinatário de direitos e deveres do que ter o *status* de objeto em uma instrumentalização mútua; ou porque relações de amizade equilibradas são melhores para mim do que a solidão estrutural de um ator que age de modo estratégico; ou porque somente como membro de uma comunidade moral vivencio a satisfação de ser respeitado por pessoas que são elas próprias dignas de serem respeitadas moralmente.

As preferências para o ingresso em uma comunidade moral, mencionadas por Tugendhat, já estão impregnadas pelos valores

---

25 Tugendhat, *Vorlesungen über Ethik*, p.29.

dessa comunidade. Elas dependem de orientações por valores *anteriores*, compartilhadas de modo intersubjetivo. Em todo caso, esses motivos não explicam por que seria racional para atores que *se encontram em um estado pré-moral*, e que só conhecem esse estado, passar para o estado moral. Quem formula razões para sua resolução de optar por uma vida moral que só poderiam surgir a partir de uma reflexão sobre as vantagens já experimentadas de um contexto de interação moralmente regulado, já renunciou à perspectiva egocêntrica da escolha racional e, em vez disso, se orienta por concepções de vida boa. Ele submete sua reflexão prática ao questionamento ético: que tipo de vida deve levar, o que ele é ou o que gostaria de ser, o que é "bom" para ele como um todo e sob a perspectiva de longo prazo etc. As razões que contam sob esse ponto de vista só adquirem uma força motivadora à medida que afetam a identidade e a autocompreensão de um ator já formado por uma comunidade moral.

É também dessa forma que Martin Seel entende (e aceita) o argumento. Ainda que a felicidade de uma vida bem-sucedida não resida em uma vida moral, há, da perspectiva de um sujeito preocupado com sua vida boa, fundamentos racionais para se envolver em relações morais (sejam quais forem). Já da perspectiva ética, é possível perceber que fora de uma comunidade *moral* não pode haver uma vida *boa*. É claro, isso apenas significa "que existem intersecções necessárias entre uma vida boa e uma vida moralmente boa, e não o contrário, de que uma vida boa somente seria possível *nos limites* de uma vida moralmente boa".[26] Mas Tugendhat se interessa menos pela

---

26 Seel, *Versuch über die Form des Glücks*, p.206.

relação da vida boa com a moral e mais pela *fundamentação ética* para ser moral. E esta acaba desembocando necessariamente em um paradoxo quando se persiste – como o faz com razão Tugendhat – na diferença entre o bem próprio de cada um e a consideração moral dos interesses dos demais: à medida que um ator se deixa convencer, por razões éticas, que ele deveria dar prioridade às condições de vida morais sobre as pré-morais, ele relativiza o sentido obrigatório da consideração moral dos outros, cuja validade categórica ele teria de reconhecer sob as condições morais.

Seel registra a circunstância de que "a consideração moral [...] [transcende] as razões preferenciais que temos para exercer a consideração moral";[27] porém, não depreende daí as consequências corretas.[28] Uma fundamentação ética para ser moral não significa que alguém que se deixa motivar por razões preferenciais se vê "confrontado com razões de espécie completamente diferente". Antes, as razões que só contam no jogo de linguagem moral perdem seu sentido ilocucionário ao serem associadas aos interesses autorreferenciais do jogo de linguagem como tal – até mesmo as razões para sermos morais, o que quer dizer: até mesmo as exigências incondicionais. Caso o ator que se tenha certificado da vantagem de um modo de

---

27 Ibid., p.203 et seq.

28 Ibid. "É certo que à questão 'por que ainda ser moral?' pode-se dar uma resposta fundamentada inteiramente – se não exclusivamente – pelas preferências: pois só o ser moral abre o mundo da coexistência amistosa e solidária com os outros; mas, com esse passo fundamentado nas preferências, confiamos em padrões de comportamento que de modo algum podem ser reduzidos às orientações fundamentadas em preferências", p.203.

vida moral seja o mesmo que aceita essas condições em virtude dessa preferência, sua fundamentação ética condiciona o jogo de linguagem moral como um todo, e modifica ao mesmo tempo o caráter dos movimentos possíveis nesse jogo. Pois uma ação moral "por respeito à lei" é incompatível com a ressalva ética de examinar, a todo momento, se a prática como um todo é também vantajosa a partir da perspectiva do projeto de vida próprio. Por razões de ordem conceitual, o sentido categórico das obrigações morais só pode permanecer intacto enquanto for vedada aos destinatários a possibilidade, ainda que virtual, de retrocederem aquém da comunidade moral, um passo que seria necessário para ponderar, à margem e da perspectiva da primeira pessoa, as vantagens e desvantagens de um pertencimento em geral. E, no sentido inverso, tampouco há um caminho que conduza da reflexão ética à fundamentação moral.

b) Mesmo que se realizasse o sonho do empirismo e a reflexão sobre o interesse próprio se desenvolvesse em uma dinâmica verificável que – no sentido de uma consideração moral incondicional – "levasse para além" da busca pelo próprio interesse, o problema específico ainda não estaria resolvido. No melhor dos casos, as razões éticas mencionadas explicam por que deveríamos nos envolver em algum jogo de linguagem moral, mas não nos dizem em qual jogo. Tugendhat dá a esse problema a forma de uma questão genealógica. Com a perda da base tradicional de validade de sua moral comum, os participantes precisam refletir em comum sobre quais normas específicas eles deveriam entrar em acordo. Sobre esse assunto ninguém pode reivindicar mais autoridade do que os demais. Todos os pontos de vista para um acesso privilegiado à verdade moral estão invalidados. Diante do desafio dessa situação, o contrato social não conseguiu dar uma resposta satisfatória a isso porque o acordo orientado pelos interesses das partes do contrato gera, no melhor dos casos, um controle do comportamento social que se impõe de fora, mas não uma concepção obrigatória do bem comum, e muito menos um bem concebido em termos universalistas. Tugendhat descreve a situação inicial de modo semelhante à minha proposta. Os membros de uma comunidade moral não se perguntam sobre um controle do comportamento social que resulte vantajoso para cada um e que possa ocupar *o lugar* da moral. Eles não querem substituir o jogo da linguagem moral como tal, mas apenas sua base de validade religiosa.

Essa questão leva à reflexão sobre aquelas condições de entendimento que, *depois* da religião e da metafísica, restaram como única fonte possível para fundamentar uma moral do respeito igual a cada um:

> quando o bem não está mais dado de antemão em termos transcendentes, parece que o princípio para ser bom deve ser a consideração pelos membros da comunidade, a qual, por sua vez, não pode mais ser limitada, ou seja, precisa levar em consideração todos os outros – e isso quer dizer seus desejos e interesses. Ou, para dizê-lo de modo mais veemente: a intersubjetividade assim entendida ocupa o lugar do que é dado de antemão em termos transcendentes [...]. Visto que as exigências recíprocas [...] determinam a forma de uma moral em geral, também se pode dizer *que agora o conteúdo corresponde à forma*, já que o conteúdo a que se referem as exigências nada mais é do que a consideração daquilo que todos querem.[29]

---

29 Tugendhat, *Vorlesungen über Ethik*, p.87 et seq.

Desse modo, Tugendhat obtém o princípio de universalização kantiano a partir das condições simétricas da situação inicial, nas quais todos estão privados de privilégios, pois as partes estão situadas em uma posição igual para entrarem em acordo sobre as normas fundamentais que possam ser aceitas de modo racional por todos os participantes.[30] Claro, Tugendhat não dá nenhuma satisfação ao fato de que com isso a "aceitabilidade racional" adquire um sentido diferente de aquilo que "é racional para mim". Se para as relações de reconhecimento moral não existe nenhuma autoridade mais elevada do que a vontade boa e o discernimento daqueles que se entendem uns com os outros sobre as regras de sua convivência comum, o padrão para a avaliação dessas regras precisa ser inferido da própria situação na qual os participantes pretendem *mutuamente* se *convencer* de suas concepções e propostas. Ao se envolverem em uma prática cooperativa de entendimento, os participantes já aceitam implicitamente a condição de considerar os interesses de todos de modo simétrico e igual. Uma vez que essa prática só alcança seu objetivo quando cada um está disposto a convencer os outros e deixar-se convencer por eles, cada participante sério deve examinar o que é racional para ele *sob aquela condição* de considerar os interesses de modo simétrico e igual. Com a referência metódica à possível intersubjetividade do entendimento (que em Rawls, por exemplo, é forçada pela estrutura da posição original), as razões pragmáticas são dotadas de um sentido epistêmico. Com isso, vai-se além das barreiras impostas por uma razão instrumental. Na qualidade de fundamento de validade da moral racional, o princípio de

---

30 De maneira ainda mais clara em Tugendhat, *Gibt es eine moderne Moral?*.

A inclusão do outro

universalização não pode ser fundamentado a partir da perspectiva dos interesses próprios (ou das concepções próprias do bem). Só podemos nos certificar desse princípio mediante uma reflexão sobre as condições inevitáveis de uma formação imparcial do juízo.

É verdade que Gibbard analisa essas condições como pressupostos pragmáticos do discurso normativo. Porém, elas mesmas são consideradas apenas sob o ponto de vista funcionalista de sua contribuição para a coordenação social da ação. Tugendhat, pelo contrário, insiste que o consentimento às regras morais deve ser ele próprio fundamentado a partir da perspectiva dos participantes. Mas esse autor também nega o sentido epistêmico que tal consentimento adquire sob as condições do discurso.

VI

O cognitivismo fraco parte do fato de que os atores só podem admitir uma maneira pela qual a razão prática possa afetar o seu arbítrio, a saber, pelas reflexões que obedecem ao princípio da racionalidade com respeito a fins. Quando, pelo contrário, a razão prática já não é mais reduzida à razão instrumental, modifica-se a constelação da razão e da vontade – e, com isso, o conceito de liberdade subjetiva. A liberdade, então, não mais se esgota na capacidade de vincular o arbítrio a máximas da prudência, mas se manifesta na autovinculação da vontade pelo discernimento. O "discernimento" significa que uma decisão pode ser justificada com a ajuda de razões epistêmicas. As razões epistêmicas se apoiam em geral na verdade de enunciados assertóricos. Nos contextos práticos, a expressão "epistêmico" precisa ser explicada. As razões pragmáticas se referem às preferências e aos objetivos de uma determinada pessoa. O próprio ator é autoridade epistêmica que, em última instância, decide sobre esses "dados"; afinal, ele deve saber quais são suas preferências e objetivos. Uma reflexão prática pode levar ao "discernimento" somente quando ela se estende para além do mundo subjetivo do ator, ao qual este tem acesso privilegiado, e alcança os estados de coisas de um mundo social compartilhado de modo intersubjetivo. Assim, a reflexão sobre experiências, práticas e formas de vida traz à consciência um saber ético de que ainda não dispomos pela autoridade epistêmica da primeira pessoa.

Tornar consciente algo que sabemos de modo implícito não significa a mesma coisa que conhecer objetos ou fatos.[31] Os "conhecimentos" são contraintuitivos, ao passo que os "discernimentos" obtidos de modo reflexivo explicitam um saber pré-teórico, situam-no nos contextos, examinam sua coerência e, por essa via, também o sondam de modo crítico.[32] Os discernimentos éticos resultam da explicação daquele saber que os indivíduos socializados comunicativamente adquiriram ao crescer em sua cultura. Os componentes mais universais do saber prático de uma cultura acabam se sedimentando no vocabulário avaliativo e nas regras de aplicação de princípios normativos. À luz de seu jogo de linguagem impregnado de valores, os atores desenvolvem não apenas as concepções de si mesmos e da vida que pretendem levar em geral; eles também descobrem, nas respectivas situações, características atrativas

---

31 Williams, *Ethics and the Limits of Philosophy*, Capítulo 8.
32 John Rawls fala de um "equilíbrio reflexivo" neste contexto.

e repulsivas que eles não podem entender sem "ver" como *deveriam* reagir a elas.[33] Visto que nós sabemos intuitivamente o que é atrativo e repulsivo, correto ou falso, o que é relevante em geral, aqui é possível separar o momento do discernimento e o motivo racional para a ação. Esse saber intuitivo se trata de um saber de uso compartilhado de modo intersubjetivo que se tornou rotina no mundo da vida e nele se "comprovou" em termos práticos. Como propriedade comum de uma forma de vida cultural, ele desfruta de uma "objetividade" em virtude de sua difusão e aceitação social. Por isso a reflexão prática que se apropria desse saber intuitivo *de modo crítico* exige uma perspectiva *social*.

Nós julgamos as orientações por valores, inclusive a auto-compreensão orientada por valores de pessoas e grupos, sob o ponto de vista *ético*; os deveres, as normas e os mandamentos, sob o ponto de vista *moral*. Em primeiro lugar, vejamos as questões éticas que se apresentam na perspectiva da primeira pessoa. Na perspectiva da primeira pessoa do plural, elas visam o *ethos* comum: trata-se de como nós nos compreendemos

---

33 McDowell se opõe a uma interpretação objetiva dessas *"salient features"* [características salientes] de uma situação. "The relevant notion of salience cannot be understood except in terms of seeing something as a reason for acting which silences all others." ["A noção relevante de saliência não pode ser entendida a não ser em termos de ver algo como uma razão para agir que silencia todas as outras."] McDowell, Virtue and reason, *Monist*, p.345. Ele explica os discernimentos éticos pela interação entre, por um lado, a orientação de vida e a autocompreensão de uma pessoa e, por outro, sua compreensão impregnada de valores da respectiva situação. Essas análises ainda podem ser entendidas no sentido de uma ética neoaristotélica instruída por Wittgenstein – para aquém do realismo.

como membros de uma comunidade moral, sobre como devemos orientar nossa vida, o que é melhor para nós em uma perspectiva de longo prazo e como um todo. Questões semelhantes se colocam na perspectiva da primeira pessoa do singular: o que sou e pretendo ser, como devo conduzir a minha vida. Essas reflexões existenciais também se distinguem das ponderações da prudência não só pela generalização temporal e objetiva do questionamento – o que é o melhor *visto no longo prazo e como um todo* –, mas também porque as perspectivas da primeira pessoa não representam uma limitação egocêntrica às minhas preferências; elas asseguram a referência a uma história de vida que já se encontra sempre incrustada em tradições e formas de vida compartilhadas intersubjetivamente.[34] A atratividade dos valores, à luz dos quais entendo a mim mesmo e a minha vida, não pode ser explicada nos limites do mundo das vivências subjetivas ao qual tenho um acesso privilegiado, pois minhas preferências e meus objetivos não são mais algo dado, mas estão eles mesmos em discussão.[35] Dependendo da minha autocompreensão, minhas preferências e objetivos podem ser modificados de maneira fundamentada na reflexão sobre o que, para *nós, tem* um valor intrínseco no horizonte de nosso mundo social compartilhado.

Ou seja, sob o ponto de vista ético, nós nos esclarecemos sobre as questões clínicas da vida bem-sucedida, ou melhor, da vida não fracassada, que são formuladas no contexto de uma determinada forma de vida coletiva ou de uma história de vida

---

34 Cf. McDowell, Are moral requirements hypothetical imperatives? *Proceedings of the Aristotelian Society*, p.13-29.
35 Cf. Taylor, *Quellen des Selbst*, parte I.

individual. A reflexão prática se realiza na forma de uma autocompreensão hermenêutica. Ela articula as avaliações fortes que orientam minha autocompreensão. A crítica aos autoenganos e aos sintomas de um modo de vida forçado ou alienado mede-se pela ideia de uma condução consciente e coerente da vida. Com isso, a autenticidade de um projeto de vida pode ser entendida como uma pretensão de validade de grau mais elevado, em analogia com a pretensão de veracidade de atos de fala expressivos.[36]

O modo como conduzimos nossa vida é mais ou menos determinado pelo modo como nós nos autocompreendemos. Por isso os discernimentos éticos sobre a interpretação dessa autocompreensão interferem na orientação de nossa vida. *Na condição de* discernimentos que vinculam a vontade, eles produzem uma condução *consciente* da vida. Sob o ponto de vista ético, a liberdade de vincular meu arbítrio a máximas da prudência se transforma na liberdade de me decidir por uma vida autêntica.[37]

Os limites desse ponto de vista ético se mostram tão logo as questões de justiça entram em jogo: sob essa perspectiva, por exemplo, a justiça é reduzida a um valor que coexiste ao lado de outros. Para determinada pessoa as obrigações morais são mais importantes do que para outras; em um determinado contexto, elas possuem um significado maior do que em ou-

---

36 Também as teorias, por exemplo, lançam uma pretensão de validade de "grau mais elevado" ou mais complexa. Elas não podem ser "verdadeiras" ou "falsas" no mesmo sentido que as proposições individuais que podemos deduzir delas.

37 A intensificação existencialista dessa decisão em uma escolha radical desconhece o caráter dessa liberdade como um *processo* influenciado em termos epistêmicos.

tro. Claro, também sob o ponto de vista ético pode ser feita a distinção semântica entre o vínculo por valores e as obrigações morais, levando em consideração certa prioridade das questões de justiça diante das questões de vida boa: "Ethical life itself is important, but it can see that things other than itself are important [...]. There is one kind of ethical consideration that directly connects importance and deliberative prioriy, and this is obligation".[38] Porém, enquanto a obrigação for considerada *unicamente* sob o ponto de vista ético, não é possível fundamentar uma prioridade *absoluta* da justiça em relação ao bem, na qual a justiça expressaria o sentido de validade categórica de um dever moral. "These kinds of obligation very often command the highest deliberative priority [...]. However, we can also see how they need not always command the highest priority, even in ethically well disposed agents."[39] Enquanto a justiça for considerada um componente integral de cada uma das concepções de bem específicas, não haverá motivo para exigir que, em casos de colisões, os deveres só possam ser "sobrepujados" por deveres, e os direitos, só por direitos (como diz Dworkin).

Sem a prioridade do que é justo em relação ao que é o bom, também não pode haver nenhuma concepção de justiça neutra

---

38 Williams, *Ethics and the Limits of Philosophy*, p.184 et seq. ["A própria vida ética é importante, mas ela pode ver que, além dela mesma, há outras coisas importantes (...). Há um tipo de consideração ética que conecta diretamente importância e prioridade deliberativa, e é a obrigação".]

39 Ibid., p.187. ["Esse tipo de obrigação ordena frequentemente a prioridade deliberativa mais elevada [...]. Entretanto, também podemos ver como ele nem sempre ordena a prioridade mais elevada, mesmo em agentes eticamente bem-dispostos."]

A inclusão do outro

do ponto de vista ético. Isso teria consequências desastrosas para a regulamentação da coexistência em igualdade de direitos em sociedades que são pluralistas em termos de visões de mundo. Por exemplo, a igualdade de direitos só poderia ser garantida para indivíduos e grupos com identidades próprias, segundo padrões que, por sua vez, fossem componentes de uma concepção do bem comum reconhecida de modo igual por todos. A mesma condição valeria *mutatis mutandis* para uma regulamentação das relações internacionais entre os Estados, das relações cosmopolitas entre cidadãos do mundo e das relações globais entre as culturas. O caráter improvável dessa reflexão mostra por que as abordagens neoaristotélicas não conseguem alcançar o teor universalista de uma moral do respeito igual e da responsabilidade solidária por cada um. Todo projeto global de um bem coletivo, que pretende vincular de modo universal e no qual a solidariedade de todos os seres humanos (incluindo as gerações futuras) poderia estar fundamentada, defronta-se com um dilema. Uma concepção detalhada em termos de conteúdo e suficientemente informativa necessariamente leva a um paternalismo insustentável (principalmente em vista da felicidade das gerações futuras); uma concepção sem substância, que se abstrai de todos os contextos locais, necessariamente destrói o conceito de bem.[40]

---

40 Seel, em *Versuch über die Form des Glücks*, se esforça para alcançar este conceito formal de bem. Porém, a ideia de uma determinação formal do bem – diferenciada da moral em sentido kantiano – é um oxímoro. A tentativa de Seel em explicitar a Constituição e as condições de uma vida bem-sucedida não pode deixar de definir os bens fundamentais (segurança, saúde, liberdade de movimento), os conteúdos (trabalho, interação, jogo e contemplação) e os objetivos

Jürgen Habermas

Se quisermos levar em consideração a *presumida* imparcialidade dos juízos morais e a *pretensão* de validade categórica das normas obrigatórias, temos de separar a perspectiva horizontal, na qual são regulamentadas as relações intersubjetivas, da perspectiva vertical dos respectivos projetos de vida próprios e responder às questões genuinamente morais em seus próprios termos. A questão abstrata sobre o que é do interesse igual de todos *ultrapassa* a questão ética do que é o melhor para nós, que permanece vinculada ao contexto. Não obstante, a intuição de que as questões de justiça surgem de uma ampliação idealizante dos questionamentos éticos ainda preserva um sentido positivo.

Se interpretarmos a justiça como aquilo que é igualmente bom para todos, o "bem", superado na moral, forma uma ponte entre a justiça e a solidariedade. Pois também a justiça, entendida em termos universais, exige que cada um seja responsável

na condução da vida (autodeterminação com abertura ao mundo). Essas são avaliações e suposições antropológicas básicas que não só são controversas entre diferentes culturas, mas também aqui, no diálogo intercultural, permanecem controversas por boas razões. Mas, além disso, uma compreensão não criteriosa desse projeto acerca das possibilidades humanas tem consequências paternalistas, mesmo quando apenas pretende produzir bons conselhos comuns: "Mas, e se alguém não quiser este bem? Então, dissemos a ele que está renunciando ao que é melhor" (p.189). O conteúdo manifesto de uma antropologia do bem, que vai além do esclarecimento, em termos de lógica da argumentação, acerca das condições dos discursos de autocompreensão hermenêutica, fica preso de modo peculiar ao seu contexto de surgimento – como mostra o exemplo de Heidegger, cuja ontologia existencial, vista à distância histórica de uma ou duas gerações, revela para todo leitor atento não só o jargão, como também os interesses políticos de seu tempo (sobre isso, cf. Wolin, *The Politics of Being*).

pelo outro – ou seja, que também cada um seja responsável por um estranho que formou sua identidade em um contexto de vida completamente diferente e que se compreende à luz de tradições que são distintas. O bem na justiça nos lembra que a consciência moral depende de uma determinada autocompreensão das pessoas morais: estas sabem que *pertencem* a uma comunidade moral. A essa comunidade pertencem todos aqueles que foram socializados em uma forma (qualquer) de vida comunicativa. Uma vez que os indivíduos socializados só podem estabilizar sua identidade nas relações de reconhecimento recíproco, eles são vulneráveis em sua integridade de modo próprio e, portanto, dependem de uma proteção específica. Eles devem poder apelar a uma instância além da própria comunidade – G. H. Mead fala de uma *ever wider community* [comunidade cada vez mais ampla]. Dito em termos aristotélicos, a comunidade moral está posta em toda comunidade concreta como o seu "melhor eu", por assim dizer. Na qualidade de membros dessa comunidade, os indivíduos esperam um tratamento igual uns dos outros, que resulta do fato de que cada pessoa trata cada uma das demais como "um de nós". Nessa perspectiva, justiça *implica*, ao mesmo tempo, solidariedade.

Nesse ponto, é preciso evitar o mal-entendido de achar que a relação do que é justo com o que é bom seja igual à da forma com o conteúdo. "O conceito formal do bem designa o cerne material de uma moral universalista – aquilo de que trata a consideração moral".[41] Essa concepção revela o olhar seletivo de um liberalismo que reduz o papel da moral – como se estivesse tratando da essência dos direitos de liberdade negativos – à

---

41 Seel, *Versuch über die Form des Glücks*, p.223.

proteção do bem individual e, por conseguinte, edifica a moral a partir da infraestrutura da ética.[42] É claro que, então, essa razão de ser da moral – ou seja, o conhecimento "dos males e dos bens" que nos conflitos morais estão igualmente "em jogo para todos" – teria de estar dada de antemão com uma grandeza fixa da moral. Antes de toda reflexão moral, os participantes já teriam de saber o que seria igualmente bom para todos – ou, ao menos, teriam de tomar emprestado dos filósofos um conceito do bem formal. Porém, ninguém pode simplesmente dizer, da perspectiva do observador, o que uma pessoa qualquer deveria considerar como bom. Na referência a uma pessoa "qualquer", está embutida uma abstração que também sobrecarrega os filósofos.[43] Certamente, é possível compreender a moral como um dispositivo protetor para a vulnerabilidade específica das pessoas. Mas o saber acerca da violabilidade constitutiva de um ser, que somente pode formar sua identidade pela exteriorização nas relações interpessoais e estabilizá-la nas relações de reconhecimento intersubjetivo, decorre da confiança intuitiva nas estruturas universais de nossa forma de vida comunicativa em geral. É um saber geral profundamente ancorado, que só se impõe como tal nos casos de desvio clínico – pelas experiências sobre como e quando a identidade de um indivíduo socializado corre perigo. O recurso a um saber que se define a partir dessas experiências negativas não está sobrecarregado com a pretensão de indicar positivamente o que significa uma vida boa em geral. Somente os próprios concernidos, ao assumir a

---

42 Uma arquitetônica teórica parecida se encontra em Dworkin, *Foundations of liberal equality. The Tanner Lectures on Human Values*.

43 Cf. nota 39.

A inclusão do outro

perspectiva de participantes em deliberações práticas, podem se esclarecer sobre o que é igualmente bom para todos. O bem relevante sob o ponto de vista moral se mostra de caso em caso, pela perspectiva alargada do "nós" de uma comunidade que não exclui ninguém. O que é superado como um bem na justiça é a forma de um *ethos* em geral compartilhado intersubjetivamente e, com isso, a estrutura de pertencimento a uma comunidade que, é claro, já tenha se livrado das amarras éticas de uma comunidade exclusiva.

Esse vínculo entre solidariedade e justiça inspirou Kant a explicar, com a ajuda do modelo rousseauísta de autolegislação, o ponto de vista sob o qual questões de justiça podem ser julgadas de modo imparcial: "de acordo com ele, todo ser racional tem de agir como se, por meio de suas máximas, fosse membro legislador de um reino dos fins".[44] Kant fala de um "reino dos fins" porque cada um de seus membros considera a si mesmo e a todos os outros nunca um mero meio, mas sempre, concomitantemente, um "fim em si mesmo". Na qualidade de legislador, ninguém está submetido a uma vontade estranha. Porém, como todos os outros, cada um está ao mesmo tempo subordinado às leis que ele mesmo se dá. Ao substituir a figura do contrato, própria do direito privado, pela figura da legislação republicana, típica do direito público, Kant pode *combinar* na moral, em uma mesma pessoa, dois papéis, que no direito estão separados: o do cidadão que participa da legislação e o do indivíduo privado subordinado às leis. A pessoa moralmente livre deve ao mesmo tempo poder se entender como autor dos mandamentos morais aos quais está sujeito como destinatário.

---

44 Kant, *Grundlegung zur Metaphysik der Sitten*, p.72.

Jürgen Habermas

Isso, por sua vez, só é possível quando a competência legisladora, na qual ele meramente "participa", não é exercida de forma arbitrária (no sentido de uma compreensão positivista do direito), mas sim de acordo com a Constituição de uma coletividade cujos cidadãos se autogovernam. E nela devem dominar somente aquelas leis que poderiam ter sido deliberadas "por cada um para todos e por todos para cada um".

VII

Uma lei é válida no sentido moral quando pode ser aceita por todos a partir da perspectiva de cada um. Visto que somente as leis "universais" satisfazem a condição de regular uma matéria no interesse igual de todos, a razão prática entra em vigor nesse momento da capacidade de universalização dos interesses considerados na lei. Por conseguinte, uma pessoa assume o ponto de vista moral quando ela, *como* um legislador democrático, reflete consigo mesma se a prática que resultaria da obediência universal de uma norma ponderada de modo hipotético poderia ser aceita por todos os possíveis concernidos como potenciais colegisladores. No papel de colegislador, cada um participa de um empreendimento *cooperativo* e, com isso, aceita uma perspectiva intersubjetiva ampliada, pela qual é possível examinar se uma norma disputável pode ser universalizável a partir da perspectiva de cada participante. Nessa deliberação também são ponderadas as razões pragmáticas e éticas, as quais não perdem sua relação interna com a constelação de interesses e autocompreensão de cada pessoa individual. Mas essas razões relativas ao ator não *contam* mais somente como motivos e orientações por valores das pessoas individuais, mas sim como contribuições epistêmicas para um discurso que examina normas e que é orientado pelo objetivo do entendimento mútuo. Uma vez que a prática de legislar só pode ser exercida em conjunto, não é mais suficiente aquele uso egocêntrico, que procede em termos monológicos, do teste de universalização típico da regra de ouro.

As razões morais vinculam o arbítrio de um modo diferente do que o fazem as razões pragmáticas e éticas. Assim que a autovinculação da vontade assume a forma da autolegislação, vontade e razão se *interpenetram* completamente. Por isso Kant só denomina "livre" a vontade autônoma, determinada pela razão. Só age de modo livre aquele que permite que sua vontade seja determinada pelo discernimento do que todos podem querer: "somente um ser racional tem a capacidade de agir segundo a representação das leis, isto é, por princípios, ou uma *vontade*. Posto que para deduzir a ação a partir de leis é necessária a *razão*, logo a vontade não é outra coisa do que a razão prática".[45] Com certeza, *todo* ato de autovinculação da vontade exige razões da razão prática. Mas enquanto ainda persistirem determinações subjetivas casuais e a vontade não atuar *somente pelas* razões da razão prática, nem todos os momentos da *necessidade* [*Nötigung*] terão sido anulados, e a vontade não será verdadeiramente livre.

Aquela normatividade que emana *per se* da capacidade de autovinculação da vontade ainda não tem um sentido moral. Quando um agente se apropria de regras técnicas de habilidade ou de conselhos pragmáticos de prudência, ele certamente permite que seu arbítrio seja determinado pela razão prática, mas as razões só têm uma força determinante em vista de preferências e fins

---

45 Kant, *Werke*, v.IV, p.41.

casuais. Isso também vale para as razões éticas, mas de outra maneira. A autenticidade dos vínculos por valores com certeza ultrapassa o horizonte de uma mera racionalidade com respeito a fins subjetivos. Mas as avaliações fortes, por sua vez, só ganham uma força objetiva, que determina a vontade, se estiverem relacionadas com experiências, práticas e formas de vida casuais, ainda que compartilhadas intersubjetivamente. Em ambos os casos, os respectivos imperativos e recomendações só podem reivindicar uma validade condicionada: eles valem sob o pressuposto de uma constelação de interesses dada de modo subjetivo ou de uma tradição compartilhada em termos intersubjetivos.

As obrigações morais só adquirem sua validade incondicional ou categórica pelo fato de que são deduzidas de leis que emancipam a vontade – quando ela se compromete com elas – de todas as determinações casuais e, ao mesmo tempo, fundem a vontade com a própria razão prática. Pois, à luz dessas normas fundamentadas sob o ponto de vista moral, aqueles fins, preferências e orientações por valores, que, caso contrário, coagiriam a razão a partir de fora, podem do mesmo modo ser submetidos a uma avaliação crítica. Também a vontade heterônoma pode ser levada, mediante razões, a se submeter a máximas. Porém, a autovinculação permanece presa a razões pragmáticas e éticas vinculadas à constelação de interesses dada e a orientações por valores dependentes do contexto. A vontade só se livra das determinações heterônomas quando a compatibilidade dessas razões com os interesses e orientações por valores de todos os demais for testada sob o ponto de vista moral.[46]

---

46 Isso não é levado em conta por Korsgaard, *The Sources of Normativity: The Tanner Lectures of Human Values*, p.88 et seq.

A contraposição abstrata de autonomia e heteronomia certamente faz que o olhar fique restrito ao sujeito individual. Em virtude de suas suposições de fundo transcendental, Kant atribui a vontade livre a um eu inteligível situado em um reino dos fins. Por isso, Kant volta a situar a autolegislação – que, em seu sentido político originário, é um empreendimento cooperativo no qual o indivíduo apenas "participa"[47] – na competência exclusiva do indivíduo. Não é por acaso que o imperativo categórico se dirige a uma segunda pessoa do singular e dá a impressão de que cada um poderia empreender por si mesmo *in foro interno* o teste exigível para as normas. Mas de fato a aplicação reflexiva do teste de universalização exige uma situação de deliberação em que cada um está coagido a assumir a perspectiva de todos os outros para examinar se uma norma poderia ser querida por todos *a partir da perspectiva de cada um*. Essa é a situação de um *discurso racional* que tem em vista o entendimento e no qual todos os concernidos participam. Essa ideia de um entendimento discursivo também impõe ao sujeito que julga de modo isolado uma carga de fundamentação maior do que o teste de universalização a ser usado de modo monológico.

A redução individualista de um conceito de autonomia estabelecido em termos intersubjetivos parece não ter sido percebida por Kant, tanto mais porque ele não distinguiu de modo suficiente questões éticas e questões pragmáticas.[48] Quem leva a sério questões de autocompreensão ética se choca com o sentido cultural próprio, carente de interpretação, das autocompreensões e compreensões de mundo de indivíduos e

---

47 Cf. Kant, op. cit., v.IV, p.69.
48 O mesmo vale para Tugendhat. Cf. a seção IV deste capítulo.

grupos, as quais variam historicamente. Na condição de filho do século XVIII, Kant ainda pensava em termos a-históricos e passava ao largo dessa camada de tradições em que se formam as identidades. Ele supõe de modo implícito que, na formação do juízo moral, cada um, *por força de sua própria imaginação*, está em condições de se colocar no lugar do outro. Porém, quando os participantes não podem mais confiar em um pré-entendimento transcendental sobre constelações de interesses e circunstâncias de vida mais ou menos homogêneas, o ponto de vista moral só pode ainda ser realizado sob as condições de comunicação que asseguram que *cada um*, também da perspectiva de sua própria autocompreensão e compreensão do mundo, examine a aceitabilidade de uma norma elevada a uma prática universal. Assim, o imperativo categórico inclui uma interpretação em termos de teoria do discurso. Em seu lugar surge o princípio do discurso "D", segundo o qual são capazes de reivindicar validade aquelas normas que podem contar com o consentimento de todos os concernidos na qualidade de participantes de discursos práticos.[49]

Nós partimos da questão genealógica se o teor cognitivo de uma moral do respeito igual e da responsabilidade solidária por cada um ainda poderia ser justificado depois da desvalorização de seu fundamento religioso de validade. Em vista dessa questão, para concluir, gostaria de examinar o que ganhamos com a interpretação intersubjetiva do imperativo categórico. Para isso, temos de manter separados dois tipos de problemas. Por um lado, é preciso esclarecer o que uma ética do discurso consegue preservar das intuições originárias no universo desiludido das

---

49 Cf. Habermas, *Moralbewusstsein und kommunikatives Handeln*, p.103.

A inclusão do outro

tentativas de fundamentação pós-metafísica em geral e em que sentido ainda se pode falar de uma validade cognitiva dos juízos e tomadas de posição morais (VII). Por outro lado, põe-se a questão fundamental de saber se uma moral que parte da reconstrução racional de intuições tradicionais, inicialmente religiosas, não permanece presa a seu contexto de origem em termos de conteúdo, a despeito de seu caráter procedimental (VIII).

VIII

Com a perda da autoridade epistêmica do ponto de vista de Deus, os mandamentos morais perdem tanto sua justificação soteriológica quanto sua justificação ontoteológica. A ética do discurso também tem de pagar um preço por isso: não pode conservar plenamente o teor moral completo das intuições religiosas (1) nem manter o sentido realista de validade das normas morais (2).

(1) Quando a prática moral não se encontra mais entrelaçada pela pessoa de um Deus redentor — e de sua função no plano da salvação — com a expectativa pessoal de salvação e uma mudança de vida marcada de maneira exemplar, resultam duas consequências desagradáveis. Por um lado, o saber moral se desvincula dos motivos de ação subjetivos e, por outro lado, o conceito do que é correto em termos morais se desvincula da concepção do que é uma vida boa, inclusive daquela desejada por Deus.

A ética do discurso atribui às questões éticas e às questões morais formas de argumentação diferentes, a saber, discursos de autocompreensão para as primeiras e discursos de fundamentação (e de aplicação) de normas para as segundas.

Porém, com isso ela não reduz a moral ao tratamento igual, mas procura levar em conta ambos os aspectos, tanto a justiça quanto a solidariedade. Um entendimento alcançado de modo discursivo depende, ao mesmo tempo, do "sim" e do "não" insubstituíveis de cada indivíduo, como também da superação da perspectiva egocêntrica, que impõe a todos uma prática de argumentação talhada ao convencimento mútuo. Quando o discurso torna possível, em virtude de suas qualidades pragmáticas, uma formação razoável [*einsichtsvolle*] da vontade que garante ambas as dimensões, as tomadas de posição sim/não, motivadas racionalmente, podem levar em conta os interesses de cada indivíduo, sem que tenha de ser rompido aquele laço social que vincula de antemão, um ao outro, os participantes orientados ao entendimento em suas atitudes transsubjetivas.

É claro que o desacoplamento cognitivo da moral em relação às questões da vida boa tem também um lado motivacional. Uma vez que não existe um substituto profano para a expectativa de salvação pessoal, anula-se o motivo mais forte para obedecer aos mandamentos morais. A ética do discurso reforça a separação intelectualista entre juízos morais e ação porque vê o ponto de vista moral encarnado em discursos racionais. Do discernimento alcançado de modo discursivo não decorre uma transferência *segura* para a ação. Claro, os juízos morais nos dizem o que devemos fazer; e as boas razões afetam nossa vontade. Isso se mostra na má consciência que nos "abate" quando agimos contra o melhor discernimento. Mas o problema da fraqueza da vontade também nos mostra que o discernimento moral se deve à fraca força das razões epistêmicas e que ele próprio não forma um motivo racional. Quando sabemos que aquilo que temos de fazer é correto do ponto de vista moral,

A inclusão do outro

sabemos também que não existe outra boa razão – epistêmica – para agir de outro modo. Mas isso não impede que outros motivos possam ser os mais fortes.[50]

Com a perda do fundamento de validade soteriológico, modifica-se sobretudo o sentido da obrigatoriedade normativa. Já a diferenciação entre o dever e o vínculo valorativo, entre o que é correto do ponto de vista moral e o que é desejável do ponto de vista ético, intensifica a validade deôntica em uma normatividade que só pode ser assegurada por uma formação imparcial do juízo. Outra conotação surge em função da mudança da perspectiva de Deus para a perspectiva humana. Agora, "validez" significa que as normas morais poderiam encontrar o consentimento de todos os concernidos na medida em que só em discursos práticos eles podem examinar, em comum, se uma respectiva prática corresponde ao interesse igual de todos. Nesse consentimento se manifestam duas coisas: a razão falível dos sujeitos *que deliberam*, que se convencem mutuamente de que é digna de reconhecimento uma norma introduzida hipoteticamente; e a liberdade dos sujeitos *que legislam*, os quais se entendem, ao mesmo tempo, como autores das normas às quais se submetem como destinatários. No sentido de validade das normas morais permanecem os vestígios tanto da falibilidade do espírito humano que descobre quanto de seu caráter construtivo, como espírito humano que projeta.

(2) O problema de saber em que sentido os juízos e as tomadas de posição morais podem reivindicar validade mostra

---

50 Disso se deduz a necessidade de complementar, pelo direito coercitivo e positivo, a moral apenas fracamente motivada. Cf. Habermas, *Faktizität und Geltung*, p.135 et seq.

outra face quando nos lembramos dos enunciados essencialistas pelos quais os mandamentos morais outrora se justificavam em termos ontoteológicos como parte de um mundo constituído de modo racional. Enquanto o teor cognitivo da moral podia ser indicado com a ajuda de enunciados descritivos, os juízos morais eram verdadeiros ou falsos. Porém, quando o realismo moral não pode mais ser defendido com o recurso à metafísica da criação e ao direito natural (ou aos seus sucedâneos) a validade deôntica dos enunciados morais não pôde mais ser assimilada à validade veritativa dos enunciados descritivos. Estes expressam o que acontece no mundo, aqueles dizem o que devemos fazer.

Quando se toma como ponto de partida que as proposições só podem ser válidas no sentido de "verdadeiro" ou "falso" e que "verdade" deve ser entendida no sentido de uma correspondência entre proposições e objetos ou fatos, toda pretensão de validade exigida para enunciados não descritivos acaba aparecendo como algo necessariamente problemático. De fato, o ceticismo moral se apoia principalmente na tese de que enunciados normativos não são verdadeiros ou falsos, e, por conseguinte, também não podem ser fundamentados, pois não existe algo como objetos ou fatos morais. Com isso, todavia, se fundem uma *compreensão do mundo* tradicional como a totalidade dos objetos ou fatos, uma *compreensão da verdade* em termos de teoria da correspondência e uma *compreensão de fundamentação* em termos semânticos. Comentarei de modo breve essas premissas questionáveis, em ordem inversa.[51]

---

51 Sobre o que se segue, cf. Heath, *Morality and Social Action*, p.86-102.

A inclusão do outro

Segundo a concepção semântica, uma proposição está fundamentada quando ela pode ser deduzida de proposições básicas segundo regras de dedução válidas. Para tanto, define-se uma série de proposições básicas segundo determinados critérios (lógicos, de teoria do conhecimento ou psicológicos). Mas a suposição fundamentalista dessa base, acessível à percepção ou ao espírito de modo imediato, não resistiu à ideia de uma constituição holística da linguagem e da interpretação, desenvolvida em termos de crítica da linguagem. Toda fundamentação precisa *ao menos partir* de uma compreensão de fundo ou de um contexto pré-entendido.[52] Por isso, recomenda-se uma concepção pragmática de fundamentação como uma prática de justificação pública, na qual as pretensões de validade criticáveis podem ser resgatadas mediante razões. Com isso, podem ser discutidos os próprios critérios de racionalidade que definem quais razões podem ser definidas como boas. Por fim, é por isso que as qualidades procedimentais do próprio processo de argumentação precisam carregar o ônus de explicar por que os resultados alcançados segundo os procedimentos têm a seu favor a suposição de serem válidos. A constituição comunicativa dos discursos racionais pode, por exemplo, zelar para que todas as contribuições sejam levadas em conta e que só a coerção não coercitiva do melhor argumento defina o "sim" ou o "não" dos participantes.[53]

O conceito pragmático de fundamentação abre o caminho para um conceito epistêmico de verdade que deve nos ajudar a sair das conhecidas dificuldades da teoria da verdade como

---

52 Cf. Davidson, *Wahrheit und Interpretation*.
53 Cf. Habermas, *Theorie des kommunikativen Handelns*, v.I, p.44-71.

correspondência. Com o predicado verdade nos referimos ao jogo de linguagem da justificação, isto é, ao resgate público de pretensões de verdade. Por outro lado, a "verdade" não pode ser equiparada àquilo que tem a qualidade de estar fundamentado [*Begründbarkeit*] – *warranted assertibility*. O uso "cauteloso" do predicado – "p" pode estar muito bem fundamentado e mesmo assim não ser verdadeiro – nos chama a atenção para a diferença entre a "verdade" como uma qualidade perene dos enunciados e a "aceitabilidade racional" como uma qualidade de proferimentos que depende do contexto.[54] No interior do horizonte das justificações possíveis, essa diferença pode ser entendida como a distinção entre "justificado em nosso contexto" e "justificado em todo contexto". Podemos outra vez fazer jus a essa diferença mediante uma idealização fraca de nossos processos de argumentação – pensados como processos capazes de evoluir. Quando afirmamos "p" e, com isso, reivindicamos a verdade para "p", assumimos a obrigação argumentativa de defender "p" – conscientes da falibilidade – frente a todas as futuras objeções.[55]

Em nosso contexto, interessa-me menos a relação complexa de verdade e justificação do que a possibilidade de entender o

---

54 Rorty, Pragmatism, Davidson and truth. In: LePore (Org.). *Truth and Interpretation*, p.333-5.

55 Esse conceito reativo de "qualidade de resgate discursivo" [*diskursiven Einlösbarkeit*], que não se remete a estados ideais, mas ao enfraquecimento de objeções potenciais, se aproxima do conceito de *superassertibility*. Wright, *Truth and Objectivity*, p.33 et seq. Para uma crítica à minha primeira concepção de verdade ainda orientada por Peirce, cf. Wellmer, *Ethik und Dialog*, p.102 et seq. Ainda Wingert, *Gemeinsinn und Moral*, p.264 et seq.

A inclusão do outro

conceito de verdade, depurado das conotações de correspondência, como um caso especial de validade, ao passo que esse conceito *universal* de validade é introduzido tendo como referência o resgate discursivo de pretensões de validade. Com isso se abre um espaço conceitual no qual podemos situar o conceito normativo de validez, especialmente o de validez moral. A correção de normas morais (ou de enunciados morais universais) e de mandamentos singulares pode ser entendida em analogia à verdade de proposições assertóricas. O que vincula ambos os conceitos de validade é o procedimento do resgate discursivo das respectivas pretensões de validade. O que os separa é a referência ao mundo social ou ao mundo objetivo.

O mundo social, que (como a totalidade das relações interpessoais reguladas de modo legítimo) só é acessível a partir da perspectiva do participante, é intrinsecamente histórico e, nesse sentido, (se assim o quisermos) tem uma constituição ontológica diferente daquela do mundo objetivo descritível a partir da perspectiva do observador.[56] O mundo social está entrelaçado com as intenções e as concepções, com a prática e a linguagem de seus membros. Isso vale, de modo semelhante, para as *descrições* do mundo objetivo, mas não para o próprio mundo objetivo. É por isso que o resgate discursivo das pretensões de verdade possui um significado diferente daquele das pretensões de validade moral: em um caso, o acordo alcançado de modo discursivo *implica* que tenham sido cumpridas as

---

56 A propósito, é a partir disso que se explica a necessidade de complementar o discurso de fundamentação pelo discurso de aplicação. Cf. Günther, *Der Sinn für Angemessenheit*. Sobre isso Habermas, *Faktizität und Geltung*, p.141 et seq.

condições de verdade de uma proposição assertórica, interpretadas como condições de afirmação; em outro caso, o acordo alcançado de modo discursivo *fundamenta* por que uma norma merece ser reconhecida e, portanto, ele próprio contribui para o cumprimento de suas condições de validez. Enquanto no caso das proposições assertóricas a aceitabilidade racional *apenas indica* a verdade, no caso das normas morais ela presta uma contribuição *constitutiva* para a sua validade. No discernimento moral a construção e a descoberta se entrelaçam de modo diferente do que no conhecimento teórico.

O que escapa de nossa disposição é o ponto de vista moral, que se impõe a nós, mas não como uma ordem moral *estabelecida* que existe independente de nossas descrições. Não é o mundo social como tal que não está à nossa disposição, mas sim as estruturas e os procedimentos de um processo argumentativo que serve simultaneamente à criação e à descoberta das normas de uma convivência regulada de modo correto. O sentido construtivista da formação de um juízo moral pensado segundo o modelo da autolegislação não pode ser perdido, mas ele também não pode destruir o sentido epistêmico da fundamentação moral.[57]

IX

A ética do discurso justifica o teor de uma moral do respeito igual e da responsabilidade solidária por cada um. Ela o faz, em primeiro lugar, pela via da reconstrução racional do teor de uma

---

57 Cf. Rawls, Kantian constructivism in moral theory, *Journal of Philosophy*, p.519.

tradição moral abalada em seu fundamento de validade religioso. Se a interpretação do imperativo categórico, em termos de teoria do discurso, permanece presa a essa tradição de origem, essa genealogia fracassa em seu objetivo de demonstrar o teor cognitivo dos juízos morais *em geral*. Falta uma fundamentação em termos de teoria moral do próprio ponto de vista moral.

Contudo, o princípio do discurso responde a uma dificuldade com a qual se defrontam os membros de uma comunidade moral *qualquer* quando, com a passagem para as sociedades modernas, marcadas por um pluralismo de visões de mundo, se dão conta do dilema de que continuam, antes e agora, a discutir mediante razões sobre os juízos e tomadas de posição morais, embora o consenso substâncial de fundo sobre as normas morais fundamentais já tenha desmoronado. Tanto globalmente quanto no interior da sociedade, os membros de uma comunidade moral se veem envolvidos em conflitos de ação que precisam ser regulados, os quais continuam a ser entendidos pelos participantes como conflitos morais, ou seja, como conflitos solucionáveis de modo fundamentado, embora o *ethos* comum já tenha desmoronado. O cenário a seguir não reproduz nenhuma "posição original", mas sim um percurso estilizado de maneira típico-ideal, tal como poderia ocorrer sob condições reais.

Parto da suposição de que os participantes resolvem seus conflitos não pela violência ou formação de compromissos, mas pelo entendimento. Nesse caso, parece óbvio que eles procuram primeiro entrar em deliberações e desenvolver uma autocompreensão *ética* comum a partir de uma base profana. Porém, sob as condições de vida diferenciadas de sociedades pluralistas, tal tentativa terá de fracassar. Os participantes aprendem que a certificação crítica de suas avaliações fortes, comprovadas na prática, leva a concepções do bem concorrentes. Vamos assumir que eles se mantêm firmes em seu propósito de alcançar o entendimento e que, além disso, tampouco querem substituir por um mero *modus vivendi* a convivência moral ameaçada.

Na ausência de um entendimento substantivo acerca do conteúdo das normas, os participantes se veem remetidos a uma circunstância de certo modo neutra, na qual todos compartilham, a partir de dentro, uma forma de vida *qualquer*, estruturada pelo entendimento linguístico. Visto que tais processos de entendimento e formas de vida possuem em comum certos aspectos estruturais, os participantes poderiam se perguntar se neles não se ocultam teores normativos que poderiam fornecer o fundamento para as orientações comuns. As teorias alinhadas à tradição de Hegel, Humboldt e G. H. Mead seguiram essa trilha e mostraram que as ações comunicativas estão entrelaçadas com imputações recíprocas, e que as formas de vida comunicativa estão entrelaçadas com as relações de reconhecimento recíproco e que, nesse sentido, possuem um teor normativo.[58] Dessa análise resulta que, a partir da forma e da estrutura de perspectivas da socialização intersubjetiva intacta, a moral recebe um sentido genuíno, independente do bem individual.[59]

É claro que, tomando unicamente as qualidades das formas de vida comunicativas, não se pode fundamentar por que os

---

58 Cf. Honneth, *Kampf um Anerkennung*; Forst, *Kontexte der Gerechtigkeit*.

59 Cf. Wingert, *Gemeinsinn und Moral*, p.295 et seq. Sobre a estrutura da perspectiva da ação orientada ao entendimento, cf. o artigo que dá titulo a Habermas, *Moralbewußtsein und kommunikatives Handeln*, p.127 et seq., especialmente p.144-52.

A inclusão do outro

membros de uma determinada comunidade histórica *deveriam* ir além de suas orientações por valores particulares e passar ao universalismo igualitário das relações de reconhecimento plenamente simétricas e ilimitadamente inclusivas. Por outro lado, uma concepção universalista, se quiser evitar as falsas abstrações, precisa se valer das intuições [*Einsichten*] da teoria da comunicação. Partindo do fato de que as pessoas só se individualizam pela via da socialização, resulta que a consideração moral vale tanto para os indivíduos insubstituíveis quanto para os membros da comunidade,[60] ou seja, vincula a justiça com a solidariedade. O tratamento igual se refere ao tratamento de desiguais que, no entanto, estão conscientes de seu pertencimento comum. O aspecto segundo o qual as pessoas como tais são iguais a todas as demais pessoas não pode se fazer valer *à custa* do outro aspecto, segundo o qual as pessoas, como indivíduos, são ao mesmo tempo absolutamente diferentes umas das outras.[61] O respeito recíproco e igual a cada um, exigido pelo universalismo sensível à diferença, expressa uma forma de inclusão *que não nivela* e *que não prende* o outro *em sua alteridade*.

Mas como justificar essa passagem a uma moral pós-tradicional em geral? As obrigações enraizadas na ação comunicativa e desempenhadas de modo tradicional não vão, *por elas mesmas*,[62]

---

60 As implicações desse duplo aspecto foram energicamente trabalhadas por Wingert, em sua obra *Gemeinssin und Moral*.

61 Por isso, não se pode considerar que a condição de imparcialidade já se encontra satisfeita somente pelo fato de que um não participante pondera o bem e o mal que estão em jogo para uma pessoa "qualquer". Para uma visão diferente, cf. Tugendhat, *Vorlesungen über Ethik*, p.353.

62 Cf. Seel, *Versuch über die Form des Glücks*, p.204.

além dos limites da família, do clã, da cidade ou da nação. Com a forma reflexiva da ação comunicativa acontece algo diferente: as argumentações *per se* apontam para além de todas as formas de vida particulares. Pois nos pressupostos pragmáticos dos discursos ou deliberações racionais, o teor normativo das suposições assumidas na ação comunicativa é *universalizado*, *abstraído* e *deslimitado*, isto é, expandido para uma comunidade inclusiva que, em princípio, não exclui nenhum sujeito capaz de falar e agir, desde que possa produzir contribuições relevantes. Essa ideia indica a saída para aquela situação em que os participantes perderam o apoio ontoteológico e precisam criar, por assim dizer, suas orientações normativas completamente a partir de si mesmos. Como já foi mencionado, os participantes somente podem recorrer aos elementos comuns de que já dispõem *atualmente*. Depois do último fracasso, esses elementos comuns ficaram reduzidos ao estoque das qualidades formais da situação de deliberação compartilhadas de modo performativo. Afinal, todos já se envolveram no empreendimento cooperativo de uma deliberação prática.

Essa é uma base bastante estreita. Porém, em vista das dificuldades postas por um pluralismo de visões de mundo, a neutralidade em termos de conteúdo desse estoque comum também pode significar uma oportunidade. Desse modo, uma saída para o problema de encontrar um equivalente para a fundamentação tradicional e substantiva de um acordo normativo fundamental passaria a existir quando a forma comunicativa, na qual são realizadas as deliberações práticas comuns, puder fornecer ela mesma uma dimensão sob a qual é possível uma fundamentação das normas morais que convença a todos os participantes em virtude de sua imparcialidade.

A inclusão do outro

(a) Quando se considera a própria prática de deliberação como a única fonte possível para o ponto de vista do juízo imparcial de questões morais, a referência ao conteúdo moral tem de ser substituída pela referência autorreferente da forma dessa prática. É precisamente esse entendimento da situação que é expresso de modo conceitual no princípio "D": só podem reivindicar validez aquelas normas que poderiam encontrar, em discursos práticos, um consentimento de todos os concernidos. O "consentimento" produzido sob as condições discursivas significa aqui um consentimento motivado por razões epistêmicas. Ele não pode ser entendido como um acordo motivado racionalmente a partir da perspectiva egocêntrica de cada um. Contudo, o princípio do discurso deixa em aberto o tipo de argumentação, ou seja, o caminho pelo qual se pode alcançar um entendimento discursivo. O próprio "D" não supõe de antemão que uma fundamentação das normas morais seja possível sem um entendimento substantivo de fundo.

(b) O princípio "D", introduzido de modo condicional, indica a própria condição que as normas válidas deveriam cumprir para *poderem* ser fundamentadas. Por ora, só deve haver clareza sobre o conceito de norma moral. Os participantes também sabem, de modo intuitivo, como se participa nas argumentações. Embora só estejam familiarizados com a fundamentação de proposições assertóricas e ainda não saibam se as pretensões de validade moral podem ser avaliadas do mesmo modo, eles podem imaginar (sem pré-julgar) o que *significaria* fundamentar normas. O que falta para operacionalizar "D" é, porém, uma regra de argumentação que indique como as normas morais podem ser fundamentadas.

O princípio de universalização "U" é, sem dúvida, inspirado em "D", mas já não mais como uma sugestão obtida em termos abdutivos. Ele afirma: — uma norma só é válida quando as consequências e os efeitos colaterais previsíveis, produzidos pela observância universal da norma, sobre a constelação de interesses e orientações por valores *de cada um* puderem ser aceitos *em comum* e sem coerção *por todos* os concernidos.

Sobre isso, faço três comentários. Com a "constelação de interesses e as orientações por valores", entram em jogo as razões pragmáticas e éticas do participante individual. Esses dados devem evitar que as autocompreensões e concepções de mundo do participante individual sejam marginalizadas e assegurar de modo universal a sensibilidade hermenêutica para um espectro suficientemente amplo de contribuições. Além disso, assumir a perspectiva mútua universalizada ("de cada um" — "de todos em comum") não exige apenas empatia, mas também uma intervenção interpretativa na autocompreensão e na concepção de mundo dos participantes, os quais precisam manter uma abertura para reverem suas autodescrições e suas descrições do mundo (e da linguagem usada nelas). Por fim, o objetivo da "aceitação em comum e sem coerção" define o aspecto segundo o qual as razões apresentadas perdem o seu sentido de motivos de ação relativos ao ator e assumem um sentido epistêmico sob o ponto de vista da consideração simétrica.

(c) Os próprios participantes talvez se deem por satisfeitos com essa regra de argumentação (ou com outra semelhante) à medida que ela se mostre útil e não leve a resultados contraintuitivos. O que tem de ser mostrado é que uma prática de fundamentação, conduzida dessa maneira, define as normas capazes de receber o consentimento universal (por exemplo, os

A inclusão do outro

direitos humanos). Porém, do ponto de vista do teórico moral, falta um último passo na fundamentação.

Podemos certamente partir do fato de que a prática de deliberação e justificação, a qual chamamos de argumentação, pode ser encontrada em todas as culturas e sociedades (ainda que não necessariamente em sua forma institucionalizada, mas sim como uma prática informal) e que não há nenhum equivalente para essa forma de solução de problemas. Em vista da difusão universal da prática de argumentação e da ausência de alternativas para ela, deveria ser difícil contestar a neutralidade do princípio do discurso. Porém, com a abdução de "U", poderia ter se infiltrado uma pré-compreensão etnocêntrica, e, portanto, uma determinada concepção do bem, que não é compartilhada pelas demais culturas. A suspeita acerca da parcialidade eurocêntrica da concepção de moralidade operacionalizada por "U" poderia ser anulada se essa explicação do ponto de vista moral conseguisse se tornar plausível de modo imanente, ou seja, pudesse ser explicada a partir do saber sobre o que fazemos quando nos envolvemos em uma prática de argumentação. A ideia de fundamentação em termos de ética do discurso consiste, portanto, em que o princípio "U", vinculado à concepção de fundamentação de normas em geral, expressa no princípio "D", pode ser obtido a partir do teor implícito dos pressupostos universais da argumentação.[63]

Isso é fácil de compreender de modo intuitivo (ao passo que toda tentativa de uma fundamentação formal exigiria discussões complicadas sobre o sentido e a plausibilidade de "argumentos

---

63 Cf. Ott, *Wie begründetmann in Diskussionsprinzip der Moral?*. In: *Von Begründen zum Handeln*, p.12-50.

transcendentais").[64] Dou-me por satisfeito com a indicação fenomenológica de que as argumentações são feitas com o objetivo de os proponentes se convencerem mutuamente da correção de pretensões de validade que reivindicam para seus enunciados e que estão dispostos a defender diante de seus oponentes. Com a prática da argumentação se estabelece uma disputa *cooperativa* pelos melhores argumentos, na qual a orientação pelo objetivo do entendimento vincula *in limine* os participantes. A suposição de que a disputa pode levar a resultados "racionalmente aceitáveis", e inclusive "convincentes", se fundamenta na força de convencimento dos argumentos. É claro que inclusive pode ser discutido o que conta como um bom ou mau argumento. Por isso a aceitabilidade racional de um enunciado se apoia, em última instância, em razões, junto com determinadas qualidades do próprio processo de argumentação. Mencionarei apenas as quatro principais: (a) não podem ser excluídos da participação aqueles que possam fazer uma contribuição relevante; (b) a todos é dada a oportunidade igual de fazer contribuições; (c) os participantes devem dizer o que realmente pensam; (d) a comunicação tem de estar livre de coações internas e externas, de modo que as tomadas de posição sim/não acerca das pretensões de validade somente sejam motivadas pela força de convencimento das melhores razões. Se todo aquele que se envolve em uma argumentação tem de assumir pelo menos esses pressupostos pragmáticos, nos discursos práticos só podem contar — (a) em virtude da publicidade e inclusão de todos os concernidos e (b) em virtude da igualdade de direitos comunicativos dos participantes — as razões que consideram de modo igual os

---

64 Cf. Niquet, *Transzendentale Argumente*; *Nichthintergehbarkeit und Diskurs*.

A inclusão do outro

interesses e as orientações por valores de cada um. E devido à ausência do (c) engano e (d) da coerção, somente as razões podem ser determinantes para o consentimento a uma norma em disputa. Por fim, sob as premissas da orientação recíproca ao entendimento, assumidas por cada um, essa aceitação "não coercitiva" só pode dar-se "em comum".

Contra a objeção frequente de circularidade,[65] deve-se mencionar que o teor dos pressupostos universais da argumentação de modo algum é "normativo", em um sentido moral. Pois o caráter inclusivo implica apenas o caráter irrestrito do acesso aos discursos, e não a universalidade de alguma norma de ação obrigatória. A distribuição igualitária das liberdades comunicativas *no* discurso e a exigência de sinceridade *para* o discurso expressam deveres e direitos *de argumentação*, e de modo algum direitos e deveres *morais*. Do mesmo modo, o caráter não coercitivo do próprio processo de argumentação não diz respeito a relações interpessoais *fora* dessa prática. As regras constitutivas para o jogo de argumentação definem a troca de argumentos e as tomadas de posição sim/não. Elas têm um sentido epistêmico que torna possível a justificação de enunciados, e não o sentido prático *imediato* de motivar a ação.

O estratagema da fundamentação do ponto de vista moral em termos de ética do discurso consiste em que só uma regra de argumentação permite que o teor moral desse jogo de linguagem epistêmico seja transmitido para a escolha de normas

---

65 Cf. Tugendhat, p.16 et seq. A crítica de Tugendhat se refere a uma concepção do meu argumento que já foi revista na segunda edição de *Moralbewusstsein und kommunikatives Handeln*, isto é, de 1984 (!). Cf. também Habermas, *Erläuterungen zur Diskursethik*, p.134, nota 17.

de ação, que – junto com sua pretensão de validade moral – são *sugeridas* em discursos práticos. Uma obrigatoriedade moral não pode se dar unicamente a partir da coação transcendental dos pressupostos inevitáveis da argumentação. Ela adere muito mais aos objetos específicos dos discursos práticos – isto é, às normas *introduzidas* nos discursos práticos, às quais se referem as razões mobilizadas na deliberação. Enfatizo essa circunstância ao afirmar que "U" se torna plausível a partir do teor normativo dos pressupostos da argumentação *em combinação com um conceito* (fraco, ou seja, que não pré-julga) *de fundamentação de normas.*

A plausibilidade da estratégia de fundamentação, aqui apenas esboçada, precisa também ser mostrada com um questionamento genealógico, por trás do qual se escondem certas suposições da teoria da modernidade.[66] Com "U", nos certificamos de modo reflexivo de uma substância normativa que, por assim dizer, é preservada nas sociedades pós-tradicionais nas formas de argumentação e da ação orientada ao entendimento. Isso também é mostrado pela figura de fundamentação da contradição performativa, usada como evidência para identificar os pressupostos universais da argumentação, algo que aqui não foi discutida.[67]

Como problema seguinte, coloca-se a questão da aplicação das normas. Só com o desenvolvimento do princípio da ade-

---

66 Isso é enfatizado por Regh, na obra *Insight and Solidarity*, p.65 et seq.; cf. também Benhabib, Autonomy, modernity and community. In: Benhabib, *Situating the Self*, p.68-88.

67 Cf. Apel, Die transzendentalpragmatische Begründung der Kommunikationsethik. In: *Diskurs und Verantwortung*, p.306-69.

A inclusão do outro

quação (de K. Günther)[68] o ponto de vista moral se valida *plenamente* em relação aos juízos morais singulares. Desse modo, no resultado de discursos de fundamentação e de aplicação, realizados com êxito, *mostra-se* que as questões práticas se diferenciam sob o ponto de vista moral definido de forma rigorosa: as questões morais da convivência correta se separam, por um lado, das questões pragmáticas da escolha racional e, por outro, das questões éticas da vida boa ou não fracassada. Além disso, retrospectivamente se tornou claro para mim que "U" operacionalizou um princípio de discurso mais abrangente, tendo em vista sobretudo um questionamento específico, a saber, um questionamento moral.[69] O princípio do discurso também pode ser operacionalizado para outras questões, por exemplo, para as deliberações de um legislador político ou para os discursos jurídicos.[70]

---

68 Cf. nota 57.

69 Cf. Habermas, *Faktizität un*, p.135 et seq. e o posfácio à 4ª edição, p.674 et seq.

70 Cf. Alexy, *Theorie der juristischen Argumentation*; *Begriff und Geltung des Rechts*; *Recht, Vernunft, Diskurs*; Baynes, *The Normative Grounds of Social Criticism*; Benhabib, Deliberative Rationality and Models of Democratic Legitimacy. In: *Constellations*, p.26-52; e cf. sobretudo Forst, *Kontexte der Gerechtigkeit*.

II
O liberalismo político – um debate com John Rawls

2
Reconciliação pelo uso público da razão

A teoria da justiça de John Rawls representa um ponto de viragem na história recente da filosofia prática. Com essa obra, as questões morais, há muito tempo reprimidas, foram reabilitadas por Rawls como objeto a ser levado a sério nas investigações científicas. Kant formulou a questão moral fundamental de maneira tal que ela podia encontrar uma resposta racional: em casos de conflito, devemos fazer o que é igualmente bom para todas as pessoas. Sem assumir as suposições de fundo da filosofia transcendental de Kant, Rawls renovou essa abordagem na perspectiva da convivência justa dos cidadãos em uma coletividade política. Em oposição frontal ao utilitarismo, de um lado, e ao ceticismo de valores, de outro, ele propôs uma leitura intersubjetiva do conceito kantiano de autonomia: agimos de modo autônomo quando obedecemos precisamente àquelas leis que poderiam ser aceitas com boas razões por todos os concernidos com base em um uso público de sua razão. Rawls usa esse conceito moral de autonomia como uma chave para a explicação da autonomia política dos cidadãos de um Estado de direito democrático. *"Our exercise of political power is fully proper only when it is exercised in accordance with a constitution, the essentials of which all citizens as free and equal may be reasonably expected to endorse in the light of principles and ideals acceptable to their common human reason.*"[1] Essa frase provém do livro com o qual Rawls conclui, por enquanto, um processo de vinte anos de ampliação e revisão de sua teoria da justiça. Da mesma maneira que, à época, havia se voltado contra as posições utilitaristas, Rawls reage hoje, sobretudo, às posições contextualistas que contestam o pressuposto de uma razão humana comum a todos os seres humanos.

Visto que admiro esse projeto, compartilho sua intenção e considero corretos os seus resultados essenciais; as divergências que expresso aqui permanecem nos limites estreitos de uma disputa em família. Minhas dúvidas se limitam a saber se Rawls sempre faz valer, de modo convincente, suas importantes e – em minha opinião – acertadas intuições. Mas, em primeiro lugar, gostaria de lembrar os contornos do empreendimento rawlsiano, tal como ele agora se apresenta.

Rawls fundamenta os princípios segundo os quais uma sociedade moderna deve ser ordenada para garantir a cooperação equitativa entre seus cidadãos como pessoas livres e iguais. Em um *primeiro* passo, ele explicita o ponto de vista sob o qual representantes fictícios poderiam responder imparcialmente essa questão. Explica por que as partes, na assim chamada posição

---

1 Rawls, *Political Liberalism*, p.137. ["Nosso exercício do poder político é plenamente adequado somente quando é exercido de acordo com uma Constituição cujos elementos fundamentais se espera que todos os cidadãos, como livres e iguais, possam razoavelmente endossar à luz de princípios e ideais aceitáveis à sua razão humana comum."]

original, entrariam em acordo sobre dois princípios, a saber, o primeiro princípio liberal segundo o qual a todos os cidadãos são asseguradas liberdades de ação subjetivas iguais; e o segundo princípio subordinado que regula o aceso em igualdade de direitos aos cargos públicos e estipula que as desigualdades sociais só podem ser aceitas à medida que também forem vantajosas para os cidadãos menos privilegiados. Em um *segundo* passo, Rawls mostra que essa concepção pode contar com o consentimento sob as condições de um pluralismo que ela mesma promove. O liberalismo político, por ser uma construção razoável que não apresenta uma pretensão de verdade, é neutro em termos de visão de mundo. Em um *terceiro* passo, Rawls esboça, por fim, os direitos fundamentais e os princípios do Estado de direito que podem ser deduzidos dos dois princípios de justiça superiores. Na sequência desses passos, apresentarei objeções que se orientam menos contra o projeto como tal e mais contra alguns aspectos de sua realização. Receio que Rawls faça concessões a posições filosóficas contrárias, que prejudicam a clareza de sua própria abordagem.

Minha crítica, apresentada com um propósito construtivo, procede de modo imanente. Em primeiro lugar, tenho dúvidas sobre o desenho da posição original, se é adequado em cada um de seus aspectos para explicar e assegurar o ponto de vista da avaliação imparcial de princípios de justiça entendidos de modo deontológico (I). Além disso, tenho a impressão de que Rawls teria de separar de maneira mais rigorosa as questões de fundamentação das questões de aceitação. Ele parece querer comprar a neutralidade em termos de visão de mundo de sua concepção de justiça à custa de sua pretensão de validade cognitiva (II). Essas duas decisões, em termos de estratégia teórica, têm como consequência uma construção do Estado de direito que coloca os direitos liberais fundamentais acima do princípio democrático de legitimação. Com isso, Rawls falha em seu propósito de harmonizar a liberdade dos modernos com a liberdade dos antigos (III). Finalizo com uma tese sobre a autocompreensão da filosofia política: sob as condições do pensamento pós-metafísico, a filosofia política deve ser modesta, mas não de maneira equivocada.

O papel de oponente, que me foi atribuído pela redação do *Journal of Philosophy*, me força a exacerbar essas dúvidas iniciais, transformando-as em objeções. Essa exacerbação pode ser justificada com o propósito amistoso e provocativo de pôr em movimento a economia argumentativa interna, nada fácil de abarcar, de uma teoria altamente complexa e muito bem pensada, de uma maneira tal que ela possa fazer valer suas potencialidades.[2]

I. O desenho da posição original

Rawls concebe a posição original com uma situação na qual os representantes dos cidadãos, que decidem de modo racional, estejam submetidos àquelas limitações precisas que garantam uma avaliação imparcial das questões de justiça. O conceito pleno de autonomia fica reservado aos cidadãos que já vivem sob as instituições de uma sociedade bem ordenada. Para a construção da posição original, Rawls decompõe esse conceito de autonomia política em dois elementos: nas qualidades mo-

---

2 Na preparação desse artigo, me foram especialmente úteis: Baynes, *The Normative Grounds of Social Criticism*; Forst, *Kontexte der Gerechtigkeit*.

A inclusão do outro

ralmente neutras das partes que buscam sua vantagem racional e nas restrições, carregadas de teor moral, da situação em que as partes escolhem os princípios para um sistema de cooperação equitativa. Essas restrições normativas permitem que as partes sejam dotadas de modo parcimonioso, a saber, apenas com "a capacidade para serem racionais e para agirem a partir de (sua) dada concepção do bem".[3] Não importa se as partes apenas fazem ponderações de racionalidade com respeito a fins ou se também incluem pontos de vista éticos na orientação da vida: suas decisões sempre resultam da perspectiva de suas próprias orientações por valores (ou da perspectiva dos cidadãos que elas representam). Elas não precisam e não podem considerar as coisas sob o ponto de vista moral segundo o qual se consideraria aquilo que é do interesse igual de todos. Pois essa imparcialidade é forçada mediante uma situação que estende um véu de ignorância sobre partes que são mutuamente desinteressadas e ao mesmo tempo livres e iguais. Uma vez que as partes não sabem qual posição ocuparão na sociedade que vão ordenar, elas se veem estimuladas, pelo interesse próprio, a refletir sobre o que é igualmente bom para todos.

O que explica a construção de uma posição original, que *modela* de modo razoável a liberdade de arbítrio de atores que decidem de modo racional, é o propósito inicial de apresentar a teoria da justiça como parte da teoria geral da escolha racional. Ou seja, no início, Rawls partiu da suposição de que apenas teria de limitar, de modo apropriado, o espaço operativo das partes que decidem de modo racional para poder derivar os

---

3 Rawls, Der Vorrang der Grundfreiheiten. In: *Die Idee des politischen Liberalismus*, p.176.

princípios de justiça a partir do autointeresse esclarecido. Porém, ele logo reconheceria que a razão de cidadãos autônomos não poderia ser reduzida à escolha racional de atores que decidem de modo arbitrário.[4] Mesmo depois da revisão do objetivo que o desenho da posição original deveria originalmente comprovar, Rawls continuou a sustentar claramente que o sentido do ponto de vista moral poderia ser operacionalizado dessa maneira. Isso trouxe consequências indesejáveis, das quais só gostaria de discutir as três seguintes: (1) As partes na posição original podem perceber os interesses prioritários de seus clientes apenas com base em seu egoísmo racional? (2) Os direitos fundamentais podem ser assimilados a bens primários? (3) O véu de ignorância garante a imparcialidade do juízo?

(1) Rawls não consegue sustentar de modo consequente a decisão de que cidadãos "plenamente" autônomos sejam representados por partes que não dispõem desse tipo de autonomia. Por pressuposto, os cidadãos são pessoas morais que possuem um senso de justiça e a capacidade para possuírem sua própria concepção do bem, assim como têm um interesse em cultivar essas predisposições de modo razoável. Mas, as partes na posição original são desoneradas dessas qualidades razoáveis das pessoas morais por um desenho objetivamente racional. Ao mesmo tempo, elas devem poder entender e considerar de forma adequada os *highest order interests* [os interesses de ordem superior] dos cidadãos que resultam dessas qualidades. Por exemplo, elas têm de contar com o fato de que os cidadãos autônomos respeitam os interesses dos demais à luz de princípios

---

4 Cf. Rawls, Gerechtigkeit als Fairneß. In: *Die Idee des politischen Liberalismus*, p.273 et seq., nota 20.

A inclusão do outro

justos, e não apenas a partir do interesse próprio; que eles se sentem obrigados a assumir comportamentos leais; que eles podem se convencer da legitimidade das instituições e políticas existentes mediante o uso público de sua razão etc. Ou seja, as partes devem entender, assumir seriamente e transformar em objeto de suas negociações as consequências de uma autonomia que lhes é vedada em sua amplitude plena e as implicações do exercício de uma razão prática da qual eles próprios não podem fazer uso. Isso ainda poderia ser plausível ao se considerar a defesa representativa do interesse *autorreferido* em perseguir concepções do bem não conhecidas em seus detalhes. Mas o sentido das considerações de justiça pode permanecer inalterado pela perspectiva de egoístas racionais? De qualquer maneira, as partes são incapazes, no interior das limitações de seu egoísmo racional, de assumir reciprocamente as perspectivas que os próprios cidadãos por eles representados assumem quando se orientam de modo justo por aquilo que é igualmente bom para todos. *"In their rational deliberations the parties [...] recognize no standpoint external to their own point of view as rational representatives."*[5] Se as partes devem compreender o sentido deontológico dos princípios de justiça buscados por elas e, ao mesmo tempo, considerar apropriadamente os interesses de justiça de seus clientes, é necessário atribuir às partes competências cognitivas que vão mais além das capacidades com as quais precisam se arranjar os atores que decidem de modo racional, mas que são cegos com relação à justiça.

---

5 Id., *Political Liberalism*, p.73. ["Em suas deliberações racionais as partes (...) não reconhecem nenhuma perspectiva externa ao seu próprio ponto de vista como representantes racionais."]

Evidentemente, Rawls pode variar o respectivo desenho da posição original. Já na *Teoria da justiça* ele qualifica a racionalidade das partes contratantes. Por um lado, elas não têm nenhum interesse uma pela outra. Elas se comportam uma com a outra como jogadores que "lutam pelo maior placar absoluto possível".[6] Por outro lado, estão equipadas com um "senso de justiça puramente formal", já que devem saber umas das outras que no papel de futuros cidadãos devem manter os compromissos quando, por sua vez, vão viver sob o regime de uma sociedade bem-ordenada.[7] Isso pode ser bem entendido no sentido de que, na posição original, as partes têm pelo menos o conhecimento de algum tipo de reciprocidade obrigatória que determina a convivência de seus clientes no futuro, ainda que tenham de primeiro conduzir suas negociações sob outras premissas. Não há o que objetar acerca dessas estipulações. Apenas me pergunto se um desenho da posição original, ampliado desse modo, não perde seu propósito estratégico [*Witz*] ao se afastar muito de seu modelo original. Pois assim que as partes dão um passo além das limitações de seu egoísmo racional e assumem uma semelhança, ainda que distante, com as pessoas morais, destrói-se aquela divisão de trabalho entre a racionalidade subjetiva da escolha e as restrições objetivas adequadas com base na qual os sujeitos que agem de modo autointeressado deveriam chegar a decisões razoáveis, isto é, a decisões morais. Essa consequência poderia não ter grande importância para os desenvolvimentos posteriores. Porém, ela chama a atenção para as coerções em ter-

---

6 Id., *Theorie der Gerechtigkeit*, §25, p.168.
7 Ibid., p.169.

mos de estratégia conceitual que resultam da intenção originária de resolver o problema hobbesiano na perspectiva da teoria da decisão. Outra consequência derivada da abordagem da posição original em termos de teoria da decisão é a introdução dos bens primários. E esse deslocamento *tem* uma importância para o desenvolvimento da teoria.

(2) Para atores que decidem de modo racional, vinculados à perspectiva da primeira pessoa, a normatividade, seja ela qual for, só pode ser representada sob os conceitos de interesses ou valores que são satisfeitos por bens. Os bens são aquilo que buscamos, aquilo que *é bom para nós*. Em consequência disso, Rawls introduz os "bens primários" como meios generalizados que as pessoas podem precisar para realizar seus planos de vida. Embora as partes saibam que, para os cidadãos de uma sociedade bem ordenada, alguns desses bens primários podem assumir o caráter de direitos, elas próprias, na situação da posição original, só podem descrever os direitos como uma categoria de bens entre outras. Para as partes a questão dos princípios de justiça só pode se apresentar como uma questão acerca da distribuição justa de bens primários. Com isso, Rawls acaba admitindo um conceito de justiça próprio de uma ética dos bens, que cabe melhor às abordagens aristotélicas ou utilitaristas do que à sua própria teoria dos direitos, que parte de um conceito de autonomia. Uma vez que Rawls defende uma concepção de justiça segundo a qual a autonomia dos cidadãos é constituída pelos direitos, o paradigma da distribuição lhe traz algumas dificuldades. Os direitos podem ser "desfrutados" somente à medida que possam ser *exercidos*. Eles não podem ser assimilados a bens distributivos sem perderem seu sentido deontológico. Uma distribuição igualitária de di-

reitos só é possível quando os parceiros de direito se reconhecem mutuamente como livres e iguais. Evidentemente, existem direitos *a* uma parte equitativa dos bens ou oportunidades, mas os próprios direitos regulam relações *entre* os atores – e não podem ser "possuídos" por estes como se fossem coisas.[8] Se eu estiver correto, Rawls se vê obrigado, devido às coerções em termos de estratégica conceitual oriundas do modelo de escolha racional, que continua atuando, a considerar as liberdades fundamentais não como direitos fundamentais prévios; ele é forçado a *reinterpretá-las* como bens primários. Mas com isso Rawls faz que o sentido deontológico das normas que nos obrigam seja igual ao sentido teleológico dos valores que preferimos.[9] Com isso, apaga as distinções essenciais que quero lembrar brevemente para mostrar como ele se vê pressionado em seus desenvolvimentos posteriores.

À luz de normas é possível decidir o que é imperativo fazer; no horizonte de valores, é possível decidir qual é o comportamento recomendado. As normas reconhecidas obrigam seus destinatários sem exceção e de modo igual, ao passo que os valores expressam o caráter preferêncial de bens que são almejáveis em uma determinada coletividade. Enquanto as normas são seguidas no sentido de cumprir expectativas de comportamento generalizadas, os valores ou bens só se realizam ou são obtidos mediante ações orientadas a um fim. Além disso, as normas se apresentam com uma pretensão de validade binária,

---

8 Young, *Justice and the Politics of Difference*, p.25.

9 Essa objeção não está fundamentada na tese de uma prioridade dos deveres sobre os direitos (como em O'Neill, *Constructions of Reason*, Capítulo 12, p.206 et seq.).

A inclusão do outro

de acordo com a qual são válidas ou inválidas; em relação às proposições normativas, da mesma maneira que as proposições assertóricas, nós só podemos assumir uma posição de "sim" ou "não" – ou nos abstermos de julgar. Os valores, por sua vez, estabelecem relações de preferência que afirmam que determinados bens são mais atrativos que outros. Por isso, podemos consentir mais ou menos com as proposições avaliativas. A validade deôntica das normas tem o sentido absoluto de uma obrigação incondicional e universal: o que se deve fazer tem a pretensão de ser igualmente bom para todos (ou para todos os destinatários). A atratividade dos valores tem o sentido relativo de uma avaliação habitual ou adotada nas culturas e formas de vida: as decisões valorativas importantes ou as preferências de ordem superior dizem o que é bom para nós (ou para mim) como um todo. Por fim, as diferentes normas não podem contradizer umas às outras quando reivindicam validade para o mesmo círculo de destinatários; elas têm de estar em uma relação coerente, isto é, precisam formar um sistema. Por outro lado, os diferentes valores competem pela prioridade: à medida que encontram o reconhecimento intersubjetivo no interior de uma cultura ou forma de vida, elas formam configurações flexíveis e cheias de tensão. Resumindo, normas e valores se distinguem, primeiro, por sua relação com diferentes tipos de ação: ação guiada por normas ou ação orientada para fins; segundo, por sua pretensão de validade: codificação binária ou gradual; terceiro, por sua obrigatoriedade: absoluta ou relativa; e, quarto, pelos critérios de coerência que os sistemas de normas ou os sistemas de valores devem cumprir.

Ora, Rawls pretende levar em conta a intuição deontológica que se expressa nessas distinções. Por isso, foi necessário corrigir o nivelamento da dimensão deontológica assumida no início – devido à estrutura da posição original – pela prioridade do primeiro princípio sobre o segundo. Porém, a prioridade absoluta das iguais liberdades subjetivas de ação sobre os bens primários regulados pelo segundo princípio não pode ser fundamentada a partir da perspectiva da primeira pessoa, pela qual nós nos orientamos segundo nossos interesses ou valores. Esse ponto foi desenvolvido com clareza na crítica de H. L. A. Hart.[10] É interessante notar que Rawls só enfrenta essa crítica ao incluir uma qualificação *suplementar* nos bens primários que lhes assegura uma relação com as liberdades básicas como direitos básicos. Ou seja, ele só permite que valham como bens primários aqueles bens sociais que são adequados para os planos de vida e para o desenvolvimento das capacidades morais dos cidadãos *como pessoas livres e iguais*.[11] Além disso, ao incluir no primeiro princípio a garantia do "valor equitativo" da liberdade, Rawls faz a distinção entre aqueles bens primários que são constitutivos, em sentido moral, para o quadro institucional da sociedade bem ordenada, e os demais bens primários.[12]

Mas essa definição complementar pressupõe tacitamente uma diferenciação deontológica entre direitos e bens que contradiz a classificação feita *prima facie* dos direitos como bens. Ou seja, o valor equitativo das liberdades iguais é medido pelo cumprimento das condições fáticas para o exercício dos respectivos direitos em igualdade de oportunidades. E só di-

---

10 Cf. Hart, Rawls on liberty and its priority. In: Daniels (Org.). *Reading Rawls*, p.230 et seq.

11 Cf. Hinsch, introdução a Rawls, *Die Idee des politischen Liberalismus*.

12 Rawls, Vorrang. In: *Die Idee des politischen Liberalismus*, p.178 et seq. e p.196 et seq.

A inclusão do outro

reitos podem ser qualificados desse modo. Só podemos diferenciar uma igualdade de competências de uma igualdade das situações fáticas da vida quando levarmos em conta os direitos. Do ponto de vista da igualdade, só pode haver um hiato problemático entre, por um lado, o direito legítimo e, por outro, as oportunidades dadas para o uso dos direitos, ao passo que não existe esse hiato entre a disposição fática de bens e o desfrute fático de bens. Seria redundante ou sem sentido falar do "valor equitativo" de bens distribuídos de modo equitativo. A diferença entre igualdade de direito e igualdade fática não se aplica aos "bens", por razões gramaticais, como diria Wittgenstein. Mas quando a concepção de bens primários precisa ser corrigida em um segundo passo, cabe perguntar se o primeiro passo foi sábio – o desenho da posição original que torna essa concepção necessária.

(3) As reflexões feitas até agora mostram que a capacidade para decidir de modo racional não é suficiente para as partes da posição original salvaguardarem os interesses prioritários de seus clientes, nem para entenderem os direitos como trunfos (no sentido de Dworkin) que são superiores aos fins estabelecidos de modo coletivo. Por que então as partes estão privadas da razão prática em geral e encobertas pelo véu de ignorância? A intuição que guia Rawls é clara: o papel do imperativo categórico é assumido por um procedimento aplicado de modo intersubjetivo por vários participantes, que é incorporado nas condições de admissão, como a da igualdade das partes, e nas características da situação, como a do véu de ignorância. Acredito que, na verdade, o ganho que poderia ser obtido com essa virada intersubjetiva é outra vez perdido com a sistemática privação de informações. Minha terceira questão revela a

perspectiva a partir da qual também formulei as duas questões anteriores. Acho que Rawls poderia evitar as dificuldades ligadas à construção da posição original se ele operacionalizasse de outro modo o ponto de vista moral e libertasse o conceito procedimental de razão prática de suas conotações substantivas, ou seja, que o desenvolvesse em termos procedimentais de modo mais consequente.

O imperativo categórico já supera o egocentrismo da regra de ouro. A regra de ouro "o que não queres que te façam, também não o faças a outrem" requer um teste de universalização da perspectiva de um indivíduo qualquer, ao passo que o imperativo categórico exige que *todos* os possíveis concernidos por uma máxima justa devem poder querê-la como lei universal. Porém, à medida que esse teste exigente for feito de modo monológico, persistem sempre as perspectivas individuais singulares a partir da quais cada um de nós imagina de modo privado o que todos poderiam querer. Isso é insatisfatório. Pois apenas na autocompreensão de cada um de nós se reflete uma consciência transcendental, isto é, uma compreensão do mundo válida universalmente, segundo a qual aquilo que, do meu ponto de vista, é igualmente bom para todos seria de fato igualmente do interesse de cada um. Porém, ninguém mais pode partir dessa suposição sob as condições do moderno pluralismo social e de visões de mundo. Se quisermos salvar a intuição do princípio kantiano de universalização, podemos reagir de outra maneira diante desse *faktum* do pluralismo. Rawls impõe uma perspectiva comum às partes da posição original ao restringir as informações e, com isso, neutraliza de antemão, mediante um artifício, a multiplicidade de perspectivas de interpretação individuais. A ética do discurso, pelo contrário, vê

A inclusão do outro

o ponto de vista moral incorporado no procedimento de uma argumentação conduzida de modo intersubjetivo, que leva os participantes a uma *deslimitação* idealizante de suas perspectivas de interpretação.

A ética do discurso se apoia na intuição de que a aplicação do princípio de universalização bem compreendido requer uma "assunção ideal de papéis" empreendida em comum. Não obstante, ela interpreta essa ideia, desenvolvida por G. H. Mead, nos termos de uma teoria pragmática da argumentação.[13] Sob os pressupostos comunicativos de um discurso inclusivo e não coercitivo entre participantes livres e iguais, cada um é levado a colocar-se na perspectiva – e com isso na autocompreensão e visão de mundo – de todos os outros. Com esse entrelaçamento de perspectivas se constrói a perspectiva idealmente ampliada de um nós, a partir da qual todos podem testar em comum se querem que uma norma em disputa se torne a base de sua prática. Isso inclui uma crítica mútua do caráter adequado das interpretações feitas sobre a situação e as necessidades. No percurso das abstrações empreendidas *de modo sucessivo* pode emergir o núcleo de interesses passíveis de serem generalizados.[14]

---

13 Habermas, *Moralbewusstsein und kommunikatives Handeln*. Id. *Erläuterungen zur Diskursetbik*. Sobre a localização da ética do discurso nas discussões norte-americanas contemporâneas, cf. Benhabib, In the shadow of Aristotle and Hegel: communicative ethics and current controversies in practical philosophy. *The Philosophical Forum*, v.XXI, inverno 1989/1990, p.1-31. Cf. Também o número especial Universalism vs. Communitarianism, *Philosophy and Social Criticism*, 14, n.3/4, 1988.

14 Cf. Rehg, *Insight and Solidarity. The Discourse Ethic of Jürgen Habermas*.

Jürgen Habermas

As coisas se dão de outra maneira quando o véu da ignorância restringe, *desde o início*, o campo de visão das partes na posição original aos princípios com os quais presumivelmente concordariam os cidadãos livres e iguais, a despeito de suas autocompreensões e visões de mundo divergentes. Com esse passo abstrativo inicial, Rawls assume um *duplo* ônus de prova. O véu de ignorância deve se estender sobre todos os pontos de vista e interesses particulares que poderiam prejudicar o juízo imparcial e, ao mesmo tempo, o véu de ignorância *somente* deve se estender àqueles conteúdos normativos que de antemão podem ser eliminados como candidatos para o bem comum que deve ser aceito pelos cidadãos livres e iguais. Essa segunda condição coloca uma exigência para a teoria que dificilmente pode ser cumprida, como pode ser mostrado em uma breve reflexão. Depois da fundamentação dos princípios de justiça, o véu de ignorância é levantado passo a passo nos estágios seguintes do estabelecimento de uma Constituição, da legislação básica e da aplicação do direito. Visto que as informações que afluem precisam ser harmonizadas com os princípios de justiça já escolhidos sob a privação de informações, não devem aparecer surpresas desagradáveis. Se nós quisermos nos certificar disso, já temos de construir a posição original com o conhecimento, e inclusive com a previsão, de todos os conteúdos normativos que poderiam representar, no futuro, um potencial de estímulo para as autocompreensões e compreensões de mundo compartilhadas por cidadãos livres e iguais. Em outras palavras: o ônus de processar a informação, que o teórico subtrai às partes na posição original, recai sobre ele mesmo! A imparcialidade do juízo só estaria garantida na posição original se os conceitos normativos fundamentais usados para construí-la, isto é, os

A inclusão do outro

conceitos de cidadão politicamente autônomo, de cooperação equitativa e de sociedade bem-ordenada – e mais precisamente na interpretação rawlsiana desses conceitos – estivessem imunes à revisão diante das futuras experiências e processos de aprendizagem. Se a privação de informação que se impõe às partes na posição original pelo véu de ignorância gera um ônus de prova tão pesado, então parece evidente diminuir esses encargos, operacionalizando o ponto de vista moral de outra maneira. Penso no procedimento aberto de uma prática de argumentação sujeita aos pressupostos exigentes do "uso público da razão" e que não exclua de antemão o pluralismo de convicções e imagens de mundo. Esse procedimento pode ser explicado sem recorrer aos conceitos substantivos básicos que Rawls usou para construir a posição original.

II. O fato do pluralismo e a ideia do consenso sobreposto

Desde as *Dewey Lectures*, Rawls enfatiza o caráter *político* da justiça como equidade. Essa virada é motivada por uma inquietação com o pluralismo social e sobretudo com o pluralismo de visões de mundo. Com o exemplo do *veil of ignorance* [véu da ignorância], se tornou claro para nós o ônus de prova que a teoria da justiça assumiu para si com seus primeiros movimentos. As negociações na posição original são menos decisivas para a fundamentação dos dois princípios superiores do que aquelas intuições e conceitos fundamentais que orientam a construção da posição original. Rawls introduz teores normativos no procedimento de fundamentação, sobretudo aqueles que ele vincula ao conceito de pessoa moral – o senso de equidade e a capacidade de ter uma concepção própria do bem. O conceito de pessoa moral, que também inclui o conceito de cooperação equitativa entre cidadãos politicamente autônomos, carece, portanto, de uma fundamentação *prévia*. Além disso, é preciso mostrar que essa concepção é neutra em termos de visão de mundo e que permanece incontroversa depois que o véu de ignorância é levantado. É assim que se explica o interesse de Rawls em uma concepção "política" – e não metafísica – da justiça. Suspeito que por trás dessa terminologia há certa falta de clareza sobre o caráter daquilo que precisa ser fundamentado. Disso resulta, por sua vez, uma indecisão sobre a questão de como a própria pretensão de validade da teoria deve ser entendida. Eu gostaria (1) de investigar se o consenso sobreposto, do qual depende a teoria da justiça, desempenha um papel cognitivo ou apenas instrumental – se ele primeiramente serve como mais uma justificação para a teoria ou se, à luz de uma teoria já justificada, serve para esclarecer uma condição necessária para a estabilidade social. Relacionada a isso está (2) a questão sobre em que sentido Rawls usa o predicado "razoável" – como predicado para a validez de mandamentos morais ou como um predicado para a atitude refletiva de tolerância esclarecida?

(1) A fim de dar um embasamento a ideias de teor normativo, Rawls recorre ao assim chamado método do equilíbrio reflexivo. O filósofo obtém o conceito fundamental de pessoa moral, e os outros conceitos fundamentais de cidadão politicamente autônomo, de cooperação equitativa, de sociedade bem-ordenada e assim por diante, por meio de uma construção racional posterior de intuições comprovadas, isto é, de intuições *encontradas* nas práticas e tradições de uma sociedade

democrática. O equilíbrio reflexivo é então alcançado quando o filósofo se certificou de que os membros não podem mais recusar, com boas razões, as intuições que foram reconstruídas e esclarecidas desse modo. O procedimento da reconstrução racional já cumpre o critério de Scanlon do *not reasonable to reject* [que não pode ser razoavelmente rejeitado]. É claro que Rawls não quer se limitar apenas às convicções normativas fundamentais de uma *determinada* cultura política — tampouco o Rawls de hoje se converteu em um contextualista, como supõe Rorty. É certo que Rawls continua a reconstruir um estrato básico de ideias intuitivas que está presente na cultura política da sociedade contemporânea e em suas tradições democráticas. Visto que nessa cultura política existente — por exemplo, a norte-americana — já se sedimentaram as experiências de uma institucionalização, num primeiro olhar exitosa, dos princípios da justiça, a apropriação reconstrutiva pode fazer mais do que meramente se certificar de modo hermenêutico de um contexto tradicional contingente. A concepção de justiça *elaborada* a partir dessa base precisa ser então novamente testada para se verificar se pode contar com a aceitação em uma sociedade pluralista. Como esse segundo passo se relaciona com esse até agora considerado primeiro estágio de fundamentação dos dois princípios superiores? Nesse passo complementar, trata-se realmente de uma etapa da *fundamentação*?

Nos últimos capítulos da *Teoria da justiça*, Rawls já havia examinado se uma sociedade ordenada segundo os princípios da justiça podia estabilizar a si mesma: por exemplo, se ela pode criar por sua própria força os motivos funcionalmente necessários à medida que os seus cidadãos são socializados politicamente de modo correto.[15] Em vista do pluralismo social e das visões de mundo, que Rawls só mais tarde levou realmente a sério, agora ele acredita que deve provar de modo semelhante se a concepção de justiça em geral, introduzida em termos teóricos, faz parte "da arte do possível" e, nesse sentido, se ela é "praticável".[16] Sobretudo o conceito central de pessoa, sobre o qual a teoria em última instância se apoia, precisa ser neutro de maneira tal que possa ser aceito a partir das perspectivas de interpretação das diferentes visões de mundo. Portanto, o que deve ser mostrado é que a justiça como equidade pode formar a base de um "consenso sobreposto". O que me causa certa confusão é a suposição de Rawls de que esse teste de aceitabilidade é *do mesmo tipo* que aquele teste de consistência que havia empreendido no primeiro estágio em vista da possibilidade de estabilização de uma sociedade bem-ordenada.

Esse paralelismo metódico causa certa confusão porque desta vez o teste não pode ser feito *no interior da teoria*. Ou seja, o teste acerca da neutralidade dos conceitos fundamentais com relação às visões de mundo se encontra sob premissas diferentes daquelas de uma comprovação hipotética da capacidade de reprodução de uma sociedade já ordenada segundo os princípios de justiça. O próprio Rawls fala agora em "dois estágios" de formação da teoria. Os princípios fundamentados no primeiro estágio devem ser postos publicamente em discussão em um segundo estágio, pois só neste o fato do pluralismo entra em jogo e as abstrações da posição original são anuladas.

---

15 Cf. Rawls, *Theorie der Gerechtigkeit*, p.539 et seq.

16 Id., Der Bereich des Politischen und der Gedanke eines übergreifenden Konsenses, p.350.

A inclusão do outro

A teoria como um todo deve se expor à crítica dos cidadãos perante o fórum do uso público da razão. E aqui não se trata mais dos cidadãos imaginários de uma sociedade justa, dos quais podem ser feitos afirmações *no interior* da teoria, mas sim de cidadãos de carne e osso. A teoria precisa deixar aberto o resultado desse teste. *"What if it turns out that the principles of justice as fairness cannot gain the support of reasonable doctrines, so that the case for stability fails?* [...] *We should have to see whether acceptable changes in the principles of justice would achieve stability."*[17] Evidentemente, o filósofo pode, no melhor dos casos, tentar antecipar mentalmente o desenvolvimento dos discursos reais tal como eles provavelmente se realizariam sob as condições de uma sociedade pluralista. Mas semelhante antecipação mais ou menos realista não pode ser incorporada à teoria da mesma maneira que a dedução das possibilidades de autoestabilização a partir das premissas colocadas na base de uma sociedade justa. Pois agora são os próprios cidadãos que discutem sobre as premissas desenvolvidas pelas partes da posição original.

Essa analogia confusa não causaria maiores danos se com ela o consenso sobreposto, que os princípios de justiça deveriam poder encontrar, não fosse apresentado sob uma falsa luz. Visto que Rawls coloca a questão da estabilidade em primeiro plano, no *overlapping consensus* [consenso sobreposto] apenas se expressa a contribuição funcional que a teoria da justiça pode dar para a institucionalização não violenta da cooperação social. Mas

---

17 Id., *Political Liberalism*, p.65 et seq. ["O que acontece se os princípios da justiça como equidade não puderem obter o apoio das doutrinas razoáveis, de modo que acaba falhando o argumento da estabilidade? (...) Deveríamos ver se mudanças aceitáveis nos princípios da justiça alcançariam a estabilidade."]

Jürgen Habermas

assim já teríamos de pressupor o valor intrínseco de uma teoria *justificada*. Nessa perspectiva funcionalista, a questão sobre se a teoria pode encontrar o consentimento na esfera pública, ou seja, no fórum do uso público da razão a partir da perspectiva de diferentes visões de mundo, teria de perder seu sentido epistêmico, o que afeta a própria teoria. O consenso sobreposto seria então apenas ainda um sintoma da utilidade da teoria, mas não mais da confirmação de sua correção. Assim, o consenso sobreposto não teria interesse do ponto de vista da aceitabilidade racional e, com isso, do ponto de vista da validez, mas apenas sob a perspectiva da aceitação, isto é, da garantia da estabilidade social. Porém, se entendo Rawls corretamente, ele não gostaria de distinguir dessa maneira as questões de fundamentação e de estabilidade. Pelo contrário, ao denominar sua concepção de justiça uma concepção "política", parece que ele quer muito mais eliminar a distinção entre sua aceitabilidade fundamentada e a aceitação fática em geral. "O objetivo da justiça como equidade, como uma concepção política, não é metafísico ou epistêmico. Ela não se apresenta como uma concepção de justiça que seja verdadeira, mas sim como uma concepção que pode servir de base para um acordo informado e voluntário."[18]

Parece-me que Rawls teria de diferenciar com mais precisão aceitabilidade e aceitação. Uma compreensão meramente instrumental da teoria acaba fracassando pelo mero fato de que os cidadãos teriam de se *convencer* da concepção de justiça proposta antes que tal consenso possa ser produzido. O consenso não deve ser "político" de modo equivocado, não deve levar

---

18 Rawls, Gerechtigkeit ais Fairneß: politisch, nicht metaphysisch, p.263 et seq.

A inclusão do outro

meramente a um *modus vivendi*. A própria teoria precisa produzir as premissas "que nós e os demais reconhecemos como verdadeiras ou razoáveis se quisermos perseguir o objetivo de alcançar um acordo praticável sobre os pontos fundamentais da justiça política".[19] Mas quando exclui uma interpretação funcionalista da justiça como equidade, Rawls precisa admitir que há alguma relação *epistêmica* entre a validez de sua teoria e a perspectiva de uma comprovação de sua neutralidade com relação às visões de mundo no discurso público. O efeito socialmente estabilizador de um consenso sobreposto se explica então pela confirmação cognitiva da suposição de que a concepção de justiça como equidade se comporta de forma neutra em relação às "doutrinas abrangentes". Não acho que Rawls se apoie em premissas que o impeçam de ver essa consequência. Apenas vejo que ele hesita em formular expressamente essa consequência porque com a definição de "político" ele vincula a condição de que a teoria da justiça não poderia ser apresentada com uma pretensão epistêmica e que seu efeito prático esperado não deveria depender da aceitabilidade racional de seus enunciados. Assim, temos a ocasião de perguntar por que Rawls não considera sua teoria suscetível de ser verdadeira e *em que sentido* ele põe aqui em jogo o predicado "razoável" no lugar de "verdadeiro".

(2) Em uma interpretação fraca, a tese de que uma teoria da justiça não pode ser verdadeira ou falsa tem apenas o sentido inofensivo de que os enunciados normativos não refletem nenhuma ordem de fatos morais independentes. Em uma in-

---

19 Id., Der Bereich des Politischen und der Gedanke eines übergreifenden Konsenses, p.301.

terpretação forte, a tese expressa um ceticismo em relação aos valores, segundo o qual por trás da pretensão de validade dos enunciados normativos se esconde algo meramente subjetivo – sentimentos, desejos ou decisões que são expressos de modo equivocado do ponto de vista gramatical. Porém, para Rawls, o realismo de valores e o ceticismo em relação a valores são igualmente inaceitáveis. O filósofo quer assegurar que os enunciados normativos – e a teoria da justiça como um todo – tenham certa obrigatoriedade apoiada no reconhecimento fundamentado de modo intersubjetivo, sem lhes atribuir um sentido epistêmico. Por isso introduz o predicado "razoável" como um conceito prático oposto de "verdadeiro". A dificuldade consiste em indicar com precisão em que sentido um é o "conceito oposto" do outro. Apresentam-se duas alternativas de interpretação. Ou nós entendemos "razoável" no sentido da razão prática, como um sinônimo de "moralmente verdadeiro", isto é, como um conceito de validade análogo à verdade, que é diferente da verdade proposicional, mas que se encontra no mesmo plano. Uma linha de argumentação parece levar a isso (a). Ou entendemos "razoável" como algo "reflexivo" ao lidar com concepções discutíveis cuja verdade por enquanto está incerta. Nesse sentido, "razoável" é usado como um predicado de nível superior que se refere mais ao trato com os *reasonable disagreements* [desacordos razoáveis], ou seja, se refere mais à consciência falibilista e às atitudes de civilidade das pessoas do que à validade de seus proferimentos. Rawls parece preferir essa interpretação (b).

(a) De início ele introduz o "razoável" como uma qualidade das pessoas morais. Pessoas razoáveis são aquelas que têm um senso de justiça, ou seja, estão dispostas e são capazes de levar em conta as condições equitativas de cooperação. Mas também são pessoas que têm consciência da falibilidade da capacidade humana de conhecer e – ao reconhecer o "ônus da razão" – estão dispostas a justificar publicamente sua concepção de justiça política. Em contrapartida, as pessoas agem de modo meramente "racional" quando estão preocupadas em obter vantagens prudentes à luz de sua concepção do bem.[20] Assim, com essas qualidades de uma pessoa moral pode-se explicar o que significa "ser razoável". Mas o próprio conceito de pessoa já pressupõe o conceito de razão prática.

Em última instância, Rawls explica o significado da razão prática com a ajuda de duas dimensões. Por um lado, se refere à dimensão deontológica da validade deôntica das normas (que deixo de lado aqui por considerá-la não problemática) e, por outro, à dimensão pragmática da esfera pública onde acontece a fundamentação das normas (que em nosso contexto é particularmente interessante). A razão está, por assim dizer, inscrita na publicidade de seu uso. "Pública" é a perspectiva comum a partir da qual os cidadãos se convencem *mutuamente* pela força do melhor argumento acerca do que é justo e injusto. Somente essa perspectiva do uso público da razão compartilhada por todos confere objetividade às convicções morais. Rawls

---

20 Id., *Political Liberalism*, p.51. "What rational agents lack is the particular form of moral sensibility that underlies the desire to engage in fair cooperation as such, and so on terms that others as equals might reasonably be expected to endorse." ["O que falta aos agentes racionais é a forma específica de sensibilidade moral que está na base do desejo de se engajar na cooperação equitativa como tal, e fazê-lo segundo termos que os outros, como iguais, poderiam razoavelmente aceitar."]

denomina "objetivos" os enunciados normativos válidos, e fundamenta a objetividade de modo procedimental, ou seja, em relação a um uso público da razão que satisfaz certas condições contrafáticas:

> *Political convictions (which are also moral convictions) are objective – actually found on an order of reasons – if reasonable and rational persons, who are sufficiendy intelligent and conscientious in exercising their powers of practical reason [...] would eventually endorse those convictions [...] provided that these know the relevant facts and have sufficiently surveyed the grounds that bear on the matter under conditions favorable to due reflection.*[21]

É claro, Rawls acrescenta aqui que as razões só podem ser qualificadas como boas razões a partir de um conceito de justiça reconhecido. Porém, esse conceito deve, por sua vez, poder encontrar o assentimento sob essas mesmas condições ideais.[22] Por isso suponho que precisamos entender Rawls de modo que, segundo a sua concepção, o procedimento do uso público da razão também permaneça como a última instância de confirmação dos enunciados normativos.

---

21 Ibid., p.119. ["As convicções políticas (que também são convicções morais) são objetivas – fundadas realmente em uma ordem de razões – se pessoas razoáveis e racionais, suficientemente inteligentes e conscientes no exercício das capacidades da razão prática (...) eventualmente aceitariam essas convicções (...) contanto que essas pessoas conheçam os fatos relevantes e tenham examinado suficientemente as razões que tenham a ver com o assunto sob condições favoráveis para a devida reflexão."]

22 Ibid., p.137.

A inclusão do outro

À luz dessa reflexão pode-se dizer que o predicado "razoável" se refere ao cumprimento de uma pretensão de validade resgatada discursivamente. Por analogia a um conceito não semântico de verdade, purificado de toda concepção de verdade como correspondência, poderíamos compreender o "razoável" como um predicado para a validez de enunciados normativos.[23] Evidentemente Rawls não quer tirar essa consequência (que, em minha opinião, é correta). Pois do contrário ele teria de evitar o desconcertante uso da linguagem segundo o qual as imagens de mundo, mesmo quando são "razoáveis", não precisam ser "verdadeiras" – e vice-versa. O problema não consiste em que Rawls recuse um realismo de valores platonizante e que por isso negue aos enunciados normativos o predicado de verdade entendido de modo semântico, mas sim que ele *atribua* o predicado de verdade às imagens de mundo – *comprehensive doctrines* [doutrinas abrangentes]. Com isso ele se priva da possibilidade de atribuir à expressão "razoável" as conotações epistêmicas que ele precisa manter como atributo de sua própria concepção de justiça, caso esta deva poder reivindicar algum sentido de obrigatoriedade normativa.

(b) Segundo a concepção de Rawls, as doutrinas metafísicas e as interpretações religiosas do mundo podem ser verdadeiras ou falsas. Consequentemente, uma concepção política da justiça somente poderia ser verdadeira quando fosse não apenas compatível com tais doutrinas, mas também *dedutível* de uma doutrina verdadeira. É claro, saber se esse é o caso é algo que não podemos confirmar a partir da perspectiva da filosofia

---

23 Cf. minhas reflexões em Habermas, *Erläuterungen zur Diskursethik*, p.125 et seq.

política, que é neutra em relação às visões de mundo. A partir dessa perspectiva, as pretensões de verdade de todas as imagens de mundo razoáveis contam por igual e são "razoáveis" aquelas imagens de mundo que competem umas com as outras com a consciência reflexiva de que a própria pretensão de verdade somente pode se impor nos discursos públicos, em longo prazo, se recorrer às melhores razões. As *reasonable comprehensive doctrines* se distinguem, em última instância, pelo reconhecimento dos *burdens of proof*, de modo que as comunidades de crença que concorrem entre si – *for the time being* – podem aceitar um *reasonable disagreement* como base para sua convivência pacífica.

Visto que sob as condições de um pluralismo duradouro a disputa em torno das verdades metafísicas e religiosas permanece em aberto, só a "razoabilidade" dessa consciência reflexiva das imagens de mundo razoáveis pode ser transferida como predicado de validade a uma concepção política da justiça compatível com todas as doutrinas razoáveis desse tipo. Certamente uma concepção razoável da justiça mantém a ideia de uma referência a uma pretensão de verdade projetada no futuro. Porém, ela não pode estar segura de que entre as doutrinas razoáveis, da qual ela pode ser derivada, exista uma que seja ao mesmo tempo a verdadeira. A concepção razoável da justiça se alimenta unicamente da "razão" de uma tolerância lessingiana frente às imagens de mundo não irrazoáveis. O que nos resta, a nós filhos do mundo, é um ato de fé na razão – o ato de "uma crença razoável na possibilidade real de um Estado constitucional justo".[24] Essa é uma concepção simpática, mas

---

24 Rawls, Der Gedanke eines übergreifenden Konsenses, p.332.

A inclusão do outro

como conciliá-la com as razões pelas quais Rawls e eu aceitamos a prioridade do justo frente ao bom?

As questões da justiça são acessíveis a uma decisão fundamentada – no sentido de estarem fundamentadas na aceitabilidade racional – porque elas se referem àquilo que é do interesse igual de todos a partir de uma perspectiva deslimitada de modo ideal. As questões "éticas" em sentido estrito, pelo contrário, não admitem um tal juízo vinculante para todas as pessoas morais porque se referem, desde a perspectiva da primeira pessoa, ao que é bom para mim ou para nós, a uma determinada coletividade como um todo e vista em longo prazo – mesmo quando não é igualmente bom para todos. Ora, as imagens de mundo metafísicas ou religiosas pelo menos estão impregnadas com respostas a questões éticas fundamentais. Ou seja, nelas se articulam de modo exemplar projetos de vida coletivos e identidades. Por isso, as imagens de mundo se medem antes pela autenticidade do estilo de vida que elas criam do que pela verdade dos enunciados que elas contêm. Visto que essas doutrinas são precisamente "abrangentes" no sentido de que interpretam o mundo como um todo, elas não podem ser entendidas como teorias enquanto conjunto ordenado de enunciados descritivos. Elas não podem ser resumidas em proposições passíveis de verdade e não formam um sistema simbólico que possa ser verdadeiro ou falso. É assim que, em todo caso, nos aparecem as coisas sob as condições do pensamento pós-metafísico nas quais a justiça como equidade deve ser fundamentada.

Mas então não é possível fazer com que a validez de uma concepção de justiça dependa da verdade de uma imagem de mundo, por mais "razoável" que ela seja. Sob essas premissas faz mais sentido analisar as diferentes pretensões de validade

135

que vinculamos a enunciados (de tipos diferentes) descritivos, avaliativos e normativos, independentemente daquela típica síndrome de pretensões de validade que se fundem de modo obscuro nas interpretações metafísicas e religiosas do mundo.[25]

No entanto, por que Rawls considera as imagens de mundo, que formam a identidade como um todo, passíveis de serem verdadeiras? Uma razão poderia ser a convicção de que não pode existir uma moral profana, por assim dizer, independente, que as convicções morais precisam estar incorporadas em doutrinas metafísicas ou religiosas. Isso pelo menos seria coerente com o modo segundo o qual Rawls prepara o problema do consenso sobreposto: como modelo ele tem em mente aquela institucionalização da liberdade de crença e de consciência que, pela via política, pôs um fim às guerras civis confessionais da modernidade. Mas o conflito religioso teria acabado no sentido do princípio da tolerância em geral se o direito à liberdade de crença e de consciência – segundo Jellinek, o cerne dos direitos humanos – não tivesse podido apelar, com boas razões, a uma validade moral *mais aquém* da religião e da metafísica?

III. Autonomia privada e autonomia pública

As objeções que apresentei, na primeira seção, à construção da posição original e, na segunda, à mistura entre questões de validade e de aceitação apontam na mesma direção. Ao enquadrar as partes que decidem de modo racional nas restrições razoáveis

---

25 Cf. Habermas, Motive nachmetaphysischen Denkens. In: *Nachmetaphysisches Denken*, p.35-60.

A inclusão do outro

da situação, Rawls fica dependendo de fortes suposições substantivas. Ao adaptar uma teoria da justiça, cunhada em termos universalistas, às questões de estabilidade política através de um consenso sobreposto, Rawls abdica de sua pretensão epistêmica. Ambas as coisas acontecem à custa de uma abordagem procedimentalista conduzida de modo consequente. Em vez disso, Rawls poderia resolver de modo mais elegante o ônus da prova que assumiu com seu forte conceito de pessoa moral, presumivelmente neutro em relação às visões de mundo, se desenvolvesse os conceitos fundamentais e as suposições básicas substantivas a partir do procedimento do uso público da razão.

O ponto de vista moral já está implícito na Constituição, em termos de ontologia social, da prática pública de argumentação, isto é, naquelas complexas relações de reconhecimento que os participantes precisam assumir (no sentido de uma necessidade transcendental fraca) na formação discursiva da opinião e da vontade acerca das questões práticas. Rawls acha que esse recurso procedimental "não é suficiente" para estruturar uma teoria da justiça. Uma vez que tenho a ideia de uma divisão de trabalho entre a teoria moral e a teoria da ação, não considero isso um problema grave. A estruturação conceitual dos contextos de ação a que se referem as questões de justiça política não é assunto de uma teoria normativa. O conteúdo de conflitos que precisam ser solucionados impõe a nós, em termo de teoria da ação, toda uma rede de conceitos básicos para a interação regulada por normas. Uma rede na qual estão situados conceitos como os de pessoa e relação interpessoal, ator e ação, comportamento conforme a normas e comportamento desviante, imputabilidade e autonomia, e os próprios sentimentos morais, que são estruturados de modo intersubjetivo. Esses conceitos precisam de uma análise prévia. Pois quando damos uma versão procedimental ao conceito de razão prática, para a qual o próprio Rawls aponta com seu conceito de uso público da razão, podemos dizer que são precisamente válidos aqueles princípios que, sob condições discursivas, podem encontrar o reconhecimento intersubjetivo não coercitivo. Assim, é uma questão posterior saber se os princípios válidos também podem assegurar a estabilidade política sob as condições do moderno pluralismo das visões de mundo, e precisamente trata-se de uma questão mais ampla, a ser respondida empiricamente. No que se segue, apenas me interessa desenvolver a abordagem procedimentalista em vista de uma consequência que diz respeito à explicação do Estado democrático de direito.

Os liberais têm enfatizado as "liberdades dos modernos": em primeiro lugar a liberdade de crença e de consciência, bem como a proteção da vida, a liberdade pessoal e a propriedade, ou seja, o núcleo dos direitos subjetivos privados. O republicanismo, pelo contrário, tem defendido as liberdades dos antigos, isto é, aqueles direitos de participação e de comunicação que possibilitam a prática de autodeterminação dos cidadãos. Rousseau e Kant tinham a ambição de deduzir ambos os elementos cooriginariamente da mesma raiz, isto é, da autonomia moral e política: os direitos liberais fundamentais não podiam ser meramente estampados como limitações externas à prática de autodeterminação nem podiam ser meramente instrumentalizados para aquela prática. Rawls também segue essa intuição. No entanto, da construção da sua teoria em duas etapas resulta uma prioridade dos direitos liberais fundamentais que, em certa medida, deixa à sombra o processo democrático.

A inclusão do outro

Sem dúvida, Rawls parte da ideia de autonomia política e a modela no nível da posição original. A autonomia política é representada pelo *jogo mútuo* das partes que decidem de modo racional e por aquelas condições básicas que asseguram a imparcialidade do juízo. Porém, essa ideia só é levada em conta de modo seletivo no plano do procedimento democrático de formação política da vontade de cidadãos livres e iguais, embora tenha sua origem nele. O tipo de autonomia política que recebeu uma existência virtual na posição original, ou seja, na primeira etapa de formação da teoria, não pode se perpetuar no coração de uma sociedade constituída pelo direito. Quanto mais se levanta o véu de ignorância e quanto mais os cidadãos de Rawls adotam uma forma real de carne e osso, tanto mais se encontram imersos na hierarquia de uma ordem já progressivamente institucionalizada por cima de suas cabeças. Assim, a teoria tira dos cidadãos muitas daqueles discernimentos que cada geração teria de fazer de novo.

A partir do ponto de vista da "teoria da justiça", o ato de fundação do Estado de direito democrático não pode nem precisa se repetir sob as condições institucionais de uma sociedade já ordenada de modo justo, e o processo de realização dos direitos não pode nem precisa ser permanente. Os cidadãos não podem vivenciar esse processo como um processo aberto e inconcluso, como exigiriam as circusntâncias históricas que se alteram. Eles não podem inflamar na vida real de sua sociedade o incandescente núcleo radical democrático da posição original, pois, da perspectiva dos cidadãos, todos os *principais* discursos de legitimação já foram feitos no interior da teoria. E os resultados dos debates teóricos já se encontram sedimentados na Constituição. Quando os cidadãos não podem compreender a

Constituição como um *projeto*, o uso público da razão não tem propriamente o sentido de um exercício real da autonomia política, e acaba servindo somente à *manutenção* não violenta *da estabilidade política*. Essa interpretação com certeza não reflete a intenção que Rawls vincula à sua teoria,[26] mas revela, se entendo corretamente, uma de suas consequências indesejadas. Isso se mostra, por exemplo, no limite rígido entre a identidade política e a identidade não pública dos cidadãos. Segundo Rawls, esse limite é estabelecido pelos direitos liberais fundamentais que delimitam *de antemão* a autolegislação democrática e, com isso, a esfera da política, isto é, antes de toda formação política da vontade.

Rawls usa a expressão "política" em um triplo sentido. Até aqui, nos familiarizamos com o seu sentido especificamente teórico: uma concepção de justiça é política e não metafísica quando é neutra em termos de visão de mundo. Mas, além disso, Rawls usa a expressão "política" no sentido usual para classificar os assuntos de interesse público, nos quais a filosofia política se limita à justificação do marco institucional e da estrutura básica de uma sociedade. Ambos os sentidos acabam se unindo de modo interessante nos discursos sobre os "valores políticos". Nesse terceiro sentido, "o político" forma um fundo tanto para as convicções comuns dos cidadãos quanto para os pontos de vista da delimitação regional de um domínio de objetos. Rawls trata a esfera dos valores políticos, que nas

---

26 Cf. *Tanner Lectures*, de Rawls, em que, no final da seção, é dito: "A ideia aponta no sentido de integrar um procedimento politicamente efetivo na estrutura básica da sociedade que reproduza nessa estrutura a representação equitativa das pessoas alcançada pela posição original". Rawls, *Die Idee des politischen Liberalismus*, p.203.

sociedades modernas se diferencia de outras esferas culturais, como algo dado (nisso ele é quase um neokantiano, como Max Weber). Pois Rawls só consegue cindir a pessoa moral em uma identidade pública do cidadão e em uma identidade não pública da pessoa privada, determinada pela concepção própria de bem, ao recorrer aos valores políticos, sejam eles quais forem. Em seguida, essas duas identidades formam o ponto de referência para duas esferas: uma que é protegida pelos direitos de participação e comunicação políticas e a outra pelos direitos liberais de liberdade. Com isso, a esfera privada protegida em termos de direitos fundamentais desfruta de uma prioridade, ao passo que as "liberdades políticas" seguem desempenhando "um papel instrumental na preservação das demais liberdades".[27] Ou seja, uma esfera de liberdade pré-política, que se furta à autolegislação democrática, é separada de uma esfera de valor política.

Porém, tal delimitação feita *a priori* entre a autonomia privada e a autonomia pública contradiz não apenas a intuição republicana de que a soberania popular e os direitos humanos derivam da mesma raiz, mas também contradiz a experiência histórica, sobretudo a circunstância de que as delimitações entre a esfera privada e a esfera pública, que variam em termos históricos, sempre foram problemáticas do ponto de vista normativo.[28] Também no desenvolvimento do Estado de bem--estar social pode se observar que os limites entre a autonomia privada e a autonomia pública dos cidadãos são fluidas e que essas delimitações precisam estar à disposição da formação política da vontade dos cidadãos, se lhes deve ser dada a possi-

---

27 Rawls, Der Vorrang der Grundfreiheiten, p.169.
28 Cf. Benhabib, Models of Public Space. In: *Situating the Self*, p.89-120.

bilidade de reivindicar o "valor equitativo" de suas liberdades subjetivas diante do sistema judicial e da legislação.

Uma teoria da justiça pode lidar melhor com essa circusntância se fizer a delimitação do "político" sob um outro aspecto, que Rawls apenas menciona de passagem – o da regulamentação jurídica. Afinal, é com o *medium* do direito positivo e coercitivo que a convivência é regulada de modo legítimo em uma comunidade política.[29] A questão básica passa a ser: quais direitos pessoas livres e iguais precisam se conceder mutuamente se quiserem regular sua convivência com os meios do direito positivo e coercitivo?

Segundo a definição kantiana de legalidade, o direito *coercitivo* se estende somente às relações externas entre as pessoas e se destina à liberdade de arbítrio de sujeitos que apenas precisam se orientar por suas próprias concepções do bem. Por isso, o direito moderno constitui o *status* das pessoas de direito mediante as liberdades subjetivas de ação que podem ser reivindicadas de modo jurídico e que podem ser utilizadas segundo as preferências próprias de cada um. Porém, uma vez que a ordem jurídica legítima também precisa *poder* ser seguida por razões morais, a posição legítima das pessoas de direito privadas é definida pelo direito a *iguais* liberdades subjetivas de ação.[30] Por outro lado, esse *medium* exige, como direito *positivo* ou codificado, o papel de um legislador político segundo o qual a legitimidade da legislação pode ser explicada a partir de um procedimento democrático que assegura a autonomia política dos cidadãos. Os

---

29 Cf. Rawls, *Political Liberalism*, p.215.

30 Esse princípio jurídico kantiano reaparece no primeiro princípio de justiça de Rawls.

A inclusão do outro

cidadãos somente são autônomos do ponto de vista da política quando podem se entender em comum como autores daquelas leis às quais estão submetidos como destinatários.

Assim, a relação dialética entre autonomia privada e autonomia pública pode ser vista com clareza porque o *status* desse cidadão democrático dotado de competências para legislar somente pode ser institucionalizado com a ajuda do direito coercitivo. Mas uma vez que esse direito se destina às pessoas que, sem os direitos privados subjetivos, nem sequer poderiam assumir o *status* de pessoas de direito, a autonomia privada e a autonomia pública dos cidadãos se pressupõem *mutuamente*. Como já foi dito, ambos os elementos já estão interligados no conceito de direito positivo e coercitivo: não há nenhum direito sem liberdades subjetivas de ação reclamáveis em termos jurídicos que garantem a autonomia privada das pessoas de direito individuais; e não há nenhum direito legítimo sem a criação democrática comum do direito por parte dos cidadãos que estão autorizados a participar nesse processo como livres e iguais. Quando se explica o conceito de direito desse modo, é fácil ver que a substância normativa dos direitos de liberdade já está contida no *medium* do direito, que ao mesmo tempo é necessário para institucionalizar juridicamente o uso público da razão de cidadãos soberanos. O objeto central das demais análises é formado, então, pelos pressupostos da comunicação e os procedimentos de formação discursiva da opinião e da vontade, nos quais se manifesta o *uso público da razão*. Mas não posso aqui entrar em mais detalhes nessa alternativa.[31]

---

31 Sobre o vínculo interno entre Estado de direito e democracia, veja neste volume a p.419.

Jürgen Habermas

Em comparação com a teoria da justiça de Rawls, essa teoria da moral e do direito construída em termos procedimentais é ao mesmo tempo mais e menos modesta. Mais modesta porque se limita aos aspectos procedimentais do uso público da razão e desenvolve o sistema de direitos a partir da ideia de sua institucionalização jurídica. Ela pode deixar mais questões em aberto, pois deposita mais confiança no *processo* de formação racional da opinião e da vontade. Em Rawls, os pesos estão distribuídos de outro modo: enquanto à filosofia fica reservada a tarefa de desenvolver a ideia de uma sociedade justa que possa ser consensual, os cidadãos utilizam essa ideia como plataforma a partir da qual avaliam as instituições e políticas existentes. Em contrapartida, proponho que a filosofia se limite ao esclarecimento do ponto de vista moral e do procedimento democrático, à análise das condições para os discursos e negociações racionais. Nessa função, a filosofia não precisa proceder de modo construtivo, mas apenas *de modo reconstrutivo*. A filosofia deixará ao engajamento mais ou menos esclarecido dos participantes as respostas substantivas que precisam ser encontradas aqui e agora, o que não exclui que os filósofos também participem nas disputas públicas – no papel de intelectuais, e não de especialistas.

Rawls insiste em outro tipo de modéstia. Ele pretende aplicar o *method of avoidance* [método da esquiva], que deve conduzir a um consenso sobreposto em questões de justiça política, também às tarefas da própria filosofia. A filosofia política deveria, na medida do possível, se liberar das questões técnicas controversas, ao mesmo tempo em que ela própria se especializa. Essa estratégia de recusa pode levar a uma teoria bem acabada, digna de admiração, como nós podemos ver nesse

A inclusão do outro

magnífico exemplo. Mas o próprio Rawls não consegue desenvolver sua teoria de modo tão "independente" como ele queria. Como vimos, seu "construtivismo político" o envolve *nolens volens* na disputa em torno dos conceitos de racionalidade e de verdade. E o seu conceito de pessoa também força a abertura das fronteiras da filosofia política. Do mesmo modo, os deslocamentos iniciais da teoria implicam muitas outras opções nos longos e duradouros debates de nossa disciplina, ainda não resolvidos. Ao que me parece, é o próprio assunto que muitas vezes torna necessário – e, algumas vezes, produtivo – o imodesto diletantismo em campos conexos.

3
"Razoável" versus "verdadeiro" ou a moral das imagens de mundo[1]

John Rawls reivindica que a ideia da "justiça como equidade" desenvolvida por ele é uma concepção "independente": ela se move exclusivamente no domínio do político e deixa a filosofia "como ela é". O objetivo e o caráter prático dessa estratégia de recusa dependem evidentemente do que nós entendemos por "político". Rawls usa a expressão em primeiro lugar para definir o objeto de uma teoria política, que se refere ao marco institucional e à estrutura básica de uma sociedade (moderna). Ora, sempre se pode discutir sobre a escolha mais ou menos convencional dos conceitos teóricos fundamentais, mas assim que uma teoria demonstra sua utilidade, essas discussões perdem seu sentido. Um outro uso menos trivial da expressão – o "político" em oposição a "metafísica" – suscita controvérsias que não podem ser resolvidas de modo tão fácil.

Rawls faz a distinção entre o "político" e a "metafísica" para caracterizar as concepções de justiça que satisfazem uma exigên-

---

1 Agradeço a Rainer Forst, Thomas McCarthy e Lutz Wingert pelas críticas instrutivas.

cia fundamental do liberalismo, a saber, a de ser neutro em relação às visões de mundo ou a *comprehensive doctrines* concorrentes. À expressão "político" Rawls vincula uma interpretação específica da neutralidade: "*It means that we must distinguish between how a political conception is presented and its being part, or derivable within, a comprehensive doctrine*".[2] Portanto, o que explica o tipo de neutralidade que distingue a natureza "política" da "justiça como equidade" é o fato de poder ser apresentada como uma concepção "independente". O sentido desse *status* independente é explicado por Rawls com uma das suposições mais importantes de sua teoria:

> *I assume all citizens to affirm a comprehensive doctrine to which the political conception they accept is in some way related. But a distinguishing feature of a political conception is that is* [...] *expounded apart from, or without reference to, any such wider background* [...]. *The political conception is a module* [...] *that fits into and can be supported by various reasonable comprehensive doctrines that endure in the society regulated by it.*[3]

Nesse segundo sentido, a expressão "político" não diz respeito a uma matéria determinada, mas sim ao *status* epistê-

---

2 Rawls, *Political Liberalism*, p.12. ["Isso significa que temos de distinguir entre como uma concepção política é apresentada e ela ser parte, ou ser derivada, de uma doutrina abrangente."]

3 Ibid., p.12. ["Pressuponho que todos os cidadãos preferem uma doutrina abrangente à qual a concepção política que aceitam esteja relacionada de alguma forma. Mas o traço específico de uma concepção política está no fato de (...) ser exposta à parte ou sem que se faça qualquer referência a tal pano de fundo mais amplo. (...) A concepção política é um módulo (...) que se encaixa e pode ser sustentado por várias doutrinas abrangentes razoáveis que subsistem na sociedade por ela regulada."]

A inclusão do outro

mico particular almejado pelas concepções políticas da justiça: devem se inserir como parte coerente em diferentes visões de mundo. Além disso, elas só podem se fundamentar no interior de uma doutrina abrangente, embora possam ser apresentadas e "explicadas" (o que quer dizer: podem ser inseridas de modo plausível) de forma independente do contexto das visões de mundo. O liberalismo político também reivindica esse *status*. Visto que ele precisa ser explicado no marco dessa teoria, a expressão "independente" tem aqui uma referência dupla. Por um lado, designa uma condição necessária para todas as concepções de justiça que se apresentam como candidatas a serem incluídas em um "consenso sobreposto". Por outro lado, o predicado "independente" deve ser aplicado à própria teoria que o explica: "a justiça como equidade" é a candidata mais promissora. Esse uso autorreferêncial de "independente" pode ser entendido como uma pretensão política. Rawls espera que, sob as condições de um "equilíbrio reflexivo pleno",[4] a própria teoria ofereça uma base a partir da qual os cidadãos da sociedade norteamericana (inclusive de toda sociedade "moderna") poderiam alcançar um consenso político fundamental.

Menos plausível é a sobrecarga que Rawls impõe ao uso autorreferêncial da expressão "independente" ao adicionar uma outra pretensão teórica. Ele parece supor que uma teoria que é independente no domínio do político também possa assumir uma posição semelhante no domínio da filosofia e evitar todas as questões metafísicas controversas — *leaving philosophy as it is*. É muito difícil que Rawls possa explicar, por exemplo, o *status* epistêmico de uma concepção de justiça independente sem ter

---

4 Rawls, Reply to Habermas, *The Journal of Philosophy*, p.141, nota 16.

de adotar uma posição sobre as questões filosóficas, que com certeza não estão sob a categoria da "metafísica", que, porém, se estendem para além da esfera do "político".

Contudo, ao ser posta em contraposição ao "político", a expressão "metafísica" adquire, por sua vez, um sentido próprio. As sociedades modernas, devido ao pluralismo religioso e cultural, dependem de um consenso sobre questões de justiça básica que é neutro em relação às visões de mundo, e nesse sentido é um consenso sobreposto. Não resta dúvida que uma teoria que apenas queira fomentar tal consenso precisa ser "política e não metafísica" nesse sentido. É claro que disso ainda não se segue que a própria teoria pode se movimentar "exclusivamente no domínio do político"[5] e permanecer à margem das incessantes controvérsias filosóficas. As discussões filosóficas podem atravessar a esfera do político em diferentes direções. A filosofia é um empreendimento institucionalizado como busca cooperativa da verdade, e não mantém uma relação interna necessária com o que é a "metafísica" (no sentido dado pelo *Liberalismo político*). Quando a explicação do *status* epistêmico de uma concepção "independente" nos envolve em discussões não políticas sobre a razão e a verdade, isso não implica *eo ipso* que temos de embarcar em controvérsias e questões metafísicas. A investigação que se segue pretende tornar claro esse ponto de um modo indireto, por assim dizer, de modo performativo. De maneira mais explícita, ela procurará explicar o *status* epistêmico de uma concepção de justiça independente – em um sentido político inofensivo.

Quero examinar como funciona a divisão de trabalho entre o que é político e o que é metafísico que se reflete em uma de-

---

5 Ibid., p.133.

pendência específica do "razoável" em relação ao "verdadeiro". Não é de modo algum evidente que as razões publicamente defensáveis e que independem dos atores só devam ter importância para a "razoabilidade" de uma concepção política, ao passo que as razões não públicas e que dependem dos atores devam ser suficientes para a pretensão de "verdade" moral forte e autóctone. A resposta generosa e detalhada de Rawls às minhas observações provisórias[6] esclarece, entre outras coisas, os "tipos de justificação" que levam a um "consenso sobreposto". À luz desses esclarecimentos, quero desenvolver a tese de que não podemos esperar que cidadãos razoáveis não chegam um "consenso sobreposto" enquanto não estiverem em condição de adotar um "ponto de vista moral" que seja independente e que tenha precedência em relação às perspectivas das diferentes imagens de mundo assumidas por cada um. O conceito de "razoável" – *reasonable* – ou é deflacionado de maneira tal que fica muito fraco para caracterizar a validez de uma concepção de justiça reconhecida de modo intersubjetivo, ou é definido de modo suficientemente forte, porém o que é praticamente "razoável" acaba sendo identificado ao que é moralmente correto. Desejo mostrar que – e por quê – Rawls, no fim da contas, não pode deixar de aceitar todo o peso das exigências da razão prática que *exigem* que imagens de mundo se tornem razoáveis, e que de modo algum apenas refletem a feliz sobreposição delas.[7]

Antes de entrar no assunto, permitam-me caracterizar os desafios colocados pela condição da consciência moderna, a

---

6 Ibid., p.109-31.

7 Com isso desenvolvo as objeções do meu artigo anterior. Cf. acima p.130 et seq.

qual as teorias da justiça precisam reagir de um modo ou de outro (1). Em seguida, esboço, com a conveniente brevidade, o passo filosófico de Hobbes a Kant (2), pois essa posição forma o pano de fundo da alternativa peculiar de Rawls (3). Na parte principal (4), analiso a distribuição do ônus da prova entre as concepções de justiça "razoáveis" e a moral "verdadeira" das imagens de mundo, para então (5) discutir as dificuldades que daí resultam para construir a justificação de um consenso sobreposto. Por fim, (6) indico os argumentos para uma concepção procedimental do "uso público da razão", mais próxima a Kant. Quando entendemos a justiça política desse modo, (7) a autolegislação democrática assume o lugar que as liberdades negativas ocupam no liberalismo político. Com isso, as ênfases se deslocam em favor de um republicanismo kantiano.

I. O ponto de partida moderno.

O liberalismo político representa uma resposta ao desafio do pluralismo. A sua principal preocupação é obter um consenso político básico que assegura liberdades iguais a todos os cidadãos, independentemente de sua origem cultural, suas convicções religiosas e dos modos individuais de conduzir a vida. O consenso almejado em questões de justiça política já não pode mais se apoiar em um *ethos* aceito de modo tradicional e que perpassa a sociedade como um todo. Porém, ainda assim, os membros das sociedades modernas compartilham a expectativa de que podem cooperar uns com os outros de modo equitativo e sem violência. A despeito da ausência de um consenso substantivo sobre valores, enraizado em uma imagem de mundo aceita de modo amplo na sociedade, eles apelam, ontem

A inclusão do outro

como hoje, a convicções e normas morais que cada um supõe que possam ser compartilhadas por todos. Independentemente de saber se um *modus vivendi* poderia ser suficiente, as pessoas discutem sobre as questões morais mediante razões que consideram decisivas. Elas conduzem discursos morais tanto na vida cotidiana como na política, e ainda mais nas questões polêmicas em torno da Constituição política. Esses discursos continuam a ser feitos, mesmo quando não está claro se as questões morais em geral ainda podem ser resolvidas mediante argumentos. Os cidadãos pressupõem mutuamente e de modo tácito uma consciência moral ou um senso de justiça, que opera mais além dos limites das concepções de mundo, enquanto aprendem, ao mesmo tempo, a tolerar as diferenças nas concepções de mundo como a fonte dos desacordos razoáveis.

Diante dessa condição da consciência moderna, Rawls reage com a proposta de uma concepção de justiça suficientemente neutra, em torno da qual se possa cristalizar um acordo político básico entre os cidadãos com diferentes concepções religiosas ou metafísicas. Os filósofos morais e os teóricos da política entenderam que sua tarefa comum consiste em elaborar um equivalente racional para as justificações tradicionais de normas e princípios. Nas sociedades tradicionais, a moral era um componente das imagens ontológicas ou salvíficas do mundo que podiam contar com a aceitação pública. As normas e princípios éticos valiam como elementos de uma "ordem racional das coisas", impregnada de representações de valores, ou como caminhos exemplares para a salvação. Em nosso contexto é sobretudo interessante que essas explicações "realistas" podiam ser apresentadas de modo assertórico, na condição de proposições verificáveis. Mas depois da desvalorização pública das explicações religiosas ou metafísicas e com a ascensão da autoridade epistêmica das ciências experimentais, os enunciados normativos foram se diferenciando mais estritamente dos enunciados descritivos, de um lado, e dos juízos de valor e dos enunciados sobre as vivências, de outro. Seja qual for a posição que se assuma frente à discussão sobre o ser e o dever, com a passagem para a modernidade, a razão "objetiva", encarnada na natureza ou na história salvífica, foi substituída pela razão "subjetiva" do espírito humano. Com isso, impôs-se a questão de se as proposições normativas em geral ainda possuem um teor cognitivo e, se for o caso, como podem ser fundamentadas.

Essa questão se coloca como um desafio para todos aqueles (como Rawls ou eu) que recusam tanto o realismo moral quanto o moderno ceticismo diante dos valores. O pressuposto mútuo da capacidade de julgar em termos morais, que observamos na prática cotidiana, exige uma explicação que não negue de imediato um caráter racional para as argumentações morais. O fato de que as disputas morais persistem expressa algo sobre a infraestrutura da vida social, que está perpassada por pretensões de validade triviais. A integração social depende, em grande parte, de uma ação voltada ao entendimento, que se apoia no reconhecimento de pretensões de validade falíveis.[8]

Diante desse pano de fundo, também não é muito plausível a premissa com a qual Hobbes queria tirar a filosofia prática de seu beco sem saída. Ele queria reduzir a razão prática à razão instrumental. Na tradição da teoria hobbesiana do contrato,

---

8 Cf. Habermas, *Theorie des kommunikativen Handelns*. Cf. também id., Sprechakttheoretischen Erlauterungen zum Begriff der kommunikativen Rationalität, *Zeitschrift für philosophische Forschung*, p.65-91.

existem ainda hoje abordagens inteligentes que entendem as razões morais consensuais no sentido de motivos racionais e reduzem os juízos morais à escolha racional. O contrato social é apresentado como um procedimento, para o qual basta o autointeresse esclarecido dos participantes. Os contratantes só precisam ponderar se, à luz de seus desejos e preferências, é racional ou útil adotar uma regra de comportamento ou um sistema dessas regras. Mas, como já é conhecida a partir do problema do *free-rider*, essa estratégia falha em mostrar o sentido especificamente *obrigatório* das normas que vinculam e dos enunciados morais válidos. De passagem, me limito ao argumento que T. M. Scanlon usou contra o utilitarismo: *"The right-making force of a person's desire is specified by what might be called a conception of moral argumentation; it is not given, as the notion of individual well-being may be, simply by the idea of what is rational for an individual to desire"*.[9] Porém, se o teor cognitivo dos enunciados normativos não pode ser explicado com o conceito de razão instrumental, então a que tipo de razão prática nós temos de recorrer?

II. De Hobbes a Kant

Aqui se coloca a alternativa que deu o impulso decisivo ao desenvolvimento da teoria de Rawls: ou podemos avançar de

---

9 Scanlon, Contractualism and Utilitarianism. In: Sen, Williams (Orgs.), *Utilitarianism and Beyond*, p.199. ["A força legitimadora do desejo de uma pessoa é definida pelo que se poderia chamar a concepção de uma argumentação moral; ela não é simplesmente dada, como poderia ser a noção de bem-estar individual, pela ideia do que é racional para um indivíduo desejar."]

Hobbes a Kant e desenvolver um conceito de razão prática que assegure de certo modo um teor cognitivo aos enunciados morais, ou nós recorrermos de novo às tradições "fortes" e às doutrinas "abrangentes" que garantem a verdade inerente de suas concepções morais. Em ambas as direções nós topamos com obstáculos. No primeiro caso, temos de fazer uma distinção clara entre da razão prática e a razão teórica, mas de modo que, com isso, a razão prática não perca totalmente seu teor cognitivo. No segundo caso, temos de lidar com o persistente pluralismo de visões que, no círculo de seus membros, são tidas como verdadeiras, embora todos saibam que somente uma delas pode ser a verdadeira.

Na tradição kantiana, a razão prática determina a perspectiva para o juízo imparcial de normas e princípios. Esse "ponto de vista moral" é operacionalizado com a ajuda de diferentes princípios ou procedimentos – quer se trate do imperativo categórico ou, como em Mead, da troca ideal de papéis, ou de uma regra de argumentação, como em Scanlon, ou da construção de uma posição original que impõe restrições adequadas para a escolha racional das partes, como em Rawls. Esses diferentes desenhos têm como único fim possibilitar um acordo ou entendimento de maneira tal que os resultados satisfaçam nossa intuição de respeito igual e responsabilidade solidária com cada um. Uma vez que os princípios e normas selecionados desse modo reivindicam um reconhecimento universal, o acordo alcançado de modo correto deve poder ser qualificado em um sentido epistêmico. As razões que cabem no prato da balança precisam ter um peso epistêmico e não podem apenas expressar aquilo que é racional fazer para uma determinada pessoa com suas preferências já dadas.

A inclusão do outro

Uma possibilidade de apreender o papel epistêmico de tais deliberações práticas consiste em descrever, de maneira precisa, como, do ponto de vista moral, os interesses pessoais, que entram na deliberação como motivos racionais, mudam seu papel e significado no decorrer da argumentação. Nos discursos práticos "contam" para o resultado somente aqueles interesses que podem ser apresentados como valores reconhecidos de modo intersubjetivo e que se *candidatam* a serem admitidos no conteúdo semântico das normas válidas. Só ultrapassam esse umbral aquelas orientações por valores que são *universalizáveis*, que podem ser aceitas com boas razões – e por meio disso, ganham uma força normativa vinculante – por todos os participantes (e concernidos) para colocar sob a forma de normas uma matéria que precisa ser regulamentada. Um "interesse" pode ser descrito como "orientação de valor" quando é compartilhado pelos demais membros em situações semelhantes. Portanto, para um interesse ser considerado sob o ponto de vista moral, ele precisa se desprender de seu vínculo com a perspectiva da primeira pessoa. Assim que ele for traduzido no vocabulário valorativo compartilhado em termos intersubjetivos, ele aponta para além dos desejos e preferências e pode assumir o papel epistêmico de um argumento, na condição de um candidato para a generalização de um valor no âmbito das fundamentações morais. O que entra no discurso como desejo ou preferência só sobrevive ao teste de generalização se for a descrição de um valor que todos os participantes considerem universalmente aceitável para a regulamentação da respectiva matéria.

Vamos supor que a deliberação prática possa ser concebida como uma forma de argumentação que se diferencie tanto da escolha racional quanto do discurso sobre fatos. Então, uma teoria da argumentação orientada em termos pragmáticos se apresentaria como o caminho para elaborar uma concepção de razão prática diferenciada tanto da razão instrumental quanto da razão teórica. As proposições deônticas poderiam manter seu sentido cognitivo sem serem assimiladas às proposições assertóricas ou serem reduzidas à racionalidade instrumental. Contudo, a *analogia* que ainda persiste entre a verdade e a correção normativa lançaria outras questões. Nós não poderíamos evitar as conhecidas controvérsias sobre os conceitos semânticos e pragmáticos de verdade e de fundamentação, nem tampouco a discussão sobre a relação entre significado e validade, sobre a construção e função dos argumentos, sobre a lógica, os procedimentos e a forma comunicativa da argumentação. Nós precisaríamos nos ocupar da relação do mundo social com o mundo objetivo e o mundo subjetivo, e não poderíamos evitar o persistente debate sobre a racionalidade. Por isso é compreensível a tentativa de Rawls evitar esse tipo de discussões – mesmo quando essas controvérsias não são de imediato classificadas como "metafísicas".

Outra questão é saber se pode ter êxito a estratégia de aliviar o peso a partir de uma clara separação entre o político e a metafísica. Inicialmente, Rawls seguiu a estratégia kantiana. Na *Teoria da justiça* se colocou a tarefa de explicar o "ponto de vista moral" com a ajuda da posição original. A construção da "justiça como equidade" se alimenta, em todo caso, de uma razão prática que se incorpora nas duas "capacidades superiores" da pessoa moral. Nas *Dewey-Lectures* Rawls continuou elaborando esse "construtivismo kantiano",[10] que encontra sua

---

10 Rawls, Kantian Constructivism, *The Journal of Philosophy*, p.515-73. Esse enfoque continua a ser adotado em Milo, Contractarian Constructivism, *The Journal of Philosophy*, p.181-204.

A inclusão do outro

expressão definitiva no terceiro capítulo do *Political Liberalism*. Mas no âmbito dessa abordagem modificada, a razão perde sua posição forte. A razão prática é, ao mesmo tempo, esvaziada de seu núcleo moral e ela é deflacionada a uma razoabilidade que fica na dependência das verdades morais fundamentadas de outra forma. Agora, a validade moral da concepção de justiça não se fundamenta em uma razão prática que vincula de modo universal, mas sim na feliz convergência de imagens de mundo razoáveis, que se sobrepõem de modo suficiente em seus componentes morais. Contudo, os outros elementos da concepção original não se encaixam facilmente na teoria atual.

No *Political Liberalism* se encontram duas tendências de fundamentação contrárias. A ideia do consenso sobreposto resulta em um decisivo enfraquecimento da pretensão racional da concepção kantiana da justiça. Em primeiro lugar, pretendo apresentar a nova distribuição do ônus da prova entre a razão da justiça política e a verdade das imagens de mundo para, em seguida, abordar as inconsistências que justificam por que Rawls hesita em subordinar a razão prática à moral das imagens de mundo até o ponto que exige a própria alternativa (agora favorecida) ao enfoque kantiano.

III. A alternativa ao procedimentalismo kantiano

Um consenso sobreposto é alcançado *"when all the reasonable members of political society carry out a justification of the shared political conception by embedding it in their several reasonable comprehensive views"*.[11]

---

11 Rawls, Reply to Habermas, p.91. ["Quando todos os membros razoáveis da sociedade política tornam efetiva a justificação da concepção

Rawls propõe uma divisão de trabalho entre o que é político e o que é metafísica, o que faz que o *conteúdo sobre o qual* todos os cidadãos podem concordar se separe das *respectivas razões pelas quais* os indivíduos podem aceitá-lo como verdadeiro. Essa construção parte de duas, mas apenas duas perspectivas: cada cidadão vincula a perspectiva do participante com a perspectiva do observador. Os observadores podem descrever processos na esfera política, por exemplo, o fato do surgimento de um consenso sobreposto. Eles podem reconhecer que esse consenso é alcançado em consequência da sobreposição bem-sucedida dos componentes morais das diferentes imagens de mundo metafísicas ou religiosas, e que esse consenso contribui para a estabilidade da coletividade. Mas, na posição objetivadora do observador, os cidadãos não conseguem penetrar reciprocamente em outras imagens de mundo e entender seus conteúdos de verdade a partir da respectiva perspectiva interna. Presos às fronteiras dos discursos que constatam fatos, eles estão impedidos de assumir uma posição sobre aquilo que os participantes crentes ou convictos consideram verdadeiro, justo e valioso na perspectiva da primeira pessoa. Tão logo os cidadãos queiram se manifestar sobre as verdades morais ou sobre "as concepções acerca do que é valioso na vida humana"[12] em geral, eles precisam voltar-se para a perspectiva do participante já inscrita em sua própria imagem de mundo. Pois os enunciados morais ou os juízos de valor somente podem ser fundamen-

---

política compartilhada ao incorporá-la a suas diversas concepções abrangentes razoáveis."]

12 Id., *Political Liberalism*, p.175.

A inclusão do outro

tados no contexto denso das interpretações abrangentes do mundo. As razões morais em favor de uma concepção de justiça presumivelmente em comum são, por definição, razões não públicas.

Os cidadãos só conseguem se convencer da verdade de uma concepção de justiça – apropriada para todos – a partir da perspectiva de seus próprios sistemas interpretativos. Semelhante concepção comprova sua capacidade para ser a plataforma comum de uma justificação *pública* de princípios constitucionais porque encontra um consentimento de todos os participantes, o qual é fundamentado de modo *não público*. A validade pública, isto é, a "razoabilidade" do conteúdo desse consenso sobreposto, aceito por todos, resulta unicamente da circunstância feliz de que as diferentes razões não públicas motivadoras convergem em um resultado. Das premissas de diferentes concepções *resulta* uma concordância nas consequências. Com isso, para a estrutura da teoria como um todo é decisivo que os participantes apenas possam observar essa convergência como um fato social: *"The express contents of these doctrines have no normative role in public justification"*.[13] Nesse estágio, Rawls não concede aos seus cidadãos uma terceira perspectiva, uma perspectiva que se junte a do observador e do participante. Antes que se chegue a um consenso sobreposto, não há nenhuma perspectiva pública compartilhada de modo intersubjetivo que possibilite aos cidadãos formar um juízo imparcial, digamos, desde o início. Podemos dizer que falta o "ponto de vista moral" sob o qual os cidadãos poderiam justificar e desenvolver uma concepção

---

13 Id., Reply to Habermas, p.144. ["Os conteúdos explícitos dessas doutrinas não têm nenhum papel normativo na justificação pública".]

política em uma *deliberação pública comum*. O que Rawls chama de "uso público da razão" pressupõe a plataforma comum de um consenso político fundamental já alcançado. Os cidadãos entram nessa plataforma somente *post festum, isto é, como consequência* da "sobreposição" resultante de suas diferentes convicções de fundo: *"Only when there is a reasonable overlapping consensus can political society's political conception of justice be publicly [...] justified".*[14]

Uma descrição do ponto de partida moderna dá o padrão para a relação complementar entre o político e a metafísica, só que da maneira como esse ponto de partida é representado na visão "dos que creem", isto é, do lado da "metafísica". Na divisão de trabalho entre o político e a metafísica se reflete a relação complementar entre o agnosticismo *público* e a confissão *privada*, entre o poder neutro do Estado, cego às colorações confessionais, e a força iluminadora das imagens de mundo, que competem em torno da "verdade" em um sentido enfático. As verdades morais que, ontem como hoje, estão incorporadas em imagens de mundo religiosas ou metafísicas, compartilham essa forte pretensão de verdade, embora o fato do pluralismo faça lembrar, ao mesmo tempo, que as doutrinas abrangentes já não são mais capazes de serem a base de uma justificação pública.

Essa engenhosa distribuição do ônus da prova libera a filosofia política de sua perturbadora tarefa de produzir um substituto para a fundamentação metafísica das verdades morais. Mesmo que a metafísica esteja, por assim dizer, riscada da

---

14 Ibid., p.92. ["A concepção política da justiça da sociedade política poder ser justificada publicamente somente quando houver um consenso sobreposto razoável."]

A inclusão do outro

agenda pública, ela continua sendo a base última de validade para o que é moralmente correto e o que é eticamente bom. Por outro lado, o que é político fica privado de sua fonte própria de validação. A ideia inovadora de um "consenso sobreposto" preserva o vínculo interno da justiça política com os componentes morais das imagens de mundo, mas, é claro, somente sob a condição de que esse vínculo só seja inteligível para a moral das imagens de mundo, ou seja, ele permanece *publicamente inacessível. "It is up to each comprehensive doctrine to say how its idea of the reasonable connects with its concept of truth."*[15] O consenso sobreposto se apoia nos diferentes componentes morais daquilo que um cidadão considera verdadeiro como um todo. Do ponto de vista do observador ninguém pode saber qual das imagens de mundo concorrentes é de fato a verdadeira, se é que existe uma. Entretanto, a verdade dessa doutrina garante *"that all the reasonable doctrines yield the right conception of justice, even though they do not for the right reasons as specified by the one true doctrine".*[16]

Da mesma maneira que Hobbes, Rawls se concentra nas questões de justiça política e toma emprestado da tradição hobbesiana a ideia de que a busca do acordo público precisa se nutrir de razões privadas, não públicas. Mas diferentemente de Hobbes, em Rawls a aceitabilidade racional de uma proposta capaz de receber o consentimento se baseia na substância moral de imagens de mundo diferentes, mas que convergem

---

15 Id., *Political Liberalism*, p.94. ["Cabe a cada doutrina abrangente dizer como sua ideia do razoável se conecta com seu conceito de verdade."]

16 Ibid., p.128. ["Que todas as doutrinas razoáveis produzem a concepção correta da justiça, ainda que não o façam pelas razões corretas segundo é definido pela única doutrina verdadeira."]

nesse ponto — e não nas preferências de pessoas diferentes que se complementam mutuamente. Rawls compartilha com a tradição kantiana a fundamentação moral da justiça política. As razões moralmente convincentes fundamentam um consenso que vai mais além de um *modus vivendi*. Mas essas razões não podem ser examinadas publicamente por todos porque o uso público da razão depende de uma plataforma que precisa ser construída à luz de razões não públicas. O consenso sobreposto se apoia, da mesma maneira que um compromisso, nas *respectivas diferentes* razões das partes. Porém, diferentemente de um compromisso, essas razões são de natureza moral.

IV. Uma "terceira" perspectiva para o razoável

A ideia de *consenso sobreposto* torna necessária uma explicação da expressão "razoável". Embora a aceitação de uma concepção de justiça independente seja parasitária das verdades metafísicas que a complementam, essa concepção deve ter uma "razoabilidade" que *acrescenta* o aspecto do reconhecimento público àquelas verdades idiossincráticas e que permanecem opacas umas em relação às outras. Do ponto de vista da validade, existe uma assimetria desconfortável entre a concepção pública da justiça, que ergue uma pretensão de "razoabilidade" fraca, e as doutrinas não públicas com uma pretensão forte à "verdade". É contraintuitvo que uma concepção pública da justiça deva obter sua autoridade moral, em última instância, de razões não públicas. Tudo o que é válido deve poder ser justificado de modo público. Os enunciados válidos merecem o reconhecimento universal pelas mesmas razões. Nesse aspecto, a expressão *agreement* ["acordo"] é ambígua. Enquanto as par-

A inclusão do outro

tes que negociam um compromisso podem consentir com o resultado a partir de razões distintas, os participantes em uma argumentação precisam alcançar, se possível, um acordo motivado racionalmente a partir das mesmas razões. Essa prática de argumentação aponta para um consenso alcançado *de modo público e em comum.*

Mesmo quando ainda estão aquém da esfera política, as argumentações já exigem, de certo modo, um uso público da razão. Nos discursos racionais é alçado como tema somente aquilo que na vida cotidiana serve como recurso para a força vinculante de atos de fala – ou seja, pretensões de validade que exigem o reconhecimento intersubjetivo e que, no caso de serem problematizadas, têm em vista uma justificação. A mesma coisa acontece com as pretensões de validade normativas. O hábito de discutir questões morais mediante razões entraria em colapso se os participantes tivessem de partir do pressuposto de que os juízos morais dependem *essencialmente* de convicções de fé pessoais e não poderiam mais contar com a aceitação daqueles que não compartilham essa fé.[17] É claro que isso não pode ser aplicado de modo direto à política, pois as disputas políticas são de natureza mista. Mas quanto mais elas se ocupam com os princípios constitucionais e com as concepções de justiça que lhes estão subjacentes, tanto mais se *assemelham* aos discursos morais. Além disso, questões políticas fundamentais estão ligadas às questões de implementação do direito. E são precisamente as regulamentações *coercitivas* que tornam necessário um consenso político básico entre os cidadãos.

---

17 Wingert, *Gemeinsinn und Moral*, parte II, p.166 et seq.

Não é a própria exigência que é questionável, mas sim *como* ela pode ser cumprida. O que se questiona é se os cidadãos em geral podem considerar algo "razoável" quando lhe sé vedado adotar um terceiro ponto de vista – ao lado do observador e do participante. Afinal, pode surgir um consenso que sirva de fundamento ao uso público da razão dos cidadãos de uma coletividade política a partir da pluralidade de razões ligadas a concepções de mundo, cujo caráter não público é reconhecido de modo intersubjetivo? Eu gostaria de saber sobretudo se Rawls pode explicar a formação desse consenso sobreposto sem se referir de modo implícito a uma "terceira" perspectiva, a partir da qual "nós", os cidadãos, deliberamos de modo coletivo e em comum para saber o que é igualmente do interesse de cada um.

A perspectiva do membro de uma comunidade de fé é diferente da de uma participante de discursos públicos. A força de determinação existencial de um indivíduo insubstituível que deseja se esclarecer, da perspectiva da primeira pessoa do singular, sobre como deve conduzir sua vida é algo diferente do que a consciência falibilista do cidadão que participa da formação política da opinião e da vontade. Porém, como mostramos, Rawls não imagina o processo de entendimento de uma concepção comum da justiça de maneira que os cidadãos adotem em comum a mesma perspectiva. Visto que falta essa perspectiva, a concepção que se revelar "razoável" deve se encaixar no contexto das respectivas imagens de mundo consideradas "verdadeiras". Mas o sentido universalista do "razoável" não acaba sendo afetado pela circunstância segundo a qual a verdade não pública das doutrinas religiosas ou metafísicas tem prioridade em relação à razoabilidade de uma concepção política?

Rawls introduz o predicado "razoável" do seguinte modo: os cidadãos que estão dispostos e em condições de viver em uma sociedade "bem ordenada" são chamados de cidadãos razoáveis; como pessoas razoáveis eles também têm concepções razoáveis sobre o mundo como um todo. Quando o consenso esperado resulta das doutrinas razoáveis, seu conteúdo também vale com razoável. "Razoável" refere-se, portanto, em primeiro lugar, à atitude de pessoas que, (a) estão dispostas a se entenderem acerca das condições equitativas de cooperação social entre cidadãos livres e iguais, bem como a segui-las, e que (b) estão em condições de reconhecer o ônus da prova e as obrigações da argumentação — *burdens of argument* — e assumir para si as suas consequências. No passo seguinte, o predicado "razoável" é transferido das *atitudes* às convicções de pessoas razoáveis. As imagens de mundo, por sua vez, reforçam nos membros um comportamento tolerante porque são, de certo modo, reflexivas e estão sujeitas a determinadas restrições em vista de suas consequências práticas. A consciência "reflexiva" é o resultado da existência de uma expectativa de dissenso razoável entre as doutrinas concorrentes. E sob as condições do pluralismo de imagens de mundo, esses poderes de crença subjetivados dessa maneira só podem competir entre si em igualdade de direitos quando seus membros se abstiverem de usar o poder político para imporem suas crenças verdadeiras.

Em nosso contexto é sobretudo importante que uma "razoabilidade" de cidadãos e de imagens de mundo especificada dessa maneira de modo algum exija a adoção daquela perspectiva segundo a qual as questões básicas da justiça política possam ser discutidas publicamente e em comum. O ponto de vista moral não está implicado nas atitudes "razoáveis", nem as imagens de mundo "razoáveis" o tornam possível. Tal perspectiva só se abre quando for produzido um consenso sobreposto em torno de uma concepção de justiça. Não obstante, parece que Rawls não pode deixar de recorrer, pelo menos em termos não oficiais, a essa "terceira" perspectiva mesmo "naquela questão básica da justificação pública".[18] Tem-se a impressão que Rawls permanece dividido entre sua estratégia originária, seguida na *Teoria da justiça*, ainda fortemente atrelada a Kant, e a alternativa desenvolvida mais tarde que deve ajustar as contas com o fato do pluralismo. Também aqui o filósofo assume a perspectiva de um juízo imparcial; mas esse, digamos, ponto de vista profissional não encontra nenhuma correspondência com o ponto de vista moral que os cidadãos poderiam compartilhar desde o início.

Nesse ínterim, Rawls se manifestou de modo mais detalhado acerca do problema da justificação do consenso sobreposto.[19] Quando analisamos com mais precisão os "três tipos" de justificação explicados nessas passagens, topamos com uma questão interessante sobre como, afinal, podemos identificar as imagens de mundo "razoáveis" se não dispomos dos critérios de um razão prática independente das imagens de mundo. Para a escolha das imagens de mundo razoáveis são necessárias, de certo modo, decisões normativas "finas", que deveriam poder ser fundamentadas de modo independente das suposições de fundo metafísicas "densas".

---

18 Rawls, Reply to Habermas, p.144.
19 Ibid., p.142 et seq.

V. O último estágio de justificação[20]

Rawls chama o lugar em que precisa ocorrer a justificação de uma concepção política da justiça de *"the place among citizens in civil society – the viewpoint of you and me"*.* Aqui cada cidadão parte do contexto de sua própria imagem de mundo e do conceito de justiça incorporado nela. Pois, de início, a reflexão normativa só pode contar com essa perspectiva do participante. Além do mais, no ponto de partida também não há uma diferença relevante entre a posição do cidadão e a do filósofo. Filósofo ou não, uma pessoa razoável vai seguir seu senso de justiça para desenvolver uma concepção de justiça independente que possa ser aceita por todas as pessoas razoáveis no papel de cidadãos presumivelmente livres e iguais. O primeiro passo construtivo exige, portanto, abstrair-se das doutrinas abrangentes. Aliás, com o objetivo de alcançar essa *"pro tanto justification"*, os cidadãos podem considerar doutrinas filosóficas diferentes e bem examinadas. Tais teorias oferecem um fio condutor para dar aquele passo de abstração. Por exemplo, a "posição original" se oferece como esquema para esse teste de universalização.

---

20 Sigo os "três tipos" de justificação segundo a sequência indicada por Rawls. Esta sequência lógica não deve ser entendida como uma sequência temporal de etapas, mas assinala o caminho pelo qual todo contemporâneo pode radicalizar sua tomada de posição acerca das questões atuais de justiça política. Tão logo a sua crítica questione o consenso político básico existente a partir da perspectiva de uma concepção de justiça concorrente, ele terá de defender essa alternativa pela via dessa gênese lógica.

* "O lugar entre cidadãos na sociedade civil – o ponto de vista seu e meu". (N. T.)

Os princípios que passarem no teste parecem ser aceitáveis para todos.

No entanto, ninguém poderá abdicar completamente de sua própria pré-compreensão na aplicação do procedimento. "Você e eu" não podemos manusear o teste de universalização sem partir de pressupostos. Temos de fazê-lo da perspectiva constituída pela imagem de mundo própria de cada um. Com isso, certas suposições de fundo afluem na esfera do político e sobretudo aquilo que deve contar como questão política. Por isso, no passo seguinte, quando cada cidadão insere em sua própria imagem de mundo o conceito que lhe parece mais auspicioso, não deveria haver nenhuma surpresa. É certo que o teste de universalização exige de todos os cidadãos razoáveis que eles ignorem o que há de específico nas diferentes imagens de mundo. Mas essa operação de universalização também precisa ser feita no contexto da própria concepção de mundo. Pois ninguém pode abandonar sua perspectiva de participante sem perder de vista – da perspectiva do observador – a dimensão normativa como tal.

Por essa razão, na primeira rodada o teste de universalização funciona de forma não muito diferente do que a regra de ouro: ele filtra todos os elementos que, *da perspectiva de cada um*, são inadequados para serem aceitos por todas as pessoas razoáveis. Nessa prova passam precisamente os princípios e práticas, assim como aquelas regras e instituições que, quando são impostas de modo universal, contemplam o interesse de cada um, mas *sempre segundo a minha compreensão da política*. Nessa perspectiva, o manuseio do teste é condicionado pela pré-compreensão da visão de mundo, pois de outro modo o terceiro passo de justificação – que se realiza de modo análogo

A inclusão do outro

à passagem da regra de ouro ao imperativo categórico – seria supérfluo.[21] Rawls considera necessário dar esse passo porque "você e eu" não podemos saber se fomos bem-sucedidos no propósito de nos abstrairmos de nosso contexto de visões de mundo quando, partindo cada um de *sua* melhor compreensão da esfera política, subordinamos nossas convicções normativas às restrições da posição original. É só no último estágio, que Rawls descreve como *"the stage of wide and reflective equilibrium"*[22] que tomamos conhecimento dos demais cidadãos: *"Reasonable citizens take one another into account as having reasonable comprehensive doctrines that endorse that political conception"*.[23]

Esse passo, que deve finalmente levar ao consenso sobreposto, pode ser compreendido como uma radicalização do teste de universalização que, até então, havia sido levado a cabo de modo incompleto e ainda egocêntrico. Somente a aplicação *recursiva* do procedimento leva ao resultado esperado: todos os cidadãos, não apenas você e eu, precisam examinar, a partir da sua perspectiva e de sua visão da política, se existe alguma proposta que possa encontrar o consentimento universal. Rawls fala de *mutual accounting* [justificação mútua], mas quer dizer uma *observação* mútua com a qual se pode averiguar se vai surgir um acordo. O consenso é um evento que acontece:

---

21 Cf. Habermas, "Vom pragmatischen, ethischen und moralischen Gebrauch der praktischen Vernunft". In: *Erlauterungen zur Diskursethik*, p.106 et seq.

22 Rawls, Reply to Habermas, p.88, nota 16. ["a etapa do equilíbrio amplo e reflexivo."]

23 Ibid., p.91. ["Os cidadãos razoáveis levam um ao outro em consideração enquanto portadores de doutrinas compreensivas razoáveis que apoiam aquela concepção política."]

"public justification happens [as ênfases são minhas – J. H.] *when all the reasonable members of political society carry out a justification of the shared political conception by embedding it in their several reasonable comprehensive views"*.[24] Nesse contexto, as expressões *public* e *shared* são algo equivocadas. O consenso sobreposto resulta do controle que todos fazem de modo simultâneo, mas cada um de modo individual e para si, para saber se a concepção sugerida é adequada à sua própria imagem de mundo. Se isso der certo, cada um tem que aceitar a mesma concepção, mas, é claro, cada um o fará a partir de suas próprias razões não públicas, e ao mesmo tempo cada um precisa se certificar das tomadas de posição afirmativas de todos os outros: *"The express contents of these doctrines have no role in public justification; citizens do not look into the content of other's doctrines [...]. Rather, they take into account and give some weight only to the fact – the existence – of the reasonable overlapping consensus itself"*.[25] Ou seja, o consenso sobreposto se apoia sobre o que Rainer Forst chamou de "um uso privado da razão com propósitos políticos e públicos".[26] Mais uma vez: nesse desenho dos "três tipos" de justificação falta uma perspectiva de juízo imparcial e um uso público da razão em sentido estrito,

---

24 Ibid., p.91. ["A justificação pública *acontece* quando todos os membros razoáveis da sociedade política levam a cabo uma justificação da concepção política compartilhada incorporando-a em suas diferentes visões abrangentes razoáveis."]

25 Ibid., p.91. ["Os conteúdos explícitos dessas doutrinas não desempenham nenhum papel na justificação pública. Os cidadãos não levam em conta o conteúdo das doutrinas dos demais (...) antes, levam em conta e atribuem algum pesso somente ao fato – a existência – do próprio consenso sobreposto razoável."]

26 Forst, *Kontexte der Gerechtigkeit*, p.159.

A inclusão do outro

que não somente se torne possível pelo consenso sobreposto, mas praticado em comum *desde o início*.

Contudo, não parece muito plausível que os cidadãos razoáveis – no sentido indicado – possam alcançar um consenso sobreposto quando somente conseguem se convencer da validade de seus conceitos de justiça no contexto de suas respectivas imagens de mundo.[27] As possibilidades de sucesso dependem essencialmente de quais revisões são permitidas no último estágio de uma justificação descentrada. A concepção justificada *pro tanto*, que você ou eu consideramos válida a partir da sua ou da minha perspectiva, "depois de somar todos os valores", pode fracassar diante do veto dos demais. Antes que nossa concepção possa elucidar a todos, ela precisa ser revisada. O dissenso que é desencadeado por tais adaptações atinge em primeiro lugar as diferenças na compreensão do político, não antecipadas por você ou por mim na primeira rodada. Seguindo Rawls, diferencio três tipos de desacordos: (a) o primeiro se refere à definição do campo das questões políticas; (b) o outro se refere à hierarquia e à ponderação razoável dos valores políticos e (c) o último e mais importante se refere à prioridade dos valores políticos frente aos valores não políticos.

ad a) e b) As diferentes interpretações, por exemplo o princípio da separação do Estado e da Igreja, dizem respeito à extensão e ao âmbito do domínio da política; ou seja, levam a diferentes recomendações normativas, nesse caso, recomendações acerca do *status* e do papel das comunidades e organizações religiosas. Outras controvérsias dizem respeito à hierarquia

---

27 Cf. Forst, p.152-61, 72 et seq.

dos valores políticos, por exemplo, ao valor intrínseco ou meramente instrumental da participação política dos cidadãos nos casos em que os direitos de participação política precisam ser sopesados em relação às liberdades negativas. Esses casos controversos são normalmente resolvidos nos tribunais, em última instância, no tribunal constitucional, ou seja, com base em uma concepção de justiça já aceita. Rawls também vê assim. Porém, em alguns casos particulares, os conflitos podem ser tão profundos que o desacordo coloca em xeque o próprio consenso político fundamental. Esses conflitos solapam o próprio consenso sobreposto. Mas vamos assumir que a maioria dos pontos controversos pode ser resolvida de modo consensual, ou, conforme o caso, por revisões na interpretação dominante da Constituição. Esse tipo de adaptações bem-sucedidas confirmaria que, naquele último estágio da justificação, os cidadãos poderiam aprender uns com os outros, ainda que somente de maneira indireta. O veto dos demais pode *levar* você e eu à percepção de que as concepções de justiça por nós apresentadas no início ainda não eram *descentradas* de modo suficiente.

ad c) Um outro tipo de conflito abrange a definição do que se deveria poder esperar das imagens de mundo "razoáveis". Nesses casos, o próprio conceito de "razoável" está à disposição. Um exemplo disso é uma determinada descrição do aborto. Assim, alguns católicos, que insistem em uma proibição genérica, afirmam que para eles suas convicções religiosas sobre o valor da inviolabilidade da vida são mais importantes do que qualquer outro valor político que os demais cidadãos poderiam reivindicar para exigir que os católicos deem seu consentimento a uma regulação mais propriamente liberal, por assim dizer. Rawls discute esse caso de passagem, mas ele

A inclusão do outro

desloca o conflito do plano da *prioridade* dos valores políticos para o plano da *ponderação* razoável *entre* valores políticos.[28] Ou seja, Rawls pressupõe que o princípio do uso público da razão por parte dos cidadãos exige uma *tradução* de suas concepções ético-existenciais na linguagem da justiça política. Porém, com as próprias premissas de Rawls a "razão pública" somente pode impor essas restrições quando um consenso político fundamental já foi alcançado. *Durante* a formação do consenso sobreposto não existe um equivalente à autoridade neutra de um tribunal constitucional (que naturalmente só entende a linguagem do direito). Tampouco existe nesse estágio a possibilidade de apelar à prioridade do justo frente ao bom, pois essa prioridade, por sua vez, pressupõe a prioridade dos valores políticos frente aos valores não políticos.[29] Rawls certamente reconhece que um consenso sobreposto só pode surgir entre cidadãos que, em casos de conflito entre os valores, assumem que os valores políticos se sobrepõem a todos os demais.[30] Mas isso não se segue da "razoabilidade" das pessoas e de suas convicções. Pois Rawls se contenta com a garantia de que os valores políticos são precisamente "valores muito fortes".[31] Em outras passagens, Rawls se limita à "esperança" de que essa

---

28 Rawls, *Political Liberalism*, p.243 et seq.

29 *"The particular meaning of the priority of right is that comprehensive conceptions of the good are admisible [...] only if their pursuit conforms to the political conception of justice."* Ibid., p.176, nota 2. ["O significado específico da prioridade do justo é que as concepções abrangentes do bem são admissíveis (...) somente se sua busca está de acordo com a concepção política da justiça."]

30 Ibid., p.139.

31 Ibid., p.155.

prioridade seja por fim reconhecida pelos adeptos das visões de mundo razoáveis.[32]

Dessas formulações mais moderadas resulta que os conflitos profundos do terceiro tipo só podem contar com uma solução quando a tolerância de cidadãos razoáveis e a razoabilidade de suas imagens de mundo *implicarem* uma percepção unânime do político e da prioridade dos valores políticos. Mas tal exigência racional torna visível não apenas as características que as imagens de mundo razoáveis já de todo modo apresentam; a expectativa da razoabilidade precisa ser *imposta* às imagens de mundo concorrentes. Na prioridade dos valores políticos se expressa uma exigência da razão prática – a exigência por uma imparcialidade que em regra se articula no ponto de vista moral. Mas isso não está presente no conceito de razoável introduzido por Rawls. Do mesmo modo tampouco está implícito um ponto de vista moral comum a todos, seja na atitude de pessoas "razoáveis" que querem lidar umas com as outras de modo equitativo apesar de saberem que não concordam em suas concepções religiosas ou metafísicas, seja na reflexividade e na

---

32 "*In this case (i.e. when an overlapping consensus is achieved) citizens embed their shared political conception in their reasonable comprehensive doctrines. Then we hope that citizens will judge (by their comprehensive view) that political values are normally (though not always) prior to, or outweigh, wathever non-political values may conflict with them.*" Rawls, Reply to Habermas, p.97. ["Neste caso, (isto é, quando um consenso sobreposto é alcançado) os cidadãos inserem sua concepção política compartilhada em suas doutrinas abrangentes razoáveis. Esperamos, então, que os cidadãos julguem (a partir de suas concepções abrangentes) que os valores políticos sejam normalmente (mas não sempre) prioritários ou tenham um peso maior do que quaisquer outros valores não políticos que possam estar em conflito com eles."]

A inclusão do outro

renúncia à violência das imagens de mundo "razoáveis". Uma exigência da razão prática à qual as imagens de mundo teriam de *se curvar* para que um consenso sobreposto fosse possível, evidentemente só pode se justificar pela força de uma autoridade epistêmica que é independente das imagens de mundo.[33]

Com uma razão prática emancipada da dependência da moral das imagens de mundo, a relação interna entre o verdadeiro e o razoável se tornaria publicamente acessível. Esse vínculo só precisa permanecer opaco enquanto a fundamentação de uma concepção política for inteligível unicamente a partir do contexto da respectiva imagem de mundo. Contudo, esse ponto de vista se inverte quando a prioridade dos valores políticos precisa ser legitimada a partir de uma razão prática que define primeiro quais imagens de mundo podem valer como razoáveis.

VI. Filósofos e cidadãos

Porém, permanece não resolvida a tensão entre a "razoabilidade" de uma concepção política, que é aceitável a todos os cidadãos que têm imagens de mundo razoáveis, e a "verdade" que o indivíduo atribui a essa concepção a partir de sua visão de mundo. Por um lado, a validez da concepção política se alimenta, em última instância, dos recursos de validade de diferentes imagens de mundo, à medida que são razoáveis. Por outro lado, em contrapartida, as imagens de mundo razoáveis precisam se qualificar segundo padrões que lhes são prescritos pela razão prática. Aquilo que as define como razoáveis é medido por padrões que não podem ser obtidos pelas respectivas imagens de

---

33 Agradeço a Forst, *Kontexte der Gerechtigkeit*, nota 8, por esse argumento.

mundo. Rawls consegue fundamentar essas restrições da razão prática sem retornar ao ponto de vista kantiano de *Uma teoria da justiça*, ou ele precisa abandonar a tática liberal de uma divisão de trabalho entre o político e a metafísica? Com certeza, Rawls também leva em consideração no *Liberalismo político* as restrições de uma "razão pública" – "*the general ones of theoretical and practical reason*" ["as restrições da razão teórica e prática"]. Mas estas só entram em jogo depois que a "justiça como equidade" é aceita pelos cidadãos. Só então elas podem definir a prioridade do justo sobre o bem[34] e o modo do uso público da razão.[35]

Mas quando a razoabilidade das imagens de mundo precisa ser formulada em restrições que elas não podem criar a partir delas mesmas, o que deve valer como razoável precisa recorrer a uma instância de imparcialidade que já está em vigor antes do estabelecimento de um consenso político básico. A "teoria da justiça" reivindicava validade a partir da razão prática. Ela não dependia da afirmação por parte das imagens de mundo razoáveis. No decorrer do tempo, Rawls percebeu que não tanto o conteúdo mas muito mais a construção dessa teoria não conseguia lidar satisfatoriamente com o "fato do pluralismo".[36] Por essa razão Rawls agora apresenta o conteúdo essencial da teoria originária como o primeiro passo de uma construção que precisa ser complementada. O passo seguinte deve conduzir do, por assim dizer, seminário acadêmico para a esfera pública política, e deixar a investigação filosófica desembocar no consenso político fundamental dos cidadãos. A distribuição

---

34 Rawls, *Political Liberalism*, p.210.
35 Ibid., p.216 et seq.
36 Id., Reply to Habermas, p.144, nota 21.

A inclusão do outro

do ônus da prova entre ambas as partes se reflete na relação entre o razoável e o verdadeiro. A última palavra não cabe ao filósofo, mas sim aos cidadãos. Rawls não passa todo o peso da fundamentação às imagens de mundo razoáveis, mas lhes reserva a decisão *em última instância*. Ou seja, a teoria se chocaria com seu próprio espírito liberal se prejulgasse a formação política da vontade dos cidadãos e antecipasse seus resultados: *"Students of philosophy take part in formulating these ideas but always as citizens among others"*.[37]

Evidentemente, o perigo de um paternalismo filosófico só é uma ameaça por parte de uma teoria que antecipa aos cidadãos o desenho completo de uma sociedade bem-ordenada. Rawls não leva em consideração a alternativa de que um procedimentalismo[38] conduzido de modo consequente poderia tornar menos dramática a questão da tutela filosófica dos cidadãos. Uma teoria que se limita a esclarecer as implicações de uma institucionalização jurídica dos procedimentos de autolegislação democrática não prejulga os resultados que os próprios cidadãos precisam alcançar em um dos quadros institucionais configurados por esses procedimentos. Assim, uma razão prática incorporada em processos, não em conteúdos, não desempenha ela própria nenhum papel paternalista quando lhe

---

37 Ibid., p.135. ["Os estudiosos de filosofia participam da formulação dessas ideias, mas sempre como cidadãos entre outros."]

38 Concordo com as explicações de Rawls acerca da justiça procedimental *versus* a justiça substantiva. Ibid., p.170-80. Mas essas reflexões não tocam o sentido em que uso as expressões "procedimento" e "racionalidade procedimental" quando afirmo que uma prática argumentativa estruturada de determinado modo fundamenta a suposição de aceitabilidade racional dos resultados.

é restituída uma autoridade pós-metafísica independente das imagens de mundo. Esse enfoque, que valorizo, tem pelo menos alguns pontos de apoio em Rawls.

Em primeiro lugar, vamos resumir a reflexão feita até aqui. As concepções razoáveis que levam em contra a prioridade dos valores políticos e, nesse sentido, também estabelecem quais imagens religiosas ou metafísicas podem ser consideradas razoáveis, precisam não somente ser elaboradas, como *também precisam ser aceitas* por um ponto de vista imparcial. Esse ponto de vista transcende a perspectiva do participante dos cidadãos que se encontram presos no contexto de suas respectivas visões de mundo. É por isso que os cidadãos só podem ter a última palavra quando, da perspectiva abrangente e compartilhada em termos intersubjetivos – podemos também dizer: do ponto de vista moral – eles já participam na "formulação dessas ideais". O teste recursivo de universalização, que Rawls reserva ao terceiro estágio da justificação, se converteria então em um componente integral da discussão pública acerca das propostas para uma concepção de justiça capaz de ser objeto de um consenso. A aceitabilidade racional do resultado – seja a "justiça como equidade" ou alguma outra concepção – não é definido pela observação mútua em um consenso *que já está operando*. Assim, a força que autoriza estaria nas condições do discurso, as qualidades formais dos processos que obrigam os participantes a adotar o ponto de vista da formação imparcial do juízo.

Também encontramos uma reflexão muito semelhante no *Liberalismo político*, mas em um outro lugar sistemático – isto é, ali onde o filósofo, graças a sua competência profissional, desenvolve uma concepção de justiça independente e sua justificação *pro tanto*, e depois examina se suas peças teóricas se encaixam nas intuições normativas de fundo que estão difundidas nas tradições políticas de uma sociedade democrática (apresentada como um "sistema social completo e fechado"). São examinados os conceitos fundamentais de pessoa moral, de cidadão como membro de uma associação de livres e iguais, de sociedade como um sistema de cooperação social etc. Ambas as operações, tanto (a) a construção de uma concepção de justiça quanto (b) a confirmação reflexiva de seus fundamentos conceituais, têm implicações que iluminam de modo interessante as relações do filósofo com os cidadãos.

a) Um filósofo que segue, com Rawls, os princípios do "construtivismo político" se vê obrigado a ser objetivo, isto é, a respeitar os *essentials of the objective point of view* [elementos essenciais do ponto de vista objetivo] e obedecer aos *requirements of objectivity* [requisitos da objetividade].[39] Estas são determinações procedimentais da razão prática: *"It is by the reasonable that we enter the public world of others and stand ready to propose, or accept, as the case may be, reasonable principles to specify fair terms of cooperation. These principles issues form a procedure of construction that express the principles of practical reason".*[40] Portanto, o filósofo obedece aos padrões de racionalidade que, embora sejam independentes das imagens de mundo, têm um teor prático moral. Se esses padrões ao mesmo tempo impõem limites às imagens de mundo dos cidadãos razoáveis é algo que depende do papel que

---

39 Id., *Political Liberalism*, § 5 e 7.

40 Ibid., p.114. ["É pelo razoável que entramos no mundo público dos outros e estamos dispostos a propor, ou aceitar, se for o caso, princípios razoáveis para especificar os termos equitativos de cooperação. Estes princípios surgem de um procedimento de construção que expressa os princípios da razão prática."]

Jürgen Habermas

o filósofo deve desempenhar. Às vezes, isso pode soar como se o filósofo, com sua proposta pensada de modo competente, devesse assumir uma influência *estruturante* sobre as imagens de mundo dos cidadãos. Em todo caso, Rawls manifesta a esperança *"that in fact (the philosophical offer) it will have the capacity to shape* [ênfase minha – J. H.] *those doctrines toward itself"*.[41] Por conseguinte, o filósofo poderia explicitar o ponto de vista da objetividade ao qual os cidadãos teriam de *adaptar* suas imagens de mundo. Isso implicaria, é claro, apenas um prejulgamento procedimental, e não de conteúdo. Porém, nem mesmo essa interpretação é fácil de compatibilizar com o lugar igualitário do filósofo como um cidadão entre outros cidadãos.

b) Independente disso, o método do equilíbrio reflexivo exige que o filósofo desempenhe um papel mais modesto. Ele o remete ao saber de fundo de uma cultura liberal, compartilhado em termos intersubjetivos. É certo que esse saber serve como instância de controle da escolha dos conceitos teóricos básicos quando nele já estiver sedimentada a perspectiva de um juízo imparcial sobre questões de justiça política. Do contrário, o filósofo não poderia aprender nada dos cidadãos e de suas convicções políticas. Para o método do equilíbrio reflexivo ter êxito, a filosofia precisa encontrar sua própria perspectiva (por assim dizer) já dada na sociedade civil. Mas isso não pode ser entendido como se a filosofia pudesse confiar no consenso fundamental que já existe nas sociedades liberais – como pressuposto – e com isso oferecer uma plataforma para o uso público da razão (por exemplo, para o uso institucionalizado da razão em um

---

41 Id., Reply to Habermas, p.93. ["que de fato (a oferta filosófica) teria a capacidade de *formar* aquelas doutrinas em direção a ela mesma."]

tribunal constitucional). Nem toda cultura que se denomina liberal é uma cultura liberal. Uma filosofia que apenas esclarece de modo hermenêutico aquilo que existe teria perdido sua força crítica.[42] A filosofia não deve apenas se vincular às convicções que operam em termos fáticos, mas também tem que poder *julgá-las* segundo os critérios de uma concepção de justiça razoável. Por outro lado, essa concepção não pode ser construída livremente, sem apoio algum, e ser contraposta como uma norma a uma sociedade tutelada. A filosofia deve evitar tanto a reduplicação acrítica da realidade como o desvio em um papel paternalista. Tampouco pode simplesmente assumir as tradições existentes, nem traçar o conteúdo do desenho de uma sociedade bem ordenada.

Um caminho para sair desse beco sem saída é mostrado no próprio método do "equilíbrio reflexivo" bem entendido, pois este obriga a uma apropriação *crítica* das tradições. Isso pode ser bem-sucedido com tradições que podem ser entendidas como expressão de processos de aprendizagem. Para identificar esses processos de aprendizagem, é necessário um ponto de vista prévio de avaliação crítica. A filosofia pode dispor dele em sua própria busca pela objetividade e imparcialidade. Mas em seu próprio acesso às determinações procedimentais da razão prática a filosofia pode sentir-se de novo *confirmada* por uma perspectiva que ela encontra na própria sociedade: pelo ponto de vista moral a partir do qual as sociedades modernas são criticadas pelos seus próprios movimentos sociais. A filosofia

---

42 Isso ocorre na interpretação contextualista da teoria de Rawls feita por Rorty, Der Vorrang der Demokratie vor der Philosophie, In: Rorty, *Solidarität oder Objektivita*, p.95 et seq.

só pode se comportar em termos afirmativos em relação ao potencial de negação incorporado nas tendências sociais a uma autocrítica irrestrita.

VII. A tática [*Witz*] do liberalismo

Quando entendemos a justiça política nesse modo procedimental, as relações entre a política e a moral, bem como entre a ética e a moral aparecem sob uma nova luz. Uma justiça política que se sustenta sobre suas próprias bases morais não precisa mais ser respaldada pela verdade de imagens de mundo religiosas ou metafísicas. Os enunciados morais podem satisfazer as condições do pensamento pós-metafísico não menos do que os enunciados descritivos, embora o façam de outro modo. Graças ao ponto de vista moral, que também se articula no que Rawls chama *the procedural requirements for a public use of reason* ["os requisitos procedimentais para o uso público da razão"] e *standards of reasonableness* ["os critérios de razoabilidade"], os juízos morais adquirem uma independência em relação aos contextos das visões de mundo. De maneira análoga à verdade dos enunciados assertóricos, a correção dos enunciados morais é explicada em termos conceituais pelo resgate discursivo de pretensões de validade. (Evidentemente, nenhum dos dois tipos de enunciados pode esgotar o sentido das verdades metafísicas). Uma vez que os juízos morais só se referem às questões de justiça em geral, as questões de justiça *política* têm de ser especificadas com a ajuda de referências ao *medium* do direito. Mas aqui não precisamos nos ocupar disso.

Mas se as reflexões morais e políticas retiram sua validade de uma fonte independente, então muda o papel cognitivo das imagens de mundo. Agora, elas têm essencialmente um teor ético, formam o contexto para o que Rawls denomina "o teor substantivo das concepções abrangentes do bem". As "visões da vida boa" são o núcleo de uma autocompreensão pessoal ou coletiva. As questões éticas são questões de identidade. Elas têm um significado existencial e são muito bem acessíveis a uma explicação racional, dentro de certos limites. Os discursos éticos obedecem aos critérios de uma reflexão hermenêutica sobre "o que é bom" como um todo para mim ou para nós. As recomendações éticas se vinculam a um tipo de pretensão de validade que se diferencia tanto da verdade como da correção moral. Elas são medidas pela autenticidade de uma autocompreensão de indivíduos e coletividades que se forma nos respectivos contextos de uma história de vida ou do acontecer de tradições compartilhadas de modo intersubjetivo. Por isso as razões éticas dependem de modo específico do contexto – elas são "não públicas" no sentido dado por Rawls. É claro que em cada enunciado nós assumimos o habitual ônus da prova e as obrigações da argumentação – *burdens of judgement*. Mas as avaliações fortes não estão sujeitas apenas às reservas falibilistas em geral. Das disputas éticas acerca da avaliação dos estilos de vida e formas de vida que competem entre si, não podemos esperar razoavelmente outra coisa a não ser o dissenso sensato entre os participantes.[43] Em contrapartida, quando se trata de

---

43 Naturalmente, concordo com Charles Larmore (The Foundations of Modern Democracy, *European Journal of Philosophy*, p.63) quando ele afirma: *"The fact that our vision of the good life is the object of reasonable disagreement does not entail we should withdraw our allegiance to it or regard it henceforth as a mere article of faith [...]. We should remember only that such reasons are not likely to be acceptable to other people who are equally reasonable,*

questões de justiça política e de moral, nós esperamos – em princípio – respostas que vinculem de modo universal.

As concepções kantianas reivindicam uma neutralidade em relação às imagens de mundo, um *status* "independente" no sentido ético, porém não uma neutralidade filosófica. A discussão sobre os fundamentos epistemológicos do *Liberalismo político* deveria mostrar que Rawls também não pode evitar as controvérsias filosóficas. A relação problemática entre o razoável e a verdade exige uma explicação que põe em xeque a estratégia de esquiva de Rawls. Obviamente, o conceito de razão prática não pode ficar sem o seu núcleo moral, e a moral não pode ser exilada no *black box* das imagens de mundo. Não vejo nenhuma alternativa plausível à estratégia kantiana. Não parece haver nenhum outro caminho a não ser o de explicar o ponto de vista moral com a ajuda de um procedimento (que pretende ser) independente do contexto. Tal procedimento não está livre de implicações normativas, como é enfatizado por Rawls,[44] pois está irmanado com o conceito de autonomia que integra "razão" e "vontade livre". *Nesse sentido*, não pode ser neutro em termos normativos. Autônoma é aquela vontade guiada pela razão prática. Em geral, a liberdade consiste na capacidade de

---

but have a different history of experience and reflection". ["O fato de que nossa visão sobre a vida boa seja objeto de desacordo razoável não implica que não lhe devemos mais ser fiéis ou considerá-la a partir de então um mero artigo de fé (...). Devemos lembrar apenas que tais razões provavelmente não são aceitáveis para as demais pessoas igualmente razoáveis, mas que têm uma história de experiência e de reflexão diferente."] Evidentemente, Larmore não compreendeu minha concepção do uso ético da razão prática. Cf. Habermas, *Erläuterungen zur Diskursethik*, p.100-18.

44 Rawls, Reply to Habermas, p.170 et seq.

vincular o arbítrio a máximas. Mas a autonomia é a autovinculação do arbítrio mediante máximas das quais nos apropriamos *por discernimento* [*aus Einsicht*]. Pelo fato de ser mediada pela razão, a autonomia não é um valor ao lado de outros. Isso explica por que *esse* teor normativo não prejudica a neutralidade do procedimento. Um procedimento que permite a formação imparcial do juízo sob o ponto de vista moral é neutro em relação a qualquer constelação de valores, mas não em relação à própria razão prática.

Com sua construção do consenso sobreposto, Rawls desloca o acento do conceito kantiano de autonomia para algo parecido com a autodeterminação ético-existencial: livre é quem assume a autoria de sua própria vida. Esse deslocamento tem também a sua vantagem. A divisão de trabalho entre o político e a metafísica faz nossa atenção se voltar para aquela dimensão ética considerada por Kant. Rawls resgata uma ideia outrora usada por Hegel contra Kant:[45] os mandamentos morais não podem se impor de modo abstrato por cima da história de vida individual de uma pessoa, mesmo quando apelam a uma razão comum a todos nós ou a um sentido universal de justiça. Os mandamentos morais precisam estar em uma relação *interna* com os projetos de vida e os modos de vida da pessoa concernida, relação que ela mesma possa compreender.

Os diferentes pesos atribuídos à liberdade moral e à autodeterminação ético-existencial me oferece a ocasião para fazer uma observação de princípio. As diferenças nas estruturas das teorias da justiça, quando não em sua substância, revelam diferenças em intuições fundamentais.

---

45 Cf. Wingert, *Gemeinsinn und Moral*, p.252 et seq.

O liberalismo político, ou o liberalismo do Estado de direito, parte da intuição de que o indivíduo e sua condução individual da vida precisam ser protegidos das interferências do poder estatal. *"Political liberalism allows* [...] *that our political institutions contain suficiente space for worthy ways of life and that in this sense our political society is just and good."*[46] Com isso a distinção entre a esfera privada e a esfera pública ganha um significado de princípio. Ela abre o caminho para uma interpretação padrão da liberdade: a liberdade de arbítrio garantida legalmente às pessoas de direito privadas circunscreve o espaço protegido para uma forma de vida consciente e orientada por sua própria concepção de bem. Os direitos são *liberties*, capas protetoras para a autonomia privada. A preocupação principal é assegurar igual liberdade para cada um poder levar uma vida autodeterminada e autêntica. Nessa perspectiva, a autonomia pública dos cidadãos que participam na prática de autolegislação da coletividade deve possibilitar a autodeterminação pessoal das pessoas privadas. Ainda que ela também possa ter um valor intrínseco para muitas pessoas, a autonomia pública aparece em primeiro lugar como um *meio* que torna possível a autonomia privada.

O republicanismo kantiano, tal como o entendo, parte de outra intuição. Ninguém pode ser livre à custa da liberdade dos demais. Uma vez que as pessoas só se individuam no percurso da socialização, a liberdade de um indivíduo está vinculada à liberdade dos demais não apenas pela via negativa das limi-

---

46 Rawls, *Political Liberalism*, p.210. ["O liberalismo político permite (...) que nossas instituições políticas mantenham espaço suficiente para modos valiosos de vida e neste sentido nossa sociedade é justa e boa."]

tações recíprocas. As delimitações corretas são muito mais o resultado de uma autolegislação exercida em comum. Em uma associação de livres e iguais, todos devem poder se entender em comum como autores das leis às quais se sentem vinculados de modo individual como destinatários. Por isso, no republicanismo kantiano, o uso público da razão, institucionalizado pelo direito em um processo democrático, é a chave para garantir as liberdades iguais.

Tão logo os princípios morais assumam uma forma no *medium* do direito positivo e coercitivo, a liberdade da pessoa moral se cinde na autonomia pública do colegislador e na autonomia privada do destinatário do direito e, mais precisamente, de modo que ambas se pressupõem de modo recíproco. Essa relação complementar entre público e privado não reflete algo dado. Pelo contrário, ela é produzida em termos conceituais pela estrutura do *medium* do direito. Por isso cabe ao processo democrático definir sempre de novo as precárias fronteiras entre o privado e o público para assegurar a todos os cidadãos as liberdades iguais nas formas da autonomia privada e da autonomia pública.[47]

---

47 Sobre o nexo interno entre Estado de direito e democracia, cf. o Capítulo 10 deste volume.

III
Há um futuro para o Estado nacional?

4
O Estado nacional europeu – sobre o passado e o futuro da soberania e da cidadania

Como o nome "Nações Unidas" já revela, a sociedade política mundial é hoje constituída por Estados nacionais. Aquele tipo histórico que teve sua origem nas revoluções Francesa e Norte-Americana se impôs em todo o mundo. Essa circunstância não é de modo algum trivial.

Os clássicos Estados nacionais no norte e oeste da Europa se formaram no interior de Estados territoriais já existentes. Eles eram parte do sistema europeu de Estados que já tomara forma na paz vestfaliana de 1648. Em contrapartida, as nações "tardias", começando pela Itália e Alemanha, assumiram um outro desenvolvimento, também típico para a formação dos Estados nacionais no centro e no leste da Europa. Aqui, a formação dos Estados seguiu os traços de uma consciência nacional preparada e difundida em termos propagandísticos. A diferença entre estes dois caminhos (*from state to nation* versus *from nation to state*) reflete-se na origem dos atores que constituíram a vanguarda na formação do Estado ou da nação, respectivamente. Por um lado, estavam juristas, diplomatas e militares que pertenciam ao Estado maior do rei e que criaram uma "instituição estatal racional"; por outro lado, estavam escritores e historiadores, sobretudo eruditos e intelectuais, que, com a propagação de uma unidade mais ou menos imaginária de uma "nação cultural", prepararam a unificação estatal então imposta de modo diplomático e militar (por Cavour ou Bismarck). Depois da Segunda Guerra Mundial, no contexto do processo de descolonização surgiu uma terceira geração de Estado nacionais, completamente diferente, sobretudo na África e na Ásia. Com frequência esses Estados fundados nas fronteiras dos antigos domínios coloniais obtinham sua soberania antes que as formas importadas de organização estatal pudessem se enraizar no substrato de uma nação – que transcendesse as fronteiras tribais. Nesses casos, Estados artificiais tinham de ser primeiro "preenchidos" com nações que depois se fundiam a eles. Por fim, no leste e no sul da Europa, após o colapso da União Soviética, a tendência de formação de Estados nacionais independentes prosseguiu pela via de secessões mais ou menos violentas. Na situação social e econômica precária desses países, os antigos apelos etnonacionalistas foram suficientes para mobilizar uma população insegura a buscar sua independência.

Portanto, o Estado nacional se impôs hoje de modo definitivo sobre as formações políticas mais antigas.[1] Claro, as clássicas cidades-Estado também encontraram seguidores na Europa moderna: de modo transitório nas cidades da Itália setentrional e – na região da antiga Lotaríngia – naquelas ligas de cidades que deram origem à Suíça e aos Países Baixos. Também

---

1 Cf. Lepsius, Der europäische Nationalstaat. In: *Interessen, Ideen und Institutionen.*

A inclusão do outro

reapareceram as estruturas dos impérios antigos, de início na forma do Sacro Império Romano-Germânico e mais tarde nos Estados pluriétnicos dos impérios russo, osmânico e austro--húngaro. Mas, nesse ínterim, o Estado nacional eliminou essa herança pré-moderna. No momento, observamos a profunda transformação da China, o último dos antigos impérios.

Hegel tinha a concepção de que toda figura histórica, no momento de sua maturidade, está condenada à decadência. Não precisamos assumir sua filosofia da história para reconhecer que essa marcha vitoriosa do Estado nacional tem também seu irônico lado inverso. Na época de seu surgimento, o Estado nacional foi uma resposta convincente ao desafio histórico de encontrar um equivalente funcional para as formas de integração social do início da modernidade, que começavam a se dissolver. Hoje estamos diante de um desafio análogo. A globalização do comércio e da comunicação, da produção econômica e sua financeirização, das transferências de tecnologia e de armas e, sobretudo, os riscos ecológicos e militares nos colocam problemas que não podem mais ser resolvidos no interior de um espaço definido em termos de Estado nacional ou pela via habitual do acordo entre Estados soberanos. Salvo engano, o esgotamento da soberania definida em termos de Estado nacional vai continuar e tornará necessária a construção e ampliação das capacidades de ação política em um plano supranacional, cujo início já podemos observar. Na Europa, na América do Norte e na Ásia estão se constituindo formas de organização supraestatais para "regimes" continentais que poderiam fornecer a infraestrutura necessária às Nações Unidas, hoje ainda muito ineficientes.

Jürgen Habermas

Porém, esse inaudito passo de abstração só põe em marcha um processo para o qual as ações de integração do Estado nacional deram o primeiro grande exemplo. Por isso, acredito que nesse caminho incerto rumo às sociedades pós-nacionais podemos justamente nos orientar pelo modelo daquela figura histórica que estamos prestes a superar. De início, quero lembrar as conquistas do Estado nacional ao expor (I) os conceitos de "Estado" e "nação" e (II) esclarecer quais são os dois problemas que foram resolvidos nas formas do Estado nacional. Em seguida, trato do potencial de conflito inerente a essa forma de Estado, a saber, a tensão entre republicanismo e nacionalismo (III). Por fim, pretendo abordar dois desafios atuais que sobrecarregam a capacidade de ação política dos Estados nacionais: a diferenciação multicultural da sociedade (IV) e os processos de globalização que corroem a soberania interna (V) e também a soberania externa (VI) dos Estados nacionais existentes.

I. "Estado" e "nação"

Segundo a compreensão moderna, o "Estado" é um conceito juridicamente definido que se refere, de forma objetiva, a um poder estatal que é soberano em termos internos e externos; em termos espaciais, refere-se a uma região claramente delimitada, o território do Estado; em termos sociais, à totalidade dos seus membros, corpo de cidadãos [*Staatsvolk*]. A dominação estatal se constitui na forma do direito positivo e o corpo de cidadãos é portador do ordenamento jurídico cujo âmbito de validade fica circunscrito ao território do Estado. No uso da linguagem política, os conceitos "nação" e "corpo de cidadãos" têm a mesma

A inclusão do outro

extensão. Porém, para além da definição jurídica, "nação" tem também o significado de uma comunidade política marcada por uma origem comum, ao menos por uma língua, cultura e história comuns. Nesse sentido histórico, um corpo de cidadãos só se torna uma "nação" ao assumir a figura concreta de uma forma de vida particular. Ambos os componentes que se encontram unidos nos conceitos de "Estado nacional" ou "nação de cidadãos" [*Staatsbürgernation*] remontam a dois processos históricos que de modo algum transcorreram paralelamente – por um lado, a formação dos Estados (1) e, por outro, das nações (2).

(1) O êxito histórico do Estado nacional se explica em grande parte pelas vantagens do aparato moderno do Estado *enquanto tal*. É evidente que o Estado territorial, que detém o monopólio da violência, com uma administração diferenciada e financiada por impostos, pode desempenhar melhor os imperativos funcionais da modernização social, cultural e, sobretudo, econômica do que as formações políticas de origem mais antiga. Em nosso contexto, é suficiente lembrar as características dos tipos ideais elaborados por Marx e Max Weber.

(a) O poder executivo do Estado, separado do domínio senhorial do rei e configurado de modo burocrático, era constituído por uma organização de cargos públicos especializados por áreas, ocupados por funcionários juridicamente treinados, e podia se apoiar no poder aquartelado de um exército permanente, da autoridade pública [*Polizei*] e do sistema penal. Para monopolizar esses instrumentos de exercício legítimo do poder, foi necessário impor a "paz territorial". Só o Estado é soberano para manter a paz e a ordem, no âmbito interno, e defender de fato suas fronteiras, no âmbito externo. No âmbito interno, ele precisa poder se impor contra os poderes concorrentes e, no âmbito internacional, se afirmar como um concorrente em igualdade de direitos. O *status* de um sujeito de direito internacional se fundamenta no reconhecimento internacional como membro "igual" e "independente" do sistema de Estados. E para isso, ele precisa de uma posição de poder suficientemente forte. A soberania interna pressupõe a capacidade para impor a ordem jurídica estatal; a soberania externa, a capacidade para se autoafirmar entre os Estados em meio à concorrência "anárquica" pelo poder.

(b) Mas o que ainda é mais importante no processo de modernização é a separação entre o Estado e a "sociedade civil", ou seja, a especialização funcional do aparato estatal. O Estado moderno é ao mesmo tempo um Estado administrativo e fiscal, o que significa que ele se limita essencialmente às tarefas administrativas. Ele deixa as tarefas produtivas, que até então eram assumidas *no âmbito* da dominação política, a uma economia de mercado que se diferencia do Estado. Nessa perspectiva, o Estado providencia as "condições gerais da produção", ou seja, o arcabouço jurídico e a infraestrutura que são necessários à troca capitalista de mercadorias e à respectiva organização social do trabalho. A necessidade financeira do Estado é coberta pelos impostos sobre o que é produzido de modo privado. As vantagens dessa especialização funcional são adquiridas à custa da dependência do sistema administrativo em relação às capacidades de produção de uma economia dirigida pelos mercados. É certo que os mercados podem ser instituídos e vigiados pela política, mas eles obedecem a uma lógica própria, que se furta ao controle do Estado.

A diferenciação entre Estado e economia se reflete na diferenciação entre direito público e direito privado. Na medida

A inclusão do outro

em que o Estado moderno se serve do direito positivo como meio para organizar a sua dominação, ele se vincula a um *medium* que, com os conceitos de lei, de direitos subjetivos (que dele decorrem) e o de pessoa de direito (como portador de direitos), faz valer um novo princípio, explicitado por Hobbes: em um ordenamento do direito positivo desvinculado da moral (claro, apenas de certo modo), aos cidadãos é permitido tudo o que não for proibido. Independentemente do fato do próprio poder do Estado já estar domesticado em termos de Estado de direito e da coroa estar "sob a lei", o Estado não pode se servir do *medium* do direito sem organizar a circulação na esfera da sociedade civil (que dele se diferencia) de maneira tal que as pessoas privadas possam chegar ao gozo das liberdades subjetivas (de início, distribuídas de modo desigual). Com a separação entre o direito privado e o direito público, o cidadão individual adquire, em seu papel de "súdito", como ainda dizia Kant, um domínio fundamental de autonomia privada.[2]

(2) Hoje vivemos todos em sociedades nacionais que devem sua unidade a uma organização desse tipo. Tais Estados com certeza já existiam há muito tempo, antes que houvesse "nações" em sentido moderno. Apenas a partir das revoluções do século XVIII, Estado e nação se fundiram no Estado nacional. Antes de analisar a particularidade desse vínculo, pretendo relembrar, na forma de um pequeno excurso em termos de história conceitual, o surgimento daquela formação

---

2 Como se sabe, em seu ensaio "Über den Gemeinspruch", Kant faz a distinção entre "a igualdade (do indivíduo) com todos os demais na condição de súdito" e a "liberdade do ser humano" e a "independência do cidadão". In: Kant, *Werke*, v.VI, p.145.

da consciência moderna que permitiu que o corpo de cidadãos fosse interpretado como "nação" em um sentido diferente do meramente jurídico.

Segundo o uso linguístico clássico dos romanos, *natio* e também *gens* são conceitos que se opõe ao de *civitas*. Inicialmente, as nações são comunidades de origem que são integradas, do ponto de vista geográfico, por povoações e relações de vizinhança e, do ponto de vista cultural, por uma linguagem, costumes e tradição comuns, mas ainda não são integradas de modo político no âmbito de uma forma de organização estatal. Essa raiz se mantém em toda parte na Idade Média e no início da modernidade onde *natio* e *língua* eram equivalentes. Assim, por exemplo, nas universidades medievais os estudantes eram distribuídos em *nationes* segundo seu local de origem. Com a crescente mobilidade geográfica, o conceito servia em geral para a diferenciação interna de ordens de cavaleiros, universidades, mosteiros, concílios, ligas de comerciantes etc. Com isso, a origem nacional *atribuída pelos outros* se vincula, desde o início, à delimitação negativa do estranho em relação ao que é próprio.[3]

Na época, é em outro contexto que a expressão "nação" vai encontrar um significado que se opõe ao seu sentido apolítico. Na associação feudal do Império Germânico se desenvolveram os Estados estamentais. Eles se baseavam em contratos nos quais o rei ou imperador, que dependia de impostos e de apoio militar, concedia privilégios à nobreza, à Igreja e às cidades, ou seja, uma participação circunscrita no exercício da dominação

---

3 "O modelo das nações teve sua entrada na história europeia na forma de conceitos assimétricos opostos." Münkler, Die Nation as Modell politischer Ordnung. *Staatswissenschaft und Staatspraxis*, p.381.

política. Esses estamentos dominantes que se reuniam nos "parlamentos" ou nas "assembleias" representavam o "território" ou a "nação" diante da corte. Por meio da nação, a nobreza desfrutava de uma existência política que ainda estava interdita ao povo como a totalidade dos súditos. Isso explica o sentido revolucionário de fórmulas como *"King in Parlament"* e especialmente a identificação do "Terceiro Estado" com a "nação".

A transformação da "nação aristocrática" [*Adelsnation*] em "nação entendida como povo" [*Volksnation*], que foi posta em marcha a partir do final do século XVIII, pressupõe, em última instância, uma mudança na consciência inspirada por intelectuais, que se impôs de início na burguesia urbana, sobretudo a burguesia academicamente ilustrada, antes de encontrar um eco na população mais ampla e, aos poucos, provocar uma mobilização política das massas. A consciência nacional do povo se condensa nas "comunidades imaginárias" (Anderson) preparadas nas histórias nacionais que se tornaram o núcleo de cristalização de uma nova autoidentificação coletiva: "Assim, nas últimas décadas do século XVIII e no decorrer do século XIX surgiram as nações [...]: gestadas por um número razoável de eruditos, publicistas e poetas – nações como povo gestadas na ideia, mas ainda longe da realidade".[4] À medida que essa ideia se difunde, mostra-se, por outro lado, que o conceito político de nação aristocrática remodelado no conceito de nação entendida como povo tomou emprestada a força para formar estereótipos típica do antigo conceito pré-político de "nação", usado para designar a ascendência e origem. A autoestilização positiva da própria nação transformava-se agora em um mecanismo

---

4 Schulze, *Staat und Nation in der Europäischen Geschichte*, p.189.

que funcionava muito bem para se defender contra tudo que era estranho, para depreciar as outras nações e para excluir as minorias nacionais, étnicas e religiosas – particularmente os judeus. Na Europa o nacionalismo se vinculou ao antissemitismo, com consequências graves.

II. A nova forma de integração social

Quando processos ramificados e de longa duração são interpretados a partir de seus resultados, a "invenção da nação" (H. Schulze) desempenha o papel de um catalisador para transformar o Estado pré-moderno em uma república democrática. A autocompreensão nacional formou o contexto cultural a partir do qual os súditos puderam se transformar em cidadãos ativos na política. Só com o pertencimento à nação foi possível criar um vínculo solidário entre pessoas que até então eram estranhas umas para as outras. Ou seja, o mérito do Estado nacional consistiu em resolver dois problemas de uma só vez: com base em novo *modo de legitimação* ele tornou possível uma nova forma mais abstrata de *integração social*.

O problema da legitimação se deu, dito em poucas palavras, pelo fato de que, como consequência da cisão das confissões, se desenvolveu um pluralismo de visões de mundo que foi aos poucos tirando da dominação política seu fundamento religioso na "graça divina". O Estado secularizado precisou se legitimar a partir de outras fontes. Também dito de forma simplificada, o outro problema, o da integração social, estava vinculado à urbanização e modernização econômica, com a expansão e aceleração da circulação de mercadorias, pessoas e informações. A população foi arrancada das associações estamentais da sociedade pré-moderna e, com isso, foi ao mesmo tempo individualizada e mobilizada em termos geográficos. O Estado nacional respondeu esses desafios com uma mobilização *política* de seus cidadãos. Ou seja, a consciência nacional nascente tornou possível que uma forma abstrata de integração social se amarrasse a uma estrutura para a tomada de decisão política modificada. Uma participação democrática que se foi impondo lentamente criou, junto com o *status* de uma cidadania do Estado, um novo nível de *solidariedade* mediada em termos jurídicos. Ao mesmo tempo, ela torna acessível ao Estado uma fonte secular de *legitimação*. Evidentemente, o Estado moderno já regulava seus limites sociais a partir dos direitos de pertencimento ao Estado. Porém, de início *pertencer* ao Estado não significava nada mais do que a submissão a um poder estatal. Só com a passagem a um Estado de direito democrático esse pertencimento adscritivo a uma organização se transforma em um pertencimento adquirido (ao menos por um consentimento implícito) por cidadãos que participam do exercício da dominação política. No entanto, precisamos fazer a distinção entre o aspecto político-jurídico e o aspecto propriamente cultural desse novo significado que o pertencimento adquire com a mudança do *status* de pertencer a um Estado ao *status* de *cidadão* político.

Como mencionado, o Estado moderno tem duas características constitutivas: a soberania do poder estatal incorporado no príncipe e a diferenciação de Estado e sociedade, em que um núcleo de liberdades subjetivas é concedido de modo paternalista às pessoas privadas. Ora, com a mudança da soberania do príncipe para a soberania popular, esses direitos dos súditos se transformam em direitos do ser humano e do cidadão político, ou seja, nos direitos de cidadania liberais e políticos. Do

Jürgen Habermas

ponto de vista típico ideal, além da a autonomia privada esses direitos também garantem agora a autonomia política, que, em princípio, é igual para cada um. Segundo a ideia de Estado constitucional democrático, ele é uma ordem desejada pelo próprio povo e por ele legitimada na formação da vontade livre. De acordo com Rousseau e Kant, os destinatários do direito devem ao mesmo tempo poder se conceber como seus autores.

Porém, essa reformulação política e jurídica não teria a força propulsora, e a república instituída de modo formal não teria a força vital, caso o povo definido de forma autoritária não tivesse se tornado, segundo sua autocompreensão, uma nação de cidadãos autoconscientes. Foi necessário complementar essa mobilização política com uma ideia que tivesse a força de moldar os sentimentos, capaz de apelar ao coração e mente de modo mais intenso do que as ideias de soberania popular e direitos humanos. Esse vazio é preenchido pela ideia de nação. É por meio dela que os habitantes de um território tomam consciência da nova forma de pertença mediada em termos jurídicos e políticos. Somente a consciência nacional que se cristaliza em torno da percepção de uma origem, língua e história comuns; somente a consciência de pertencer ao "mesmo" povo transforma os súditos em cidadãos de uma única coletividade política — em membros que podem se sentir responsáveis *uns pelos outros*. A nação ou o espírito do povo — a primeira forma moderna de identidade coletiva em geral — fornece um substrato cultural à forma do Estado constituído em termos jurídicos. Essa fusão das antigas lealdades em uma nova consciência nacional, criada por necessidades completamente artificiais e também orientada por necessidades burocráticas, é descrita pelos historiadores como um processo de longa duração.

A inclusão do outro

Esse processo leva a uma dupla codificação da cidadania, de modo que o *status* definido por direitos de cidadão implica, ao mesmo tempo, o pertencimento a um povo definido em termos culturais. Sem essa interpretação cultural dos direitos de cidadania o Estado nacional, em sua fase de surgimento, mal teria encontrado a força para estabelecer, mediante a instituição da cidadania democrática, uma nova forma mais abstrata de integração social. O contraexemplo dos Estados Unidos mostra, contudo, que Estado nacional pode assumir e manter uma forma republicana sem precisar se fundamentar em uma população homogeneizada de modo cultural. Todavia, o lugar do nacionalismo é ali ocupado por uma religião civil enraizada na cultura da maioria.

Até agora, o assunto eram as *conquistas* do Estado nacional. Mas a ligação entre republicanismo e nacionalismo também produz *ambivalências* perigosas. Como vimos, o sentido da soberania do Estado também se modifica com o surgimento do Estado nacional. Ela não só atinge a inversão da soberania do príncipe na soberania popular; também muda a percepção da soberania externa. A ideia de nação se entrelaça com aquela vontade maquiavélica de autoafirmação, que desde o início condizia o Estado soberano na arena das "potências". A autoafirmação existencial da nação resulta da autoafirmação estratégica do Estado moderno contra inimigos externos. Com isso, entra em jogo um terceiro conceito de "liberdade". Um conceito coletivo de liberdade nacional compete com os dois conceitos individualistas de liberdade: a liberdade privada do cidadão social e a autonomia pública do cidadão político. O mais importante é *como* essa liberdade da nação é pensada – em analogia à liberdade das pessoas privadas, que se separam umas das outras e

Jürgen Habermas

competem entre si, ou segundo o padrão da autodeterminação cooperativa dos cidadãos autônomos?

O modelo da autonomia pública toma a dianteira quando a nação é entendida como uma dimensão constituída em termos jurídicos, justamente como uma nação de cidadãos. Esses cidadãos podem até mesmo ser patriotas que compreendem e defendem a própria Constituição como uma conquista no contexto da história de seu país. Porém, eles entendem a liberdade da nação em termos cosmopolitas — bem no sentido de Kant — ou seja, como uma autorização e obrigação ao entendimento cooperativo ou ao equilíbrio de interesses com outras nações no âmbito de uma liga das nações que assegure a paz. Em contrapartida, a interpretação naturalista da nação como uma dimensão pré-política sugere uma outra interpretação, segundo a qual a liberdade da nação consiste essencialmente na capacidade de afirmar sua independência, e se for necessário, com a violência militar. Da mesma maneira que as pessoas privadas no mercado, assim também o povo persegue seus próprios interesses na arena selvagem da política de poder internacional. A imagem tradicional da soberania externa é pintada com as cores nacionais e, com isso, desperta novas energias.

III. A tensão entre nacionalismo e republicanismo

Diferentemente das liberdades republicanas dos indivíduos, a independência das respectivas nações, que, em caso de necessidade, tem de ser defendida como o "sangue dos filhos", define aquele lugar em que o Estado secularizado preserva um resíduo de transcendência não secularizado. O Estado nacional

A inclusão do outro

que faz a guerra impõe a seus cidadãos o dever de arriscarem sua vida em prol da coletividade. Desde a Revolução Francesa o serviço militar obrigatório vale como o reverso dos direitos de cidadania. Na disposição em combater e morrer pela pátria devem se afirmar igualmente a consciência nacional e a disposição [*Gesinnung*] republicana. Assim, por exemplo, as inscrições da história nacional francesa refletem um traço mnêmico duplo: o marco da luta em torno da liberdade republicana se liga à simbologia da morte no memorial dedicado aos que morreram no campo de batalha.

A nação tem dois rostos. Enquanto a nação desejada dos cidadãos é a fonte para a legitimação democrática, a nação inata dos compatriotas provê a integração social. Os cidadãos constituem, por esforço próprio, a associação política de livres e iguais; os compatriotas se encontram em uma comunidade formada por uma língua e história comuns. A tensão entre o universalismo de uma comunidade jurídica de iguais e o particularismo de uma comunidade de destino histórica está embutida no aparato conceitual do Estado nacional.

Essa ambivalência permanece inofensiva à medida que uma compreensão cosmopolita da nação de cidadãos tiver prioridade diante da interpretação etnocêntrica de uma nação que se encontra em um estado de guerra latente por tempo indeterminado. Apenas um conceito não naturalista de nação pode ser combinado sem dificuldades com a autocompreensão universalista do Estado de direito democrático. Assim, a ideia republicana pode tomar a dianteira e, por sua vez, penetrar nas formas de vida integradas socialmente e estruturá-las segundo padrões universalistas. O Estado nacional deve seu sucesso histórico ao fato de ter substituído os vínculos corporativos decadentes da

Jürgen Habermas

sociedade do início da modernidade pela relação solidária dos cidadãos. Mas essa conquista republicana corre perigo quando, pelo contrário, a força de integradora da nação de cidadãos fica reduzida ao dado pré-político de um povo natural, ou seja, a algo que é independente da própria formação política da opinião e da vontade dos cidadãos. Evidentemente, podem ser dadas muitas razões para a queda no nacionalismo. Menciono duas: uma razão de ordem conceitual e outra de tipo empírica.

Na construção jurídica do Estado constitucional persiste uma lacuna a qual se é tentado a preencher com um conceito naturalista de povo. Ou seja, só com conceitos normativos não é possível explicar como deve ser *composto* o *universo* daquelas pessoas que se associam para regularem sua vida em comum de modo legítimo por meio do direito positivo. Do ponto de vista normativo, os limites sociais de uma associação de parceiros do direito são contingentes. Visto que o caráter voluntário da decisão em favor de uma prática constituinte é uma ficção do direito racional, no mundo que nós conhecemos fica ao encargo do acaso histórico e da facticidade dos eventos – em geral, ao desfecho natural de conflitos violentos, de guerras e guerras civis – decidir quem fica com o poder para definir os limites de uma comunidade política. É um erro teórico, que remonta ao século XIX e rico em consequências práticas, assumir que essa questão também pode ser respondida em termos normativos, recorrendo a um "direito à autodeterminação nacional".[5]

---

5 Especialista em direito público, o liberal Johann Caspar Bluntshli já dizia: "Cada nação é chamada e, portanto, legitimada a formar um Estado. [...] Do mesmo modo que a humanidade está dividida em um número de nações, assim o mundo também deve (!) ser

A inclusão do outro

O nacionalismo resolve o problema dos limites a seu modo. Ainda que a própria consciência nacional seja um artefato, ela projeta a magnitude imaginária da nação como algo que cresceu de forma natural, que se compreende, a partir de si mesma, em oposição à ordem artificial do direito positivo e da construção do Estado constitucional. Por isso, o apelo à nação "orgânica" pode fazer com que os limites da comunidade política, mais ou menos causais em termos históricos, não sejam vistos como algo contingente e atribuir-lhes a aura de uma substâncialidade imitada e que se legitimam pela "origem".

A outra razão é mais trivial. É o caráter artificial dos mitos nacionais, tanto no que se refere à sua formulação científica quanto à mediação pela propaganda, que faz que o nacionalismo seja desde o início suscetível ao abuso das elites políticas. O fato de que os conflitos internos são neutralizados pelos êxitos na política externa tem como base um mecanismo sociopsicológico do qual os governos sempre se aproveitaram. Mas em um Estado nacional que busca de forma bélica o prestígio mundial, já estão traçados os caminhos pelos quais podem ser desviados os conflitos que surgem da divisão de classes durante a acelerada industrialização capitalista: a liberdade coletiva da nação pôde ser interpretada no sentido do desdobramento do poder imperial. A história do imperialismo europeu entre 1871 e 1914 mostra, da mesma maneira que o nacionalismo integral do século XX (sem mencionar o racismo dos nazistas), o triste fato de que a ideia de nação serviu menos para reforçar

---

repartido em Estados. A cada nação, um Estado. A cada Estado, um ser nacional". (apud Schulze, *Staat und Nation in der Europäischen Geschichte*, p.225).

a lealdade da população ao Estado constitucional e mais para mobilizar as massas a fins que dificilmente podiam ser conciliados com os princípios republicanos.[6]

É clara a lição que podemos tirar dessa história. O Estado nacional tem de se livrar do potencial ambivalente que outrora teve o efeito de ser uma força propulsora. Todavia, quando a capacidade de ação do Estado nacional chega hoje aos seus limites, seu exemplo é instrutivo. Na época de seu surgimento, o Estado nacional instituiu um contexto de comunicação política que tornou possível amortecer os impulsos abstrativos da modernização social e fazer que uma população arrancada de seus contextos de vida tradicionais fosse novamente assentada, por meio da consciência nacional, nos contextos de um mundo da vida ampliado e racionalizado. O Estado nacional pôde desempenhar melhor essa função de integração assim que o *status* jurídico do cidadão foi vinculado ao pertencimento cultural à nação. Visto que o Estado nacional se vê hoje desafiado internamente pela força explosiva do multiculturalismo e externamente pela pressão problemática da globalização, coloca-se a questão de se existe um equivalente funcional para a ligação incondicional entre nação de cidadãos e a nação entendida como povo.

IV. A unidade da cultura política na multiplicidade das subculturas

Originalmente, a sugestiva unidade de um povo mais ou menos homogêneo foi capaz de prover o enraizamento cultu-

---

6 Cf. Schulze, p.243 et seq.

A inclusão do outro

ral a uma cidadania do Estado definida em termos jurídicos. Nesse contexto, a cidadania democrática se tornou o ponto de intersecção de responsabilidades recíprocas. Mas em nossas sociedades pluralistas vivemos hoje com evidências cotidianas que cada vez mais se afastam do caso modelo de um Estado nacional com uma população homogênea em termos culturais. Aumenta a multiplicidade de formas de vida culturais, grupos étnicos, confissões religiosas e imagens de mundo. Não há qualquer alternativa a isso, a não ser que se pague o preço da limpeza étnica, que não pode ser sustentado do ponto de vista normativo. Por isso, o republicanismo precisa aprender a andar com as próprias pernas. Sua tática consiste em fazer com que o processo democrático também assuma a caução da integração social de uma sociedade cada vez mais diferenciada. Em uma sociedade pluralista em termos culturais e de visões de mundo, esse papel de fiador não deve ser deslocado dos âmbitos da formação política da vontade e da comunicação pública para o substrato, aparentemente natural, de um povo supostamente homogêneo. Por trás dessa fachada só se esconderia a cultura hegemônica da parte dominante da sociedade. Por razões históricas, em muitos países a cultura da maioria se fundiu com determinada cultura política geral que tem a pretensão de ser reconhecida *por todos* os cidadãos, independentemente de suas origens culturais. Essa fusão precisa ser dissolvida se quisermos que diferentes formas de vida culturais, étnicas e religiosas possam existir lado a lado e umas com as outras em igualdade de direitos no interior *de uma mesma* coletividade. O âmbito da cultura política comum precisa ser desacoplado do âmbito das subculturas e de suas identidades formadas em termos pré-políticos. É claro que a pretensão a uma coexis-

Jürgen Habermas

tência em igualdade de direitos implica que profissões de fé e práticas protegidas não podem entrar em contradição com os princípios constitucionais vigentes (tal como entendidos na respectiva cultura política).

A cultura política de um país se cristaliza em torno da Constituição vigente. Cada cultura nacional forma, à luz de sua própria história, uma respectiva interpretação para os mesmos princípios – como os direitos humanos e a soberania popular – também incorporados em outras Constituições republicanas. Como base nessas interpretações, um "patriotismo constitucional" pode tomar o lugar do nacionalismo original. Para muitos observadores, o patriotismo constitucional seria uma ligação demasiado fraca para a coesão de sociedades complexas. Assim, coloca-se de modo mais urgente a questão pelas condições sob as quais o estofo de uma cultura política liberal seria suficiente para evitar a fragmentação da nação de cidadãos sem recorrer às associações nacionalistas.

Hoje esse problema surge inclusive nos clássicos países de imigração, como os Estados Unidos. A cultura política dos Estados Unidos, mais do que a de outros países, proporciona um espaço para uma coexistência pacífica entre cidadãos com panos de fundo culturais bem distintos; nele cada um pode viver simultaneamente com duas identidades, ser um membro e um estranho no próprio país. Mas o crescente fundamentalismo, inclusive o terrorismo (como em Oklahoma) é um sinal de alerta de que inclusive nos Estados Unidos pode se romper a rede de segurança da religião civil, que interpreta uma admirável história constitucional que se estende por mais de duzentos anos. Suponho que as sociedades multiculturais só podem ser mantidas coesas por meio de uma cultura política, que ainda

A inclusão do outro

precisa ser testada, quando a democracia não for apresentada apenas na forma de direitos liberais de liberdade e de participação política, mas também no gozo profano dos direitos de participação sociais e culturais. Os cidadãos também precisam experimentar o *valor de uso de seus direitos* na forma da seguridade social e do reconhecimento de diferentes formas de vida culturais. A cidadania democrática só vai desenvolver uma força de integração, isto é, criar uma solidariedade entre estranhos, quando ela se fizer valer como um mecanismo que de fato realize os pressupostos constitutivos das formas de vida almejadas.

Essa perspectiva foi, em todo caso, sugerida pel tipo de Estado de bem-estar social que se desenvolveu na Europa sob as circusntâncias favoráveis do período do pós-guerra, mas que, é claro, não prevaleceram por muito tempo. Nesse período, após a cisão da Segunda Guerra Mundial, estavam esgotadas as fontes de energia de um nacionalismo exacerbado. Sob o guarda-chuva do equilíbrio nuclear entre as superpotências, ficou interdito às potências europeias – e não apenas à Alemanha dividida – terem uma política exterior própria. Questões polêmicas sobre fronteiras não estavam na ordem do dia. Os conflitos sociais não podiam ser desviados para a política externa; tinham de ser tratados sob o primado da política interna. Sob essas condições, a compreensão universalista do Estado de direito democrático pôde se livrar, em grande parte, dos imperativos de uma política de poder orientada pelos interesses nacionais e motivada em termos geopolíticos. A despeito do clima de guerra civil mundial e de propaganda anticomunista, o entrelaçamento tradicional do republicanismo com os objetivos da autoafirmação nacional tornou-se mais frouxo, e isso também na consciência pública.

213

A tendência para uma autocompreensão de certo modo "pós-convencional" da coletividade política pôde se impor mais fortemente na singular situação da República Federal da Alemanha do que nos demais Estados europeus, já que lhe foram tirados os direitos essenciais de soberania. Mas a pacificação social do antagonismo de classes via Estado criou uma situação nova na maioria dos países do oeste e norte da Europa. No decorrer do tempo, os sistemas de seguridade social foram montados e ampliados; foram feitas reformas em áreas como educação, família, direito penal e sistema carcerário, proteção de dados etc.; e pelo menos as políticas feministas de equiparação já começaram a ser implementadas. Em uma geração, o *status* do cidadão melhorou claramente em sua substância jurídica, ainda que de forma incompleta. Isso tornou os próprios cidadãos (e é isso que me importa) sensíveis à *prioridade* do tema da realização dos direitos fundamentais – para aquela prioridade que a nação real dos cidadãos deve manter em relação à nação imaginária dos compatriotas do povo.

O sistema de direitos foi configurado sob as condições econômicas favoráveis de um período comparativamente longo de crescimento econômico. Assim, cada um pôde reconhecer e estimar o *status* de cidadão político como aquilo que o une aos demais membros da coletividade política, e aquilo que o torna ao mesmo tempo dependente e responsável por ela. Todos puderam ver que a autonomia privada e a autonomia pública se pressupõem mutuamente no circuito da reprodução e aperfeiçoamento das condições das formas de vida preferidas. Todos perceberam, pelo menos de modo intuitivo, que eles só conseguem delimitar de modo equânime os espaços de ação privados uns em relação aos outros quando fizerem uso adequado de suas competências como cidadãos; e que, por sua vez, eles só estão aptos a essa participação política em virtude de uma esfera privada intacta. A Constituição se comprova como uma moldura institucional para uma dialética entre a igualdade jurídica e a igualdade fática, que fortalece ao mesmo tempo a autonomia privada e autonomia do cidadão.[7]

Mas, nesse meio-tempo, essa dialética, independentemente de causas locais, acabou ficando paralisada. Se nós quisermos esclarecer isso, nós precisamos voltar nosso olhar para as tendências que hoje ganham atenção sob a palavra-chave "globalização".

V. Limites do Estado nacional. Restrições da soberania interna

Outrora, seus limites sociais e territoriais eram vigiados de modo neurótico pelo Estado nacional. Hoje, em virtude dos processos irrefreáveis que ultrapassam todas as fronteiras, esses controles já foram perfurados a muito tempo. A. Giddens definiu a "globalização" como a intensificação das relações sociais em escala mundial, que tem como consequência a influência recíproca entre eventos locais e eventos muito distantes.[8] As comunicações em escala mundial fluem por línguas naturais (na maioria dos casos, por mídias eletrônicas) ou por códigos específicos (sobretudo, o dinheiro e o direito). Uma vez que a "comunicação" tem aqui um significado du-

---

7 Cf. Habermas, *Faktizität und Geltung*, p.493 et seq.
8 Giddens, *The Consequences of Modernity*, p.64; Id., *Beyond Left and Right*, p.78 et seq.

plo, esses processos resultam em tendências opostas. Por um lado, eles promovem a expansão da consciência dos atores; por outro lado, a ramificação, a amplitude e a ligação de sistemas, redes (como os mercados, por exemplo) ou organizações. O crescimento dos sistemas e das redes com certeza multiplica os possíveis contatos e informações, mas isso *per se* não tem a consequência de ampliar o mundo compartilhado intersubjetivamente e tampouco resulta naquela combinação discursiva de pontos de vista relevantes, temas e contribuições dos quais emergem as esferas públicas políticas. A consciência de sujeitos que planejam, que se comunicam uns com os outros e que agem parece ter se ampliado e se fragmentado ao mesmo tempo. As esferas públicas criadas na internet permanecem segmentadas umas das outras como comunidades locais globalizadas. Por enquanto, não está claro se uma consciência pública que se expande, mas centrada no mundo da vida, ainda pode abarcar os contextos que se diferenciaram de modo sistêmico ou se os processos sistêmicos que se tornaram autônomos já não se desligaram de todos os contextos estabelecidos pela comunicação política.

O Estado nacional foi o âmbito no interior do qual se articulou e de certo modo também se institucionalizou a ideia republicana de atuação consciente da sociedade sobre si mesma. Como foi dito, eram típicas do Estado nacional, por um lado, a relação complementar entre Estado e economia, e, por outro, a relação complementar entre a política interna aos Estados e a competição pelo poder entre os Estados. É claro, esse esquema só é adequado nas condições em que a política nacional ainda podia exercer uma influência sobre uma respectiva "economia nacional". Assim, por exemplo, na era da política econômica keynesiana, o crescimento dependia de fatores que não beneficiavam somente a valorização do capital, mas também a população como um todo – da abertura do consumo em massa (sob a pressão dos sindicatos livres); do aumento das forcas produtivas mais técnicas e ao mesmo tempo redutoras do tempo de trabalho (com base em uma pesquisa básica independente); da qualificação da força de trabalho no âmbito de um sistema educacional em expansão (que melhorou o nível educacional da população) etc. Em todo caso, no âmbito das economias nacionais foram obtidos espaços para manobras distributivas que podiam ser usados tanto em termos de políticas tarifárias quanto usados – por parte do Estado – em termos de política social e societária para satisfazer as aspirações de uma população mais exigente e inteligente.

Embora o capitalismo, desde o início, tenha se desenvolvido em dimensões globais,[9] essa dinâmica econômica desencadeada em conjunto com o sistema moderno de Estados contribuiu mais para a consolidação do Estado nacional. Porém, nesse ínterim, faz tempo que ambos os desenvolvimentos não mais se reforçam mutuamente. É correto que "a delimitação territorial do capital nunca correspondeu à sua mobilidade estrutural. Ela ocorreu em virtude das condições históricas específicas da sociedade burguesa na Europa".[10] Mas essas condições foram modificadas de modo profundo com a desnacionalização da produção econômica. Nesse meio-tempo, todos os países industriais foram afetados pelo fato de que as estratégias de investimento de um número cada vez maior de empresas se

---

9 Cf. Wallerstein, *The Modern World System*.
10 Knieper, *Nationale Souveränität*, p.85.

orientam pelos mercados financeiros e *mercados de trabalho* interligados em redes mundiais.

Os "debates sobre a situação atual" que conduzimos hoje nos tornam conscientes do compasso que se abre cada vez mais entre, por um lado, os espaços de ação delimitados em termos de Estado nacional e, por outro, os imperativos econômicos globais, que praticamente não se deixam influenciar por meios políticos. As variáveis mais importantes são, por um lado, o desenvolvimento e a difusão acelerados de novas tecnologias que aumentam a produtividade e, por outro, o crescimento vigoroso das reservas de mão de obra relativamente baratas. Os problemas dramáticos de emprego no outrora chamado Primeiro Mundo decorrem não das clássicas relações de comércio mundial, mas sim das relações de produção ligadas em rede de modo global. Os Estados soberanos só podem tirar proveito de suas respectivas economias à medida que ainda existirem economias nacionais talhadas para políticas intervencionistas. Porém, com o recente impulso em direção a uma desnacionalização da economia, a política nacional perde crescentemente o domínio sobre aquelas condições de produção sob as quais surgem os ganhos e rendimentos *tributáveis*. Os governos têm cada vez menos influência sobre as empresas que tomam decisões de investimento orientadas por um horizonte ampliado de modo global. Os governos se veem diante do dilema da necessidade de evitar duas reações igualmente irracionais. A tentativa de um bloqueio protecionista e a formação de cartéis defensivos está destinada ao fracasso, mas, por outro lado, equilibrar os custos por meio de uma desregulamentação das políticas sociais não é menos perigoso, se olharmos as prováveis consequências sociais.

A inclusão do outro

As consequências sociais de abdicar da política já se manifestam nos países da OCDE que aceitam uma alta taxa de desemprego e o desmonte do Estado de bem-estar social com o objetivo de aumentar a capacidade de competição internacional. As fontes da solidariedade social estão secando, de modo tal que as condições de vida do outrora Terceiro Mundo se espalham nos centros do Primeiro Mundo. Essas tendências se intensificam nos fenômenos de uma nova "subclasse". Com esse termo equivocado, os sociólogos resumem aquele conjunto de grupos marginalizados que estão amplamente segmentados do resto da sociedade. Essa *underclass* é formada pelos grupos pauperizados, abandonados à própria sorte, que por suas próprias forças não conseguem mais transformar sua realidade social. Eles não dispõem mais de nenhum potencial de ameaça – como tampouco o detêm as regiões miseráveis em relação às regiões desenvolvidas deste mundo. Contudo, esse tipo de segmentação não significa que as sociedades desolidarizadas possam afastar de modo arbitrário parcelas da população *sem que haja consequências políticas*. Em longo prazo, pelo menos três consequências são incontornáveis. Uma subclasse gera tensões sociais que são descarregadas em revoltas autodestrutivas e sem finalidade, e que só podem ser controladas por meios repressivos. A construção de penitenciárias e a organização da segurança interna em geral serão transformadas em uma indústria em crescimento. Além disso, a degradação social e o empobrecimento físico não se deixam delimitar localmente. O veneno dos guetos atinge a infraestrutura interna das cidades, inclusive para além das regiões e se fixa nos poros da sociedade inteira. Por fim, isso resultará em uma erosão moral da sociedade que necessariamente danifica o cerne universalista de toda coletividade republicana. A legitimidade dos procedimentos e das instituições será corroída por decisões majoritárias alcançadas de modo formalmente correto e que refletem apenas os temores e os reflexos de autoafirmação de uma classe média ameaçada de perder seu *status* social. Por essa via, acabam se perdendo as próprias conquistas do Estado nacional, que havia integrado sua população por meio da participação democrática.

Esse cenário pessimista não é irrealista, porém ele apenas ilustra, é claro, uma entre muitas perspectivas para o futuro. A história não conhece nenhuma lei em sentido estrito; e os seres humanos, mesmo as sociedades, são capazes de aprender. Uma alternativa à despedida da política consistiria em acompanhar o crescimento dos mercados – com a construção de agentes capazes de agir no plano supranacional. Um exemplo é a Europa no caminho de uma União Europeia. Infelizmente, esse exemplo não é instrutivo em apenas um sentido. Hoje, os países europeus *estão parados* diante do limiar de uma união monetária, em favor da qual os governos nacionais teriam de abandonar sua soberania monetária. Uma desnacionalização da moeda e da política monetária tornaria necessária uma política financeira, econômica e social comum. Com isso, desde o tratado de Maastricht cresce nos Estados-membros a resistência frente à construção vertical de União Europeia, que assumiria ela mesma as características principais de um Estado que faria a mediação entre seus membros definidos em termos de Estados nacionais. Nesse momento, consciente de suas conquistas históricas, o Estado nacional se mantém intransigente em sua identidade, já que se vê atropelado e enfraquecido pelos processos de globalização. Mas uma política constituída em termos de Estado nacional se limita, tanto

A inclusão do outro

antes como agora, a acomodar, com o maior cuidado possível, a sua própria sociedade aos imperativos sistêmicos e efeitos colaterais de uma dinâmica econômica mundial que em larga medida se desacoplou das condições políticas básicas. Em vez disso, ela teria de empreender a tentativa heroica de superar a si mesma e construir capacidades de ação política no plano supranacional. Isso teria de acontecer de acordo com as formas atreladas aos processos de formação democrática da vontade se a herança normativa do Estado de direito democrático deveria funcionar como um freio à dinâmica de valorização do capital, que, por enquanto, se encontra desenfreada.

VI. "Superação" do Estado nacional: abolição ou transformação?

O discurso sobre a superação do Estado nacional é ambíguo. Segundo uma interpretação – vamos chamá-la de pós-moderna –, o fim do Estado nacional também nos afasta, ao mesmo tempo, do projeto da autonomia dos cidadãos, que nessa interpretação excedeu seu crédito sem qualquer perspectiva de recuperá-lo. De acordo com outra interpretação, não derrotista, ainda há uma chance para o projeto de uma sociedade que aprende e é capaz de atuar sobre si mesma por meio da vontade e da consciência políticas, mesmo para além de um mundo de Estado nacionais. A disputa se dá em torno da autocompreensão normativa do Estado de direito democrático. Em uma época de globalização, ainda podemos nos reconhecer nele ou temos de nos livrar dessa amável relíquia da velha Europa, que, no entanto, acabou perdendo sua função?

Jürgen Habermas

Se não apenas o Estado nacional tiver chegado ao fim, mas, com ele, também toda forma de socialização *política*, os cidadãos estarão abandonados em um mundo de relações anônimas interligadas, nas quais terão de decidir segundo suas próprias preferênciais entre opções criadas de modo sistêmico. Nesse mundo *pós-política*, a empresa transnacional se transformará em modelo de comportamento. As tentativas impotentes de exercer uma influência, orientada por uma perspectiva normativa, sobre a autonomização do sistema econômico global parece, do ponto de vista da teoria dos sistemas, como um caso particular de um desenvolvimento mais geral. O ponto de fuga é a sociedade mundial completamente descentrada, que se decompõe em uma quantidade não ordenada de sistemas funcionais que se reproduzem e se orientam por si mesmos. Tal como as pessoas no estado de natureza de Hobbes, esses sistemas formam entornos uns para os outros. Eles não falam mais uma linguagem comum. Sem um universo de significados compartilhados em termos intersubjetivos, eles se encontram uns com os outros com base na observação recíproca e comportam-se uns em relação aos outros segundo os imperativos da autoconservação.

J. M. Guéhenno descreve esse mundo anônimo a partir da perspectiva dos cidadãos individuais que estão fora do contexto liquidado da comunidade estatal solidária, e que agora precisam saber lidar com essa mistura opaca de sistemas que se autoafirmam e que funcionam sem normas. Esses "novos" seres humanos se desfazem da autocompreensão ilusória da modernidade. A autonomia dos cidadãos é reduzida sem cerimônias aos componentes morais da autodeterminação dos cidadãos e circunscrita à autonomia privada:

A inclusão do outro

Tal como o cidadão romano na época de Caracalla, o cidadão na era da ligação em rede é definido cada vez menos por sua participação no exercício da soberania e cada vez mais fortemente pelo fato de que pode desenvolver uma atividade em um âmbito no qual todos os procedimentos obedecem a regras claras e previsíveis [...]. Pouco importa se a norma for estabelecida por uma empresa privada ou por funcionários da administração pública. A norma não mais será a expressão da soberania, mas simplesmente um fator que reduz a incerteza, um meio para diminuir os custos das transações, o que melhorará a transparência.[11]

Em uma alusão dasafiadora à polêmica de Hegel contra o "Estado da necessidade e do entendimento", o Estado democrático é substituído por um "Estado do direito privado sem aquela referência filosófica ao direito natural, reduzido a um código de regras e legitimado apenas pela comprovação diária de sua capacidade de funcionamento".[12] No lugar das normas que são ao mesmo tempo efetivas *e* obedecem aos pontos de vista tanto da soberania popular quanto dos direitos humanos, surge agora — sob a forma de uma "lógica da ligação em rede" — a mão invisível dos processos da sociedade mundial que supostamente são regulados de maneira espontânea. Porém, esses mecanismos insensíveis aos custos externos não despertam exatamente uma confiança. Pelo menos é o que se verifica nos dois exemplos mais conhecidos de autoregulação global.

O "equilíbrio das potências", sobre o qual o sistema internacional se apoiou por três séculos, implodiu no mais tardar com

---

11 Guéhenno, *Das Ende der Demokratie*, p.86 et seq.
12 Ibid., p.140.

a Segunda Guerra Mundial. Sem um tribunal internacional e sem um poder de sanção supraestatal, o direito internacional não pôde ser reivindicado em termos judiciais nem aplicado do mesmo modo que o direto interno aos Estados. Em todo caso, a moral convencional e a "eticidade" das relações dinásticas proveram certa forma de zelo normativo nas guerras. No século XX, a guerra total também explodiu esse frágil âmbito normativo. O estágio avançado da tecnologia armamentista, a dinâmica bélica e a difusão das armas de extinção em massa[13] tornaram plenamente visíveis os riscos dessa anarquia de potências que não é mais orientada por nenhuma mão invisível. A fundação da Liga das Nações, em Genebra, foi a primeira tentativa de pelo menos domesticar o gerenciamento incalculável do poder no interior de um sistema de segurança coletivo. Com a fundação das Nações Unidas foi feita uma segunda tentativa de construir instâncias de ação supranacionais capazes de estabelecer uma ordem pacífica global, que até agora continua incipiente. Depois do fim do equilíbrio bipolar do terror, parece abrir-se a perspectiva para uma "política interna mundial" (C. F. v. Weizsäcker) no campo da política internacional de segurança e de direitos humanos, apesar de todos os retrocessos. O fracasso do equilíbrio anárquico entre as potências ao menos tornou visível que é desejável ter uma regulação política.

Algo similar ocorre com o outro exemplo para a ligação em rede espontânea. É evidente que o mercado mundial não

---

13 Atualmente, supõe-se que dez países dispõem de armas nucleares, mais de vinte possuem armas químicas e, no Oriente Médio e Próximo, já se supõe a existência de armas bacteriológicas. Cf. Czempiel, *Weltpolitik im Umbruch*, p.93.

A inclusão do outro

pode ficar exclusivamente sob a direção do Banco Mundial e do Fundo Monetário Internacional se o objetivo for superar a interdependência assimétrica entre o mundo da OCDE e aqueles países marginalizados que ainda precisam desenvolver economias autossustentadas. É estarrecedora a conta que a Cúpula Mundial sobre o Desenvolvimento Social apresentou em Copenhagen. Faltam atores capazes de agir politicamente que possam entrar em acordo sobre os arranjos, os procedimentos e as condições políticas básicas no plano internacional. Essa cooperação é necessária não apenas em virtude das disparidades Norte e Sul, mas também pela queda dos padrões sociais nas sociedades abastadas do Atlântico Norte, onde uma política social circunscrita em termos de Estado nacional se mostra impotente diante das consequências dos baixos custos salariais de mercados globalizados e que se expandem rapidamente. As instâncias de ação supranacionais estão ausentes, em primeiro lugar, para aqueles problemas ecológicos que foram tratados em seu contexto global na Cúpula da Terra (Eco-92), no Rio de Janeiro. Não é possível conceber uma ordem mundial e uma ordem econômica mundial mais pacífica e mais justa sem instituições internacionais capazes de agir politicamente; sobretudo não é concebível sem os processos de acordo entre os regimes continentais, que hoje começam a surgir, e tampouco sem políticas que provavelmente só poderão ser impostas sob a pressão de uma sociedade civil que possa se mobilizar em escala mundial.

É isso que sugere a outra interpretação, segundo a qual o Estado nacional seria antes "superado" do que suprimido. Mas o seu teor normativo também poderia ser superado? Ao luminoso pensamento sobre as instâncias de ação supranacional que

Jürgen Habermas

colocariam as Nações Unidas e suas organizações regionais em condições de começarem uma nova ordem mundial e uma nova ordem econômica mundial, segue à sombra de uma questão inquietante, a saber, se uma formação democrática da opinião e da vontade pode realmente alcançar uma força que vincule para além do nível de integração proporcionado pelo Estado nacional.

5
Inclusão: integrar ou incorporar?
Sobre a relação entre nação, Estado
de direito e democracia

Para Hans-Ulrich Wehler,
por ocasião de seu aniversário de 65 anos

Da mesma maneira que o período de descolonização pós-Segunda Guerra Mundial, também a dissolução do império soviético se caracterizou por uma rápida sequência de formação dissociativa de Estados. O tratado de paz de Dayton e Paris é a conclusão provisória de secessões bem-sucedidas que levaram à fundação de novos Estados nacionais – ou à reconstrução de Estados nacionais liquidados, ou que ficaram dependentes ou divididos. Estes parecem ser somente os sintomas mais evidentes da vitalidade de um fenômeno mais ou menos esquecido, não apenas nas ciências sociais: "Na derrocada dos espaços de dominação imperiais, o mundo dos Estados se forma de novo sobre fronteiras marcadas pela origem, cujo percurso é explicado em termos historiográfico-nacionais".[1] O futuro político hoje parece pertencer novamente às "potências

---

1 Lübbe, *Abschied vom Superstaat*, p.33 et seq.

Jürgen Habermas

da origem", nas quais Hermann Lübbe inclui "a religião, a confissão instituída na forma de Igreja, por um lado, e a nação, por outro". Outros autores falam de "etnonacionalismo" para enfatizar a referência indisponível à origem, seja no sentido físico de ascendência comum ou no sentido ampliado de uma herança cultural comum.

As terminologias são tudo, menos inocentes; elas sugerem uma determinada visão. O neologismo "etnonacionalismo" disfarça a diferença entre *"ethnos"* e *"demos"* mantida na terminologia convencional.[2] A expressão enfatiza a proximidade entre as etnias, ou seja, as comunidades pré-políticas de ascendência, organizadas segundo relações de parentesco, por um lado, e as nações constituídas em termos de Estado, que, por outro, no mínimo exigem a independência política. Com isso se contradiz de modo implícito a suposição de que as comunidades étnicas possuem um caráter "natural" e são, em termos evolutivos, "mais antigas" do que as nações.[3] A "consciência de um 'nós'", baseada em uma consanguinidade imaginada ou em uma identidade cultural, de pessoas que compartilham a crença em uma origem comum, que se identificam mutuamente como "membros" da mesma comunidade e com isso se delimitam do seu entorno, deve formar o núcleo *comum* de comunitarizações tanto étnicas quanto nacionais. Em vista desse caráter comum, o que diferenciaria as nações de outras comunidades étnicas é

---

2 Cf. Lepsius, Ethnos und demos. In: *Interessen, Ideen und Instituitionen*, p.247-56; Id., *Demokratie in Deutschland*.

3 Cf. Leggewie, Ethnizität, Nationalismus und multikulturelle Gesellschaft. In: Berding (Org.), *Nationales Bewußtsein und kollektive Identität*, p.54.

A inclusão do outro

essencialmente a sua complexidade e abrangência: *"It is the largest group that can command a person's loyalty because of felt kinship ties; it is, from this perspective, the fully extended Family"*.[4]

Esse conceito etnológico de nação entra em concorrência com o conceito usado pelos historiadores, pois apaga aquelas referências específicas à ordem positiva e jurídica do Estado de direito democrático, à historiografia política e à dinâmica da comunicação de massa, que foram responsáveis pelo caráter reflexivo e particularmente artificial da consciência nacional surgida na Europa do século XIX.[5] Quando aquilo que é nacional aparece, da perspectiva de um construtivismo *universalizado*, de modo similar ao étnico como "crença" ou "caráter comum representado" (M. Weber), à "invenção da nação entendida como povo" (H. Schulze) pode se oferecer uma virada surpreendentemente afirmativa. Como cunhagem particular de uma forma de comunitarização universal, também para o cientista, que parte do caráter construído desse nacional, a naturalidade imaginária do nacional readquire algo de natural. Pois tão logo reconhecemos no que é nacional somente a variante de um universal social, seu retorno não requer mais nenhuma explicação. Quando a suposição de normalidade

---

4 Connor, *Ethnonationalism*, p.202. ["É o grupo maior que pode exigir a lealdade de uma pessoa em virtude de laços de parentesco sentidos; a partir dessa perspectiva, ele é a família completamente estendida."]. *"Our answer to that often asked question, 'What is a nation?', is that it is a group of people who feel they are ancestrally related."* ["Nossa resposta para aquela questão que é frequentemente colocada – 'o que é uma nação?' – é que ela é um grupo de pessoas que se sentem aparentadas de forma ancestral."]

5 Cf. Schulze, *Staat und Nation in der Europäischen Geschichte*.

muda em favor do etnonacionalismo, nem sequer faz sentido descrever aqueles conflitos que hoje recebem atenção renovada como fenômenos de regressão e alienação a serem explicados e, por exemplo, torná-los inteligíveis como compensação pela perda de um *status* de poder internacional ou como elaboração de uma relativa privação econômica.

Ora, as sociedades modernas integradas de modo funcional pelo mercado e pelo poder administrativo por certo continuam a se delimitar entre si como "nações". Porém, com isso ainda não se diz nada sobre a maneira de se autocompreender como nação. É uma questão empírica saber quando e em que medida as populações modernas se compreendem como uma nação de compatriotas ou uma nação de cidadãos. Essa dupla codificação se refere à dimensão da exclusão e da inclusão. A consciência nacional se move de maneira peculiar entre a inclusão ampliada e a exclusão renovada.

Como formação da consciência moderna, a identidade nacional se caracteriza, por um lado, pela tendência de superação de vínculos particularistas, estabelecidos em termos regionais. Na Europa do século XIX, a nação institui um novo contexto de solidariedade entre pessoas que até então haviam sido estranhas umas para as outras. Essa transformação universalista das lealdades herdadas, vinculadas à aldeia e à família, à terra e à dinastia, é um processo penoso, em todo caso de longo prazo, que, mesmo nos clássicos Estados nacionais do Ocidente, não conseguiu abranger e permear toda a população antes do início do século XX.[6] Por outro lado, não é por acaso que essa forma

---

6 Cf., por exemplo, Sahlins, *Boundaries*.

A inclusão do outro

mais abstrata de integração se manifesta na prontidão para o combate e na disposição ao sacrifício dos que estão sujeitados ao serviço militar obrigatório, que foram mobilizadas contra os "inimigos da pátria". Se for necessário, a solidariedade dos cidadãos deveria comprovar-se como solidariedade daqueles que arriscam suas vidas pelo povo e pela pátria. No conceito romântico de povo, que afirma sua existência e seu caráter próprio no combate contra outras nações, o que é natural na comunidade imaginada de língua e ascendência se funde à comunidade de destino construída com a narrativa dos acontecimentos. Mas essa identidade nacional, enraizada em passados fictícios, comporta ao mesmo tempo o projeto de realização dos direitos republicanos de liberdade, orientado para o futuro.

A face de Jano da nação, que se abre ao interior e se fecha para fora, já se revela no significado ambivalente do conceito de liberdade. A liberdade particularista de uma independência nacional da coletividade, que se afirma em relação ao que é exterior, aparece apenas como uma capa protetora para as liberdades individuais dos cidadãos realizadas no plano interno — tanto a autonomia privada dos cidadãos sociais como a autonomia pública dos cidadãos políticos. Nessa síndrome se dilui a oposição conceitual entre uma pertença ao povo que aparece em termos adscritivos e inevitáveis, que é uma qualidade que não se perde, e o pertencimento livremente escolhido, garantido por direitos subjetivos, a uma coletividade política que deixa aberta a seus cidadãos a opção de saírem dela. Esse duplo código traz à cena até hoje interpretações concorrentes e diagnósticos políticos opostos.

A ideia da nação entendida como povo sugere a suposição de que o *demos* dos cidadãos deve se enraizar no *ethnos* dos compatriotas para poder se estabilizar como uma associação política de parceiros do direito livres e iguais. Supostamente, a força vinculante de uma comunitarização republicana não seria suficiente. A lealdade do cidadão precisaria se ancorar na consciência de pertencer a um povo de modo natural e destinado historicamente. A "vaga" ideia acadêmica do "patriotismo constitucional" não pode substituir uma "sã consciência nacional": "Esse conceito [de patriotismo constitucional] paira no ar [...]. O recurso à nação, [...] à consciência de um nós nela inscrita capaz de vincular emocionalmente, não pode pois ser contornado".[7] Em outra perspectiva, a simbiose entre nacionalismo e republicanismo se apresenta antes como uma constelação passageira. Uma consciência nacional difundida por intelectuais e eruditos, que foi sendo divulgada pouco a pouco por uma burguesia urbana instruída, que se cristalizou em torno da ficção de uma ascendência comum, na construção de uma história compartilhada e em uma língua escrita unificada em termos gramaticais, com certeza contribuiu para transformar os súditos em cidadãos politicamente conscientes, que se identificam com a Constituição da república e com os fins que ela define. Porém, apesar desse papel catalisador, o nacionalismo não é um pressuposto constitutivo necessário para o processo democrático. A inclusão progressiva da população no *status de* cidadãos não apenas abre ao Estado uma nova fonte secular de legitimação como também cria ao mesmo tempo o novo nível de uma integração social abstrata, mediada pelo direito.

Ambas as interpretações tomam como base o fato de que o Estado nacional reagiu ao problema da desintegração de uma

---

7 Böckenförde, Die Nation, *Frankfurter Allgemeine Zeitung.*

A inclusão do outro

população que foi arrancada dos vínculos sociais estamentais no início da sociedade moderna. Porém, um lado localiza a solução do problema no plano da cultura; o outro, no plano das instituições e procedimentos democráticos. Ernst-Wolfgang Böckenförde enfatiza a identidade coletiva:

> É preciso em contrapartida [...] uma relativa homogeneização em uma cultura comum [...] para que a sociedade que tende a se atomizar novamente possa ser mantida unida – a despeito de sua multiplicidade diferenciada – e se integrar em uma unidade capaz de agir. Nessa função, ao lado e no lugar da religião entram a nação e a consciência nacional que lhe pertence [...]. Assim, a meta não pode ser superar e substituir a identidade nacional, nem mesmo em favor de um universalismo dos direitos humanos.[8]

O lado oposto está convencido de que o próprio processo democrático pode assumir o déficit de integração social de uma sociedade cada vez mais diferenciada.[9] Ora, em sociedades pluralistas esse ônus não pode ser deslocado do plano da formação política da vontade e da comunicação pública para o substrato cultural, aparentemente natural, de um povo supostamente homogêneo. Com base nessa premissa, Hans-Ulrich Wehler chega à concepção

> de que, com um sentimento de lealdade que se apoia primariamente sobre as realizações do Estado constitucional e do Estado social, as uniões federalistas na forma de Estados incorporam

---

8 Ibid.

9 Cf. Habermas, *Die Normalität einer Berliner Republik*, p.181.

Jürgen Habermas

uma utopia incomparavelmente mais atrativa que o retorno à suposta normalidade do Estado nacional [...] alemão.[10]

Falta-me a competência para resolver essa polêmica com argumentos históricos. Em vez disso, interessam-me as construções em termos de direito público da relação entre nação, Estado de direito e democracia, com as quais a polêmica é travada no plano normativo. Os juristas e os cientistas políticos intervêm nos processos de autocompreensão dos cidadãos com outros meios que os dos historiadores, porém não menos eficazes. Eles podem, inclusive, influenciar a prática decisória do Tribunal Constitucional Federal. Segundo a concepção clássica do final do século XVIII, "nação" significa o corpo de cidadãos que se constitui como tal ao se dar uma Constituição democrática. Com essa concepção concorre a concepção surgida no século XIX, segundo a qual a soberania popular pressupõe um povo que, em oposição à ordem artificial do direito positivo, se projeta no passado como algo que nasce organicamente:

> O "povo" [...], que nas democracias é considerado o sujeito do poder legislativo, não adquire sua identidade primeiramente da Constituição que dá a si mesmo. Essa identidade é antes um fato histórico pré-constitucional: completamente contingente, apesar disso não arbitrário, pelo contrário [...], não está à disposição daqueles que se defrontam com o fato de pertencerem a um povo.[11]

---

10 Wehler, Nationalismus und Nation in der deutschen Geschichte. In: Berding, *Nationales Bewußtsein und kollektive Identität*, p.174 et seq.

11 Lübbe, *Abschied vom Superstaat*, p.38 et seq.

A inclusão do outro

Carl Schmitt desempenhou um papel significativo na história dos efeitos dessa tese. Inicialmente, pretendo comparar a construção que Schmitt faz da relação entre nação, Estado de direito e democracia com a concepção clássica (I). Daí resultam diferentes consequências para alguns problemas atuais e inter-relacionados: para o direito de autodeterminação nacional (II) e a igualdade de direitos em sociedades multiculturais (III), assim como para o direito de intervenções humanitárias (IV) e a transferência de direitos de soberania para instituições supranacionais (V). Tendo esses problemas como fio condutor, pretendo discutir a inadequação da compreensão etnonacionalista de soberania popular.

I. As construções da soberania popular no direito público

(1) Em sua interpretação da Constituição de Weimar, Carl Schmitt atribui um estatuto em termos de direito público a um etnonacionalismo concebido em termos construtivistas. A República de Weimar se situava na tradição de um Estado de direito – que já havia se desenvolvido na Monarquia Constitucional – que deve proteger os cidadãos contra o abuso do poder do Estado. Mas ela integrou, pela primeira vez em solo alemão, o Estado de direito com a forma do Estado e o conteúdo político da democracia. Esse ponto de partida específico para o desenvolvimento do direito alemão reflete-se na construção schmittiana da "teoria da Constituição". Com ela Schmitt introduz uma separação estrita entre o componente "do direito público" e o componente "político" da Constituição, e então utiliza a "nação" como dobradiça que

junta os princípios tradicionais do Estado de direito burguês com o princípio democrático da autodeterminação do povo. Ele define a homogeneidade nacional como condição necessária para um exercício democrático da dominação política:

> Um Estado democrático, que encontra na homogeneidade nacional de seus cidadãos os pressupostos de sua democracia, corresponde ao assim chamado princípio de nacionalidade, segundo o qual uma nação forma um Estado, um Estado forma uma nação.[12]

Schmitt adota, assim, uma formulação de Johann Caspar Bluntschli. Schmitt também tem consciência de sua concordância com os princípios – compartilhados igualmente tanto por Wilson como por Lenin – segundo os quais foi estabelecida a ordem europeia do pós-Primeira Guerra nos tratados firmados nos subúrbios de Paris. Mais importante que essas concordâncias históricas é a precisão conceitual. Schmitt imagina a participação política uniforme dos cidadãos na formação política da vontade como consonância espontânea das manifestações da vontade dos membros uníssonos de um povo mais ou menos homogêneo.[13] A democracia só pode se dar na forma da democracia nacional porque o "auto" do autogoverno do povo é pensado como um macrossujeito capaz de ação, e porque a nação entendida como povo parece ser a magnitude

---

12 Schmitt, *Verfassungslehre*, p.231.
13 Cf. Maus, Rechtsgleichheit und gesellschaftliche Differenzierung bei Carl Schmitt, *Rechtstheorie und Politische Theorie im Industriekapitalismus*, p.111-40.

A inclusão do outro

apropriada para ocupar esse lugar conceitual: supõe-se que a nação entendida como povo é, por assim dizer, o substrato cultural da organização estatal. Essa interpretação coletivista do modelo de autolegislação rousseauísta compromete todas as demais reflexões.

É certo que a democracia só pode ser exercida como uma prática comum. Porém, Schmitt constrói esse caráter comum não como a intersubjetividade mais elevada de um entendimento entre cidadãos que se reconhecem reciprocamente como livres e iguais. Ele a reifica como *homogeneidade* de compatriotas. A norma da igualdade de tratamento é remetida ao *faktum* da mesma origem nacional: "A igualdade democrática é uma igualdade substantiva. Visto que todos os cidadãos tomam parte nessa substância, eles podem ser tratados como iguais, ter os mesmos direitos de voto e de serem eleitos etc".[14] Ao considerar o corpo de cidadãos como substância, resulta, como deslocamento conceitual ulterior, uma concepção existencialista do processo democrático de tomada de decisão. Schmitt concebe a formação política da vontade como autoafirmação coletiva de um povo: "O que o povo quer é bom exatamente por isso, porque ele [o] quer".[15] A separação entre democracia e Estado de direito demonstra aqui seu sentido subjacente: uma vez que a vontade política orientadora não possui um teor normativo racional – antes se esgota no teor expressivo de um espírito do povo naturalizado –, ela também não precisa resultar de uma discussão pública.

---

14 Schmitt, *Verfassungslehre*, p.228.
15 Ibid., p.229.

Aquém da razão e da desrazão, a autenticidade da vontade popular se verifica exclusivamente na execução plebiscitária da manifestação da vontade de uma multidão de pessoas que se reúne em um dado momento. Antes mesmo de o autodomínio do povo se fixar na competência de órgãos do Estado, ele se manifesta no "sim" e "não" das tomadas de posição espontâneas do povo frente a alternativas predefinidas: "Somente o povo efetivamente reunido é povo [...] e pode fazer o que compete especificamente à atividade desse povo: pode aclamar, isto é, expressar por simples aclamação seu consentimento ou rejeição".[16] A regra da maioria operacionaliza apenas a concordância das manifestações individuais da vontade – "todos querem o mesmo". Essa convergência traz à consciência o *a priori* concreto de uma forma de vida nacional comum. O pré-entendimento apriorístico está garantido pela homogeneidade substantiva dos compatriotas, que se diferenciam como nação particular frente às outras nações:

> O conceito democrático de igualdade é um conceito político e diz respeito à possibilidade de se diferenciar [...]. Por isso a democracia política não pode se apoiar na ausência de distinção entre todos os homens, mas somente no pertencimento a um determinado povo [...]. Por isso a igualdade, que pertence à essência da democracia, orienta-se apenas para dentro, não para fora.[17]

Desse modo, Schmitt faz o "povo" assumir uma posição polêmica em relação a uma "humanidade" concebida de maneira

---

16 Ibid., p.243.
17 Ibid., p.227.

A inclusão do outro

humanista, com a qual se vincula o conceito moral de respeito igual por todos: "O conceito central da democracia é 'povo', não 'humanidade'. Se a democracia em geral deve ser uma forma política, há somente uma democracia do povo e não uma democracia da humanidade".[18] Na medida em que "a ideia de igualdade dos seres humanos" – no sentido da consideração igual dos interesses de cada um – é relevante para a Constituição em geral, ela se expressa no princípio jurídico do direito a direitos subjetivos iguais, assim como na organização do poder do Estado em termos de Estado de direito. O sentido inclusivo dos direitos humanos esgota-se no gozo privado de liberdades liberais iguais, ao passo que o exercício cidadão das liberdades políticas deve obedecer a uma lógica inteiramente diferente. O sentido da autodeterminação democrática fundada na homogeneidade significa independência nacional – autoafirmação, autoconfirmação e autorrealização de uma nação em sua especificidade. Essa "nação" faz a mediação entre Estado de direito e democracia, já que só podem participar da dominação democrática os cidadãos que de pessoas privadas se transformaram em membros de uma nação politicamente consciente.

(2) Com os direitos fundamentais, que regulam as interações privadas no interior da sociedade civil, desacoplados de uma "democracia popular"[19] substancializada, Schmitt se opõe frontalmente ao republicanismo definido nos termos direito racional. Nessa tradição, "povo" e "nação" são conceitos

---

18 Ibid., p.234.
19 Bryde, Die bundesrepublikanische Volksdemokratie als Irrweg der Demokratietheorie, *Staatswissenschaften und Staatspraxis*, p.305-29.

intercambiáveis para uma cidadania que é cooriginária a sua coletividade democrática. O corpo de cidadãos não pode ser considerado algo que é dado de forma pré-política, mas um produto do contrato social. Na medida em que os participantes decidem em comum fazer uso de seu direito originário de "viver sob as leis públicas da liberdade", eles formam uma associação de parceiros do direito livres e iguais. A decisão de viver em liberdade política tem o mesmo significado que a iniciativa de uma prática constituinte. Com isso, diferentemente de Carl Schmitt, soberania popular e direitos humanos, democracia e Estado de direito estão conceitualmente interligados. Ou seja, a decisão inicial pela autolegislação democrática só pode ser cumprida pela via da realização daqueles direitos que os participantes precisam reconhecer reciprocamente, se quiserem regular sua convivência de modo legítimo com os meios do direito positivo. Isso exige, por sua vez, um procedimento de positivação do direito que garanta a legitimidade e que estabeleça permanentemente a configuração do sistema dos direitos.[20] Segundo a fórmula rousseauísta, com isso todos devem decidir o mesmo acerca de todos. Portanto, os direitos fundamentais *surgem* da ideia da institucionalização jurídica desse procedimento de autolegislação democrática.

A ideia de uma soberania popular como procedimento e orientada para o futuro faz que fique sem sentido a exigência de reacoplar a formação política da vontade política no *a priori* substantivo de um consenso anterior, obtido de forma pré- -política entre compatriotas homogêneos:

---

20 Cf. Habermas, *Faktizität und Geltung*, Capítulo 3.

A inclusão do outro

O direito positivo não é legítimo por corresponder a princípios de justiça substantivos, mas porque foi instituído por procedimentos que, segundo sua estrutura, são justos, isto é, democráticos. Que no processo legislador todos decidam o mesmo acerca de todos é um pressuposto normativo exigente, que não é mais definido em termos de conteúdo, mas sim pela autolegislação dos destinatários do direito, pelas posições iguais no procedimento e pela universalidade da regulação jurídica impedem a arbitrariedade e que devem ter como efeito minimizar a dominação.[21]

Não é necessário um consenso prévio de fundo, assegurado pela homogeneidade cultural, pois a formação da opinião e da vontade estruturada de modo democrático possibilita um entendimento racional normativo mesmo entre estranhos. Porque o processo democrático garante legitimidade em virtude de suas qualidades procedimentais, ele pode, se necessário, ajudar a preencher as lacunas de integração social. Ao assegurar de modo igual o valor de uso das liberdades subjetivas, o processo democrático zela para que a rede da solidariedade cidadã não se rompa.

A crítica a essa concepção clássica se dirige especificamente contra a sua interpretação "liberalizante". Carl Schmitt põe em questão a força de integração social do Estado de direito centrado no procedimento democrático sob aqueles dois aspectos que já haviam sido determinantes na crítica de Hegel ao "estado de necessidade" e ao "estado de entendimento" do

---

21 Maus, "Volk" und "Nation" im Denken der Aufklärung, *Blätter für deutsche und internationale Politik*, p.604.

direito natural moderno, e que hoje são novamente retomados pelos "comunitaristas" em sua polêmica com os "liberais".[22] Os alvos são a concepção atomista do indivíduo como um *self desvinculado*" e o conceito instrumental da formação política da vontade política como uma agregação dos interesses sociais. As partes do contrato social são representadas como egoístas isolados, racionalmente esclarecidos, que não são marcados pelas tradições comuns, ou seja, não compartilham quaisquer orientações de valores culturais e não agem orientados pelo entendimento. Segundo essa descrição, a formação política da vontade se realiza unicamente na forma da negociação sobre um *modus vivendi*, sem que seja possível um entendimento entre pontos de vista éticos ou morais. De fato, é difícil ver como pessoas dessa índole e por essa via poderiam fundar uma ordem jurídica reconhecida de modo intersubjetivo, da qual se espera que se forme uma nação de cidadãos a partir de estranhos, isto é, produza uma solidariedade cidadã entre estranhos. Diante desse pano de fundo, pintado em cores hobbesianas, recomenda-se então a origem étnica ou cultural comum de um povo mais ou menos homogêneo como fonte e fiador para aquele tipo de vínculos normativos para os quais o individualismo possessivo é cego.

Todavia, a crítica justificada a essa variante do direito natural ainda não consegue alcançar o objetivo de uma *compreensão intersubjetiva* da soberania popular como procedimento, compreensão com a qual o republicanismo possui a maior afinidade. Segundo a interpretação da soberania popular como procedimento, o modelo de direito privado do contrato entre participantes do mercado é substituído pela prática da delibe-

---

22 Cf. Forst, *Kontexte der Gerechtigkeit*, Capítulos 1 e 3.

A inclusão do outro

ração de participantes da comunicação que pretendem chegar a decisões motivadas racionalmente. A formação política da opinião e da vontade ocorre não apenas na forma de compromissos, mas também segundo o modelo de discursos públicos que almejam a aceitabilidade racional de regulamentações à luz de interesses universalizados, orientações por valores compartilhadas e princípios fundamentados. Com isso, o conceito não instrumental de política tem como base uma concepção de pessoa que age de modo comunicativo. As pessoas de direito também não podem ser concebidas como proprietários de seu *self*. É um atributo do caráter social das pessoas naturais que elas se constituam como indivíduos em formas de vida compartilhadas de modo intersubjetivo e estabilizem suas identidades em relações de reconhecimento recíproco. Por isso, também sob os pontos de vista jurídicos, a pessoa individual só pode ser protegida *junto* com o contexto de seus processos de formação, ou seja, com um acesso seguro a relações interpessoais, redes sociais e formas de vida culturais estáveis. Um processo de positivação do direito e de tomada de decisão política, orientado em termos discursivos que observe essas dimensões, precisa também levar em conta, ao lado das preferências dadas, os valores e as normas. Assim, ele se qualifica perfeitamente para a tarefa de assumir o papel de fiador político para as atividades de integração que falharam em outras instâncias.

Da perspectiva de um Kant e de um Rousseau bem compreendidos,[23] a autodeterminação democrática não possui o sentido coletivista e ao mesmo tempo *excludente* da afirmação da independência nacional e da realização da singularidade

---

23 Sobre isso, cf. Maus, *Zur Aufklärung der Demokratietheorie.*

nacional. Pelo contrário, ela tem o sentido inclusivo de uma autolegislação que integra de modo igual todos os cidadãos. Inclusão significa que essa ordem política se mantém aberta para a equiparação dos discriminados e para a *integração* dos marginalizados, sem *incorporá-los* na uniformidade de um povo como comunidade homogeneizada. Para essa tarefa, o princípio da voluntariedade é fundamental; o pertencimento ao Estado tem como base o consentimento ao menos implícito por parte do cidadão. A compreensão substancialista da soberania popular relaciona a "liberdade" essencialmente à independência *externa* da existência de um povo; a compreensão procedimental a relaciona com a autonomia privada e pública assegurada de modo igual a todos no *interior* de uma associação de parceiros do direito livres e iguais. Com base nos desafios com que nos defrontamos hoje, gostaria de mostrar que essa interpretação do republicanismo segundo a teoria da comunicação é mais adequada que uma compreensão etnonacionalista ou também apenas comunitarista de nação, Estado de direito e democracia.

II. Sobre o senso e o contrassenso da autodeterminação nacional

O princípio de nacionalidade implica um direito à autodeterminação nacional. Assim, toda nação que queira governar a si mesma tem o direito a uma existência estatal independente. Com a compreensão etnonacionalista da soberania popular parece que se pode resolver um problema para o qual o republicanismo fica devendo uma resposta: como pode ser definido o conjunto básico daqueles a quem os direitos de cidadania devem se referir de modo legítimo?

A inclusão do outro

Kant atribui a cada ser humano como tal o direito a ter direitos e de regular comunitariamente a convivência com outros, de maneira tal que todos possam usufruir de liberdades iguais segundo leis públicas de coerção. Mas com isso ainda não se estabelece quem de fato faz uso desse direito, com quem, onde e quando, nem quem pode se associar, na base de um contrato social, a uma coletividade que se autodetermina. Enquanto a autodeterminação democrática atingir somente o modo de organização da vida em comum dos parceiros do direito associados em geral, a questão da *composição legítima* do conjunto básico dos cidadãos permanecerá em aberto. É certo que a autolegislação de uma nação instituída de modo democrático remonta à decisão de uma geração de fundadores que resolveu se dar uma Constituição. Com esse ato, porém, os participantes só se qualificam *recursivamente* como corpo de cidadãos. É pela vontade comum de fundar uma existência estatal e, como consequência dessa resolução, é pela própria prática legisladora que os participantes se constituem como uma nação de cidadãos.

Essa perspectiva não é problemática enquanto as questões de fronteiras não forem efetivamente polêmicas – por exemplo, na Revolução Francesa ou mesmo na Norte-Americana, quando os cidadãos lutavam por liberdades republicanas contra seu próprio governo, isto é, no interior das fronteiras de um Estado constituído, ou contra uma dominação colonial que demarcava ela mesma as fronteiras do tratamento desigual. Mas em outros casos de conflito, a resposta circular de que os próprios cidadãos se constituem como povo e por meio disso se delimitam, em termos sociais e territoriais, em relação ao se entorno, é insuficiente: "*To say that all people* [...] *are entitled to the democratic process begs a prior question. When does a collection of persons constitute na entity — 'a people' — entitled to govern itself democratically?".*[24] No mundo tal como o conhecemos, fica para o acaso histórico decidir em cada caso quem adquire o poder — via de regra ao desfecho natural de conflitos violentos, guerras e guerras civis — para definir as fronteiras controversas de um Estado. Enquanto o republicanismo nos reforça a consciência da contingência dessas fronteiras, o recurso à nação natural pode superar a contingência atribuindo aos limites a aura de uma substâncialidade imitada e legitimá-los pelas referências a uma origem construída. O nacionalismo preenche as lacunas normativas com o apelo a um assim chamado "direito" à auto-determinação nacional.

Diferentemente da teoria do direito racional, na qual as relações jurídicas resultam das relações individuais de reconhecimento intersubjetivo, Carl Schmitt parece poder fundamentar esse direito coletivo. Ou seja, se a autodeterminação democrática é introduzida no sentido da autoafirmação e autorrealização coletivas, ninguém pode exercer seu direito fundamental a direitos iguais de cidadania fora do contexto de uma nação entendida como povo que goza de independência estatal. Dessa perspectiva, o direito coletivo de cada povo a uma existência estatal própria é condição necessária para a garantia efetiva de direitos individuais iguais. Essa fundamentação do princípio de nacionalidade em termos de teoria da democracia permite

---

24 Dahl, *Democracy and its critics*, p.193. ["Dizer que todas as pessoas (…) tem o direito a um processo democrático demanda uma questão anterior. Quando um conjunto de pessoas constitui uma entidade — 'um povo' — que tem direito a se autogovernar democraticamente?"]

A inclusão do outro

atribuir, de modo retroativo, uma força normativa ao resultado fático dos movimentos nacionais de independência. Pois um grupo popular se qualifica para o direito de autodeterminação nacional precisamente porque define a si mesmo como povo homogêneo *e* ao mesmo tempo tem o poder de controlar aquelas fronteiras que derivam de tais características adscritivas.

Por outro lado, a suposição de um povo homogêneo contradiz o princípio da voluntariedade e conduz àquelas consequências normativas indesejadas que Schmitt tampouco esconde: "Um Estado nacional homogêneo aparece, pois, como algo normal; um Estado ao qual falta essa homogeneidade possui algo de anormal, perigoso para a paz".[25] A suposição de uma identidade coletiva não disponível torna necessárias políticas repressivas para assimilar de modo coercitivo os elementos estranhos, ou para preservar a pureza do povo mediante o *apartheid* e a limpeza, pois "um Estado democrático perderia a sua substância se reconhecesse a igualdade universal dos seres humanos de modo consequente no domínio da vida pública e do direito público".[26] Ao lado de medidas preventivas de controle da entrada de estrangeiros, Schmitt menciona "a repressão e a deportação da população heterogênea", bem como sua segregação espacial, isto é, a criação de protetorados, colônias, reservas, *homelands* etc.

Naturalmente a concepção republicana não exclui que comunidades étnicas possam se dar Constituições democráticas e se estabelecerem como Estados soberanos à medida que le-

---

25 Schmitt, *Verfassungslehre*, p.231.
26 Ibid, p.233.

gitimam essa independência a partir do direito individual dos cidadãos de viver em liberdade conforme a lei. Porém, via de regra os Estados nacionais não se desenvolvem de forma pacífica a partir de etnias vivendo isoladas, mas se apoderam de regiões vizinhas, tribos, subculturas, comunidades religiosas e linguísticas. Na maioria das vezes, novos Estados nacionais surgem à custa de "povos inferiores" assimilados, oprimidos ou marginalizados. A formação de Estados nacionais que surgiram com o sinal de etnonacional quase sempre foi acompanhada por rituais sangrentos de purificação e sempre submeteu novas minorias a novas repressões. Na Europa do final do século XIX e do século XX, ela deixou as marcas cruéis da emigração e da expulsão, da deportação violenta, da privação dos direitos e do extermínio físico – até chegar ao genocídio. Depois de alcançarem a emancipação, muitas vezes os perseguidos se transformam eles mesmos em perseguidores. Na prática de reconhecimento do direito internacional, o princípio de nacionalidade correspondeu a uma mudança para o princípio de efetividade, segundo o qual cada novo governo – sem considerar sua legitimidade – pode contar com reconhecimento somente quando estabilizar suficientemente sua soberania externa e interna.

Porém, como nos casos notórios de dominação estrangeira e de colonialismo, a injustiça contra a qual se volta uma resistência legítima não surge da violação a um suposto direito coletivo à autodeterminação nacional, mas da violação de direitos individuais fundamentais. A reivindicação por autodeterminação só pode ter como conteúdo imediato a implementação de direitos iguais de cidadania. A abolição da discriminação de minorias nem sempre precisa colocar em questão as fronteiras

A inclusão do outro

de um regime injusto existente. Uma reivindicação separatista só se justifica, então, quando o poder central do Estado nega os direitos a uma parte da população concentrada em um território. Nesse caso, a reivindicação por inclusão pode se impor pela via da independência nacional. Sob esse ponto de vista, a independência dos Estados Unidos foi reconhecida pela Espanha e pela França já em 1778. Desde a queda das colônias espanholas na América do Sul e na América Central, se impôs de modo universal, contra a prática até então em vigor,[27] a concepção de que o reconhecimento internacional de uma secessão da terra natal é admissível mesmo sem o consentimento do soberano anterior.[28]

Enquanto os movimentos nacionais de independência apelarem à autodeterminação democrática no sentido republicano, não se poderá justificar uma secessão (ou a anexação de uma parte abandonada a outro Estado) sem se considerar a legitimidade do *status quo*. Ou seja, enquanto todos os cidadãos gozarem de direitos iguais e ninguém for discriminado, não existe nenhuma razão normativa convincente para a separação da coletividade existente. Sob esse pressuposto, não se pode falar em repressão e "dominação estrangeira", que dariam às minorias o direito à secessão. A isso também corresponde a decisão da Assembleia Geral da ONU que, em concordância com a Carta das Nações Unidas, garante a todos os povos um

---

27 Só em 1581 essas questões de *status* se tornaram claras e unívocas para as potências europeias, quando a independência dos Países Baixos, declarada de modo unilateral, foi reconhecida pela Espanha no acordo de paz da Vestfália.

28 Cf. Frowein, Die Entwicklung der Anerkennung von Staaten und Regierungen im Völkerrecht, *Der Staat*, p.145-59.

direito à autodeterminação, porém sem definir o conceito de "povo" no sentido étnico.[29] É expressamente negado um direito à secessão, isto é,

> uma pretensão de separar-se daqueles Estados que se comportam de acordo com os princípios da igualdade de direitos e do direito à autodeterminação dos povos, e que por isso possuem um governo que representa o povo como um todo sem discriminação de raça, credo ou sexo.[30]

III. Inclusão sensível à diferença

A interpretação liberal da autodeterminação democrática dissimula, contudo, o problema das minorias "natas", que é percebido com mais clareza pela perspectiva comunitarista[31] e do ponto de vista da abordagem intersubjetiva da teoria do discurso.[32] O problema também surge em sociedades democráticas, quando a cultura politicamente dominante de uma maioria impõe sua forma de vida às minorias e com isso nega

---

29 O Artigo I do Pacto dos Direitos Humanos de 16 de dezembro de 1966, feito sob medida na fase de descolonização pacífica pós-Segunda Guerra Mundial, diz o seguinte: *"All peoples have the right of self-determination. By virtue of that right they freely determine their political status and freely pursue their economic, social and cultural development"*. ["Todos os povos têm direito à autodeterminação. Em virtude desse direito, determinam livremente seu *status* político e buscam livremente seu desenvolvimento econômico, social e cultural."]

30 Vedross; Simma, *Universelles Völkerrecht*, p.318, § 511.

31 Cf. Taylor, *Multiculturalismus und die Politik der Anerkennung*.

32 Cf. Habermas, Luta por reconhecimento no Estado de direito democrático, neste volume.

A inclusão do outro

uma efetiva igualdade de direitos a cidadãos de outra origem cultural. Isso diz respeito a questões políticas que atingem a autocompreensão ética e a identidade dos cidadãos. Nesses assuntos, as minorias não podem sem mais nem menos ser submetidas à regra da maioria. O princípio da maioria se defronta aqui com seus limites, pois a composição contingente do conjunto dos cidadãos prejudica os resultados de um procedimento aparentemente neutro:

> *The majority principle itself depends on prior assumptions about the unit: that the unit within which it is to operate is itself legitimate and that the matters on which it is employed fall within the jurisdiction. In other words, whether the scope and domain of majority rule are appropriate in a particular unit depends on assumptions that the majority principle itself can do nothing to justify. The justification for the unit lies beyond the reach of the majority principle and, for the matter, mostly beyond th reach of democratic theory itself.*[33]

O problema das minorias "natas" se explica a partir da circunstância de que os cidadãos, mesmo considerados sujeitos de direito, não são indivíduos abstratos desvinculados de suas

---

33 Dahl, *Democracy and Its Critics*, p.204. ["O próprio princípio da maioria depende de pressupostos acerca da unidade: a unidade, na qual ele deve operar, encontra-se ela mesma legitimada e os assuntos para os quais ela é usada convêm propriamente à sua jurisdição. Em outras palavras, se o escopo e o domínio da regra da maioria são apropriados em uma unidade particular, é algo que depende de pressupostos que o próprio princípio da maioria é incapaz de justificar. A justificativa para a unidade está além do alcance do princípio da maioria e, a propósito, geralmente está além dos limites da própria teoria democrática."]

referências de origem. Ao interferir em questões ético-políticas, o direito atinge a integridade das formas de vida nas quais a configuração pessoal da vida está inserida. Com isso entram em jogo – ao lado das considerações morais, reflexões pragmáticas e interesses negociáveis – as *avaliações fortes*, que dependem de tradições compartilhadas de modo intersubjetivo, mas que são específicas em termos culturais. As ordens jurídicas também são, em seu todo, "impregnadas eticamente", pois interpretam o teor universalista dos mesmos princípios constitucionais de modo diferente, a saber, segundo o contexto das experiências de uma história nacional e à luz de uma tradição, cultura e forma de vida historicamente predominantes. Na regulamentação de matérias culturalmente sensíveis, como o idioma oficial, o currículo da educação pública, o *status* de Igrejas e comunidades religiosas, normas do direito penal (por exemplo, o aborto), mas também em assuntos menos notórios, que dizem respeito, por exemplo, à posição da família e de formas de vida em comum semelhantes ao matrimônio, à aceitação de padrões de segurança ou à divisão entre as esferas pública e privada, muitas vezes só se reflete a autocompreensão ética de uma cultura da maioria, que predomina por razões históricas. Em tais regulamentações que são de modo implícito esmagadoras, também pode se inflamar uma luta cultural de minorias desrespeitadas contra a cultura da maioria no interior de uma coletividade republicana que garante formalmente direitos iguais de cidadania, como mostram os exemplos da população francófona no Canadá, os valões na Bélgica, os bascos e catalães na Espanha etc.

Uma nação de cidadãos é constituída por pessoas que, em virtude de seus processos de socialização, incorporam ao

A inclusão do outro

mesmo tempo as formas de vida nas quais se formaram suas identidades – mesmo quando, como adultos, tenham se desligado das tradições de sua origem. No que se refere a seus traços de caráter, pessoas são, por assim dizer, intersecções em uma rede adscritiva de culturas e tradições. A composição contingente do corpo de cidadãos – *political unit*, na terminologia de Dahl – também define de modo implícito o horizonte das orientações de valores em que acontecem os embates culturais e os discursos de autocompreensão ético-política. Com a composição social do conjunto de cidadãos, esse horizonte de valores também se altera. Por exemplo, depois de uma secessão, as questões políticas que dependem de um pano de fundo cultural específico não são discutidas necessariamente de uma outra maneira, mas sim decididas com outros resultados; nem sempre há novos argumentos, mas novas maiorias.

É certo que, pela via da secessão, uma minoria prejudicada só pode alcançar a igualdade de direitos através da condição improvável de sua concentração espacial. Do contrário, retornam os velhos problemas, só que com outros traços. Em geral, a discriminação não pode ser abolida mediante a independência nacional, mas somente por uma inclusão das diferenças específicas de indivíduos e de grupos que seja suficientemente sensível aos panos de fundo culturais. O problema das minorias "natas", que pode surgir em todas as sociedades pluralistas, agrava-se em sociedades multiculturais. Porém, quando estas estão organizadas na forma de Estados de direito democráticos, pelo menos se abrem diversas vias para o objetivo frágil de uma inclusão "sensível à diferença": divisão federalista de poderes, descentralização ou uma transferência, tipificada em termos funcionais, de competências estatais, sobretudo a garantia de autonomia cultural, direitos específicos de grupos, políticas de equiparação e outros arranjos para uma efetiva proteção das minorias. Por meio disso, em determinados territórios e em certos campos políticos, o conjunto básico dos cidadãos que participam do processo democrático é modificado sem violar os princípios desse processo.

Sem dúvida a coexistência em igualdade de direitos de diversas comunidades étnicas, grupos linguísticos, confissões e formas de vida não pode ser comprada ao preço da fragmentação da sociedade. O doloroso processo de desacoplamento não pode dilacerar a sociedade em uma multiplicidade de subculturas que se isolam mutuamente.[34] Por um lado, a cultura da maioria precisa se livrar de sua fusão com a cultura política geral, compartilhada de modo igual por todos os cidadãos; do contrário, ela dita de antemão os parâmetros dos discursos de autocompreensão. Para não prejudicar o procedimento democrático em determinadas questões existenciais relevantes para as minorias, a cultura da maioria não pode, sendo uma parte, continuar formando a fachada do todo. Por outro lado, as forças de coesão da cultura política comum, que se torna tanto mais abstrata quanto mais subculturas tiver de colocar sob a um denominador comum, precisam se manter fortes o suficiente para não deixar a nação de cidadãos se desfazer:

> *Multiculturalism, while endorsing the perpetuation of several cultural groups in a single political society, also requires the existence of a common culture [...]. Members of all cultural gropus [...] will have to acquire a*

---

34 Cf. Puhle, Vom Bürgerrecht zum Gruppenrecht? Multikulturelle Politik in den USA. In: Baade (Org.), *Menschen über Grenzen*. p.134-49.

A inclusão do outro

common political language and conventions of conduct to be able to participate effectively in the competition for resources and the protection of groups as well as individual interests in a shared political arena.[35]

IV. Democracia e soberania do Estado: o caso das intervenções humanitárias

A compreensão substancialista e a compreensão procedimental da democracia conduzem a concepções diferentes não apenas no que diz respeito à autodeterminação nacional e ao multiculturalismo. Também resultam consequências diferentes no que se refere ao conceito de soberania do Estado. O Estado que se desenvolveu na modernidade europeia se apoia desde o início no poder de caserna do exército permanente, na autoridade pública e na execução penal, e monopoliza os meios do uso legítimo da violência. A soberania interna significa a imposição da ordem jurídica estatal; a soberania externa, a capacidade de se afirmar na concorrência das grandes potências (tal como ela se desenvolveu no sistema de Estados europeus desde o acordo de paz da Vestfália). Sob esse ponto de vista, a democratização iniciada com o processo de formação dos Estados nacionais aparece como a passagem do poder soberano do

---

35 Raz, Multiculturalism: A liberal perspective, *Dissent*, p.77. ["Ao endossar a perpetuação de diversos grupos culturais em uma única sociedade política, o multiculturalismo também exige a existência de uma cultura comum (...). Membros de todos os grupos culturais (...) deverão adquirir uma linguagem política comum e códigos de conduta para poder participar efetivamente da competição por recursos e da proteção de interesses tanto de grupo quanto individuais, em uma arena política compartilhada."]

Jürgen Habermas

príncipe para o povo. Essa fórmula, contudo, permanece imprecisa diante das alternativas que interessam em nosso contexto.

Se a autodeterminação democrática significa participação em igualdade de cidadãos livres e iguais no processo de tomada de decisão e de positivação do direito, com a democracia são modificados sobretudo a forma e o exercício da soberania interna. O Estado de direito democrático revoluciona os fundamentos de legitimação da dominação. Em contrapartida, se a autodeterminação democrática implica autoafirmação coletiva e autorrealização de compatriotas tornados homogêneos ou que comungam as mesmas ideias, a dimensão da soberania externa vai para o primeiro plano. Ou seja, por meio disso a manutenção do poder estatal no sistema das potências adquire um significado a mais, segundo o qual uma nação, ao assegurar sua existência ao mesmo tempo assegura seu caráter próprio perante as nações estrangeiras. No primeiro caso, portanto, a vinculação da democracia com a soberania do Estado estabelece condições exigentes para a legitimidade da ordem interna, ao passo que a questão da soberania externa fica em aberto. No outro caso, ela interpreta a posição do Estado nacional na arena internacional, ao passo que para o exercício da dominação no plano interno não é necessário qualquer outro critério de legitimidade a não ser a tranquilidade e a ordem.

A partir do conceito de soberania do direito internacional clássico resulta o princípio fundamental da não intromissão nos assuntos internos de um Estado reconhecido internacionalmente. Na Carta das Nações Unidas, essa proibição de intervenção é reafirmada; porém, com ela concorre desde o início o desenvolvimento da proteção internacional dos direitos humanos. O princípio de não intromissão foi enfraquecido

A inclusão do outro

sobretudo pela política de direitos humanos implementada nas últimas décadas.[36] Não é nenhuma surpresa que Carl Schmitt tenha recusado esse desenvolvimento de modo enfático. A rejeição das intervenções fundamentadas nos direitos humanos já se explica pela compreensão belicista que Schmitt tem das relações internacionais, e inclusive da política em geral.[37] Não foi a criminalização dos crimes contra a humanidade que evocou seu protesto irônico. Já a discriminação da guerra de agressão[38] lhe parecia inconciliável com o *status* e o espaço de ação das nações, que só podem afirmar sua existência particular e seu caráter próprio no papel antagônico de sujeitos soberanos do direito internacional.

Michael Walzer, cuja postura teórica está muitos distante de um etnonacionalismo militante de observância schmittiana, defende uma posição semelhante. Sem sugerir falsos paralelos, gostaria de examinar suas reservas contra as intervenções humanitárias, motivadas pelo comunitarismo,[39] pois iluminam o vínculo interno da compreensão da democracia com o tratamento dos direitos de soberania. Em seu tratado sobre a "guerra justa"[40] Walzer parte do direito à autodeterminação nacional que cabe a toda comunidade com identidade coletiva própria quando ela, consciente de sua herança cultural, tiver a

---

36 Cf. Wolfrum, Die Entwicklung des internationalen Menschenrechtsschutzes, *Europa-Archiv*, p.681-90.

37 Cf. Schmitt, *Der Begriff des Politischen*.

38 Cf. Id., *Die Wendung zum diskriminierenden Kriegsbegriff*.

39 Para a discussão desse aspecto da obra de Walzer, cf. Jahn, Humanitäre Intervention und das Selbstbestimmungsrecht der Völker, *Politische Vierteljahresschrift*.

40 Walzer, *Just and Unjust Wars. A Moral Argument with Historical Illustrations*.

vontade e a força para lutar por uma forma de existência estatal e para afirmar sua independência política. Um grupo popular goza do direito à autodeterminação nacional quando usa esse direito de modo bem-sucedido.

É certo que Walzer não entende a comunidade capaz de agir de modo político como uma comunidade de descendência étnica, mas sim como uma comunidade de heranças culturais. Do mesmo modo que a comunidade de ascendência, também a nação cultural com origens históricas é considerada um dado pré-político, que tem o direito de preservar sua integridade na forma de um Estado soberano: *"The idea of comunal integrity derives its moral and political force from the rights of contemporary men and women to live as members of a historic community and to express their inherited culture thorugh political forms worked out among themselves"*.[41] Com base nesse direito à autodeterminação, Walzer também deduz exceções ao princípio de não intervenção. Ele considera autorizadas intervenções (a) de apoio a um movimento de libertação nacional, que manifesta a identidade de uma comunidade independente no ato mesmo de resistência, e (b) em defesa da integridade de uma coletividade agredida, quando esta só pode ser preservada por uma contraintervenção. Mesmo no terceiro caso de exceção, Walzer não justifica a intervenção em virtude de violações aos direitos humanos *per se*, mas porque (c) em casos de escravização, massacre ou genocídio

---

41 Walzer, The moral standing of States, *Philosophy and Public Affairs*, p.211. ["A ideia de integridade comunitária deriva sua força política e moral dos direitos de homens e mulheres contemporâneos de viver como membros de uma comunidade histórica e de expressar sua cultura herdada mediante formas políticas elaboradas por eles próprios."]

um governo criminoso impede que seus próprios cidadãos possam expressar sua forma de vida e, desse modo, preservar sua identidade coletiva.

Também a interpretação comunitarista de soberania popular destaca o aspecto da soberania externa de maneira tal que a questão da legitimidade da ordem interna fica em segundo plano. O principal ponto da reflexão de Walzer consiste no seguinte: uma intervenção humanitária contra violações dos direitos humanos feitas por um regime ditatorial só pode ser justificada quando os próprios cidadãos concernidos se defenderem da repressão política e provarem, por um ato de rebelião visível, que o governo se opõe às verdadeiras aspirações do povo, ameaçando a integridade da comunidade. Portanto, a legitimidade de uma ordem se mede em primeiro lugar pela harmonia da condução política com a forma de vida cultural constitutiva da identidade do povo:

> *A state is legitimate or not, depending upon the "fit" of government and community, that is, the degree to which the government actually represents the political life of its people. When it doesn't do that, the people have a right to rebel. But if they are free to rebel then they are also free not to rebel [...] because they still believe the government to be tolerable, or they ar accustomed to it, or they are personally loyal to its leaders [...]. Anyone can make such arguments, but only subjects or citizens can act on them.*[42]

---

42 Ibid., p.214. ["Um Estado acha-se ou não legitimado dependendo do 'ajuste' do governo e da comunidade, isto é, do grau em que o governo representa efetivamente a vida política de seu povo. Quando ele não o faz, o povo tem o direito de se rebelar. Mas se ele é livre para se rebelar, também é livre, então, para não se rebelar (...) porque ainda acredita que o governo seja tolerável, ou porque está

Os críticos de Walzer partem de uma outra compreensão de autodeterminação democrática: recusam-se a reduzir o aspecto da soberania interna ao ponto de vista da manutenção efetiva da tranquilidade e da ordem. Segundo essa interpretação, o ponto central para julgar a legitimidade da ordem interna não é a herança cultural comum, mas a realização dos direitos de cidadania: "*The mere fact that the multitude shares some form of common life — common traditions, customs, interests, history, institutions and boundaries — is not sufficient to generate a genuine, independent, legitimate political community*".[43] Os críticos contestam o princípio de não intervenção e aprovam, na medida do possível, uma expansão da proteção internacional dos direitos humanos. Com isso, o fato de um Estado ser ilegítimo segundo os parâmetros do Estado de direito democrático naturalmente não é condição *suficiente* para uma intervenção em seus assuntos internos. Do contrário, também a Assembleia Geral da ONU teria de ser composta de maneira bastante diferente. Walzer nota, com razão, que toda decisão de agir pelos cidadãos de outro país é frágil do ponto de vista moral. As propostas para uma casuística da intervenção[44] levam em conta também os limites e os riscos drásticos

---

acostumado a ele, ou tem uma lealdade pessoal aos seus líderes (...). Qualquer um pode formular tais argumentos, mas somente os sujeitos ou cidadãos podem agir com base neles."]

43 Doppelt, Walzer's theory of morality in international relations, *Philosophy and Public Affairs*, p.19. ["O simples fato de a multidão compartilhar alguma forma de vida comum — tradições, costumes, interesses, história, instituições e fronteiras comuns — não é suficiente para formar uma comunidade política genuína, independente e legítima."]

44 Cf. Senghaas, *Wohin driftet die Welt?*, p.185.

A inclusão do outro

com que se defronta uma política de direitos humanos.[45] As resoluções e estratégias da organização mundial, sobretudo as intervenções das potências que, desde 1989, cumprem um mandato da ONU, apontam, entretanto, na direção de uma transformação gradual do direito internacional em um direito de cidadania cosmopolita.[46]

Assim, política e desenvolvimento do direito reagem a uma situação que foi alterada em termos objetivos. Já a nova categoria e a ordem de grandeza daquela criminalidade governamental que se difundiu à sombra da Segunda Guerra Mundial, irrestrita em termos tecnológicos e desinibida do ponto de vista ideológico, transformam em puro escárnio a clássica presunção de inocência dos sujeitos soberanos do direito internacional. Uma política preventiva de garantia da paz exige a consideração das complexas causas sociais e políticas da guerra. Na ordem do dia encontram-se estratégias — na medida do possível, não violentas — que influenciam a condição interna dos Estados soberanos do ponto de vista formal, com o objetivo de promover uma economia autossustentada e relações sociais sustentáveis, uma participação democrática igual, a efetividade do Estado de direito e uma cultura de tolerância. Todavia, essas intervenções em favor da democratização da ordem interna não são compatíveis com uma compreensão de autodeterminação democrática que fundamenta um direito à independência nacional em favor da autorrealização coletiva de uma forma de vida cultural.

---

45 Cf. Nass, Grenzen und Gefahren humanitärer Interventionen, *Europa-Archiv*.

46 Cf. Greenwood, Gibt es ein Recht auf humanitäre Intervention?, *Europa-Archiv*.

Jürgen Habermas

V. Apenas uma Europa de pátrias?

Em vista das pressões subversivas e dos imperativos do mercado mundial, e em vista do adensamento global da comunicação e da circulação, a soberania externa dos Estados, seja qual for a sua fundamentação, tornou-se hoje um anacronismo. Também tendo em vista aqueles perigos globais crescentes, que uniram as nações do mundo, aos poucos e às suas costas em uma involuntária comunidade de risco, resulta a necessidade prática de criar no plano supranacional instituições capazes de agir politicamente. Por enquanto, faltam os atores coletivos que poderiam impulsionar uma política interna mundial e pudessem ter a força para se unirem em torno de condições gerais, arranjos e procedimentos cabíveis. Sob essa pressão, nesse meio-tempo os Estados nacionais se associaram em unidades maiores. Como pode ser visto no exemplo da União Europeia, surgem com isso perigosas lacunas de legitimação. Com novas organizações ainda mais afastadas da base, como a burocracia de Bruxelas, cresce o hiato entre, por um lado, as redes sistêmicas e as administrações autoprogramadas e, por outro, os processos democráticos. Todavia, nas impotentes reações defensivas a esse desafio mostra-se outra vez a inadequação de uma concepção substancialista de soberania popular.

A sentença do Tribunal Constitucional Federal com relação ao Tratado de Maastricht, embora confirme, no resultado, a ampliação prevista das tarefas da União Europeia, tem, entretanto, em sua fundamentação, o pressuposto de que o princípio da democracia se "esvaziaria" de maneira insustentável caso o exercício dos poderes estatais não pudesse estar vinculado a um corpo de cidadãos "relativamente homogêneo". O Tribunal, que faz referência a Hermann Heller (em vez de Carl

A inclusão do outro

Schmitt), quer abertamente evitar um conceito etnonacionalista de povo. Entretanto, ele mantém a concepção de que um poder de Estado legitimado de modo democrático precisa partir de um povo que articule de modo suficiente, na formação política da vontade, sua "identidade nacional" estabelecida em termos pré-políticos e extrajurídicos. Para que um processo democrático em geral possa se desenvolver, o corpo de cidadãos precisaria ter a possibilidade "de dar expressão jurídica àquilo que o vincula – de modo relativamente homogêneo – espiritual, social e politicamente".[47]

Como consequência desse pressuposto, o Tribunal expõe por que o Tratado de Maastricht não fundamenta um Estado Federal Europeu, no qual a República Federal seria absorvida como parte, tendo subtraída sua posição de sujeito de direito internacional (com direito a justiça independente, política interna e externa independentes e manutenção de forças armadas próprias).[48] Em sua essência, a argumentação do Tribunal tem como objetivo comprovar que o tratado de união não fundamenta a competência de um sujeito de direito supranacional independente (em analogia, por exemplo, aos Estados Unidos da América). A "Federação de Estados"[49] decorre unicamente "das

---

47 Sentença do Segundo Senado do Tribunal Constitucional Federal, de 12 out. 1993 – 2 BvR 2134/92, 2 BvR 2159/92. *Europäische Grundrechte Zeitschrift* (EuGRZ), 1993, p.438.

48 Cf. Murswiek, Maastricht und der Pouvoir Constituant, *Der Staat*, p.161-90.

49 Sobre a formação subestimada desse conceito, cf. Ipsen, Zehn Glossen zum Maastricht-Urteil, *Europarecht*, p.20: "Na introdução do conceito de 'Federação de Estados', [a sentença] emprega uma terminologia inadequada, porque é 'dominada' por termos técnicos da economia. Essa terminologia ignora de modo supérfluo a linguagem da Comunidade e de outros Estados-membros".

Jürgen Habermas

delegações de poderes de Estados que permanecem soberanos": "O tratado de união leva em consideração a independência e a soberania dos Estados-membros ao obrigar a União a respeitar a identidade nacional desses Estados".[50] Formulações desse tipo revelam as restrições *conceituais* que a concepção substancialista de soberania popular levanta contra a transferência de direitos de soberania para as unidades supranacionais. Aliás, elas levam necessariamente a conclusões surpreendentes, que não estão de acordo com as resoluções anteriores do Tribunal em relação à prioridade do direito da comunidade.[51]

Talvez não se incorra em erro ao reconhecer no tom da fundamentação da sentença certa concordância com a conclusão extraída por Hermann Lübbe em sua filípica contra os "Estados Unidos da Europa"; estes "nunca existirão", como o subtítulo afirma com toda certeza:

> A legitimidade da futura União Europeia [...] repousa sobre os interesses de seus países-membros, direcionados no mesmo sentido, e não na vontade autodeterminada de um corpo de cidadãos europeu. Um povo europeu não existe em termos políticos, e mesmo que não haja razões para dizer que seria impensável os europeus serem capazes de uma experiência de pertencimento análoga aquela de um povo, por ora também não é possível vislumbrar quaisquer circunstâncias palpáveis sob as quais poderia se formar uma vontade popular europeia, capaz de instituir a legitimidade.[52]

---

50 *EuGRZ*, 1993, p.439.

51 Cf. Frowein, Das Maastricht-Urteil und die Grenzen der Verfassungsgerichtsbarkeit, *Zeitschrift für aus ländisches öffentliches Recht und Völkerrecht*, p.1-16.

52 Lübbe, *Abschied vom Superstaat*, p.100.

A inclusão do outro

Contra isso se pode indicar aquela experiência historicamente radical que *uniu inteiramente* os povos europeus. A saber, os europeus aprenderam nas catástrofes de duas guerras mundiais que precisam superar aquelas mentalidades nas quais se enraizaram os mecanismos nacionalistas de exclusão. Por que não deveria amadurecer, a partir daí, a consciência de um pertencimento em termos políticos e culturais – especialmente diante do amplo pano de fundo de tradições compartilhadas que alcançaram um significado histórico mundial, bem como sobre a base de um entrelaçamento de interesses e de um adensamento da comunicação que surgiram em décadas de sucesso econômico da Comunidade Europeia? O euroceticismo de Lübbe se alimenta evidentemente da exigência construída de um pertencimento que seja "análogo ao de um povo". O "povo homogêneo", porém, que novamente se mostra como um entrave ao pensamento, é a analogia equivocada.

A história cheia de conflitos da formação pós-colonial dos Estados na Ásia e sobretudo na África não é um contraexemplo convincente. Quando as colônias de outrora, por meio da desistência das potências coloniais, foram "liberadas" para serem independentes, o problema consistia em que esses territórios que surgiram de modo artificial alcançavam soberania externa sem dispor de imediato de um efetivo poder de Estado. Em muitos casos, depois da saída das administrações coloniais, apenas com muita dificuldade os novos governos conseguiram afirmar sua soberania interna. Essa condição não podia ser cumprida com a "presença efetiva do Estado" [*Staatlichkeit*], vale dizer, com a repressão:

> *The problem was everywhere to "fill in" ready made states with national content. This poses the interesting question, why postcolonial states had to be*

265

nations [...]. *Nations-building as development means the extension of an active sense of membership to the entire populace, the secure acceptance of state-authority, the redistribution of resources to further the equality of members, and the extension of effective state operation to the periphery.*[53]

Os persistentes conflitos tribais em Estados pós-coloniais que se tornaram formalmente independentes fazem recordar que nações só surgem após percorrerem o árduo caminho que leva dos elementos comuns etnicamente fundados entre companheiros que se conhecem até uma solidariedade mediada pelo direito entre cidadãos que são estranhos entre si. No Ocidente, essa formação do Estado nacional se estendeu por mais de um século e se sobrepôs às ascendências e regiões, sem fundi-las.

É precisamente no exemplo desse processo de integração que se pode aprender em que consistiram efetivamente os requisitos funcionais para uma formação democrática da vontade democrática: nos circuitos de comunicação de uma esfera pública política, que se desenvolveu com base em entidades de associação civil e por meio da imprensa de massa. Assim, os mesmos temas puderam adquirir a um só tempo a mesma relevância para um grande público que permanece anônimo e puderam estimular os cidadãos a contribuições espontâneas,

---

53 Joppke, *Nation-Building after World War Two*, p.10. ["O problema geral era 'preencher' Estados fabricados com conteúdo nacional. Isto coloca uma questão interessante, a de saber por que Estados pós-coloniais tinham de ser nações (...). A formação nacional como desenvolvimento significa a extensão a toda população de um sentimento ativo de pertencimento, a aceitação segura da autoridade do Estado, a redistribuição de recursos para promover a igualdade dos membros e a ampliação da atuação efetiva do Estado para a periferia."]

A inclusão do outro

superando grandes distâncias. A partir disso surgem opiniões públicas que enfeixam temas e posicionamentos em medidas políticas influentes. A analogia correta é evidente: o próximo impulso de integração para uma socialização pós-nacional não depende do substrato de algum "povo europeu", mas da rede de comunicação de uma esfera pública política de alcance europeu, assentada em uma cultura política comum, sustentada por uma sociedade civil com associações de interesses, organizações não estatais, movimentos e iniciativas de cidadãos, e assumida por arenas em que os partidos políticos possam se ocupar imediatamente com as decisões das instituições europeias e se desenvolver em um sistema partidário europeu, para além das alianças entre facções.[54]

---

54 Na justificativa de sua decisão sobre Maastricht, o Tribunal Constitucional Federal chegou mesmo a sugerir essa interpretação em uma passagem: "A democracia [...] depende da existência de determinados pressupostos prerrogativos, como uma discussão livre e contínua entre forças sociais, ideias e interesses que se defrontam, na qual também as finalidades políticas se tornam claras e são modificadas, e a partir da qual uma opinião pública prefigura a vontade política [...]. Partidos, federações, imprensa escrita, rádio e televisão não são apenas meios, mas também fatores desse processo de mediação a partir do qual pode se formar uma opinião pública na Europa" (*EuGRZ*, p.437 et seq.). A indicação subsequente do requisito de uma linguagem comum deve estabelecer a ponte entre essa compreensão da democracia em termos de teoria da comunicação e a homogeneidade do corpo de cidadãos, caso contrário considerada necessária.

6
A Europa precisa de uma Constituição?
Uma observação sobre Dieter Grimm[1]

Concordo em partes essenciais com o diagnóstico de D. Grimm; porém, a análise de sua fundamentação me leva a uma outra conclusão política.

O diagnóstico: sob o ponto de vista da constituição política, o estado atual da União Europeia (UE) é marcado por uma contradição. Por um lado, a UE é uma organização supranacional fundamentada por tratados de direito internacional, mas sem uma Constituição própria – nesse sentido, ela não é um Estado (no sentido moderno de um Estado constitucional soberano no âmbito interno e externo, apoiado no monopólio da violência). Por outro lado, os órgãos da Comunidade produzem um direito europeu que vincula os Estados-membros – nesse sentido, a UE exerce direitos de soberania que até então não cabiam ao Estado de forma restrita. É daí que resulta a queixa frequente de um déficit democrático. As resoluções da Comissão e do Conselho de Ministros e as decisões do Tri-

---

1 Cf. a contribuição homônima de D. Grimm no *European Law Journal*, n.1, nov. 1995.

bunal Europeu intervêm cada vez mais fundo nas relações dos Estados-membros. No âmbito dos direitos de soberania que foram transferidos para a União, o poder executivo europeu pode impor suas resoluções contra a resistência dos governos nacionais. Ao mesmo tempo, enquanto o Parlamento Europeu dispor apenas de competências fracas, essas resoluções carecem de uma legitimação democrática imediata. Os órgãos executivos da Comunidade Europeia derivam sua legitimação dos governos-membros. Eles não são órgãos de um Estado que tivesse sido constituído pelo ato de vontade dos cidadãos europeus unidos. Até agora, o passaporte europeu não está vinculado a quaisquer direitos que fundamentam uma cidadania democrática.

A conclusão política: com relação aos federalistas, que exigem uma configuração democrática da UE, Grimm alerta para um esvaziamento ainda maior das competências dos Estados nacionais pelo direito europeu. O déficit democrático não seria eliminado por uma "abreviação estatística" do problema, mas se tornaria mais agudo. Novas instituições políticas – um Parlamento Europeu investido das competências usuais, uma Comissão construída para governar, uma Segunda Câmara para substituir o Conselho de Ministros e um Tribunal Europeu ampliado em suas competências – *per se* não oferecem soluções. Se não forem preenchidas por vida, elas antes promovem a tendência, que pode ser observada no âmbito nacional, de autonomização de uma política burocratizada. Até hoje, porém, faltam os pressupostos reais para uma formação da vontade dos cidadãos *integrada em nível europeu.* O euroceticismo em termos de direito constitucional desemboca, portanto, em um argumento fundamentado na empiria: enquanto não hou-

A *inclusão do outro*

ver um povo europeu que seja suficientemente "homogêneo" para formar uma vontade democrática, não deveria haver uma Constituição europeia.

Para a discussão: minhas reflexões se dirigem contra (a) a descrição incompleta das alternativas e (b) a fundamentação normativa ambígua dos requisitos funcionais para uma formação democrática da vontade.

ad a). D. Grimm evidencia as consequências indesejadas que poderiam resultar da transformação da Comunidade Europeia em um Estado Federal constituído de modo democrático, caso as novas instituições não possam criar raízes. Enquanto não houver uma sociedade civil interligada em âmbito europeu, uma esfera pública política de dimensões europeias e uma cultura política comum, os processos supranacionais de tomada de decisões teriam de continuar a se autonomizar em relação aos processos de formação da opinião e da vontade organizados, como sempre, em termos nacionais. Considero plausível esse prognóstico dos perigos. Mas qual é a alternativa?

A opção de Grimm parece sugerir que o *status quo* em termos de Estado de direito poderia pelo menos congelar o déficit democrático existente. No entanto, se permanecer completamente independente de inovações em termos jurídicos constitucionais, esse déficit cresce dia a dia, visto que também a dinâmica econômica e social no interior do quadro institucional dado impulsiona o esvaziamento das competências dos Estados nacionais pelo direito europeu. O próprio Grimm diz isso: "O princípio da democracia mostra sua importância nos Estados-membros, no entanto diminuem seus poderes decisórios; os poderes decisórios aumentam na Comunidade Europeia, porém nela o princípio democrático só se encontra configurado de modo fraco". Mas, se de uma maneira ou outra, continua a aumentar o descompasso entre os crescentes poderes decisórios das autoridades europeias e a falta de legitimação das regulamentações europeias, que se tornam cada vez mais densas, então a decisão de se ater firmemente ao modelo de legitimação exclusivo aos Estados nacionais não significa simplesmente a escolha de um mal menor. Os federalistas assumem como um desafio o risco previsto – e, sob certas circunstâncias, evitável – de uma autonomização das organizações supranacionais. Os eurocéticos se conformam de antemão com a erosão da substância democrática, por eles considerada algo inevitável, para não terem de abandonar o casulo aparentemente seguro do Estado nacional.

Só que esse casulo está cada vez mais desconfortável. Os debates que conduzimos hoje sobre a situação atual nos mostram um descompasso bem diferente: aquele que se abre entre os espaços de ação delimitados nos Estados nacionais e os imperativos das relações de produção entrelaçadas mundialmente. Os Estados fiscais modernos só podem lucrar com suas próprias enquanto forem "economias nacionais" sobre as quais ainda possam exercer influência por meios políticos. Com a desnacionalização da economia, especialmente dos mercados financeiros e da própria produção industrial, e sobretudo em vista dos mercados de trabalho globalizados e em rápida expansão, os Estados nacionais se veem hoje cada vez mais compelidos a assumir um elevado desemprego crônico e a marginalizar uma crescente minoria para manter a competitividade internacional. Se o Estado social deve ser mantido ao menos em sua substância e se a segmentação de uma subclasse deve ser evitada, então precisam ser construídas instâncias de

A inclusão do outro

ação supranacionais. Somente regimes de abrangência regional, como a Comunidade Europeia, ainda poderiam realmente agir sobre o sistema global segundo padrões de uma política interna mundial coordenada.

Na descrição de Grimm, a UE aparece como uma instituição *a ser acrescentada*, com cujas abstrações nós temos de viver. Não são apresentadas as razões por que nós deveríamos *desejá-la* em termos políticos. O maior perigo me parece surgir do lado de uma autonomização das redes e mercados globalizados, que contribuem ao mesmo tempo para a fragmentação da consciência pública. Se esses entrelaçamentos sistêmicos não forem acompanhados de instituições capazes de agir politicamente, o fatalismo dos antigos impérios, paralisante em termos políticos e sociais, vai se renovar do centro de uma modernidade de alta mobilidade econômica. A miséria pós-industrial da população "supérflua" produzida pela sociedade do supérfluo – o Terceiro Mundo no Primeiro – e, com isso, a erosão moral da coletividade, seriam elementos determinantes para o cenário do futuro. *Esse* presente futuro poderia ser concebido retrospectivamente como o futuro de uma ilusão passada: a ilusão democrática, como se as sociedades ainda pudessem atuar com consciência e vontade política sobre seus próprios destinos.

ad b). Porém, com isso ainda não se tocou no *problema que resulta* de uma autonomização dos aparatos supranacionais, que Grimm teria apontado com razão. A avaliação das oportunidades para uma democracia difundida por toda a Europa depende, naturalmente, de argumentos empíricos. Mas no nosso contexto trata-se, em primeiro lugar, de uma definição dos requisitos funcionais; e para isso é importante saber qual perspectiva normativa fundamenta esses requisitos.

Jürgen Habermas

Grimm recusa uma Constituição Europeia "porque até agora não existe um povo europeu". À primeira vista, parece que isso se fundamenta naquela premissa que definiu de maneira decisiva o tom da sentença sobre o Tratado de Maastricht do Tribunal Constitucional Federal Alemão: a concepção de que a base de legitimação democrática de um Estado exige certa homogeneidade do corpo de cidadãos. Contudo, Grimm se distancia igualmente de uma interpretação schmittiana da homogeneidade "do povo em sentido étnico" [*völkisch*]: "os pressupostos da democracia não são desenvolvidos a partir do povo, mas da sociedade que se quer constituir como unidade política. Esta, todavia, precisa de uma identidade coletiva se quiser resolver seus conflitos de forma não violenta, aceitar a regra da maioria e exercer a solidariedade". Essa formulação, contudo, deixa em aberto como se deve ser entendida a exigência de uma identidade coletiva. Vejo que a estratégia do republicanismo consiste em mostrar como as formas e procedimentos do Estado constitucional, junto com o modo de legitimação democrática, produzem ao mesmo tempo um novo nível de coesão social. A cidadania democrática – no sentido de *citizenship* – institui uma solidariedade entre estranhos, relativamente mais abstrata, mas em todo caso mediada pelo direito. E essa forma de integração social, que surge pela primeira vez com o Estado nacional, realiza-se na forma de um *contexto de comunicação* que intervém inclusive na socialização política. É certo que isso depende do cumprimento de requisitos funcionais importantes que não podem ser simplesmente criados com meios administrativos. Também cabem aqui as condições sob as quais se pode formar e reproduzir em termos comunicativos a autocompreensão ético-política dos cidadãos –

A inclusão do outro

porém, de modo algum uma identidade coletiva pré-dada e, nesse sentido, *independente do próprio processo democrático*. O que une uma nação de cidadãos – diferentemente de uma nação entendida como povo – não é nenhum *substrato* prévio, mas sim um contexto de entendimento possível compartilhado de modo intersubjetivo.

Por isso é importante nesse contexto saber se a expressão "povo" é usada no sentido jurídico neutro de "corpo de cidadãos" ou se ela é associada com representações identitárias de tipo diferente. Na concepção de Grimm, a identidade da nação de cidadãos "também pode ter outros fundamentos", diferentes da "ascendência étnica". Eu, pelo contrário, acho que ela *precisa* ter uma outra base para que o processo democrático possa assumir, a qualquer hora, a garantia para a integração social de uma sociedade diferenciada e que hoje se diferencia cada vez mais. Esse fardo não *pode* ser deslocado do plano da formação política da vontade para o substrato dado em termos pré-políticos, pois o Estado constitucional se responsabiliza por assegurar a integração social, mediante as formas juridicamente abstratas de participação política e pelo *status* de cidadão construído de modo substantivo pela via democrática. As sociedades pluralistas em termos culturais e das visões de mundo apenas nos tornam conscientes dessas questões normativas. A autocompreensão multicultural da nação de cidadãos, formada em países de imigração clássica, como os Estados Unidos, é, nesse sentido, muito mais instrutiva do que o modelo francês de assimilação cultural. Se no interior de uma mesma coletividade democrática diferentes formas de vida culturais, religiosas e étnicas devem coexistir e existir em igualdade de direitos, a cultura majoritária precisa se desvincular da fusão –

explicável sob o ponto de vista histórico – com a cultura *política* compartilhada por todos os cidadãos.

É claro que esse contexto de solidariedade, produzido de modo político, entre cidadãos que, a despeito de serem estranhos, devem se responsabilizar uns pelos outros se apresenta como um contexto de comunicação *rico em pressupostos*. Sobre isso não há nenhuma divergência. O cerne é formado por uma esfera pública política que torna possível aos cidadãos se posicionarem no mesmo instante sobre os mesmos temas de igual relevância. Essa esfera pública – não deformada, não dominada nem de dentro nem de fora – precisa estar incorporada em uma cultura política da liberdade e apoiada nas associações voluntárias de uma sociedade civil, em que possam fluir as experiências relevantes do ponto de vista social oriundas de domínios da vida privada que permanecem intactos, de modo que nelas possam ser elaborados em temas suscetíveis de se tornarem públicos. Os partidos políticos – não estatizados – precisam permanecer suficientemente enraizados nesse complexo para poderem fazer a mediação entre, por um lado, os domínios da comunicação pública informal e, por outro lado, os processos institucionalizados de deliberação e tomada de decisão. Por isso, do ponto de vista normativo, também não pode haver um Estado federativo europeu, que mereça o nome de uma Europa democrática, enquanto não se formar, no horizonte de uma cultura política comum, uma esfera pública integrada no âmbito europeu; uma sociedade civil com associações de interesses, organizações não estatais, movimentos de cidadãos etc.; e naturalmente um sistema de partidos talhado para as arenas europeias. Em suma: um contexto de comunicação que transcenda as fronteiras de esferas públicas que, por enquanto, estão habituadas a funcionarem em termos nacionais.

A inclusão do outro

Os requisitos funcionais exigentes de uma formação democrática da vontade já são difíceis de serem cumpridos de modo suficiente no âmbito dos Estados nacionais, e isso é ainda mais válido para a Europa. Não obstante, o que me interessa é a perspectiva a partir da qual essas condições funcionais são fundamentadas em termos normativos. Essa perspectiva normativa de certo modo prejulga a ponderação empírica das dificuldades existentes. Essas dificuldades parecem ser intransponíveis, *for the time being*, quando se considera necessário que uma identidade coletiva seja levada em conta como substrato cultural que *se articula apenas* para cumprir os requisitos funcionais mencionados. Mas uma compreensão da democracia em termos de teoria da comunicação, que também Grimm parece preferir, não pode mais se apoiar no conceito concretista de "povo" que simula uma homogeneidade onde só se encontra a heterogeneidade.

Dessa perspectiva a autocompreensão ético-política dos cidadãos de uma coletividade democrática não aparece como aquele elemento anterior em termos históricos e culturais que torna possível a formação democrática da vontade, mas como uma grandeza fluida em um processo circular que só se inicia pela institucionalização jurídica de uma comunicação entre cidadãos. Foi exatamente assim que também se formaram as identidades nacionais na Europa moderna. Por isso é de se esperar que as instituições políticas, que vierem a ser criadas por uma Constituição europeia, teham um efeito *indutor*. Em todo caso, *a fortiori* nada parece indicar que não se possa produzir o contexto de comunicação politicamente necessário (desde que exista vontade política para isso e ele tenha sido *iniciado* em termos constitucionais) em uma Europa que há muito tempo

Jürgen Habermas

cresce unida em termos econômicos, sociais e administrativos, e que pode se apoiar em um pano de fundo cultural comum e na experiência histórica compartilhada de uma feliz superação do nacionalismo. Inclusive o requisito de uma linguagem comum — o inglês como *second first language* — não deveria ser um obstáculo instransponível, dado o padrão atual de educação escolar formal. Em todo caso, a identidade europeia não pode significar outra coisa senão a unidade na multiplicidade das nações. E para isso, aliás, o federalismo alemão, depois da destruição da Prússia e o equilíbrio entre as confissões religiosas, não oferece o pior modelo.

IV
Direitos humanos – globais e internos aos Estados

7
A ideia kantiana da paz perpétua – à distância histórica de duzentos anos

A "paz perpétua", que já fora invocada pelo abade St. Pierre, é para Kant um ideal que deve dar à ideia de Estado cosmopolita atração e força intuitiva. Com isso Kant introduz uma terceira dimensão na teoria do direito: ao lado do direito do Estado e do direito das gentes, aparece o direito cosmopolita [*Das Recht der Weltbürger*], e essa é uma inovação rica em consequências. A ordem republicana de um Estado constitucional democrático fundamentado nos direitos humanos não exige somente um enquadramento brando, em termos de direito internacional, das relações internacionais dominadas pela guerra. Mais do que isso, o Estado jurídico no interior de um Estado deve culminar em um Estado jurídico mundial que congregue os povos e elimine a guerra.

A ideia de uma Constituição em consonância com o direito natural dos seres humanos, a saber, que os que obedecem à lei devem ao mesmo tempo, unidos, serem legisladores, está na base de todas as formas de Estado, e a essência comum que lhe corresponde [...] chama-se um ideal platônico, que não é uma quimera vazia, mas a norma eterna para toda Constituição civil em geral, e afasta toda guerra. (*Conflito das Faculdades, Werke* VI, p.364)[1]

O que surpreende é a consequência "e afasta toda guerra". Ela indica que as normas do direito das gentes, que regulam a guerra e a paz, só devem valer de modo peremptório, isto é, só até o momento em que o pacifismo jurídico, para o qual Kant abre o caminho com seu escrito *À paz perpétua*, tiver introduzido um Estado cosmopolita e, com isso, abolido a guerra.

Evidentemente Kant desenvolve essa ideia nos conceitos do direito racional e no horizonte de experiências de sua época. Ambos nos separam de Kant. Com o imerecido saber melhor dos que nasceram depois, nós reconhecemos hoje que a construção proposta por Kant padece de dificuldades conceituais e já não se mostra apropriada para nossas experiências históricas. Por isso, de início, lembrarei das premissas das quais parte Kant. Elas se referem a todos os três passos do percurso de suas ideias: tanto a definição do fim imediato, a paz perpétua, a descrição do próprio projeto, a forma jurídica de uma liga dos povos e solução em termos de filosofia da história do problema ali colocado, a realização da ideia do Estado cosmopolita (I). A isso se conecta a questão sobre como a ideia kantiana se apresenta à luz da história dos últimos duzentos anos (II) e como essa ideia precisa ser reformulada em vista da atual situação mundial (III). A via alternativa de um retorno ao estado de natureza,

---

1 No que se segue, citarei segundo a *Studienausgabe*, preparada por W. Weischedel, da Wissenchafltlichen Buchgesellschaft Darmstadt, publicada pela Insel-Verlag, Frankfurt am Main, 1964. As indicações sem menção do título se referem ao ensaio "Zum Ewigen Frieden", *Werke* VI, p.195-251.

sugerida por juristas, politólogos e filósofos, levantou objeções ao universalismo do direito cosmopolita e à política dos direitos humanos, que podem ser enfraquecidas por uma diferenciação adequada entre direito e moral no conceito dos direitos humanos (IV). Essa diferenciação fornece também a chave para uma metacrítica aos argumentos de Carl Schimtt – bem-sucedidos do ponto de vista da história dos efeitos – contra os fundamentos humanistas do pacifismo jurídico (V).

I

Kant define a *finalidade* do almejado "Estado jurídico" entre os povos de modo negativo, como eliminação da guerra. "Não deve haver guerra", deve-se pôr um fim "a desastrosa prática de guerrear" ("Conclusão" da *Doutrina do direito*, *Werke* VI, p.478). Kant fundamenta o caráter desejável dessa paz nos males daquele tipo de guerra que os príncipes da Europa vinham conduzindo na época com a ajuda de exércitos mercenários. Entre esses males, Kant de modo algum menciona em primeiro lugar as vítimas fatais, mas sim o "horror da violência" e a "devastação", sobretudo a pilhagem e o empobrecimento do país devido aos encargos exorbitantes da guerra e, como possíveis consequências da guerra, a subjugação, a perda da liberdade e a dominação estrangeira. A isso se acrescenta o embrutecimento dos costumes quando os súditos são instigados pelo governo a agir de modo ilegal, à espionagem e a propagar falsas notícias ou à perfídia – por exemplo, como franco-atiradores ou assassinos de tocaia. Nesse ponto se mostra o panorama da guerra limitada que, desde a Paz de Vestfália, fora institucionalizada pelo direito internacional em um sistema de potências como um meio legítimo de solução de conflitos. O término desse tipo de guerra define o estado de paz. E da mesma maneira que um determinado contrato de paz acaba com o mal de uma única guerra, assim uma liga da paz deve agora "acabar para sempre com todas as guerras" e afastar o mal da guerra como tal. Esse é o significado da "paz perpétua". A paz está tão limitada quanto a própria guerra.

Kant pensava em conflitos limitados em termos espaciais entre Estados individuais e em alianças, mas ainda não em guerras mundiais. Ele pensava em guerras entre gabinetes e Estados, mas ainda não em guerras étnicas e guerras civis; em guerras limitadas em termos técnicos, que permitem a diferença entre tropas combatentes e a população civil, mas ainda não no combate dos *partisans* e no terror das bombas; em guerras com objetivos limitados em termos políticos, mas ainda não nas guerras de extermínio e de expulsão motivadas por ideologias.[2] Sob as premissas da guerra limitada, o âmbito

---

2 É certo que Kant menciona, em sua *Doutrina do direito*, o "inimigo injusto", cuja "vontade expressa publicamente revela uma máxima segundo a qual, se ela fosse transformada em uma regra universal, não seria possível haver qualquer estado de paz entre os povos" (§ 60 *Werke* IV, p.473). Todavia, os exemplos que ele menciona – a ruptura dos tratados em termos de direito internacional ou a divisão de um país ocupado (como a Polônia, em sua época) – deixam claro o lugar acidental dessa figura de pensamento. Uma "guerra punitiva" contra o inimigo injusto segue sendo um pensamento sem consequências enquanto continuarmos contando com Estados soberanos ilimitados. Pois estes não podem reconhecer, sem restringirem sua própria soberania, uma instância judicial capaz de julgar de modo imparcial as violações de regras nas relações entre Estados. Somente a vitória e a derrota decidem "de que lado está o direito" (*Werke* VI, p.200).

A inclusão do outro

normativo do direito internacional se estende à condução da guerra e à regulamentação da paz. O direito "à guerra", isto é, o assim chamado *ius ad bellum*, anteposto ao direito "na guerra" e ao direito "depois da guerra", não é a rigor nenhum direito, visto que apenas expressa a liberdade de arbítrio que é atribuída aos sujeitos do direito internacional no estado de natureza, isto é, nas relações entre si no estado sem leis (*Werke* VI, p.212). As únicas leis punitivas que intervêm nesse estado sem lei – ainda que apenas para serem executadas pelos tribunais dos próprios Estados em guerra – referem-se à conduta na guerra. Os crimes de guerra são crimes cometidos *na* guerra. Somente a ampliação do que é a guerra, que foi sendo introduzida nesse ínterim, e a respectiva ampliação do conceito de paz suscitam a ideia de que a própria guerra – na forma da guerra de agressão – é um crime que merece ser proscrito e punido. Para Kant ainda não existe nenhum crime *de* guerra.

A paz perpétua é uma característica importante, porém ela é somente um sintoma do Estado cosmopolita. O *problema conceitual* que Kant precisa resolver é como esse Estado pode ser conceituado nos termos do direito. Ele precisa indicar a diferença entre o direito cosmopolita e o clássico direito das gentes, ou seja, dizer o que há de específico nesse *ius cosmopoliticum*.

Enquanto o direito das gentes, como todo direito no estado de natureza, apenas vale de modo peremptório, o direito cosmopolita, tal como o direito sancionado pelo Estado, acabaria definitivamente com o estado de natureza. Por isso, na passagem para o Estado cosmopolita, Kant recorre continuamente à analogia daquela primeira saída do estado de natureza que, pela constituição contratualista de um determinado Estado, torna possível aos cidadãos de um país uma vida de liberdade assegurada por meios legais. Da mesma maneira que se deu o término do estado de natureza entre os indivíduos isolados, assim também deve ser dado um fim ao estado de natureza entre Estados belicistas. Em um ensaio publicado dois anos antes do escrito *À paz perpétua*, Kant vê um estreito paralelo entre os dois processos. Aqui também menciona a destruição do bem-estar e a perda da liberdade como o mal maior, para então prosseguir:

> ora, aqui novamente não há outro meio possível a não ser o direito das gentes (segundo a analogia de um direito civil ou direito estatal de seres humanos individuais) fundamentado em leis públicas, secundadas pelo poder, às quais cada Estado precisa se submeter; — pois uma paz geral duradoura mediante um equilíbrio das potências na Europa é [...] uma mera quimera. (Über den Gemeinspruch, *Werke* VI, p.172)

Aqui o discurso ainda é sobre um "Estado universal dos povos, a cujo poder todos os Estados devem se acomodar de modo voluntário". Mas dois anos mais tarde, Kant fará a distinção cuidadosa entre a "liga dos povos" [*Völkerbund*] e o "Estado dos povos" [*Völkerstaat*].

O que diferencia o Estado doravante definido como "cosmopolita" do Estado jurídico interno ao Estado é o fato de que os Estados não se submetem às leis coercitivas públicas de um poder superior, como o fazem os cidadãos. Os Estados mantêm sua independência. A prevista federação de Estados livres, ao quais na interação uns com os outros renunciaram de uma vez por todas ao instrumento da guerra, deve deixar intacta a soberania de seus membros. Os Estados em associação duradoura preservam sua competência de atribuir competências [*Kompe-*

A inclusão do outro

tenz-Kompetenz] e não são absorvidos em uma república mundial dotada dos atributos de um Estado. "A ideia positiva de uma república mundial" é substituída pela "substituto negativo de uma liga [...] que afasta a guerra" (*Werke* VI, p.213). Essa liga deve ser produzida pelos atos soberanos da vontade em contratos feitos segundo o direito das gentes, contratos que agora não são mais pensados segundo o modelo do contrato social, pois não mais fundamentam nenhuma pretensão jurídica que os membros poderiam reivindicar uns contra os outros. Eles somente unem os membros em uma aliança duradoura – em "uma associação permanentemente livre". O que faz que esse ato de união em uma liga dos povos supere a débil força vinculante do direito das gentes é, portanto, a característica da "permanência". Kant inclusive compara a liga dos povos com um "congresso permanente de Estados" (Rechtslehre § 61).

O caráter contraditório dessa construção é evidente, uma vez que em outros lugares Kant entende por congresso "apenas uma reunião arbitrária de diversos Estados, que pode ser dissolvida a qualquer momento, e não uma união que (como os Estados americanos) esteja fundamentada em uma Constituição política" (Rechtslehre, *Werke* IV, p.475). Porém, Kant não esclarece como a permanência da união, da qual depende "o modo civil" de resolver os conflitos internacionais, possa ser assegurada sem que possa ser garantido o caráter jurídico vinculante de uma instituição análoga a uma Constituição. Por um lado, com a ressalva de que os contratos podem ser dissolvidos, Kant quer preservar a soberania dos membros; é isso que sugere a comparação com o congresso e a associação voluntária. Por outro lado, a Federação, que estabelece a paz de modo duradouro, deve se diferenciar de uma aliança temporária pelo fato de os membros se sentirem *obrigados* a subordinar, caso seja necessário, a razão do próprio Estado ao objetivo declarado em comum de "resolverem seus conflitos [...] por um processo [...] e não mediante a guerra". Sem esse momento da obrigação o congresso pacífico dos Estados não pode se estabelecer como um congresso "permanente" e a associação voluntária não consegue se tornar "contínua", pois ambos ficam presos às constelações de interesses instáveis, e ruirão – como mais tarde a Liga das Nações de Genebra. Kant não pode ter em mente uma obrigação *jurídica*, visto que a sua liga dos povos não é pensada como uma organização que com órgãos comuns adquire a característica de um Estado e, nesse sentido, teria uma autoridade coercitiva. Por isso Kant tem de confiar unicamente na autovinculação *moral* dos governos. Isso, por outro lado, dificilmente pode ser conciliado com as descrições realistas e cruas que Kant faz da política de seu tempo.

O próprio Kant vê bem o problema, porém ao mesmo tempo ele o disfarça com um mero apelo à razão:

> quando um Estado diz: "não deve haver nenhuma guerra entre mim e outros Estados, ainda que eu não reconheça nenhum poder legislativo superior que assegure o meu direito e eu o deles", não se consegue, então, entender no que quero fundamentar a confiança em meu direito se não existe o substituto da federação da sociedade civil, ou seja, o federalismo livre, o qual a razão precisa necessariamente vincular ao conceito de direito das gentes. (*Werke* VI, p.212)

No entanto, essa garantia deixa a questão decisiva em aberto: como então assegurar a permanência da autovinculação de

A inclusão do outro

Estados que continuam soberanos? Isso, *nota bene*, ainda não diz respeito à questão empírica da aproximação a uma ideia, mas sim à versão conceitual da própria ideia. Se a liga dos povos não deve ser uma organização moral, mas sim jurídica, então nela não poderiam faltar aquelas características de uma "boa Constituição política", que Kant explica poucas páginas depois – ou seja, as características de uma Constituição que não precisa confiar na "boa formação moral" de seus membros, mas que ela pode fomentar, no melhor dos casos.

É certo que considerada do ponto de vista histórico, a cautela de Kant em relação ao projeto de uma comunidade *constitucional* dos povos foi realista. O Estado de direito democrático, que acabou de ter origem a partir das Revoluções Francesa e Norte-Americana, ainda era exceção à época, e não a regra. O sistema de potências funcionava sob o pressuposto de que só os Estados soberanos podiam ser sujeitos do direito internacional. A soberania externa significa a capacidade de um Estado afirmar sua independência na arena internacional, ou seja, afirmar a integridade de suas fronteiras, se necessário com a violência militar. A soberania interna significa a capacidade, apoiada no monopólio da violência, de manter a tranquilidade e ordem no próprio país com os meios do poder administrativo e do direito positivo. A razão de Estado se define segundo os princípios de uma política de poder prudente, que inclui a limitação da guerra, segundo a qual a política interna se encontra sob o primado da política externa. A separação clara entre política externa e política interna tem como base um conceito de poder restrito, seletivo em termos políticos, que se mede, em última instância, pela capacidade do detentor do poder usar o poder de caserna dos militares e a polícia.

Enquanto esse clássico mundo dos Estados modernos determinar o horizonte intransponível, toda perspectiva de uma Constituição cosmopolita que não respeite a soberania dos Estados parece ser necessariamente irrealista. Isso também explica porque a possibilidade de uma união dos povos sob a hegemonia de um Estado poderoso, que Kant ilustra com a imagem de uma "monarquia universal" (*Werke* VI, p.247), não representa uma alternativa: sob as premissas mencionadas, tal poder condutor levaria necessariamente "ao mais terrível despotismo" (*Werke* VI, p.169). Uma vez que Kant não ultrapassa esse horizonte de experiências de seu tempo, acaba sendo difícil acreditar em uma motivação moral para fundar e manter uma federação de Estados livres, comprometidos com uma política de poder comum. Para *solucionar o problema*, Kant faz o esboço de uma filosofia da história com um propósito cosmopolita que deve tornar plausível, a partir de um "propósito secreto da natureza", a "unanimidade da política com a moral", que à primeira vista parece improvável.

II

Kant menciona essencialmente três tendências naturais que vão ao encontro da razão, e que devem explicar por que uma liga dos povos poderia favorecer o autointeresse esclarecido dos Estados: a natureza pacífica das repúblicas (1), a força do comércio mundial capaz de gerar comunidades (2) e a função da esfera pública política (3). Um olhar histórico para esses argumentos é instrutivo sob um duplo ponto de vista. Por um lado, o teor de seu significado mais manifesto foi desmentido pelos desenvolvimentos dos séculos XIX e XX. Por outro

A inclusão do outro

lado, eles chamam a atenção para desenvolvimentos históricos que revelam uma dialética peculiar. A saber, esses desenvolvimentos mostram, por um lado, que as premissas em que Kant apoia sua teoria, baseadas nas condições percebidas no final do século XVIII, não são mais corretas. Porém, por outro lado, eles também oferecem razões para uma concepção de direito cosmopolita reformulada para ajustar-se aos novos tempos – segundo os quais interpretamos as condições modificadas do final do século XX – poderia ser adequada em uma constelação de forças favoráveis.

(1) O primeiro argumento afirma que as relações internacionais perdem seu caráter belicista conforme uma forma republicana de governo vai se impondo nos Estados, pois as populações dos Estados constitucionais democráticos pedem, a partir de seus próprios interesses, que seus governos adotem políticas de paz: "se a anuência dos cidadãos é necessária para decidir se deve haver guerra, então nada é mais natural que eles pensem muito antes de começar um jogo tão nefasto, já que também teriam de decidir acerca de todos os sofrimentos que a guerra causaria sobre eles". Essa suposição otimista foi refutada pela força mobilizadora de uma ideia, cuja ambivalência Kant ainda não podia reconhecer em 1795: refiro-me à ideia de nação. Com certeza o nacionalismo foi um veículo para a transformação desejável dos súditos em cidadãos ativos que se identificam com seu Estado. Porém, isso não tornou o Estado nacional democrático mais pacífico que seu antecessor, o Estado de autoridade dinástica.[3] Na visão dos movimentos nacionais, a autoafirmação do Estado soberano clássico adqui-

---

3 Schulze, *Staat und Nation in der Europäischen Geschichte*.

Jürgen Habermas

re as conotações de liberdade e independência nacional. Por isso a virtude republicana dos cidadãos deveria se comprovar na disposição de lutar e morrer pelo povo e pela pátria. Kant viu, com razão, nos exércitos mercenários de seu tempo instrumentos "para o uso de seres humanos como meras máquinas [...] na mão de um outro", e exigiu a instituição de milícias. Kant não poderia prever que a mobilização em massa de recrutas inflamados pelo nacionalismo poderia conduzir a uma época de guerras de libertação devastadoras e descontroladas do ponto de vista ideológico.

Por outro lado, também não está completamente errada a ideia de que um Estado democrático no interior do Estado sugere uma conduta pacífica em relação aos outros Estados. Ou seja, o que dados históricos e estatísticos mostram não é que os Estados com Constituições democráticas fazem menos guerra do que regimes autoritários (de diferentes tipos), mas sim que eles se comportam de modo menos belicista em suas relações uns com os outros. Esse resultado permite fazer uma interpretação interessante.[4] Conforme as orientações por valores universalistas de uma população acostumada com instituições livres também começam a cunhar a política externa, uma coletividade republicana pode não se comportar de forma pacífica como um todo, mas as guerras que ela faz assumem um caráter diferente. Com a transformação dos motivos dos cidadãos, a política externa de um Estado também se transforma. A intervenção do poder militar não é determinada exclusivamente por uma razão de Estado essencialmente particularista, mas

---

4 Cf. Archibugi; Held (Orgs.), *Cosmopolitan Democracy*, Introdução, p.10 et seq.

A inclusão do outro

sim *também* pelo desejo de fomentar a expansão internacional de formas de Estado e governo não autoritárias. Porém, quando as preferências valorativas se expandem para além da percepção dos interesses nacionais, para favorecerem a imposição da democracia e dos direitos humanos, modificam-se as condições sob as quais o sistema das potências funciona.

(2) A história lidou da mesma maneira dialética com o segundo argumento (história que, nesse ínterim, podemos abranger como um todo). De modo mais imediato, Kant se equivocou, mas também teve razão de modo indireto. Ou seja, Kant viu na crescente interdependência das sociedades (Rechtslehre § 62) promovida pela troca de notícias, pessoas e mercadorias, mas principalmente na expansão do comércio, uma tendência que favorecia a união pacífica dos povos. As relações comerciais que se expandem no início da modernidade acabam constituindo um mercado mundial que, segundo sua opinião, deveria fundamentar, "pelo proveito próprio recíproco", um interesse em assegurar relações pacíficas:

> É o espírito comercial que não pode coexistir com a guerra e que cedo ou tarde se apodera de todos os povos. Como o poder do dinheiro é, na verdade, o mais fiel de todos os poderes subordinados ao poder do Estado, os Estados se veem [...] obrigados a fomentar a paz. (*Werke* VI, p.226)

Claro, Kant ainda não havia aprendido – tal como Hegel em seguida, ao ler os economistas ingleses[5] – que o desenvolvimento capitalista levaria a uma oposição de classes sociais que,

---

5 Cf. Lukács, *Der junge Hegel.*

Jürgen Habermas

justamente nas sociedades liberais em termos políticos, ameaça de duas maneiras a paz e a presumível disposição para a paz. Kant não anteviu que as tensões sociais, de início intensificadas no decorrer de uma industrialização capitalista acelerada, iriam sobrecarregar a política interna com a luta de classes e conduzir a política externa pelas vias de um imperialismo beligerante. Ao longo do século XIX e na primeira metade do século XX, os governos europeus se serviram reiteradamente da força propulsora do nacionalismo para desviar os conflitos sociais para fora e neutralizá-los com os êxitos da política externa. Só após a catástrofe da Segunda Guerra Mundial, quando as fontes de energia do nacionalismo integral estão esgotadas, uma pacificação bem-sucedida do antagonismo de classes, feita nos moldes do Estado de bem-estar social, alterou de maneira tal a situação interna das sociedades desenvolvidas que um entrelaçamento econômico recíproco das economias nacionais – pelo menos no interior do mundo da OCDE – pôde levar a um espécie de "economização da política internacional",[6] da qual Kant esperava, e com razão, os efeitos pacificadores. Hoje, os meios de comunicação, as redes e os sistemas em geral, ramificados de modo mundial, forçam um adensamento das relações sociais e simbólicas que tem como consequência a influência recíproca entre os acontecimentos locais e os muito distantes.[7] Os processos de globalização tornam as sociedades modernas, com sua infraestrutura técnica frágil, cada vez mais vulneráveis.

---

6 Senghass, Internationale Politik im Lichte ihrer strukturellen Dilemmata. In: *Wohin driftet die Welt?*, p.121 et seq. Aqui, p.132.

7 É assim que Giddens define "globalização" em *The Consequences of Modernity*, p.64.

A inclusão do outro

Embora os conflitos militares entre as grandes potências, equipadas com armas nucleares, tenham se tornada cada vez mais improváveis devido a esses elevados riscos, multiplicam-se conflitos locais com um número de vítimas relativamente grande e assustador. Por outro lado, a globalização põe em xeque os pressupostos essenciais do direito internacional em sua forma clássica – a soberania dos Estados e a rígida separação entre política interna e externa.

Atores não estatais, como empresas transnacionais e bancos privados com grande influência internacional, esvaziam a soberania dos Estados nacionais admitida em termos formais. Atualmente, cada uma das trinta maiores empresas que operam em nível mundial tem um faturamento maior do que o PIB individual de noventa países representados na ONU. Mas inclusive os governos dos países mais fortes em termos econômicos sentem hoje o compasso que se abre entre seus espaços de ação delimitados em termos de Estado nacional e os imperativos não só do comércio mundial, mas sobretudo das condições de produção ligadas em rede global. Os Estados nacionais somente podem lucrar com suas próprias economias enquanto estas forem "economias nacionais" sobre as quais podem ter alguma influência com meios políticos. Mas com a desnacionalização da economia, principalmente com a ligação em rede dos mercados financeiros e da produção industrial, a política nacional perde o domínio sobre as condições gerais da produção[8] – e com isso a ferramenta para manter os padrões sociais já alcançados.

Ao mesmo tempo desaparece a fronteira entre a política interna e externa, constitutiva para os Estados soberanos. A

---

8 Cf. Knieper, *Nationale Souveränität*.

imagem da política de poder clássica não é apenas alterada pelos pontos de vista normativos complementares da política de democratização e dos direitos humanos, mas por uma difusão peculiar do próprio poder. Sob a crescente pressão para a cooperação acaba adquirindo uma grande importância a influência mais ou menos indireta sobre a estruturação das situações lucrativas, sobre os contatos a serem estabelecidos ou sobre os fluxos de comunicação a serem interrompidos, sobre a definição da agenda e dos problemas. Muitas vezes a influência sobre as condições estruturais em que outros agentes tomam suas decisões é mais importante do que a imposição direta dos interesses próprios, o exercício do poder executivo ou a ameaça pela violência.[9] O *soft power* reprime o *hard power* e priva os sujeitos – para os quais estava destinada a associação de Estados livres, de Kant – da base de sua independência.

(3) Novamente, a situação é semelhante com o terceiro argumento colocado em jogo por Kant para enfraquecer a suspeita de que o projeto da liga dos povos não passasse de uma "ideia fantástica". Em uma coletividade republicana, os princípios da Constituição formam os critérios segundo os quais a política precisa poder ser medida em termos públicos. Tais governos não estão em condições de "fundar publicamente a política apenas nas manobras da prudência" (*Werke* VI, p.238) – ainda que sejam são forçados a usá-los apenas de modo retórico. Nesse sentido a esfera pública burguesa tem uma função de controle: pela crítica pública ela pode impedir a realização de propósitos "obscuros" que são irreconciliáveis com máximas que podem ser apresentadas publicamente. Além disso, na opinião de Kant

---

9 Cf. Nye, Soft power, *Foreign Policy*, p.153-71.

A inclusão do outro

a esfera pública deveria ter uma função programática à medida que os filósofos, na condição de "mestres públicos do direito" ou intelectuais, "possam falar livre e publicamente sobre as máximas que levam à guerra e que estabelecem a paz" e possam convencer o público de cidadãos acerca de seus princípios. Provavelmente Kant tinha em vista o exemplo de Frederico II e Voltaire ao escrever a comovente frase:

> Não se deve ter a expectativa de que os reis filosofem ou que os filósofos sejam reis, como tampouco se deve desejá-lo, porque a posse do poder corrompe de modo inevitável o livre juízo da razão. Contudo, que os reis ou os povos soberanos que se dominam a si mesmos por leis de igualdade não façam desaparecer ou calem a classe dos filósofos, mas permitam que ela fale publicamente, ambas as coisas são indispensáveis e [...] insuspeitas para o esclarecimento de seus negócios. (*Werke* VI, p.228)

Como mostra, pouco tempo depois, a querela em torno do ateísmo de Fichte, Kant tinha bons motivos para temer a censura. Também podemos lhe desculpar a confiança que depositava no poder de convencimento da filosofia e na eloquência dos filósofos. O ceticismo histórico frente à razão só surgiu no século XIX, e apenas no nosso século os intelectuais cometeram a grande traição. O mais importante é que Kant ainda contava, evidentemente, com a transparência de uma esfera pública acessível a argumentos razoáveis, com características literárias, que era sustentada pelo público de uma camada relativamente pequena de cidadãos cultos. Ele não pôde prever a mudança estrutural dessa esfera pública burguesa em uma esfera pública dominada pelos meios de comunicação eletrônicos e que se degenerou do ponto de vista semântico ao ser ocupada por imagens e realidades virtuais. Nem podia imaginar que esse ambiente de um esclarecimento "fluente" pudesse ter suas funções transformadas tanto para fins de uma doutrinação muda quanto para iludir *com* a linguagem.

Provavelmente esse véu de ignorância explica o entusiasmo de Kant em relação a uma esfera pública *mundial* de longo alcance – que apenas hoje se revela ter sido uma antecipação perspicaz. Pois essa esfera pública mundial só se configura agora como consequência da comunicação global:

> Ora, visto que se avançou tanto no estabelecimento de uma comunidade [...] entre os povos da terra que a violação do direito em um lugar da terra é sentida em todos os outros, a ideia de um direito cosmopolita não é um tipo de representação fantástica ou extravagante do direito, mas sim um complemento necessário [...] do direito público (e) do direito das gentes ao direito público da humanidade, e assim à paz perpétua, e só sob essa condição [a saber, de um esfera pública que funciona em âmbito mundial – J. H.] podemos ter a lisonja de que estamos nos aproximando continuamente da paz perpétua. (*Werke* VI, p.216 et seq.)

Os primeiros acontecimentos que de fato chamaram a atenção para uma esfera pública global e que polarizaram as opiniões em proporções mundiais foram provavelmente a Guerra do Vietnã e a Guerra do Golfo. Só em tempos mais recentes a ONU organizou uma sequência rápida de conferências sobre questões que abrangem todo o planeta, envolvendo a ecologia (no Rio de Janeiro), os problemas do crescimento populacional (no Cairo), a pobreza (em Copenhague) e o clima (em

A inclusão do outro

Berlim). Nós podemos entender essas "cúpulas mundiais" como muitas outras tentativas de ao menos exercer algum tipo de pressão política sobre os governos pela mera tematização de problemas de importância vital em uma esfera pública mundial, ou inclusive como um apelo a uma opinião mundial. É claro que não podemos ignorar que essa atenção criada temporariamente e em torno de temas muito específicos continua sendo canalizada pelas estruturas de esferas públicas estabelecidas em termos nacionais. Para firmar uma comunicação permanente entre participantes que estão distantes, que trocam ao mesmo tempo contribuições igualmente relevantes sobre os mesmos temas, são necessárias estruturas que a sustentem. Nesse sentido, ainda não existe uma esfera pública mundial nem tampouco uma esfera púbica europeia, tão urgentemente necessária. Mas o papel central que desempenha o novo tipo de organizações, a saber, as organizações não estatais como Green Peace ou Anistia Internacional, não voltadas para aquelas conferências, mas em geral para criar e mobilizar esferas públicas supranacionais, é pelo menos um sinal de uma crescente influência pública que, a partir de algo parecido com uma sociedade civil internacional interligada, fazem frente aos Estados.[10]

O papel da publicidade e da esfera pública, que Kant destacou com razão, chama atenção para o vínculo da Constituição jurídica com a cultura política de uma coletividade.[11] Ou seja, uma cultura política liberal forma o solo onde as instituições

---

10 Sobre a "a despedida do mundo dos Estados", cf. Czempiel, *Weltpolitik im Umbruch*, p.105 et seq.

11 Cf. as contribuições de Albrecht Wellmer e Axel Honneth em Brumlik e Brunkhorst (Orgs.), *Gemeinschaft und Gerechtigkeit*, p.173 et seq. e p.260 et seq.

da liberdade podem se enraizar, e ao mesmo tempo ela é o *medium* no qual se realizam os progressos na civilização política de uma população.[12] É claro, Kant fala de um "incremento da cultura" que leva "a uma maior afinação com os princípios" (*Werke* VI, p.226). Ele também espera que o uso público das liberdades comunicativas se traduza em processos de esclarecimento que, pela via da socialização política, influenciem as posições e modos de pensar da população. Nesse contexto, Kant fala de um "interesse no coração que o homem esclarecido não pode deixar de ter em relação ao bem que concebe de modo perfeito" (Idee zu einer Allgemeinen Geschichte, *Werke* VI, p.46 et seq.). Essas observações, porém, não recebem nenhum significado sistemático, uma vez que a formação dicotômica dos conceitos da filosofia transcendental separa o que é interno e o que é externo; a moralidade e a legalidade. Kant desconsidera especialmente o vínculo que uma cultura política liberal produz entre percepção sagaz dos interesses, o conhecimento moral e o hábito; entre a tradição, por um lado, e a crítica, por outro. As práticas dessa cultura fazem a mediação entre a moral, o direito e a política, e ao mesmo tempo formam o contexto apropriado para uma esfera pública que promove processos políticos de aprendizagem.[13] Por isso Kant não precisaria ter recorrido a um propósito metafísico da natureza para explicar como "um acordo extorquido de modo patológico pode finalmente se transformar em uma sociedade

---

12 Cf. o ensaio com este título em Habermas, *Die Normalität einer Berliner Republik*, p.167 et seq.

13 Sobre "o povo como soberano que aprende", cf. Brunkhorst, *Demokratie und Differenz*, p.199 et seq.

A inclusão do outro

como um todo moral" (Idee zu einer Allgemeinen Geschichte, *Werke* VI, p.38).

Essas reflexões críticas mostram que a ideia kantiana de Estado cosmopolita precisa ser reformulada, caso não queira perder o contato com uma situação mundial radicalmente modificada. Essa revisão necessária no âmbito conceitual torna-se mais fácil pelo fato de que a própria ideia não ficou parada. Desde a iniciativa do presidente Wilson e a fundação da Liga das Nações em Genebra, ela foi adotada e implementada pela política. Depois do término da Segunda Guerra Mundial, a ideia da paz perpétua adquiriu uma forma palpável nas instituições, declarações e políticas das Nações Unidas (bem como em outras organizações supraestatais). A força desafiadora das catástrofes incomparáveis do século XX deu um impulso à ideia de paz perpétua. Em face desse pano de fundo sombrio, o espírito do mundo deu um salto, como teria dito Hegel.

A Primeira Guerra Mundial confrontou as sociedades europeias com os horrores e as atrocidades de uma guerra sem limites espaciais e tecnológicos; a Segunda Guerra Mundial, com os crimes em massa de uma guerra sem limites ideológicos. Sob o véu da guerra total tramada por Hitler deu-se uma ruptura civilizacional que causou um abalo mundial e proporcionou a passagem do direito internacional para o direito cosmopolita. Por um lado, a proscrição da guerra, já declarada no Pacto de Kellog, em 1928, foi convertida em um tipo de delito penal nos tribunais militares de Nürenberg e Tóquio, que não se limita mais aos crimes na guerra, mas qualifica a própria guerra como um crime. Desde então, "o crime *da* guerra" pode ser perseguido. Por outro lado, as leis penais foram expandidas para "crimes contra a humanidade" – crimes que foram orde-

301

nados legalmente por órgãos do Estado e executados com a ajuda de incontáveis membros de organizações, funcionários, servidores públicos, pessoas privadas e negociantes. Com essas duas inovações, os sujeitos estatais do direito internacional se viram, pela primeira vez, desprovidos da presunção geral de inocência de um suposto estado de natureza.

III

Os conceitos fundamentais que precisam ser revistos dizem respeito à soberania externa dos Estados e ao caráter modificado das relações entre os Estados (1), à soberania interna dos Estados e as restrições normativas da política de poder clássica (2), bem como à estratificação da sociedade mundial e uma globalização dos perigos, o que exige alterar nossos conceitos acerca do que entendemos por "paz" (3).

(1) O conceito kantiano de uma liga dos povos duradoura e que ao mesmo tempo respeite a soberania dos Estados não é consistente, como acabamos de mostrar. O direito cosmopolita precisa ser institucionalizado de maneira tal que vincule os governos individuais. A comunidade dos povos precisa pelo menos ter o poder de fazer com que seus membros se comportem conforme ao direito, sob a ameaça de sanções. Somente assim um sistema instável de Estados soberanos baseado em ameaças mútuas e que busca se autoafirmar pode se transformar em uma federação com instituições comuns que assumem funções de Estado, ou seja, regular as relações que seus membros têm uns com os outros e controlar a observância dessas regras. A condição externa das relações internacionais, reguladas em termos contratuais, entre Estados que formam entornos uns

A inclusão do outro

para os outros, seria então transformada em uma condição interna com base em um estatuto ou em uma Constituição.

Esse é o sentido da Carta das Nações Unidas que proíbe as guerras de agressão (com a proibição da violência no artigo 2, 4) e (no capítulo VII) empodera o Conselho de Segurança para adotar medidas adequadas, inclusive ações militares, se forem necessárias, quando "houver uma ameaça ou violação da paz", ou quando "houver ameaça à paz, ruptura da paz ou ato de agressão". Por outro lado, (no artigo 2, inciso 7) às Nações Unidas fica expressamente proibido intervir nos assuntos internos de um Estado. Cada Estado conserva o direito de se defender por meios militares. Ainda em dezembro de 1991 a Assembleia Geral (em sua resolução 46/182) confirmou este princípio: "A soberania, a integridade territorial e a unidade nacional de um Estado precisam ser plenamente respeitadas, em consonância com a Carta das Nações Unidas".[14]

---

14 A partir de uma construção surpreendente de "direitos do Estado", uma proibição qualificada de intervenções "contra as crescentes tendências de enfraquecimento" é defendida por Isensee, Weltpolizei für Menschenrechte, *Juristische Zeitung*, p.421-30. "O que é válido para os direitos fundamentais dos indivíduos, também é válido *mutatis mutandis* para os 'direitos fundamentais' dos Estados, sobretudo para sua igualdade soberana, sua autodeterminação *qua* autoridade pessoal e territorial" (p.424; e, no mesmo sentido, p.429). Uma imagem analógica entre a soberania dos Estados, reconhecida no direito internacional, e a liberdade das pessoas de direitos naturais, garantida pelos direitos fundamentais, não apenas ignora o valor fundamental dos direitos subjetivos individuais e a moldura individualista das ordens jurídicas modernas, mas também o sentido jurídico específico dos direitos humanos como direitos subjetivos dos cidadãos de uma ordem cosmopolita.

Jürgen Habermas

Com essas regulamentações ambíguas, que ao mesmo tempo limitam e garantem a soberania própria de um Estado, a carta leva em consideração uma situação transitória. As Nações Unidas ainda não dispõem de forças de combate próprias e tampouco de forças que pudessem colocar sob seu próprio comando, muito menos de um monopólio da violência. Para imporem suas decisões, as Nações Unidas dependem da cooperação voluntária de membros capazes de agir. A ausência de uma base de poder deveria ser compensada pela construção de um Conselho de Segurança que vincula as grandes potências como membros permanentes na organização mundial, dotados de poder de veto. Como é sabido, isso fez que as superpotências se bloqueassem reciprocamente ao longo de décadas. E à medida que o Conselho de Segurança adota certas iniciativas, ele faz um uso altamente seletivo de seu poder discricionário, desrespeitando o princípio da igualdade de tratamento.[15] Com a Guerra do Golfo esse problema voltou a ser atual.[16] E inclusive o Tribunal Internacional em Haia possui apenas um significado simbólico, embora não inteiramente sem importância, já que só age se houver uma petição e seus veredictos não conseguem vincular os governos (como voltou a ficar evidente no caso Nicarágua *versus* EUA).

Não é o âmbito normativo da ONU que garante hoje a segurança internacional, pelo menos nas relações entre as potências equipadas com armas nucleares, mas sim os pactos em torno do controle de armamentos, sobretudo as "parcerias

---

15 Cf. os exemplos em Greenwood, Gibt es ein Recht auf humanitäre Intervention? *Europa-Archiv*, p.93-106, aqui p.94.

16 Cf. Habermas, *Vergangenheit als Zukunft*, p.10-44.

A inclusão do outro

de segurança". Esses contratos bilaterais estabelecem inspeções e impõem ações de coordenação entre os grupos de poder que competem entre si, de modo que, pela transparência dos planejamentos e pela calculabilidade dos motivos, possa ser estabelecidos os motivos para uma confiança nas expectativas fundamentada em uma pura racionalidade com respeito afins.

(2) Por considerar que as barreiras da soberania do Estado seriam intransponíveis, Kant concebeu a união cosmopolita como uma Federação de Estados, e não como união de cidadãos cosmopolitas. Nesse ponto, Kant foi inconsequente do ponto de vista lógico, uma vez que ele deriva qualquer Estado jurídico, e não apenas o Estado jurídico interno, de um direito originário, que cabe a toda pessoa "como ser humano". Cada indivíduo tem o direito a liberdades iguais segundo uma lei universal ("todos decidem sobre tudo e, por conseguinte, cada um consigo mesmo"). Essa fundação do direito em geral nos direitos humanos define os indivíduos como portadores de direitos e confere a todas as ordens jurídicas modernas um traço individualista inalienável.[17] Porém, se Kant considera essa garantia da liberdade – "o que o ser humano deve fazer segundo as leis da liberdade" – como o que "há de mais essencial no propósito de alcançar a paz perpétua", "e isso segundo todas as três dimensões do direito público: o direito do Estado, das gentes e cosmopolita" (*Werke* VI, p.223), então não pode permitir que a autonomia dos cidadãos seja intermediada pela soberania dos Estados.

O ponto fundamental do direito cosmopolita consiste, pelo contrário, em passar por cima da cabeça dos sujeitos coletivos

---

17 Cf. p.341.

do direito internacional e alcançar a posição dos sujeitos de direito individuais, fundamentado para eles um pertencimento não mediado à associação dos cidadãos cosmopolitas livres e iguais. Carl Schmitt entendeu esse ponto fundamental e percebeu que, segundo essa concepção, "cada indivíduo [...] é ao mesmo tempo cidadão cosmopolita (no pleno sentido jurídico da palavra) e cidadão político de um Estado".[18] Visto que a competência para atribuir competências cabe ao "Estado federativo Mundial" e que os indivíduos assumem uma posição jurídica imediata nessa comunidade internacional, o Estado individual se transforma "em uma mera competência de determinados homens que desempenham um duplo papel, nacional e internacional".[19] A consequência mais importante de um direito que se impõe para além da soberania dos Estados é a possibilidade de responsabilizar as pessoas por crimes cometidos a serviço do Estado e na guerra.

Sob esse aspecto, nesse meio-tempo as coisas também se desenvolveram para além de Kant. Baseada na Carta do Atlântico de agosto de 1941, a Carta das Nações Unidas de junho de 1945 obriga os Estados-membros em geral a observar e realizar os direitos humanos. A Assembleia Geral especificou esses direitos de modo exemplar em dezembro de 1948, em sua Declaração Universal dos Direitos Humanos, e vão sendo desdobrados até hoje em diversas resoluções.[20] As Nações Unidas

---

18 Em uma resenha da obra de Georges Scelle, *Précis de droit de gens:* Carl Schmitt, *Die Wendung zum diskriminierenden Kriegsbegriff*, p.16.

19 Schmitt, p.19.

20 Sobre a Conferência dos Direitos Humanos de Viena, cf. Wolfrum, Die Entwicklung des internationalen Menschenrechtsschutzes. *Europa-Archiv*, p.681-90; sobre o *status* dos polêmicos direitos de soli-

A inclusão do outro

não deixam a proteção dos direitos humanos ao cuidado exclusivo da atividade nacional. Elas dispõem de um instrumental próprio para a *constatação* de violações de direitos humanos. A Comissão dos Direitos Humanos instituiu órgãos de supervisão e procedimentos para elaborar relatórios sobre os direitos sociais, econômicos e culturais, que estão sob a "ressalva do possível"; e procedimentos de apelação judicial para o caso dos direitos políticos e civis fundamentais. Em termos teóricos, os direitos de apelação individual (todavia não reconhecidos por todos os Estados que os subscreveram), que colocam nas mãos dos cidadãos individuais meios jurídicos para irem contra seus próprios governos, recebem uma importância maior do que os direitos de apelação do Estado. Porém, até agora falta um tribunal penal que examine e julgue os casos comprovados de violações dos direitos humanos. Nem mesmo a proposta de designar um alto comissariado das Nações Unidas para os direitos humanos conseguiu ser levado a cabo na Conferência dos Direitos Humanos em Viena. Até agora, os tribunais para crimes de guerra instituídos *ad hoc,* segundo o modelo dos tribunais militares internacionais de Nurenberg e Tóquio, são uma exceção.[21] Todavia, os princípios que serviram de base para as sentenças pronunciadas na ocasião foram reconhecidos pela Assembleia Geral das Nações Unidas como "princípios do direito internacional". Por isso é falsa a afir-

---

dariedade, cf. Huber, Art. Menschenrechte/Menschenwürde, *Theol. Realenzyklopädie,* p.577-602; e também Riedel, Menschenrechte der dritten Dimension, *Europäische Grundrechte Zeitschrift,* p.9-21.

21 Em 1993, o Conselho de Segurança institui um tribunal desse tipo para perseguir os crimes de guerra e contra a humanidade na antiga Iugoslávia.

mação de que os processos contra os comandantes militares, diplomatas, funcionários públicos dos ministérios, médicos, banqueiros e grandes industriais do regime nacional-socialista tenham sido processos "únicos", sem a força de uma legislação jurídica precedente.[22]

O ponto vulnerável da proteção global dos direitos humanos é outra vez a ausência de um poder executivo que pudesse fazer com que a Declaração Universal dos Direitos Humanos fosse observada pelo poder soberano dos Estado nacionais (e caso necessário, por meio de intervenções). Visto que em muitos casos os direitos humanos precisam ser implementados contra os governos nacionais, a proibição de intervir do direito internacional precisa ser revista. Quando não falta um poder de Estado que funcione, como no caso de Somália, a organização mundial só intervém com a anuência dos governos concernidos (como na Libéria e na Croácia/Bósnia).[23] Contudo, durante a Guerra do Golfo, a resolução 688 de abril de 1991 trilhou de fato um novo caminho, ainda que não na fundamentação jurídica. Naquela ocasião, as Nações Unidas recorreram ao direito de intervenção que lhes cabe em casos de "ameaça à segurança internacional", conforme o Capítulo VII da Carta. Nesse sentido, na perspectiva jurídica, também desta vez as Nações Unidas não interviram nos "assuntos internos" de um Estado soberano. Mas que de fato estavam fazendo justamente isso, era algo que estava bem claro para os Aliados quando de-

---

22 É o que afirma Quaritsch em seu posfácio a Schmitt, *Das internationalrechtliche Verbrechen des Angriffskrieges*, p.125-247, aqui p.236 et seq.

23 Cf. as análises e conclusões de Greenwood.

A inclusão do outro

finiram zonas de proibição de voos no espaço aéreo iraquiano e empregaram tropas de solo no norte do Iraque para criarem "zonas de proteção" para os refugiados curdos (das quais, nesse meio-tempo, a Turquia abusou), ou seja, para protegerem os membros de uma minoria nacional contra o próprio Estado.[24] Nessa ocasião, o ministro britânico das relações exteriores falou de uma "expansão das fronteiras de ação internacional".[25]

(3) A revisão dos conceitos fundamentais, que é necessária em vista do caráter modificado das relações entre os Estados e da restrição normativa do espaço de ação dos Estados soberanos, tem consequências para a concepção da liga dos povos e o Estado cosmopolita. Em parte, isso é levado em conta pelas normas exigentes que nesse ínterim entraram em vigor. Mas continua havendo uma discrepância entre o teor literal e a realização dessas normas. No melhor dos casos, a situação mundial atual pode ser entendida como uma transição do direito internacional ao direito cosmopolita. Mas muitos indícios falam muito mais de uma recaída no nacionalismo. A análise depende, em primeiro lugar, de como nós avaliamos a dinâmica das tendências "favoráveis". Nós seguimos a dialética daqueles desenvolvimentos cujos inícios Kant examinou, em sua época, sob os rótulos de pacifismo das repúblicas, força unificadora dos mercados globais e pressão normativa das esferas públicas liberais. Essas tendências se encontram hoje em uma constelação imprevista.

---

24 Greenwood chega à seguinte conclusão: "a ideia de que as Nações Unidas poderiam, segundo a Carta, utilizar suas competências para interferir em um Estado por razões humanitárias parece estar hoje mais fortemente estabelecida", p.104.

25 Apud Greenwood, p.96.

Jürgen Habermas

Kant havia imaginado a extensão da associação de Estados de maneira tal que um número cada vez maior de Estados iria se cristalizar em torno do núcleo de uma vanguarda de Repúblicas pacíficas:

> Pois se a felicidade assim dispõe: que um povo poderoso e esclarecido possa formar uma república, então essa pode constituir o centro da união federativa para que outros Estados possam se anexar a ela [...] e se expandir, passo a passo, através de mais associações desse tipo. (*Werke* VI, p.211 et seq.)

Porém, de fato a organização mundial reúne hoje praticamente *todos* os Estados sob seu teto, e mais precisamente a despeito de já terem uma Constituição republicana ou se respeitam ou não os direitos humanos. A unidade política do mundo encontra sua expressão na Assembleia Geral das Nações Unidas, na qual todos os governos estão representados com igualdade de direitos. Com isso, a organização mundial abstrai não apenas as diferenças de legitimidade de seus membros no interior da comunidade de *Estados*, mas também a de seu *status* diferenciado no interior de uma *sociedade* mundial estratificada. Eu falo de uma "sociedade mundial" porque os sistemas de comunicação e os mercados criaram um contexto global. Mas é preciso falar de uma sociedade mundial "estratificada" porque o mecanismo de um mercado mundial acopla progressiva produtividade com miséria crescente, processos de desenvolvimento com processos de subdesenvolvimento. A globalização divide o mundo e ao mesmo tempo o força a agir de modo cooperativo, enquanto comunidade de risco.

A inclusão do outro

Do ponto de vista da ciência política, desde 1917 o mundo se fragmentou em três mundos. Claro, os símbolos do Primeiro, Segundo e Terceiro Mundo ganharam um significado diferente pós-1989.[26] O *Terceiro Mundo* consiste hoje de territórios onde a infraestrutura do Estado e o monopólio da violência estão tão mal formados (Somália) ou decaíram tanto (Iugoslávia), onde as tensões sociais são tão fortes e os limiares da tolerância da cultura política são tão baixos que os poderes indiretos de tipo mafioso ou fundamentalista abalam a ordem interna. Essas sociedades estão ameaçadas por processos de decadência nacionais, étnicos ou religiosos. De fato, as guerras que aconteceram nas últimas décadas, que muitas vezes não foram percebidas pela esfera pública mundial, eram, em sua imensa maioria, guerras civis desse tipo. Em contrapartida, o *Segundo Mundo* é marcado pela herança da política de poder, que ele tomou da Europa a partir do processo de descolonização proveniente dos Estados nacionais. No âmbito interno, esses Estados muitas vezes compensam as condições instáveis com Constituições autoritárias e se enrijecem em suas relações externas baseadas nas noções de soberania e não intervenção (por exemplo, na região do Golfo); apostam no poder militar e obedecem exclusivamente à lógica do equilíbrio de poder. Só os Estados do *Primeiro Mundo* conseguem conciliar, até certo ponto, seus interesses nacionais com os pontos de vista normativos que mais ou menos estabelecem o nível de exigência cosmopolita das Nações Unidas.

---

26 Cf. Cooper, Gibt es eine neue Welt-Ordnung? *Europa-Archiv*, p.509-16.

R. Cooper cita os indicadores para dizer quem pertence a esse Primeiro Mundo: no âmbito interno, a irrelevância crescente das questões de fronteira e a tolerância diante de um pluralismo permitido do ponto de vista legal; nas relações entre Estados, uma influência recíproca sobre os assuntos que eram tradicionalmente da política interna e, em geral, a fusão crescente das políticas internas e externas; a sensibilidade diante da pressão de uma esfera pública liberal; a recusa de usar o poder militar para resolver conflitos e a juridificação das relações internacionais; por fim, uma preferência por parcerias que baseiam a segurança na transparência e na confiabilidade das expectativas. Esse mundo define, por assim dizer, o meridiano de um presente a partir do qual se mede a simultaneidade do que não é simultâneo em termos econômicos e culturais. Na condição de filho do século XVIII, Kant ainda pensava em termos não históricos e acabou ignorando tudo isso e, por conseguinte, deixou de perceber a *abstração real* que a organização da comunidade dos povos precisa fazer e ao mesmo tempo levar em conta em suas políticas.

A política das Nações Unidas só pode levar em conta essa "abstração real" se ela se empenhar em superar as tensões sociais e os desequilíbrios econômicos. Isso, por sua vez, só pode ter êxito quando for criado, a despeito da estratificação da sociedade mundial, um consenso em pelo menos três pontos de vista, a saber, um consciência histórica compartilhada por todos os membros acerca do caráter não simultâneo das sociedades que concomitantemente dependem da coexistência pacífica; uma concordância normativa sobre os direitos humanos, cuja interpretação ainda é polêmica entre europeus, por

A inclusão do outro

um lado, e entre asiáticos e africanos, por outro;[27] e, por fim, uma compreensão acerca da concepção do estado de paz a ser buscado. Kant pôde se contentar com um conceito negativo de paz. Porém, isso não apenas é insuficiente em virtude da deslimitação na condução da guerra, mas sobretudo pelo fato de que o surgimento das guerras tem causas sociais.

Segundo uma sugestão de Dieter e Eva Senghass,[28] a complexidade das causas da guerra exige uma concepção que entende a própria paz como um *processo* que decorre sem violência, mas cujo objetivo não é apenas prevenir a violência, mas sim cumprir os pressupostos reais para a convivência tranquila de grupos e povos. As regulamentações que forem implementadas não podem violar a existência e o autorrespeito dos participantes nem restringir os interesses vitais e os sentimentos de justiça a ponto de fazer com que as partes em conflito voltem a recorrer à violência, após se esgotarem as possibilidades procedimentais. As políticas que se orientam por esse conceito de paz recorrerão a todos os meios que estiverem aquém do limiar do uso da violência militar, incluindo a intervenção humanitária para agir sobre o estado interno de Estados formalmente soberanos com o objetivo de promover uma economia autossustentável e condições sociais suportáveis, participação democrática, a efetividade do Estado de direito e a tolerância cultural. Tais estratégias de intervenção não violenta em favor

---

27 Uma proposta razoável para estabelecer um âmbito de discussão é feita por Lindholm, The cross-cultural legitimacy of human rights, *Norwegian Institute of Human Rights*.

28 Cf. Senghaas, Senghaas, Si vis pacem, para pacem, *Leviathan*, p.230-47.

Jürgen Habermas

de processos de democratização[29] contam com o fato de que as interconexões globais acabaram fazendo com que *todos* os Estados ficassem dependentes de seu entorno e sensíveis ao poder "brando" das influências indiretas – que podem chegar até a sanções econômicas impostas de modo explícito.

IV

A reformulação atualizada da ideia kantiana de uma pacificação cosmopolita do estado de natureza entre os Estados inspira, por um lado, esforços enérgicos para reformar as Nações Unidas e em geral construir capacidades de ação supranacionais em diversas regiões da Terra. Junto a isso, trata-se de melhorar o âmbito institucional de uma política dos direitos humanos que tem ganhado impulso desde a presidência de Jimmy Carter, mas que também sofreu retrocessos significativos (1). Essa política, por outro lado, também pôs em cena uma forte oposição que vê na tentativa de impor internacionalmente os direitos humanos o funcionamento de uma moralização autodestrutiva da política. Os argumentos contrários se baseiam, é claro, em um conceito de direitos humanos obscuro, que não distingue de modo suficiente as dimensões do direito e da moral (2).

(1) A "retórica do universalismo", contra a qual essa crítica se volta, encontra sua expressão mais audaz em propostas segundo as quais as Nações Unidas deveriam ser construídas na forma de uma "democracia cosmopolita". As propostas de reforma se

---

29 Czempiel pesquisa essas estratégias em diversos casos em Schwarz, Internationale Politik und der Wandel von Regimen, *Sonderheft der Zeitschrift für Politik*, p.55-75.

A inclusão do outro

concentram em três pontos: no estabelecimento de um parlamento mundial, na construção de um sistema judicial mundial e na inevitável reorganização do Conselho de Segurança.[30] As Nações Unidas ainda se aferram aos traços de um "congresso permanente de Estados". Para elas perderem esse caráter de uma assembleia de delegações governamentais, a Assembleia Geral teria de ser transformada em algum tipo de conselho federativo e dividir sua competência com uma segunda câmara. Nesse Parlamento, os povos seriam representados como a totalidade dos cidadãos cosmopolitas, mas não por seus governos, e sim por representantes eleitos. Os países que se negassem a permitir que seus representantes fossem eleitos por procedimentos democráticos (que levassem em conta suas minorias nacionais) poderiam ser momentaneamente representados por organizações não estatais, que o próprio Parlamento definiria como representantes das populações oprimidas.

Ao Tribunal Internacional de Haia falta a competência para propor acusações. Ele não pode ditar sentenças obrigatórias e precisa se limitar às funções de um tribunal de arbitragem. Além disso, sua jurisdição está restrita às relações entre os Estados, pois não se estende aos conflitos entre pessoas individuais ou entre os cidadãos individuais e seus governos. Em todos esses aspectos, as competências do tribunal teriam de ser ampliadas, na linha das propostas que Hans Kelsen já havia formulado há meio século.[31] A justiça penal internacional,

---

30 Sigo aqui Archibugi, From the United Nations to Cosmopolitan Democracy. In: Archibugi; Held (Orgs.), *Cosmopolitan Democracy*, p.121-62.

31 Cf. Kelsen, *Peace through Law*.

Jürgen Habermas

que até agora só foi instituída *ad hoc* para processos singulares de crimes de guerra, precisaria ser institucionalizada de modo permanente.

O Conselho de Segurança foi concebido como um contrapeso para a Assembleia Geral, composta de forma igualitária. Ele deve espelhar as relações fáticas de poder no mundo. Após cinco décadas, esse princípio racional exige certas adaptações às mudanças na situação mundial, que com certeza não deveriam se esgotar na manutenção da representação dos Estados nacionais mais influentes (por exemplo, pela admissão da Alemanha e do Japão como membros permanentes). Em vez disso, propõe-se que junto às potências mundiais (como os Estados Unidos), os regimes regionais (como a União Europeia) mantenham um voto privilegiado. Aliás, a coação para a unanimidade ente os membros permanentes precisa ser substituída por uma regra da maioria adequada. O Conselho de Segurança, como um todo, poderia ser reformado segundo o modelo do Conselho de Ministros de Bruxelas, para se tornar um poder executivo capaz de agir. De resto, os Estados só combinarão a política externa tradicional com os imperativos de uma política interna mundial quando a organização mundial puder empregar as forças armadas sob seu próprio comando e exercer funções policiais.

Essas reflexões são convencionais, pois continuam a se orientar pelas partes que organizam as Constituições nacionais. É evidente que implementar um direito cosmopolita, apresentado em termos conceituais, exige uma pouco mais de imaginação institucional. Porém, em todo caso, a intuição que estabelece os parâmetros continua a ser o universalismo mo-

A inclusão do outro

ral que orientou Kant em seu projeto. Contudo, contra essa autocompreensão prática-moral da modernidade[32] volta-se a um argumento que, na Alemanha, desde a crítica de Hegel à moral kantiana da humanidade, teve uma história dos efeitos bem-sucedida e até hoje deixou marcas profundas. Sua formulação mais aguda e sua fundamentação, em parte perspicaz, em parte confusa, foi apresentada por Carl Schmitt.

Schmitt reduz a expressão "quem diz humanidade quer enganar" à impactante fórmula: "Humanidade, bestialidade". Por meio dela, o "engodo do humanismo" lançou suas raízes na hipocrisia de um pacifismo jurídico que, sob o signo da paz e do direito cosmopolita, quer levar a cabo "guerras justas":

> quando o Estado combate seus inimigos em nome da humanidade, então não se trata de uma guerra da humanidade, mas sim de uma guerra em que determinado Estado busca se apropriar de um conceito universal para usar contra seu oponente na guerra, do mesmo modo que se pode abusar dos conceitos de paz, justiça, progresso e civilização a fim de reivindicá-los para si mesmo e negá-los ao inimigo. "Humanidade" é um instrumento ideológico particularmente útil.[33]

---

32 Cf. Habermas, *Der philosophiche Diskurs der Moderne*, p.390 et seq.

33 Schmitt, *Der Begriff des Politischen*, p.55. O mesmo argumento encontra-se em Isensee: "Desde que há intervenções, elas serviram às ideologias, aos princípios confessionais nos séculos XVI e XVII, aos princípios monárquicos, jacobinos, humanitários da revolução socialista mundial. Agora, os direitos humanos e a democracia estão na vez. Na longa história da intervenção, a ideologia serviu para dissimular os interesses de poder dos interventores e dar à efetividade uma aura de legitimação" (p.429).

Schmitt depois estende esse argumento, dirigido em 1932 contra os EUA e às potências vencedoras de Versailles, às ações da Liga dos Povos de Genebra e às Nações Unidas. Segundo sua concepção, a política de uma organização mundial, que se inspira na ideia kantiana da paz perpétua e que visa a criação de um Estado cosmopolita, obedece a mesma lógica: o pan--intervencionismo leva necessariamente à pan-criminalização[34] e, com isso, à perversão do objetivo a que deve servir.

(2) Antes de analisar o contexto específico dessa reflexão, pretendo tratar do argumento de modo mais geral e revelar seu cerne problemático. Os dois enunciados decisivos afirmam que a política dos direitos humanos leva a guerras que – dissimuladas como ações de caráter policial – adquirem uma qualidade moral, e que a moralização define o adversário como inimigo, de modo que essa criminalização abre as portas à inumanidade: "Conhecemos a lei secreta desse vocabulário e sabemos que hoje a guerra mais horrível é realizada em nome da paz [...] e a inumanidade mais horrível em nome da humanidade".[35] Os dois enunciados parciais são fundamentados com a ajuda de duas premissas: (a) a política dos direitos humanos serve para impor normas que são parte de um universalismo moral; (b) visto que os juízos morais pertencem ao código do "bom" e do "mau", a valorização moral negativa de um adversário na guerra (ou um oponente político) destrói a limitação institucionalizada em termos jurídicos da luta militar (ou da disputa política). Enquanto a primeira premissa é falsa, a se-

---

34 Cf. Schmitt, *Glossarium* (1947-1951), p.76.
35 Schmitt, *Der Begriff des Politischen*, p.94.

A inclusão do outro

gunda, junto com uma política dos direitos humanos, sugere um pressuposto falso.

ad (a). Os direitos humanos, em sentido moderno, remontam à *Bill of Rights* da Virgínia e à Declaração de Independência dos EUA em 1776, bem como à *Déclaration des droits de l'homme et du citoyen* de 1789. Essas declarações foram inspiradas na filosofia política do direito racional, particularmente em Locke e Rousseau. Porém, não é um acaso que os direitos humanos só assumam uma forma concreta no contexto daquelas primeiras Constituições — justamente como direitos fundamentais garantidos no âmbito de um ordenamento jurídico nacional. Todavia, ao que parece, esses direitos fundamentais têm um caráter duplo: na qualidade de normas constitucionais, desfrutam de uma validade positiva; mas como direitos que cabem a toda pessoa na condição de ser humano também se atribui a eles uma validade suprapositiva.

Na discussão filosófica,[36] essa ambiguidade trouxe à tona algumas inquietações. Segundo uma das concepções, os direitos humanos devem assumir um *status* intermediário entre os direitos morais e os direitos positivos; segundo uma outra concepção, eles deveriam poder se apresentar com o mesmo conteúdo tanto sob a forma de direitos morais quanto na forma de direitos jurídicos — "como um direito que vale de modo pré-estatal, mas nem por isso como direito já vigente". Os direitos humanos "não são propriamente concedidos ou negados, mas sim garantidos ou desrespeitados".[37] Essas fórmulas

---

36 Cf. Shue; Hurley (Orgs.), *On Human Rights*.

37 Höffe, Die Menschenrechte als Legitimation und kritischer Maßstab der Demokratie". In: Schwartländer (Org.), *Menschenrechte und Demokratie*, p.250. Cf. Höffe, *Politische Gerechtigkeit*.

de ocasião sugerem que a tarefa do legislador constitucional seja tão somente revestir o direito positivo com normas morais já sempre dadas. Segundo minha opinião, a questão fica mal encaminhada com esse recurso à clássica diferença entre direito natural e direito positivo. O conceito de direitos humanos não tem uma procedência moral, mas uma formação específica do conceito moderno de direitos subjetivos; portanto, eles possuem uma conceitualidade jurídica. Os direitos humanos possuem *originalmente* uma natureza jurídica. O que lhes confere a aparência de direitos morais não é seu conteúdo nem tampouco sua estrutura, mas seu sentido de validade que transcende os ordenamentos jurídicos dos Estados nacionais.

Os textos constitucionais históricos se referem aos direitos "inatos" e frequentemente têm a forma solene de "declarações": as duas coisas devem nos prevenir, como diríamos hoje, de um mal-entendido positivista e mostrar que os direitos humanos "não estão à disposição"[38] do respectivo legislador. Mas essa ressalva retórica não pode proteger os direitos fundamentais do destino de todo direito positivo; eles também podem ser modificados ou suspensos, como no caso de uma mudança de regime. É certo que, na qualidade de componentes de uma ordem jurídica democrática, eles gozam, como as demais normas jurídicas, de "validez" no duplo sentido de que valem não apenas de modo fático, ou seja, eles são implementados graças a um poder de sanção do Estado, mas também reivindicam legitimidade, isto é, devem ser passíveis de serem fundamentados de

---

38 König, *Zur Begründung der Menschenrechte: Hobbes-Locke-Kant*, p.26 et seq.

A inclusão do outro

modo racional. Sob esse aspecto da fundamentação, os direitos fundamentais desfrutam de fato de um *status* notável.

É claro que, na condição de normas constitucionais, os direitos fundamentais desfrutam de uma prioridade que se mostra, entre outras coisas, no fato de serem constitutivos para a ordem jurídica como tal e, nesse sentido, estabelecem um marco no interior do qual a legislação normal precisa se mover. Porém, os direitos fundamentais se destacam na totalidade das normas constitucionais. Por um lado, os direitos fundamentais liberais e sociais possuem a forma de normas gerais que se destinam aos cidadãos na sua condição de "seres humanos" (e não apenas como membros de um Estado). Ainda que os direitos humanos só possam se tornar efetivos no âmbito de uma ordem jurídica nacional, eles fundamentam, no âmbito desse campo de validade, direitos para todas as pessoas, e não apenas para os cidadãos. Quanto mais se explora o teor da Lei Fundamental em termos de direitos humanos, tanto mais o *status* jurídico dos não cidadãos que vivem na Alemanha é equiparado ao daqueles que pertencem ao Estado.[39] Esses direitos fundamentais compartilham com as normas morais esse tipo de validade universal que se refere aos seres humanos como tais. Como pode ser visto na atual controvérsia sobre o direito de votar dos estrangeiros, isso também pode ser válido para os direitos políticos fundamentais, em determinados aspectos. Isso aponta para o segundo aspecto, ainda mais importante.

---

39 O teor dos direitos de participação política formulados em termos de direitos humanos imputa que cada um tem o direito de pertencer a *uma* coletividade política na condição de cidadão.

Jürgen Habermas

Os direitos fundamentais são dotados dessa pretensão de validade universal porque só podem ser fundamentados *exclusivamente* sob o ponto de vista moral. É claro que as outras normas jurídicas *também* podem ser fundamentadas com a ajuda de argumentos morais, mas em geral, em sua fundamentação, afluem pontos de vista ético-políticos e pragmáticos que se referem às formas de vida concretas de uma comunidade jurídica histórica ou à definição concreta dos fins de determinadas políticas. Em contrapartida, os direitos fundamentais regulamentam matérias de universalidade tal que os argumentos morais *são suficientes para a sua fundamentação.* Esses argumentos têm esse poder de fundamentar porque é do interesse igual de todas as pessoas, na sua qualidade de pessoas em geral, que exista a garantia dessas regras; porque tais regras são igualmente boas para *cada um.*

Esse modo de fundamentar, no entanto, de modo algum retira a qualidade jurídica dos direitos fundamentais; não os transforma em normas morais. As normas jurídicas – no sentido moderno do direito positivo – preservam sua juridicidade, não importa qual tipo de razões possam ser usadas para fundamentar sua pretensão de legitimidade. Pois seu caráter jurídico se deve à sua estrutura, não ao seu conteúdo. E segundo sua estrutura, os direitos fundamentais são direitos subjetivos que podem ser reivindicados, que tem o sentido, entre outros, de desvincular, de maneira bem circunscrita, as pessoas de direito dos mandamentos morais ao conceder aos atores espaços de ação legais para agirem guiados por seus próprios interesses. Os direitos morais são fundamentados a partir de deveres que vinculam a vontade livre de pessoas autônomas, ao passo que os deveres jurídicos resultam somente *como consequência* de autorizações para agir de modo arbitrário, e mais precisamente a partir da delimitação legal dessas liberdades subjetivas.[40]

Essa prioridade conceitual dos direitos em relação aos deveres resulta da estrutura do direito coercitivo moderno, que Hobbes foi o primeiro a considerar. Hobbes introduziu uma mudança de perspectiva em relação ao direito pré-moderno desenvolvido sob as perspectivas religiosas ou metafísicas.[41] Diferentemente da moral deontológica que fundamenta deveres, o direito serve para proteger a liberdade de arbítrio do indivíduo de acordo com o princípio de que é permitido tudo aquilo que não está explicitamente proibido por leis universais que limitam a liberdade. Contudo, se os direitos subjetivos derivados desse princípio devem ser legítimos, a universalidade dessas leis deve satisfazer o ponto de vista moral da justiça. O conceito de direito subjetivo que protege uma esfera da liberdade de arbítrio tem uma força que estrutura o conjunto das ordens jurídicas modernas. É por isso que Kant define o direito "como a quintessência das condições sob as quais o

---

40 Cf. a análise da estrutura dos direitos humanos em Bedau, International Human Rights. In: Regan; Van de Weer (Orgs.), *And Justice for All*, p.297, com referência a Henry Shue: *"The emphasis on duties is meant to avoid leaving the defense of human rights in a vacuum, bereft of any moral significance for the specific conduct of others. But the duties are not intended to explain or generate rights; if anything, the rights are supposed to explain and generate duties"*. ["A ênfase nos deveres tem o sentido de evitar que a defesa dos direitos humanos fique no vácuo, destituída de todo significado moral para definir a conduta dos outros. Mas não se pretende que os deveres expliquem ou gerem direitos; pelo contrário, supõem-se que os direitos explicam e geram deveres."]

41 Cf. König, p.84 et seq.

Jürgen Habermas

arbítrio de cada pessoa possa ser unificado com o arbítrio da outra segundo uma lei universal da liberdade" (Rechtslehre, *Werke* IV, p.337). Segundo Kant, todos os direitos humanos específicos têm seu fundamento no único direito originário para liberdades subjetivas iguais:

> A liberdade (a independência frente ao arbítrio coercitivo do outro), na medida em que pode coexistir com a liberdade de qualquer outro segundo uma lei universal, é o único direito originário pertencente a cada ser humano em virtude de sua humanidade. (Rechtslehre, *Werke* IV, p.345)

Em Kant, os direitos humanos estão situados de modo muito consequente na doutrina do direito, e somente aí. Assim como outros direitos subjetivos, eles têm – e sobretudo eles – um teor moral. Porém, a despeito desse conteúdo, os direitos humanos pertencem, segundo a sua estrutura, a uma ordem do direito positivo e coercitivo que fundamenta pretensões jurídicas subjetivas que podem ser reivindicadas. Sendo assim, faz parte do sentido dos direitos humanos que eles exijam o *status* de direitos fundamentais, que são garantidos no âmbito de uma ordem jurídica existente, seja nacional, internacional ou global. Contudo, se dá a entender uma confusão com os direitos morais pelo fato de que esses direitos, a despeito de sua *pretensão* de validade universal, até agora só puderam adotar uma forma positiva inequívoca nas ordens jurídicas nacionais dos Estados democráticos. Além disso, eles só possuem uma validade branda em termos de direito internacional e ainda esperam por uma institucionalização no âmbito de uma ordem cosmopolita que apenas está emergindo.

A inclusão do outro

Ad (b). Mas se for falsa essa primeira premissa de que os direitos humanos são, em sua origem, direitos morais, o primeiro dos enunciados parciais fica sem fundamento – o enunciado de que a imposição global dos direitos humanos seguiria uma lógica moral e por isso levaria a intervenções que apenas estariam camufladas de ações policiais. Ao mesmo tempo, abala-se o segundo enunciado de que a política intervencionista de direitos humanos necessariamente degeneraria em uma "luta contra o mal". Esse enunciado sugere o falso pressuposto de que o direito internacional clássico talhado para as guerras limitadas seria suficiente para orientar o conflito militar para vias "civilizadas". Mesmo que esse pressuposto fosse correto, seriam muito mais as ações policiais de uma organização mundial legitimada de modo democrático e capaz de agir que mereceriam o nome de uma solução "civil" de conflitos internacionais, e não as guerras assim limitadas. Pois o estabelecimento de um Estado cosmopolita implica que as violações dos direitos humanos não sejam julgadas e combatidas *de modo imediato* sob o ponto de vista moral, mas sim *como* ações criminais no âmbito de uma ordem jurídica do Estado – segundo procedimentos jurídicos institucionalizados. É precisamente a juridificação do estado de natureza entre os Estados que protege a desdiferenciação moral do direito e que garante aos indiciados, também nos casos atualmente relevantes de crimes de guerra e crimes contra a humanidade, a plena proteção jurídica, ou seja, a proteção frente a uma discriminação moral que se impõem sem mediação.[42]

---

42 Sobre a diferenciação entre ética, direito e moral, cf. Forst, *Kontexte der Gerechtigkeit*, p.131-42.

V

Pretendo desenvolver esse argumento de maneira metacrítica ao discutir as objeções de Carl Schmitt. Antes disso, preciso examinar o contexto dessas objeções, uma vez que Schmitt nem sempre amarra de modo claro os diferentes níveis da argumentação. Schmitt se ocupa de fazer a crítica a um direito cosmopolita que perpassa a soberania dos Estados individuais tendo em vista sobretudo o conceito discriminatório de guerra. Com isso, sua crítica parece adquirir um enfoque claro e delimitado em termos jurídicos. A crítica se dirige sempre contra a penalização da guerra de agressão, inscrita na Carta das Nações Unidas, e contra a responsabilização de pessoas individuais por um tipo de crimes de guerra não reconhecido pelo direito internacional clássico válido até a Primeira Guerra Mundial. Porém, Schmitt carrega essa discussão jurídica, inofensiva se tomada em si mesma, com reflexões políticas e fundamentações metafísicas. Por isso, de início precisamos desnudar a teoria que está na base dessa discussão (I) para avançarmos ao cerne crítico-moral do argumento (2).

(I) *At face value* a argumentação jurídica visa civilizar a guerra em termos de direito internacional (a); ela se conecta com uma argumentação política que parece se preocupar apenas com a manutenção de uma ordem internacional protegida (b).

(a) Schmitt não recusa a distinção entre a guerra de agressão e a guerra de defesa usando o argumento pragmático de que essa distinção é difícil de ser operacionalizada. A razão jurídica consiste muito mais em afirmar que apenas um conceito de guerra neutro do ponto de vista moral, que também exclua a responsabilidade pessoal por uma guerra penalizada,

A inclusão do outro

pode ser compatível com a soberania dos sujeitos do direito internacional; pois o *ius ad bellum*, ou seja, o direito de começar uma guerra, não importa por quais motivos, é constitutivo da soberania de um Estado. Nesse nível de argumentação, ainda não importam a Schmitt, como mostra o escrito em questão,[43] as desastrosas consequências do universalismo moral, mas sim a delimitação da condução da guerra. Somente a prática de não discriminação da guerra deve poder limitar as ações de guerra e proteger o mal de uma guerra total, que Schmitt já analisou com clareza admirável antes da Segunda Guerra Mundial.[44]

Nesse sentido, a exigência de voltar ao *statu quo ante* da guerra delimitada é apresentada por Schmitt simplesmente como a alternativa mais realista para pacificar o estado de natureza entre os Estados sob a perspectiva cosmopolita. Eliminar a guerra, se comparada com a alternativa de civilizá-la, é um objetivo muito amplo e, ao que parece, utópico. Certamente há boas razões empíricas para pôr em dúvida o "realismo" dessa proposta. O mero apelo a um direito internacional, que surgiu das guerras religiosas como uma das grandes realizações do racionalismo ocidental, ainda não aponta nenhum caminho pragmaticamente viável para reestabelecer o mundo clássico moderno do equilíbrio das potências. Pois em sua forma clássica, o direito internacional evidentemente fracassou ante o fato das guerras totais desencadeadas no século XX. Por trás da deslimitação territorial, técnica e ideológica da guerra, há fortes forças propulsoras. Essas forças podem ser mais bem domesticadas por sanções e intervenções de uma comunidade

---

43 Cf. Schmitt, *Das internationalrechtliche Verbrechen des Angriffskrieges*.
44 Cf. Id., *Verfassungslehre* e id., *Die Wendung zum diskrimierenden Kriegsbegriff*.

dos povos organizada do que por um apelo ao discernimento de governos soberanos, sem consequências jurídicas; pois um recuo à ordem do direito internacional clássico acabaria, na verdade, devolvendo as liberdades de ação plenas àqueles atores coletivos que deveriam mudar seus comportamentos incivilizados. A fragilidade desse argumento é um primeiro indício de que a argumentação jurídica forma apenas uma fachada atrás da qual se ocultam considerações de outra ordem.

Depois da Segunda Guerra Mundial, Schmitt pôde salvar a consistência de uma argumentação que procede de uma maneira puramente jurídica ao colocar entre parêntesis os crimes de massa cometidos durante o período nacional-socialista como se fossem uma categoria especial, para, por essa via, assegurar ao menos a aparência de neutralidade moral para a guerra como tal. Em 1945, no parecer emitido para Friedrich Flick, réu em Nürenberg, Schmitt faz a distinção, de maneira consequente, entre os crimes de guerra e aquelas *atrocities* que, como "manifestações características de uma determinada mentalidade inumana", ultrapassam as capacidades de compreensão humana: "a ordem dada por um superior não pode justificar ou desculpar tais atrocidades".[45] O sentido puramente tático e processual dessa distinção, que Schmitt propõe aqui como advogado, surge com uma clareza brutal, alguns anos mais tarde, em seus diários. Nesse "glossário", fica claro que Schmitt pretendia ver descriminalizadas não apenas a guerra de agressão, mas também a ruptura civilizacional representada pelo extermínio de judeus. Ele pergunta: "O que é um 'crime contra a humanidade'? Existem crimes contra o amor?". E

---

45 Cf. Id., *Das internationalrechtliche Verbrechen des Angriffskrieges*.

A inclusão do outro

demonstra dúvidas se, nesse caso, se trata de fatos jurídicos, já que os "objetos de proteção e de ataque" de tais crimes não podem ser circunscritos de modo suficientemente preciso: "genocídios, assassinato de povos, um conceito comovente; vivenciei um exemplo no próprio corpo: eliminação do funcionalismo público prussiano-alemão em 1945". Essa complicada compreensão do genocídio leva Schimtt à seguinte conclusão: "'Crime contra a humanidade' é somente a cláusula mais geral de todas as cláusulas gerais para exterminar o inimigo". Logo, em outro lugar, afirma: "há crimes contra e crimes a favor da humanidade. Os crimes contra a humanidade foram cometidos pelos alemães. Os crimes a favor da humanidade foram cometidos nos alemães".[46]

Aqui evidentemente se mostra outro argumento. A imposição do direito cosmopolita, que tem como consequência um conceito que discrimina a guerra, não é mais concebido como a reação errada ao desenvolvimento que leva à guerra total, mas sim como a sua causa. A guerra total é a forma contemporânea de manifestação da "guerra justa", na qual necessariamente desemboca uma política intervencionista dos direitos humanos: "o decisivo é que sua justiça pertence sobretudo à totalidade da guerra".[47] Com isso, o universalismo moral adquire o papel de *explanandum*, e a argumentação se desloca do nível jurídico para o âmbito da crítica moral. De início, pareceu que Schmitt recomendava o recuo ao direito internacional clássico para evitar a guerra total. Porém, já não se sabe ao certo se temia a deslimitação total da guerra, ou seja, o caráter desumano da condução

---

46 Schmitt, *Glossarium* (1947-1951), p.113, 146, 282.
47 Id., *Das internationalrechtliche Verbrechen des Angriffskrieges*.

da guerra visto como o próprio mal, ou se não temia muito mais, em primeiro lugar, a desvalorização da guerra como tal.

Em todo caso, em um corolário ao "conceito do político", em 1938, Schmitt descreve a expansão totalitária da condução da guerra a âmbitos não militares de modo a atribuir precisamente à guerra total o mérito de higienizar o povo:

> O passo para além do que é meramente militar não representa apenas uma expansão quantitativa, mas sim um incremento qualitativo. Por isso, (a guerra total) não significa atenuar, mas sim intensificar a hostilidade. Com a mera possibilidade de um tal aumento na intensidade, os conceitos de "amigo" e "inimigo" se tornam outra vez conceitos políticos e se libertam da esfera dos modos de discurso privado e psicológico, até mesmo onde seu caráter político ficou completamente esmaecido.[48]

(b) No entanto, se não é tanto a preocupação com a domesticação da guerra desencadeada de modo totalitário que está no coração desse opositor inveterado do pacifismo, poderia se tratar, então, de outra coisa, e mais precisamente da manutenção de uma ordem internacional na qual as guerras em geral ainda poderiam ser feitas e os conflitos ainda poderiam ser resolvidos por essa via. A prática de não discriminar a guerra mantém intacto um mecanismo capaz de instituir a ordem a partir da autoafirmação nacional não restringida. Portanto, o mal a ser evitado não é a guerra total, mas a decadência de uma esfera do político que se funda na clássica separação entre política interna e externa. É isso que Schmitt fundamenta com sua

---

48 Id., *Verfassungslehre*, p.110.

A inclusão do outro

teoria específica do político, segundo a qual a política interna pacificada em termos jurídicos é complementada por uma política externa liberada em termos de direito internacional, visto que o Estado que monopoliza a violência só consegue manter a ordem e o direito contra a virulenta força dos inimigos subversivos internos ao Estado enquanto preservar e regenerar sua substância política na luta contra os inimigos externos. Essa substância somente deveria poder se regenerar no *medium* da disposição para matar e morrer de uma nação, pois a própria esfera do político, segundo sua essência, se refere "à possibilidade real da morte física". "O que é político" é a capacidade e a vontade de um povo de reconhecer o inimigo e se afirmar contra "a negação da própria existência" mediante "a alteridade do estranho".[49]

Só precisamos nos interessar aqui pelo valor que essas reflexões absurdas sobre a "essência do político" assumem na argumentação. Ou seja, a carga vitalista do conceito do político é o pano de fundo para afirmar que a força criativa do político precisa se transformar em força destrutiva tão logo lhe seja vedada a arena internacional lupina da "violência conquistadora". A imposição global dos direitos humanos e da democracia, que deve fomentar a paz mundial, teria o efeito não intencional de permitir que a guerra ultrapassasse os limites "da forma justa" ou do direito internacional. Sem um escoamento para a natureza selvagem, a guerra teria de inundar os âmbitos da vida civil que se tornaram autônomos nas sociedades modernas, ou seja, teria de extinguir a complexidade das sociedades diferenciadas. Essa advertência para as consequências catastróficas de uma

---

49 Schmitt (1963), p.27.

331

Jürgen Habermas

supressão da guerra na perspectiva de um pacifismo jurídico se explica a partir de uma metafísica que, no melhor dos casos, poderia se reportar – de maneira típica naquele momento – à estética da "tempestade de aço",* que nesse meio-tempo ficou um tanto desgastada.

(2) É claro que se pode extrair e especificar um ponto de vista dessa filosofia de vida belicista. Segundo a concepção de Schmitt, é o universalismo da moral da humanidade – conceitualizada por Kant – que está por detrás da "guerra contra a guerra", fundamentada em termos ideológicos, que faz que a luta militar limitada temporal, social e objetivamente entre "unidades nacionais organizadas" seja transferida para o estado endêmico de uma guerra civil paramilitar deslimitada.

Tudo indica que diante das intervenções das Nações Unidas para estabelecer a paz ou manter a paz, Carl Schmitt não teria reagido de maneira diferente de Hans Magnus Enzenberger:

> A retórica do universalismo é típica do ocidente. Os postulados que com ela foram estabelecidos devem valer para todos sem exceção ou diferença. O universalismo não reconhece nenhuma diferença próxima ou distante; ele é incondicionado e abstrato [...]. Porém, visto que todas as nossas possibilidades de ação

---

* Habermas provavelmente se refere aqui ao primeiro livro de Ernst Jünger, *In Stahlgewittern*, cuja primeira edição é de 1920, e descreve as experiências e vivências da participação de Jünger no *front* ocidental alemão na Primeira Guerra Mundial, de dezembro de 1914 a agosto de 1918. Stahlgewitter é também o nome de uma controversa banda nacionalista alemã, fundada em 1995, do gênero Rock Against Communism, que em algumas de suas músicas fazem elogio às instituições do regime nacional-socialista. (N. T.)

A inclusão do outro

são finitas, abre-se sempre mais o compasso entre a pretensão e a realidade. Com facilidade se ultrapassa o limite para a hipocrisia objetiva; então, o universalismo se revela como armadilha moral.[50]

Ou seja, são as falsas abstrações da moral da humanidade que nos lançam na autoilusão e nos conduzem a uma autoexigência exagerada e hipócrita. As fronteiras que essa moral ultrapassa são definidas por Enzensberger, tal como Arnold Gehlen,[51] pelos conceitos antropológicos de proximidade e distância espacial: um ser talhado em madeira tão retorcida, só funciona de modo moral no âmbito do que é próximo e realizável de modo claro.

Ao falar de hipocrisia, Carl Schmitt tem muito mais em mente a crítica de Hegel a Kant. Ele reveste sua desprezível fórmula "humanidade, bestialidade" com um comentário

---

50 Cf. Enzensberger, *Aussichten auf den Bürgerkrieg*, p.73 et seq. Sobre isso, Honneth, Universalismus als moralische Falle?, *Merkur*, p.867-83. Enzensberger não se apoia apenas em uma descrição altamente seletiva da situação mundial que exclui a surpreendente expansão, durante os últimos vinte anos, das formas democráticas de Estado na América Latina, África e Leste Europeu (cf. Czempiel, *Weltpolitik im Umbruch*, p.107 et seq.). Sem rodeios, ele também sem rodeios converte em constantes antropológicas o vínculo complexo entre, por um lado, a elaboração fundamentalista de potenciais de conflito internos ao Estado e, por outro, as privações sociais e as tradições liberais deficitárias. É justamente o conceito ampliado de paz que propõe estratégias profiláticas e não violentas e torna consciente as restrições pragmáticas que estão na base das intervenções humanitárias – como mostram o exemplo da Somália e a situação completamente diferente da antiga Iugoslávia. Sobre a casuística dos diferentes tipos de intervenções, cf. Senghaas, p.185 et seq.

51 Gehlen, *Moral und Hypermoral*.

Jürgen Habermas

ambíguo que, à primeira vista, poderia muito bem vir de Horkheimer: "Nós dizemos: o cemitério municipal central e silenciamos, com muito tato, sobre o matadouro. Mas o abate é algo que se entende por si mesmo, e seria inumano, inclusive bestial, pronunciar a palavra abate".[52] O aforismo é ambíguo na medida em que, em primeiro lugar, parece se dirigir de modo crítico e ideológico contra a falsa (porque é transfiguradora) atividade de abstração dos conceitos platônicos universais com os quais muitas vezes ocultamos o reverso de uma civilização de vitoriosos, ou seja, velamos o sofrimento de suas vítimas marginalizadas. Essa interpretação, no entanto, exigiria justamente o tipo de respeito igualitário e compaixão universal que o contestado universalismo moral procura validar. O que o anti-humanismo de Schmitt (com o Hegel de Mussolini e Lenin)[53] quer levar em conta não é o gado que vai ser abatido, mas o processo do abate: o matadouro dos povos, a "honra da guerra", pois mais adiante afirma: "A humanidade não pode fazer uma guerra [...]. O conceito de humanidade exclui o conceito de inimigo".[54] Ou seja, segundo Carl Schmitt, a moral da humanidade abstrai de modo errôneo a ordem natural do que é político, a suposta distinção inevitável entre amigo e inimigo. Por subsumir as relações "políticas" aos conceitos de "bom" e "mau", ela faz do oponente na guerra "o monstro inumano que não só precisa ser rechaçado, mas extinto em definitivo".[55] E dado que o conceito que discrimina a guerra

---

52 Schmitt, *Glossarium* (*1947-1951*), p.259.
53 Cf. Ibid., p.229.
54 Id., *Verfassungslehre*, p.54 et seq.
55 Ibid., p.37.

A inclusão do outro

remonta ao universalismo dos direitos humanos, é o fato de o direito internacional estar infectado pela moral que, enfim, explica a inumanidade cometida pelas modernas guerras civis e guerras "em nome da humanidade".

Esse argumento crítico-moral, mesmo independentemente do contexto em que Carl Schmitt se encontrava, teve uma nefasta história dos efeitos. Pois com ele uma ideia correta se amalgamou com um equívoco fatal, alimentado por um conceito do político formulado em termos de amigo-inimigo. O cerne verdadeiro consiste no fato de que uma moralização *imediata* do direito e da política de fato rompe as zonas de defesa que queremos ver garantidas para as pessoas de direito, por boas razões, e mais precisamente por razões morais. No entanto, é equivocada a suposição de que essa moralização só poderia ser evitada se a política internacional pudesse ser mantida livre ou depurada do direito, e o direito livre ou depurado da moral. Sob as premissas do Estado de direito e da democracia, as duas coisas são falsas: a ideia de Estado de direito exige que a substância do poder do Estado seja canalizada pelo direito legítimo, tanto para dentro quanto para fora; e a legitimação democrática do direito deve garantir que o direito permaneça em acordo com princípios morais reconhecidos. O direito internacional é uma consequência da ideia de Estado de direito. Só com ele se estabelece uma simetria entre a juridificação das relações sociais e políticas para aquém e para além dos limites do Estado.

Carl Schmitt é inconsistente de um modo instrutivo quando insiste em sustentar a assimetria entre um Estado jurídico pacifista no âmbito interno e um belicismo no âmbito externo. Dado que Schmitt também imagina que a paz jurídica no in-

Jürgen Habermas

terior do Estado é apenas uma disputa latente entre os órgãos do Estado e seus inimigos mantidos repressivamente em xeque, ele concede àqueles que detêm o poder do Estado o direito de declarar inimigos internos do Estado os representantes da oposição política – aliás, uma prática que deixou suas marcas na República Federal da Alemanha.[56] Diferentemente do caso de um Estado constitucional democrático, em que os tribunais independentes e os cidadãos em sua totalidade (em casos extremos, mobilizados inclusive pela desobediência civil) decidem sobre as questões delicadas que envolvem comportamentos que violam a Constituição, Carl Schmitt deixa nas mãos dos respectivos detentores do poder a decisão de criminalizar os oponentes políticos, declarando-os oponentes em uma guerra civil. Uma vez que os controles do Estado de direito são mais frouxos nessa zona limítrofe das relações internas ao Estado, surge precisamente o efeito que Carl Schmitt teme como consequência de uma pacificação das relações entre os Estados: a interferência de categorias morais em uma ação política protegida pelo direito e a estilização dos oponentes como agentes do mal. Porém, então é inconsistente exigir que a relação internacional seja dispensada de uma regulação análoga àquela do Estado de direito.

De fato, uma moralização *não mediada* da política teria efeitos perniciosos tanto na arena internacional quanto nos confrontos do governo com seus inimigos internos – que Carl Schmitt ironicamente admite porque localiza os danos no lugar errado. Porém, em ambos os casos os danos resultam somente do fato de que uma ação do Estado ou política, pro-

---

56 Cf. Habermas, *Kleine Politische Schriften i-IV*, p.328-39.

A inclusão do outro

tegida em termos jurídicos, é codificada de modo errado em dois sentidos: primeiro ela é moralizada, isto é, julgada segundo os critérios "bom" e "mau", e depois é criminalizada, ou seja, julgada pelos critérios "lícito" e "ilícito", sem que sejam cumpridos – e esse é o momento decisivo que Schmitt omite – os pressupostos jurídicos de uma instância judicial que julgue de modo imparcial e que execute a pena de modo neutro. A política dos direitos humanos de uma organização mundial só se inverte em um fundamentalismo dos direitos humanos quando ela arranja uma legitimação moral, sob o pretexto de uma legitimação com aparência jurídica, para uma intervenção que de fato nada mais é do que a luta de uma parte contra as demais. Nesses casos, a organização mundial (ou a aliança que age em seu nome) comete uma "fraude" porque faz passar por medidas policialescas neutras, justificadas por leis e sentenças judiciais cabíveis, o que na verdade é um confronto militar entre partes em guerra.

Os apelos autorizados em termos morais ameaçam assumir traços fundamentalistas quando não visam implementar procedimentos jurídicos para aplicar [bem como positivar] e impor os direitos humanos, mas sim interferir de modo imediato no esquema de interpretação a partir do qual são definidas as violações dos direitos humanos e quando se convertem nas únicas fontes das sanções exigidas.[57]

---

57 Günther, Kampf gegen das Böse? Wider die ethische aufrüstung der Kriminalpolitik, *Kritische Justiz*. (O acréscimo entre colchetes é meu.)

C. Schmitt defende, além disso, a afirmação de que juridificar a política de poder para além das fronteiras do Estado, ou seja, impor internacionalmente os direitos humanos em uma arena até agora dominada pela violência militar, tem *sempre e necessariamente* como consequência esse fundamentalismo dos direitos humanos. Afirmar isso é falso porque está baseado na falsa premissa de que os direitos humanos são de natureza moral, ou seja, impor os direitos humanos implica uma moralização. Além disso, o mencionado lado problemático de uma juridificação das relações internacionais não consiste no fato de que uma ação até agora considerada "política" deva de agora em diante ser concebida segundo as categorias do direito. Ou seja, diferentemente da moral, de modo algum o código do direito exige uma valorização moral imediata segundo os critérios "bom" e "mau". Klaus Günther esclarece o ponto central: "O fato de que esteja excluída uma interpretação política [no sentido de Carl Schmitt] dos comportamentos que violam os direitos humanos não deve significar que seu lugar seja ocupado por uma interpretação imediatamente moral".[58] Os direitos humanos não devem ser confundidos com os direitos morais.

Porém, a diferença entre direito e moral, sobre a qual insiste Günther, tampouco implica que o direito positivo não tenha nenhum teor moral. Mediante o procedimento democrático de legislação política afluem também argumentos morais, entre outros, para fundamentar a criação de normas e, com isso, afluem no próprio direito. Como Kant já havia visto, o direito se diferencia da moral em virtude das qualidades formais da legalidade. Em virtude disso, uma parte dos comportamentos

---

58 Ibid., p.144 (o acréscimo entre colchetes é meu).

A inclusão do outro

que podem ser julgados em termos morais (por exemplo, sentimentos morais e motivos) não são objeto de regulamentações jurídicas em geral. O código do direito, porém, vincula sobretudo os juízos e sanções das instâncias, responsáveis pela proteção dos concernidos, às condições dos procedimentos do Estado de direito verificáveis e concebidas estritamente de modo intersubjetivo. Ao passo que a pessoa moral fica como que despida diante da instância interior do exame de consciência, a pessoa de direito fica envolvida no manto dos direitos da liberdade – bem fundamentados em termos morais. A resposta correta para o perigo da moralização imediata da política de poder é, portanto, "não a desmoralização da política, mas sim a transformação democrática da moral em um sistema de direitos positivado, com procedimentos jurídicos para sua aplicação e imposição".[59] O fundamentalismo dos direitos humanos não será evitado pela renúncia a uma política dos direitos humanos, mas somente quando o estado de natureza entre os Estados for transformado em um Estado jurídico nos termos do direito cosmopolita.

---

59 Günther, 1994, p.144.

8
Luta por reconhecimento no Estado de direito democrático

As Constituições modernas são tributárias da ideia do direito racional segundo a qual os cidadãos, por decisão própria, se associam para formar uma comunidade de parceiros do direito livres e iguais. A Constituição põe em vigor precisamente os direitos que os cidadãos precisam admitir mutuamente se quiserem regular sua convivência com os meios do direito positivo. Aí já estão pressupostos os conceitos de direito subjetivo e de pessoa de direito individual como o portador de direitos. O direito moderno fundamenta relações de reconhecimento intersubjetivo sancionadas pelo Estado, mas os direitos que daí são derivados asseguram a integridade vulnerável dos respectivos sujeitos de direto individuais. Em última instância, trata-se de proteger essas pessoas de direito individuais, mesmo quando a integridade do indivíduo – tanto no direito quanto na moral – depende da estrutura intacta das relações de reconhecimento mútuo. Esse tipo de teoria dos direitos formulada *em termos individualistas* pode fazer jus àquelas lutas por reconhecimento nas quais parece tratar-se sobretudo da articulação e afirmação de identidades *coletivas*?

Jürgen Habermas

Uma Constituição pode ser entendida como um projeto histórico que os cidadãos, em cada geração, procuram novamente realizar. No Estado de direito democrático, o exercício do poder político está codificado de modo duplo: o tratamento institucionalizado dos problemas que são postos e a mediação dos respectivos interesses, regulada em termos procedimentais, precisam ser ao mesmo tempo entendidos como a realização de um sistema de direitos.[1] Porém, na arena política se defrontam atores coletivos que discutem sobre os fins coletivos e a distribuição dos bens coletivos. Somente diante do tribunal e nos discursos jurídicos se trata diretamente de direitos individuais que podem ser reivindicados judicialmente. Também o direito vigente precisa ser interpretado de uma maneira nova em face de novas necessidades e situações de interesse em contextos modificados. Essa disputa em torno da interpretação e imposição de pretensões não cumpridas em termos históricos é uma luta por direitos legítimos na qual outra vez estão envolvidos atores coletivos que se defendem do desrespeito à sua dignidade. Nessa luta por reconhecimento são articuladas as experiências coletivas de integridade violada, como demonstrou A. Honneth.[2] Esses fenômenos podem ser conciliados com uma teoria dos direitos construída em termos individualistas?

As conquistas políticas do liberalismo e da democracia social, que resultaram do movimento de emancipação burguês e do movimento operário europeu, sugerem uma resposta afirmativa. Ambos perseguiram o objetivo de superar a privação de direitos dos grupos subprivilegiados e, com isso, superar

---

1 Cf. Habermas, *Faktizität und Geltun*, Capítulo III.
2 Honneth, *Kampf um Anerkennung*.

A inclusão do outro

a cisão da sociedade em classes sociais. Mas, nos lugares em que o reformismo social-liberal entrou em vigor, a luta contra a opressão de coletividades que se viam privadas de *iguais oportunidades de vida social* se deu nas formas de uma luta pela universalização dos direitos do cidadão nos termos do Estado de bem-estar social. Aliás, após a bancarrota do socialismo de Estado, ela se tornou a única perspectiva – o *status* de trabalho remunerado dependente precisa ser complementado pelos direitos de participação social e política, e a massa da população deve ter a oportunidade de viver com expectativas fundamentadas na segurança, justiça social e bem-estar. A desigualdade nas oportunidades de vida social da sociedade capitalista deve ser compensada por uma distribuição justa dos bens coletivos. Esse objetivo é plenamente conciliável com a teoria dos direitos, pois os "bens primários" (no sentido de Rawls) ou são distribuídos para os indivíduos (como o dinheiro, o tempo livre e a prestação de serviços), ou são utilizados pelos indivíduos (como a infraestrutura dos sistemas de transporte, saúde e educação) e, portanto, podem ser concedidos na forma de direitos a benefícios individuais.

À primeira vista, no entanto, as reivindicações por reconhecimento de identidades coletivas e por *igualdade de direitos de formas de vida culturais* parecem ser coisas distintas. Essas reivindicações são hoje objeto de lutas de feministas, de minorias em sociedades multiculturais, de povos que anseiam pela independência nacional ou daquelas regiões outrora colonizadas que reivindicam a igualdade de *status* de suas culturas no cenário internacional. Será que o reconhecimento de formas de vida e tradições culturais que são marginalizadas no contexto de uma cultura majoritária, ou na sociedade mundial dominada pelo

Jürgen Habermas

Atlântico Norte, ou de modo eurocêntrico, não exige garantias de *status* ou de sobrevivência ou, em todo caso, uma espécie de *direitos coletivos* que explodem nossa autocompreensão "liberal" do Estado de direito democrático, circunscrita em termos de direitos subjetivos? Charles Taylor responde essa questão de modo diferenciado, que leva a discussão um grande passo à frente.[3] Como mostram os comentários publicados no mesmo volume,* é claro que suas ideais originais provocam a crítica. Taylor se torna ambíguo em um ponto decisivo. Ele diferencia duas interpretações do Estado de direito democrático, que chama de Liberalismo I e Liberalismo II. Essa denominação sugere que a segunda interpretação, preferida por Taylor, simplesmente corrige uma compreensão inadequada dos princípios liberais. Contudo, em um olhar mais atento, a interpretação de Taylor ataca os próprios princípios liberais e coloca em questão o núcleo individualista da compreensão moderna da liberdade.

I. A "política do reconhecimento" de Taylor

A afirmação de Amy Gutmann é indiscutível:

ao reconhecimento público pleno pertencem duas formas de respeito: 1. O respeito da identidade insubstituível de cada in-

---

3 Cf. Taylor et al., *Multikulturalismus und die Politik der Anerkennung*, p.13 et seq.

* Habermas se refere aos textos de K. Anthony Appiah, Steven C. Rockefeller, Michael Walzer e Susan Wolf, publicados no livro *Multikulturalismus und die Politik der Anerkennung*. (N. T.)

A inclusão do outro

divíduo, independente de sexo, raça ou pertencimento étnico, e 2. O respeito a todas as formas de ação, práticas e variedades de concepções de mundo que desfrutam de alto apreço junto aos membros dos grupos menos favorecidos ou que a eles estejam especificamente ligados de modo estreito. Dentre os grupos menos favorecidos estão tanto as mulheres quanto os norte-americanos de origem asiática, os afro-americanos, os norte-americanos de origem indiana e a multiplicidade de outros grupos nos Estados Unidos.[4]

Evidentemente, o mesmo é válido para os trabalhadores estrangeiros e outros estrangeiros na República Federal da Alemanha, para os croatas na Sérvia, para os russos na Ucrânia, para os curdos na Turquia, para portadores de deficiência, para os homossexuais etc. Essa exigência não visa em primeiro lugar igualar as condições sociais de vida, mas proteger a integridade de formas de vida e tradições em que os membros de grupos discriminados podem de novo se reconhecer. É claro que, em geral, o não reconhecimento cultural está associado à discriminação social extrema, e ambas se reforçam cumulativamente. O que está em disputa é a questão de se a exigência (2) resulta do (1), do princípio do respeito igual a cada indivíduo, ou se, pelo menos em alguns casos, essas duas exigências necessariamente vão colidir.

Taylor toma como ponto de partida a suposição de que assegurar as identidades coletivas entra em concorrência com o direito a iguais liberdades subjetivas – com o direito humano único e originário de Kant –, de modo que, nos casos de colisão,

---

4 Ibid., p.125.

Jürgen Habermas

é necessário decidir sobre a prioridade de um ou de outro. A seguinte reflexão corrobora seu ponto de vista. Visto que (2) exige precisamente considerar as particularidades das quais parece abstrair, o princípio de tratamento igual deve levar em conta duas políticas contrárias: uma política de consideração das diferenças culturais e uma política de universalização dos direitos subjetivos. Uma política deve compensar o que a outra exige em termos de um universalismo que torna tudo igual. Taylor explicita essa oposição – como pretendo mostrar construída de modo incorreto – a partir dos conceitos de bom e justo, tal como usados na teoria moral. Liberais como Rawls e Dworkin propõem uma ordem jurídica neutra em termos éticos, que deve assegurar oportunidades iguais para cada um perseguir sua própria concepção do bem. Ao contrário disso, comunitaristas como Taylor e Walzer contestam a neutralidade ética do direito e por isso podem esperar que o Estado de direito também promova ativamente uma determinada concepção de vida boa, caso seja necessário.

Taylor refere-se ao exemplo canadense da minoria francófona, que na província de Quebec constitui a maioria. Ela reivindica para Quebec o direito de formar uma "sociedade própria" no interior do conjunto do Estado, visando assegurar a integridade de sua forma de vida frente à cultura anglo-saxã majoritária por meio de regulamentações e outras medidas que proíbam a população de fala francesa e outros imigrantes de levar seus filhos a escolas inglesas, que fixam o francês como a língua de comunicação para as empresas com mais de cinquenta empregados e que prescrevem em geral o francês como língua para os negócios. Esses fins coletivos não podem ser incluídos na primeira interpretação da teoria dos direitos:

A inclusão do outro

Uma sociedade com fins coletivos, como é o caso do Quebec, contraria esse modelo [...]. Segundo este, corre-se o risco de desrespeitar uma diferença importante quando se define como direito fundamental algo como anúncios comerciais na linguagem preferida. Trata-se antes de fazer a distinção entre liberdades elementares, que jamais podem ser restringidas e que, por isso, devem estar firmemente ancoradas, e os privilégios e direitos especiais, que também são importantes, mas que só por razões políticas – contudo, apenas por razões muito acertadas –, podem ser revogados ou restringidos.[5]

Taylor propõe um modelo contrário, que permite sob certas condições garantias de *status* que restringem os direitos fundamentais a favor da sobrevivência de formas de vida culturais ameaçadas e, com isso, autoriza políticas

ativamente empenhadas em *criar* os membros desses grupos, procurando fazer que, por exemplo, também as gerações futuras se identifiquem como francófonos. Não se pode afirmar que tal política só tenha em vista abrir uma determinada possibilidade para uma população existente.[6]

Em primeiro lugar, Taylor torna plausível a sua tese da incompatibilidade pelo fato de apresentar a teoria dos direitos na forma de uma interpretação seletiva do Liberalismo I. Em seguida, ele interpreta seu exemplo canadense de forma não matizada; tampouco fica nítida a referência jurídica de seu

---

5 Ibid., p.51-3.
6 Ibid., p.52.

347

Jürgen Habermas

questionamento. Antes de tratar dos dois últimos problemas mencionados, pretendo mostrar que uma teoria dos direitos bem compreendida não é de modo algum cega às diferenças culturais.

Taylor entende por liberalismo I uma teoria segundo a qual liberdades subjetivas iguais são asseguradas na forma de direitos fundamentais a todos os parceiros do direito. Em casos controversos os tribunais decidem quais direitos cabem a quem. Com isso, o princípio do respeito igual a cada um adquire validade somente na forma de uma autonomia protegida em termos jurídicos, que cada um pode usar para realizar seu plano de vida pessoal. Essa interpretação do sistema de direitos continua sendo *paternalista* porque divide o conceito de autonomia. Ela não considera que os destinatários do direito só podem conquistar sua autonomia (no sentido kantiano) à medida que eles mesmos possam se compreender como autores das leis sob as quais estão submetidos na condição de sujeitos de direito privados. O liberalismo I ignora a *cooriginariedade* entre autonomia privada e autonomia pública. Não se trata apenas de uma complementação que permaneceria externa à autonomia privada, mas sim de um vínculo interno, isto é, necessário do ponto de vista conceitual. Por fim, os sujeitos de direito nem sequer poderiam desfrutar de liberdades subjetivas iguais enquanto não conseguirem se esclarecer, no exercício comum de sua autonomia cidadã, sobre os interesses e critérios legítimos, e não chegarem a um acordo sobre os pontos de vista relevantes segundo os quais se deve tratar o que é igual como igual e o que é desigual como desigual.

Porém, tão logo esse vínculo *interno* entre o Estado de direito e a democracia seja levado a sério, torna-se claro que o

A inclusão do outro

sistema de direitos não é cego para as condições de vida desiguais nem tampouco para as diferenças culturais. O "daltonismo" da interpretação seletiva desaparece quando se parte do pressuposto de que os portadores dos direitos subjetivos também possuem uma identidade concebida em termos intersubjetivos. As pessoas, e também as pessoas de direito, somente se individualizam pela socialização.[7] Sob essa premissa, uma teoria dos direitos entendida de modo correto exige precisamente uma política de reconhecimento que também proteja a integridade do indivíduo nos contextos de vida que formam sua identidade. Para isso não é necessário um modelo contrário que corrija o recorte individualista do sistema de direitos sob outros pontos de vista normativos, mas tão somente a sua realização consequente que, contudo, seria mal encaminhada sem os movimentos sociais e sem as lutas políticas.

É isso que eu gostaria de mostrar na história do feminismo, o qual precisou de repetidas tentativas para poder realizar seus objetivos jurídicos e política em face de fortes resistências. Da mesma maneira que o desenvolvimento do direito nas sociedades ocidentais em geral, as políticas feministas de equiparação também seguiram, durante os últimos cem anos, um padrão que pode ser descrito como a dialética entre a igualdade jurídica e igualdade fática. Competências jurídicas iguais criam espaço para liberdades de ação que podem ser usadas de modo diferenciado e, por isso, não fomentam a igualdade fática nas condições de vida ou nas posições de poder. É claro que, para evitar que o sentido normativo da igualdade jurídica não seja

---

7 Cf. Habermas, Individiduierung durch Vergesellschaftung. In: *Nachmetaphysisches Denken*.

invertido, certos requisitos devem ser cumpridos para que as competências jurídicas sejam distribuídas de modo equitativo para seu uso em igualdade de oportunidades. Porém, nivelar as condições de vida e as posições de poder fáticas a partir desse ponto de vista não pode levar a intervenções *normalizadoras* em que os supostos beneficiários se vejam outra vez sensivelmente limitados em seu espaço de ação para configurar sua vida de modo autônomo. Enquanto o olhar se limitar à segurança da autonomia privada e obscurecer o vínculo interno entre os direitos subjetivos de pessoas privadas e a autonomia pública dos cidadãos que participam na positivação do direito, a política do direito oscila desorientada entre os polos de um paradigma do direito liberal no sentido lockeano e um paradigma do direito do Estado social, igualmente míope. A mesma coisa se dá no tratamento igual de homens e mulheres.[8]

De início, a *política liberal* visa desacoplar a conquista do *status* e a identidade de gênero e garantir às mulheres uma igualdade de oportunidades na competição por postos de trabalhos, prestígio social, nível de educação formal, poder político etc. Mas a igualdade formal implementada de modo parcial só fez ressaltar claramente o tratamento desigual fático das mulheres. A isso a *política do Estado de bem-estar social* reagiu por meio de regulamentações específicas, sobretudo no direito social, do trabalho e da família, relativas a gravidez e maternidade ou a encargos sociais em casos de divórcio. Nesse meio-tempo, não apenas as reivindicações liberais não atendidas, mas também as consequências ambivalentes dos programas do Estado de bem-estar

---

8 Cf. Rhode, *Justice and Gender*, Parte I.

social, implementados de modo bem-sucedido, tornaram-se objeto da crítica feminista – por exemplo, o aumento no risco do emprego de mulheres que decorre dessas compensações, a participação maior das mulheres nos grupos com salários mais baixos, o problemático "bem-estar da criança", a crescente "feminização" da pobreza etc. Do ponto de vista jurídico, uma razão estrutural para essa discriminação produzida de modo reflexivo consiste nas classificações muito gerais das situações desvantajosas e dos grupos de pessoas menos favorecidos. Ou seja, essas "falsas" classificações levam a intervenções "normalizadoras" no modo de vida que podem converter a proposta de compensar os danos em uma nova discriminação, ou seja, a garantia da liberdade em privação de liberdade. Em áreas do direito voltadas para as mulheres, o paternalismo do Estado de bem-estar social assume um sentido literal porque o poder legislativo e o sistema judicial se orientam por padrões de interpretação tradicionais que apenas reforçam os estereótipos existentes acerca da identidade de gênero.

A classificação dos papéis de gênero e das diferenças que dependem do gênero afeta as camadas elementares da autocompreensão cultural da sociedade. Somente em nossos dias o feminismo radical tornou consciente o caráter falível, carente de revisão e fundamentalmente questionável dessa autocompreensão. O feminismo insiste, e com razão, que os *aspectos* segundo os quais são definidas as diferenças entre as experiências e condições de vida de determinados grupos de mulheres e homens, que são significativas para o uso, em igualdade de oportunidade, das liberdades subjetivas de ação, precisam ser esclarecidos na esfera pública política, e mais especificamente na disputa pública em torno da interpretação adequada das necessidades.[9] Por isso, nessa luta pela equiparação das mulheres, é possível demonstrar de maneira especialmente clara a inevitável transformação da compreensão paradigmática do direito. A disputa sobre a melhor forma de assegurar a autonomia das pessoas do direito – se ela é mais bem assegurada por liberdades subjetivas para a concorrência de pessoas privadas ou pelas prestações de serviço asseguradas objetivamente para os clientes das burocracias do Estado de bem-estar social – é substituída por uma *concepção procedimental* segundo a qual o processo democrático precisa assegurar *simultaneamente* a autonomia privada e a autonomia pública. Os direitos subjetivos que devem garantir que as mulheres possam configurar sua vida em termos de autonomia privada, não podem ser formulados de modo adequado sem que antes os próprios concernidos possam articular e fundamentar, em discussões públicas, os aspectos respectivamente relevantes parar o tratamento igual e desigual de casos típicos. A autonomia privada de cidadãos com igualdade de direitos só pode ser assegurada *pari passu* ao ativar sua autonomia cidadã.

Uma interpretação "liberal" do sistema de direitos que ignorar esse vínculo acaba necessariamente entendo mal o universalismo dos direitos fundamentais como um nivelamento abstrato das diferenças, e mais precisamente de diferenças tanto culturais como sociais. Caso o sistema de direitos deva ser realizado pela via democrática, essas diferenças precisam ser percebidas e consideradas com uma sensibilidade cada vez maior ao contexto. Como sempre, a universalização dos direitos do cidadão é o motor de uma diferenciação progressiva

---

9 Cf. Fraser, Struggle over needs. In: *Unruly Practices*.

do sistema de direitos que não pode assegurar a integridade dos sujeitos de direito sem um tratamento igual estrito, governado pelos próprios cidadãos, dos contextos de vida que formam suas identidades. Quando essa interpretação seletiva da teoria dos direitos é corrigida em favor de uma compreensão democrática da realização dos direitos fundamentais, não é necessário contrapor ao reduzido Liberalismo I um modelo que introduza direitos coletivos estranhos ao sistema.

II. Lutas por reconhecimento – os fenômenos e os níveis de sua análise

Feminismo, multiculturalismo, nacionalismo e a luta contra a herança eurocêntrica do colonialismo são fenômenos que têm um parentesco entre si, mas que não devem ser confundidos. Seu parentesco consiste em que as mulheres, as minorias étnicas e culturais, assim como as nações e culturas, se defendem da opressão, marginalização e desrespeito e lutam pelo reconhecimento das identidades coletivas, seja no contexto de uma cultura de uma maioria ou da comunidade dos povos. São todos movimentos de emancipação cujos objetivos políticos são definidos em primeiro lugar em termos culturais, embora também as desigualdades sociais e econômicas e as dependências políticas estejam sempre em jogo.

(a) É claro que o feminismo não é uma causa defendida por uma minoria, mas ele se volta contra uma cultura dominante que interpreta a relação de gênero de modo assimétrico, excluindo a igualdade de direitos. Na cultura dominante não há lugar para uma consideração adequada, seja jurídica ou informal, para a diferença nas condições de vida e experiências específicas de gênero. Tampouco há lugar para o devido reconhecimento da autocompreensão cultural das mulheres e de sua contribuição para a cultura comum. Sob as definições predominantes, as carências femininas nem ao menos podem ser articuladas de modo suficiente. Assim, a luta política começa como uma luta pela interpretação dos interesses e contribuições específicas de gênero. À medida que é bem-sucedida, a luta modifica, junto com a identidade coletiva das mulheres, a relação entre os gêneros, e por meio disso afeta de modo imediato a autocompreensão dos homens. A escala de valores da sociedade como um todo está em discussão. As consequências dessa problematização se estendem às áreas centrais da vida privada e também atingem as delimitações estabelecidas entre as esferas pública e privada.[10]

(b) A situação é diferente com a luta por reconhecimento de identidades coletivas das minorais étnicas e culturais oprimidas. Uma vez que esses movimentos de emancipação visam superar a cisão ilegítima da sociedade, a autocompreensão da cultura da maioria não consegue sair ilesa desse processo. Mas, do ponto de vista da cultura da maioria, a interpretação modificada das contribuições e interesses *dos outros* não precisa mudar seu próprio papel do mesmo modo que a reinterpretação das relações de gênero modifica o papel dos homens.

Os movimentos de emancipação em sociedades multiculturais não constituem um fenômeno unitário. Eles apresentam desafios diferentes, conforme a situação: quando minorias endógenas se tornam conscientes de sua identidade ou quando do surgem novas minorais em virtude da imigração; quando

---

10 Cf. Benhabib, *Situating the Self*, Parte 2.

A inclusão do outro

Estados, que já se entendem como países de imigração em virtude de sua história e sua cultura política, se defrontam com essa tarefa, ou como Estados cuja autocompreensão nacional precisa se adequar à integração de cultura estranhas. O desafio será tanto maior quanto mais profundas forem as diferenças religiosas, raciais ou étnicas, ou quanto maiores forem as discrepâncias históricas e culturais a serem superadas; e ele será tanto mais doloroso quanto mais as tendências para a autoafirmação assumirem o caráter de algo que delimita de modo fundamentalista, seja porque a minoria que luta por reconhecimento acaba se desviando para lutas regressivas em virtude de experiências de impotência, seja porque a minoria se vê forçada a despertar, via mobilização das massas, a consciência para a articulação de uma nova identidade, criada de modo construtivo.

(c) Esse tipo de luta precisa ser distinguido do nacionalismo das populações que, diante do pano de fundo de um destino histórico comum, se compreendem como grupos homogêneos em termos étnicos e linguístico e que querem manter sua identidade não apenas enquanto comunidade de ascendência comum, mas sim sob a forma de corpo de cidadãos capaz de agir politicamente. O modelo para os movimentos nacionais foi quase sempre o Estado nacional surgido na Revolução Francesa, constituído de modo republicano. Comparados com os Estados da primeira geração, Itália e Alemanha foram "nações tardias". Outro contexto foi formado no período da descolonização no pós-Segunda Guerra Mundial. E na queda dos Impérios, como o do domínio otomano, o austro-húngaro ou a da União Soviética, a constelação era ainda mais diferente. Disso se distingue a situação das minorias nacionais, como os

Jürgen Habermas

bascos, os curdos e os irlandeses do Norte, que sugiram no decorrer da formação do Estado nacional. Um caso especial é a fundação do Estado de Israel – que resulta de um movimento religioso nacional e dos horrores de Auschwitz – na Palestina, uma região sob o comando inglês reivindicada pelos árabes.

(d) Por fim, eurocentrismo e predomínio da cultura ocidental são palavras-chave para as lutas por reconhecimento que acontecem no âmbito internacional. Mais recentemente, essa dimensão se tornou mais explícita com a Guerra do Golfo: às sombras de uma história colonial ainda presente, a intervenção dos aliados foi interpretada pelas massas mobilizadas de modo religioso, e também por intelectuais secularizados, como um desrespeito à identidade e à independência do mundo arábico--islâmico. Os rastros do reconhecimento fracassado marcam até hoje as relações históricas entre o Ocidente e o Oriente e ainda mais a relação do Primeiro com o outrora chamado Terceiro Mundo.

Com essa breve escolha dos fenômenos já se pode ver que na controvérsia constitucional do governo canadense com Quebec se trata de um caso limite entre (b) e (c). Por baixo do limiar separatista da fundação de um Estado próprio, a minoria francófona luta claramente por direitos que com certeza lhe caberiam caso ela se declarasse um Estado nacional independente – como recentemente fizeram a Croácia, a Eslovênia e a Eslováquia, os Estados bálticos ou a Geórgia. Mas ela aspira por um "Estado no Estado", situação para a qual há um amplo espectro de construções federalistas, entre as regulamentações federativas e uma confederação de Estados mais solta. No Canadá, a descentralização da autoridade estatal está vinculada à questão da autonomia cultural para uma minoria que em sua

A inclusão do outro

própria casa quer se tornar uma maioria relativa. É claro que com a mudança de cor da cultura da maioria surgiriam, por sua vez, novas minorias.

Ao lado dos fenômenos diferentes listados de (a) até (d), precisamos manter separados os diversos níveis de sua análise. As ponderações de Taylor tocam em pelo menos três discursos que se inflamaram com esses fenômenos.

(e) No debate sobre o *political correctness* [politicamente correto], esses fenômenos ofereceram a ocasião para os intelectuais norte-americanos se entenderem sobre o valor da modernidade.[11] Nenhuma das partes em disputa quer levar adiante a modernidade em seus próprios termos, como um projeto imprescindível.[12] O que para os "radicais" significa um passo estimulante em direção à pós-modernidade e à superação das figuras de pensamento totalizantes, para os "tradicionalistas" é um sinal da crise que só pode ser superada por um retorno que evoca as tradições clássicas do Ocidente. Podemos deixar esse debate de lado, já que contribui pouco para a análise das lutas por reconhecimento no Estado de direto democrático e praticamente nada para a sua solução política.[13]

---

11 Cf. Berman (Org.), *Debating P. C.* Cf. também nesse ponto Searle, Storm over the University.

12 Cf. Habermas, *Der philosophische Diskurs der Moderne.*

13 Gutmann observa o seguinte sobre o método desconstrutivista de desmascaramento: "Essa argumentação abreviada é muitas vezes apresentada em favor de grupos que são sub-representados na universidade e estão em desvantagem na sociedade, mas é difícil perceber como pode ter alguma utilidade para alguém. Do ponto de vista lógico e prático, ela mina seu próprio fundamento. Segundo sua lógica

Jürgen Habermas

(f) Situam-se em outro nível os discursos filosóficos em sentido estrito, que partem dos fenômenos mencionados para descrever os problemas universais. Os fenômenos se prestam bem para ilustrar as dificuldades para o acordo intercultural. Eles iluminam a relação entre a moral e a eticidade, ou a relação interna entre significado e validade, e realimentam a velha questão sobre se podemos de fato transcender o contexto de nossas respectivas línguas e culturas ou se todos os padrões de racionalidade permanecem presos a determinadas visões de mundo e tradições. As evidências acachapantes da fragmentação das sociedades multiculturais e a confusão da torre de babel das línguas na supercomplexa sociedade mundial parecem nos forçar a conceitos holísticos de linguagem e de imagens de mundo contextualistas, que soam céticos em relação a todas as pretensões universalistas de tipo cognitivo ou normativo. O debate ramificado sobre a racionalidade, e por enquanto ainda aberto, tem certamente consequências para os conceitos de bom e justo, com os quais operamos quando investigamos as condições de uma "política do reconhecimento". Mas a própria proposta de Taylor tem outra referência. Ela se encontra no âmbito de referência do direito e da política.

---

interna, a tese descontrutivista de que os cânones intelectuais nada mais são do que máscaras para as aspirações por poder desemboca na tese de que também ela espelha em si mesma uma vontade de poder, a saber, a dos desconstrutivistas. Mas por que então se ocupar com as questões intelectuais que com certeza não mostram o caminho mais rápido e seguro, nem tampouco o mais agradável, para o poder político se, na realidade, não se tem outra coisa em mente a não ser o poder político?" (Taylor et al. *Multikulturalismuns und die Politik der Annerkennung*, p.139).

A inclusão do outro

(g) Com isso, a questão sobre o "direito" ou os "direitos" de minorias ofendidas e desrespeitadas ganha um sentido jurídico. As decisões políticas se servem das formas de regulamentação do direito positivo para se tornarem efetivas em sociedades complexas em geral. Mas com o *medium* do direito nos defrontamos com uma estrutura artificial que implica determinadas decisões normativas prévias. O direito moderno é *formal* porque se baseia na premissa de que tudo o que não é explicitamente proibido é permitido. Ele é *individualista* porque transforma a pessoa individual em portadora de direitos subjetivos. É um direito *coercitivo* porque é *sancionado* pelo Estado e se aplica apenas aos comportamentos legais ou conformes à regra – por exemplo, ele pode deixar à escolha de cada um o exercício da religião, mas não pode prescrever nenhuma consciência moral. É um direto *positivo* porque remonta às decisões – modificáveis – de um legislador político; e, por fim, ele é um direito *estabelecido em termos procedimentais* porque é legitimado por meio de um procedimento democrático. O direito positivo somente exige, é claro, o comportamento *legal*, mas ele precisa ser *legítimo*: embora ele nos dispense dos motivos da obediência ao direito, ele precisa estar constituído de maneira tal que a qualquer momento possa também ser obedecido pelos destinatários em virtude do respeito à lei. Portanto, uma ordem jurídica é legítima quando ela assegura de modo igual a autonomia de todos os cidadãos. Estes são autônomos somente quando os destinatários do direito podem ao mesmo tempo se compreender como seus autores. E os autores são livres somente enquanto participantes nos processos de legislação que são realizados sob formas de comunicação e regulados de maneira tal que todos possam supor que as regulamentações acordadas merecem o consentimento universal e motivado de modo racional. Do ponto de vista normativo, não existe Estado de direito sem democracia. Por outro lado, dado que o próprio processo democrático precisa ser institucionalizado, o princípio da soberania popular exige, em contrapartida, aqueles direitos fundamentais sem os quais não pode haver um direito legítimo em geral; exige sobretudo o direito às iguais liberdades subjetivas de ação que, por sua vez, pressupõem a proteção jurídica individual e abrangente.

Assim que tratamos um problema como um problema jurídico, colocamos em jogo um conceito de direito moderno que nos obriga – só por razões jurídicas – a operar com a arquitetônica do Estado de direito, rica em pressupostos. Isso também tem consequências para o tratamento do problema da igualdade jurídica e do reconhecimento igual de grupos que se definem em termos culturais, ou seja, de coletividades que se diferenciam de outras coletividades por meio da tradição, forma de vida, origem étnica etc. – e cujos membros *querem* se diferenciar das demais coletividades em vista da manutenção e desenvolvimento de sua própria identidade.

III. A impregnação ética do Estado de direito

Do ponto de vista da teoria do direito, o multiculturalismo lança, em primeiro lugar, a questão da *neutralidade ética* do ordenamento jurídico e da política. Aqui, denomino "éticas" todas as questões que dizem respeito às concepções de vida boa ou de vida não fracassada. As questões éticas não podem ser julgadas sob o ponto de vista "moral" com relação ao que é "igualmente bom para todos". O juízo imparcial das questões

A inclusão do outro

éticas se mede muito mais com base nas avaliações fortes, pela autocompreensão e pela perspectiva do plano de vida de grupos particulares, ou seja, por aquilo que "é bom para nós" a partir da visão *desses grupos* sobre o todo. As questões éticas estão circunscritas gramaticalmente pela referência à primeira pessoa e com isso pela referência à identidade (de um indivíduo ou) de um grupo. A partir do exemplo do conflito constitucional canadense, quero considerar, de início, a exigência liberal da neutralidade ética do direito em vista da autocompreensão ético-política de uma nação de cidadãos.

A neutralidade do direito – e do procedimento democrático de formação do direito – é ocasionalmente entendida como se as questões políticas de tipo ético tivessem de ser mantidas distantes da agenda por meio de *gag rules* e excluídas das discussões por serem inacessíveis a uma regulamentação jurídica imparcial. Assim, o Estado não deveria (no sentido do Liberalismo 1) perseguir quaisquer fins coletivos para além da garantia das liberdades privadas, do bem-estar e a da segurança pessoal dos cidadãos. O modelo oposto (no sentido do Liberalismo 2), pelo contrário, espera do Estado que ele assegure esses direitos fundamentais em geral, mas que além disso também atue em favor da sobrevivência e da promoção de uma "determinada nação, cultura, religião etc. ou de um número limitado de nações, culturas e religiões". Também Michael Walzer considera esse modelo fundamental, que com certeza permite que os cidadãos, sob determinadas circunstâncias, também possam se decidir pela prioridade dos direitos individuais. Com isso, Walzer compartilha a premissa de que é perfeitamente possível haver colisões entre as duas orientações normativas básicas e que em tais casos somente o Liberalismo 2 permite decidir

Jürgen Habermas

pela consideração e prioridade relativa de fins e identidades coletivas. Ora, a teoria dos direitos de fato afirma a prioridade absoluta dos direitos sobre os bens coletivos, de tal modo que os argumentos para promover fins, como mostra Dworkin, só podem "sobrepujar" as pretensões subjetivas por direitos se eles, por sua vez, puderem ser fundamentados à luz de direitos prioritários.[14] Porém, só isso ainda não é suficiente para fundamentar a concepção comunitarista, partilhada por Taylor e Walzer, de que o sistema de direitos é cego diante das reivindicações pela proteção das formas de vida culturais e identidades coletivas na medida em que é "homogeneizante" e precisa ser corrigido.

Com o exemplo das políticas feministas de equiparação mostramos que vale em geral: que a configuração democrática do sistema de direitos não apenas admite formulações universais de fins políticos, como também admite aqueles fins coletivos que se articulam em lutas por reconhecimento. Pois diferentemente das normas morais que regulam as interações possíveis entre sujeitos capazes de falar e agir em geral, as normas jurídicas se referem aos contextos de interação de uma sociedade concreta. As normas jurídicas remontam às decisões de um legislador local; abrangem uma coletividade de membros de um Estado delimitada socialmente no interior de um domínio do Estado definido em termos geográficos e produzem, nesse âmbito de validade bem circunscrito, decisões políticas com as quais a sociedade organizada na forma do Estado atua sobre si mesma na forma de programas que obrigam de modo coletivo. É claro que a consideração de fins coletivos não pode

---

14 Dworkin, *Bürgerrechte ernstgenommen*, p.158 et seq.

dissolver a *estrutura* do direito; ela não pode destruir a *forma* do direito como tal e com isso superar a diferença entre o direito e a política. Mas faz parte da natureza concreta das matérias que precisam ser regulamentadas que a normatização dos modos de comportamentos no *medium* do direito – diferentemente do que acontece na moral – se abra para os objetivos estabelecidos pela vontade política de uma sociedade. Por isso a ordem jurídica *também* expressa uma forma de vida particular, e não apenas reflete o teor universal dos diretos fundamentais. As decisões do legislador político precisam, certamente, ser entendidas como a realização do sistema de direitos, e suas políticas como a configuração dele. Porém, quanto mais concreto for o recorte da matéria, tanto mais *também* se manifesta, na aceitabilidade da respectiva regulamentação jurídica, a autocompreensão de uma coletividade e sua forma de vida (bem como o equilíbrio de grupos de interesse em competição e a escolha informada entre meios e fins alternativos). Isso se mostra no amplo espectro de razões que entram na formação racional da opinião e da vontade do legislador político – ao lado de ponderações morais, reflexões pragmáticas e os resultados de negociações equitativas, também as razões éticas tomam parte nas deliberações e justificações das decisões legislativas.

Enquanto a formação política da opinião e da vontade dos cidadãos estiver orientada pela ideia de realização dos direitos, ela certamente não pode ser *equiparada* com a autocompreensão ético-política, como propõem os comunitaristas.[15] Mas o processo de realização do direito está inserido em contextos que também colocam justamente os discursos de autocompreensão

---

15 Cf. Beiner, *Political Judgment*, p.138.

Jürgen Habermas

ética como componente importante da política – discussões sobre uma concepção comum do bem e sobre a forma de vida desejada, reconhecida como autêntica. Estes são conflitos nos quais os participantes querem se esclarecer sobre o que significa, por exemplo, serem cidadãos de uma determinada república, habitantes de uma determinada região, herdeiros de uma determinada cultura, sobre quais tradições devem dar continuidade ou interromper, como lidar com seu destino histórico, como lidar uns com os outros e com a natureza etc. E obviamente a escolha da língua oficial ou a decisão sobre o currículo das escolas públicas afeta a autocompreensão ética de uma nação. As questões ético-políticas são um componente inevitável da política e as respectivas regulamentações expressam a identidade coletiva da nação de cidadãos, por conseguinte nelas podem se inflamar lutas culturais nas quais as minorias desrespeitadas se defendem da cultura majoritária insensível. O detonador não é a neutralidade ética da ordem jurídica do Estado, mas sim a impregnação ética inevitável de toda comunidade jurídica e de todo processo democrático de realização dos direitos fundamentais. Disso dão testemunho, por exemplo, as garantias institucionais que as igrejas cristãs – não obstante a liberdade de religião – desfrutam em Estados como a República Federal da Alemanha, ou a recente e controversa garantia de *status* que a Constituição alemã concede à família, diferenciando-a de outras comunidades de vida semelhantes ao casamento.

Em nosso contexto, é importante frisar que essas decisões ético-políticas, consideradas do ponto de vista empírico e normativo, dependem de uma composição contingente da nação organizada em um Estado. A delimitação social do corpo de cidadãos resulta de circunstâncias históricas que são exteriores

A inclusão do outro

ao sistema de direitos e dos princípios do Estado de direito. Ela decide sobre a totalidade de pessoas que convivem em um território e que estão vinculadas por uma Constituição, isto é, pela decisão dos pais fundadores de regular de modo legítimo sua vida em comum por meio do direito positivo. Na sua qualidade de descendentes elas concordaram de modo implícito (ou até mesmo de modo explícito como cidadãos imigrantes) em dar continuidade ao projeto de Constituição que já existe. Porém, as pessoas com as quais se forma, em um determinado momento, uma nação organizada em um Estado, ao mesmo tempo incorporam via processos de socialização as formas de vida culturais nas quais se formou sua identidade – mesmo que nesse ínterim tenha se separado das tradições de sua origem. As pessoas, ou melhor, suas estruturas de personalidade, formam como que os pontos nodais de uma rede adscritiva de culturas e tradições, de contextos de experiência e de vida compartilhados de modo intersubjetivo. E esse contexto é também o horizonte no qual os cidadãos desenvolvem, queiram ou não, seus discursos ético-políticos de autocompreensão. Assim que a totalidade dos cidadãos é alterada, esse horizonte também se modifica, de modo que são feitos outros discursos sobre essas mesmas questões e são produzidos outros resultados. As minorias nacionais ao menos têm uma consciência intuitiva sobre essa circusntância, e ela constitui um motivo importante para reivindicar um Estado próprio ou exigir o reconhecimento como *distinctive society*, como no projeto constitucional de Meech Lake, que nesse ínterim fracassou. Caso a maioria francófona se constituísse como uma comunidade jurídica própria, ela iria formar outras maiorias ao procurar responder questões ético-políticas pela mesma via democrática e chegariam a re-

Jürgen Habermas

gulamentações diferentes daquelas que até agora foram alcançadas pelos canadenses em sua totalidade.

Como mostra a história da formação dos Estados nacionais,[16] é certo que com as novas fronteiras do Estado surgem apenas novas minorias nacionais. O problema não desaparece a não ser pelo preço – injustificável do ponto de vista político e moral – de uma "limpeza étnica". A ambiguidade do "direito" à autodeterminação nacional pode ser demonstrada claramente no exemplo dos curdos que vivem dispersos em cinco Estados diferentes ou no exemplo da Bósnia-Herzegovina, onde os grupos étnicos lutam impediosamente entre si. Por um lado, com o passo em direção à independência como Estado próprio, a coletividade que se entende como uma comunidade com identidade própria conquista um novo patamar de reconhecimento, que continua a lhe ser negado como comunidade pré--política de língua e origem, até mesmo como "nação cultural" incorporada ou dispersa. A necessidade de ser reconhecida na qualidade de nação de um Estado se intensifica sobretudo em momentos de crise, quando a população se apega às características descritivas de uma identidade coletiva renovada de modo regressivo – como ocorreu depois da dissolução do império soviético. Esse apoio promete compensações duvidosas aos medos bem fundamentados acerca do futuro e das inseguranças sociais. Por outro lado, a independência nacional muitas vezes só pode ser alcançada pagando-se o preço de guerras civis, de novas repressões ou de problemas colaterais que perpetuam os conflitos iniciais com sinais invertidos.

---

16 Cf. Alter, *Nationalismus*.

A inclusão do outro

As coisas são diferentes no Canadá, onde se busca de modo razoável uma solução federalista que deixe intacto o Estado como um todo, mas que pretende assegurar a autonomia cultural de uma parte da sociedade por meio da descentralização das competências do Estado.[17] Isso acabaria alterando o conjunto de cidadãos que participam do processo democrático em determinados campos políticos e que todavia não são os seus princípios. Pois a teoria dos direitos não proíbe de maneira alguma que os cidadãos do Estado de direito democrático levem em conta, em sua ordem estatal como um todo, uma concepção do bem que já compartilham desde o início ou sobre a qual entram em acordo em discursos políticos. Contudo, proíbe privilegiar uma forma de vida à custa de outra *dentro* do Estado. Em construções de Estados federativos, isso vale tanto para o plano federal quanto para o plano dos Estados federativos individuais. Se vejo as coisas de modo correto, no Canadá a disputa não se dá em torno desse princípio da igualdade de direitos, mas sim em torno de qual tipo e qual a amplitude das competências que o Estado deve transferir para a província de Quebec.

IV. Coexistência em igualdade de direitos ou proteção das espécies

É claro que a via da federalização só se oferece como solução quando os membros de diferentes grupos étnicos e de mundos da vida culturais puderem ser mais ou menos delimitados territorialmente uns dos outros. Esse não é o caso de sociedades multiculturais, como os EUA, e muito menos

---

17 Redigi essa contribuição no início de 1993.

Jürgen Habermas

de países (como a República Federal da Alemanha) em que a composição étnica da população vem sendo modificada sob a pressão das correntes migratórias mundiais. Também se o Quebec se tornasse autônomo em termos culturais, acabaria se encontrando na mesma situação e simplesmente trocaria uma cultura majoritária inglesa por uma francesa. Vamos supor que em tais sociedades multiculturais há, diante do pano de fundo de uma cultura liberal e com base em associações voluntárias, uma esfera pública que funcione bem, com estruturas de comunicação não corrompidas que possibilitem e promovam discursos de autocompreensão. Nesse caso, o processo democrático de realização dos direitos subjetivos iguais pode abarcar também a garantia da coexistência em igualdade de direitos de diferentes grupos étnicos e suas formas de vida culturais. Para isso não é necessária nenhuma fundamentação especial e nenhum princípio concorrente, pois do ponto de vista normativo a integridade da pessoa de direito individual não pode ser assegurada sem a proteção dos contextos de experiência e de vida compartilhadas em termos intersubjetivos, nos quais ela foi socializada e formou sua identidade. A identidade do indivíduo está entretecida com identidades coletivas, e só pode se estabilizar em uma rede cultural, que, do mesmo modo que a própria língua materna, não pode ser adquirida como uma propriedade privada. Por isso, o indivíduo continua sendo, no sentido de Kymlicka,[18] o portador dos respectivos "direitos de pertencimento cultural". Mas daí derivam, na esteira da dialética da igualdade jurídica e fática, amplas garantias de *status*,

---

18 Kymlicka, *Liberalism, Community and Culture.*

direitos de autoadministração, benefícios de infraestrutura, subvenções etc. Para justificar suas reivindicações, as culturas autóctones ameaçadas podem recorrer a razões morais específicas oriundas da história de um país que nesse ínterim foi dominada pela cultura majoritária. Argumentos similares em favor de uma "discriminação invertida" podem ser apresentados por culturas que foram suprimidas e proibidas por muito tempo, como os antigos escravos.

Essas e outras obrigações semelhantes resultam de pretensões *de direito* e de modo algum de uma avaliação *valorativa* universal da respectiva cultura. A política do reconhecimento defendida por Taylor se assentaria sobre bases muito fracas caso dependesse da "suposição do valor igual" das culturas e de suas respectivas contribuições para a civilização mundial. O direito ao respeito igual que cada um pode reivindicar para seus contextos que formam a identidade não tem nada a ver com uma suposta excelência de sua cultura de origem, ou seja, com uma contribuição apreciada de modo universal. Susan Wolf também enfatiza isso:

> pelo menos *um* dos sérios danos causados pelo não reconhecimento tem pouco a ver com a questão de se o ser humano ou a cultura, cujo reconhecimento continua sendo negado, têm algo de importante a dizer a todos os seres humanos. A necessidade de reparar esses danos não resulta da suposição ou da confirmação da suposição de que uma determinada cultura possui um valor especial para os seres humanos que não pertencem a ela.[19]

---

19 Cf. Taylor et. al., *Multikulturalismuns und die Politik der Annerkennung*, p.84.

Jürgen Habermas

Nesse sentido, a coexistência em igualdade de direitos de diferentes grupos étnicos e suas formas de vida culturais não precisa ser assegurada por um tipo de direito coletivo, que acabaria sobrecarregando uma teoria dos direitos que tem como referência as pessoas individuais. Mesmo se tais direitos de grupo pudessem ser admitidos pelo Estado de direito democrático, eles seriam não apenas desnecessários, mas também questionáveis do ponto de vista normativo. Pois a proteção de formas de vida e tradições que formam a identidade deve servir, em última instância, ao reconhecimento de seus membros; ele de modo algum tem o sentido de uma proteção administrativa das espécies. O ponto de vista ecológico da conservação das espécies não pode ser transferido para as culturas. As tradições culturais e as formas de vida que nelas se articulam se reproduzem normalmente pelo fato de que *convencem* a partir de si mesmas aqueles que as adotam e ficam marcadas em suas estruturas de personalidade, isto é, porque motivam a uma apropriação e continuidade produtivas. O Estado de direito só pode *possibilitar* essa atividade hermenêutica de reprodução cultural dos mundos da vida. Ou seja, uma garantia de sobrevivência acabaria roubando dos seus membros justamente a liberdade de dizer sim ou não, que hoje em dia constitui uma condição necessária para a apropriação e preservação de uma herança cultural. Sob as condições de uma cultura que se tornou reflexiva, só podem se preservar aquelas tradições e formas de vida que *vinculam* os seus membros, de modo que se submetam a seu exame crítico e deixem às gerações futuras a *opção* de aprender de outras tradições ou para se converterem a outra cultura e migrar para outras paragens. Isso inclusive é válido para seitas relativamente fechadas, como os Amish da

A *inclusão do outro*

Pennsylvania.[20] Mesmo se considerássemos sensato o objetivo de colocar as culturas sob a proteção das espécies, as condições hermenêuticas para uma reprodução auspiciosa seriam inconciliáveis com esse objetivo – *"to maintain and cherish distinctness, not just now but forever"* [de manter e zelar pelo caráter específico, não só agora mas sempre].

Para tanto, não é necessário evocar as muitas subculturas e mundos da vida que floresceram nos inícios da sociedade burguesa, estratificada em corporações de ofício da modernidade europeia, ou as formas de vida subsequentes dos jornaleiros agrícolas e da massa do proletariado urbano desenraizada da primeira fase da industrialização. É claro que foram atingidas e moídas de modo violento pelo processo de modernização. Porém, nem todos encontraram seu mestre Anton* nem foram defendidos de modo convicto por seus membros diante das alternativas dos tempos modernos. As formas de vida que eram atrativas do ponto de vista cultural e suficientemente fortes para estimular a vontade de se autoafirmar – como talvez tenha sido o caso da cultura burguesa urbana do século XIX – só conseguiram se manter em alguns de seus traços em virtude da força de *autotransformação*. Mesmo uma cultura majoritária que não se vê ameaçada afirma sua vitalidade unicamente por meio de um revisionismo sem reservas, esboçando vias alternativas ao existente ou integrando os impulsos estranhos – até o ponto de romper com algumas tradições. Isso vale principalmente

---

20 Cf. a decisão da Suprema Corte no caso Wisconsin *vs.* Yoder, 306 U.S., 2015 (1972).

* Habermas se refere aqui a um personagem do drama burguês *Maria Magdalena* (1844), do escritor Carl Friederich Hebbel (1813-1863). (N. T.)

Jürgen Habermas

para as culturas imigrantes, que, pela pressão assimiladora do novo entorno, se veem desafiadas a uma delimitação étnica obstinada e a reviverem os elementos tradicionais, mas que a partir daí formam um modo de vida que se afasta tanto da assimilação quanto da origem tradicional.[21]

Em sociedades multiculturais, a coexistência em igualdade de direito das formas de vida implica para cada cidadão uma oportunidade segura de crescer de modo sadio em um universo cultural de origem e permitir que seus filhos possam crescer nele, isto é, a oportunidade de se confrontar com essa cultura – bem como toda as demais –, de prosseguir com ela de modo convencional ou para transformá-la, bem como a oportunidade de se afastar com indiferença de seus imperativos ou renunciar a ela de modo autocrítico, para seguir vivendo com o aguilhão de uma ruptura consciente com a tradição ou viver com uma identidade cindida. A mudança acelerada das sociedades modernas explode todas as formas de vida estáticas. As culturas só se mantêm vivas se conseguem extrair uma força para se autotransformarem a partir da crítica e da secessão. As garantias jurídicas somente podem se apoiar sobre o fato de que cada um, em seu meio cultural, possui a possibilidade de regenerar essa força. E esta, por sua vez, não nasce apenas da delimitação em relação ao que é estranho e ao estrangeiro, mas também – ou pelo menos em igual medida – do intercâmbio com eles.

Na modernidade, as formas de vida rígidas sucumbem à entropia. Os movimentos fundamentalistas podem ser concebidos como a tentativa irônica de conferir ao seu próprio mundo da vida uma ultraestabilidade com meios restauradores. A ironia

---

21 Cf. Cohn-Bendit, *Heimat Babylon*, p.316 et seq.

A inclusão do outro

consiste na autocompreensão equivocada de um tradicionalismo que só surge na esteira da modernização social e imita uma substâncialidade decaída. Como uma reação ao impulso avassalador da modernização, o fundamentalismo representa um movimento moderno de renovação, do começo ao fim. Inclusive o nacionalismo pode se converter em um fundamentalismo, mas não pode ser confundido com ele. O nacionalismo da Revolução Francesa se vinculou aos princípios universalistas do Estado de direito democrático; naquela época, o nacionalismo e o republicanismo eram irmãos gêmeos. Por outro lado, também as democracias consolidadas do Ocidente, e não só as sociedades em mudança radical, são assoladas por movimentos fundamentalistas. Todas as religiões mundiais produziram seu próprio fundamentalismo, embora nem de longe todos os movimentos sectários apresentam esses traços.

Como nos fez lembrar o caso Rushdie, um fundamentalismo que leva a uma prática intolerante é inconciliável com o Estado de direito. Essa prática está baseada em interpretações de mundo religiosas ou da filosofia da história que reivindicam exclusividade para uma forma de vida privilegiada. Falta a essas concepções a consciência da falibilidade de sua pretensão de validade e o respeito diante do "ônus da razão" (John Rawls). É claro que as interpretações globais do mundo e as convicções religiosas não precisam se vincular a um tipo de falibilismo que acompanha hoje o saber hipotético das ciências empíricas. Porém, as imagens de mundo fundamentalistas são dogmáticas em um outro sentido: elas não deixam nenhum espaço de ação para uma reflexão sobre sua relação com imagens de mundo alheias, com as quais elas compartilham o *mesmo* universo discursivo e cujas pretensões de validade concorrentes só podem

Jürgen Habermas

combater com razões. Elas não deixam espaço para o *reasonable disagreement* [desacordo razoável].[22]

Ao contrário disso, os poderes subjetivos da fé do mundo moderno se definem por uma postura reflexiva que não apenas permite um *modus vivendi* – que pode ser exigido juridicamente sob as condições de uma liberdade de religião. As imagens de mundo não fundamentalistas, que Rawls define como *not unreasonable comprehensive doctrines*,[23] permitem muito mais – no espírito da tolerância em Lessing – uma disputa civilizada das convicções, na qual uma parte pode reconhecer, sem abdicar de sua própria pretensão de verdade, as demais partes como companheiros de armas na busca pela verdade autêntica. Em sociedades multiculturais, a constituição do Estado de direito só pode tolerar as formas de vida que se articulam no *medium* de tais tradições não fundamentalistas, pois a coexistência em igualdade de direitos exige o reconhecimento mútuo de diferentes pertenças culturais: uma pessoa também precisa ser reconhecida como membro de uma comunidade integrada em torno de uma respectiva concepção do bem, que difere de comunidade para comunidade. Ou seja, a *integração ética* de grupos e subculturas, cada um com sua identidade coletiva própria, precisa ser desacoplada do plano da *integração política* abstrata, que abarca a todos os cidadãos de modo igual.

A integração do cidadão assegura a lealdade em relação a uma cultura política comum. Esta se enraíza em uma interpretação dos princípios constitucionais que cada Estado nacional assume

---

22 Habermas, *Erläuterungen zur Diskursethik*, p.204-8.
23 Rawls, Der Gedanke eines übergreifenden Konsens. In: *Politischen Liberalismus*.

A inclusão do outro

da perspectiva de seu próprio contexto de experiência histórica e que, nesse sentido, não pode ser neutra do ponto de vista ético. Talvez fosse melhor falar de um *horizonte* comum de interpretação, em cujo âmbito a autocompreensão política dos cidadãos de uma república é discutida publicamente, a partir de motivos atuais. A controvérsia dos historiadores, que se desenrolou na República Federal da Alemanha nos anos 1986-1987, é um bom exemplo.[24] Mas sempre se discute sobre a melhor interpretação *dos mesmos* direitos fundamentais e princípios. Estes formam o ponto de referência fixo de todo patriotismo constitucional que situa o sistema de direitos no contexto histórico de uma comunidade jurídica. Esses direitos e princípios precisam coadunar-se de modo duradouro com os motivos e disposições dos cidadãos, pois sem essa ancoragem nas motivações não conseguiriam se tornar a força capaz de impulsionar o projeto de produção de uma associação de livres e iguais, entendido de forma dinâmica. Por isso também a cultura política comum, na qual os cidadãos se reconhecem novamente como membros de uma coletividade, está impregnada eticamente.

Ao mesmo tempo, o teor ético do patriotismo constitucional não deve restringir a neutralidade da ordem jurídica frente às comunidades integradas em termos éticos no plano subpolítico. Pelo contrário, ele precisa aguçar o sentido para a multiplicidade diferenciada e a integridade das diversas formas de vida que coexistem em uma sociedade multicultural. O que é decisivo é manter a diferença entre os dois planos de integração. Tão logo eles coincidam, a cultura da maioria usurpa privilégios estatais à custa da igualdade de direitos de

---

24 Cf. Habermas, *Eine Art Schadensabwicklung*.

Jürgen Habermas

outras formas de vida culturais e ofende a pretensão destas ao reconhecimento recíproco. No âmbito interno, a neutralidade do direito em relação às diferenças éticas se explica pelo fato de que, nas sociedades complexas, a totalidade dos cidadãos não pode ser mantida unida por um consenso substantivo de valores, mas somente por um consenso sobre os procedimentos para a criação legítima do direito e o exercício do poder. Os cidadãos integrados em termos políticos compartilham a convicção racionalmente motivada de que o desencadeamento das liberdades comunicativas na esfera pública política, os procedimentos democráticos para resolver conflitos e a canalização da dominação pelo Estado de direito fundamentam uma perspectiva sobre a domesticação do poder ilegítimo e sobre o uso do poder administrativo em favor do interesse igual de todos. O universalismo dos princípios do direito se reflete em um *consenso procedimental* que, é claro, precisa estar *inserido* no contexto de uma respectiva cultura política determinada historicamente *sob a perspectiva do patriotismo constitucional*, por assim dizer.

V. Imigração, cidadania e identidade nacional

Os juristas têm a vantagem de discutir as questões normativas a partir de casos concretos que ainda aguardam uma decisão. Os filósofos se eximem dessa pressão para decidir e, na condição de contemporâneos das ideias clássicas que se estendem por mais de 2 mil anos, não precisam ter qualquer pudor em se entenderem como participantes de um diálogo infinito. Por isso é tão fascinante quando alguém como Charles Taylor procura apreender sua própria época em ideias e mostrar

A inclusão do outro

a fecundidade das intuições filosóficas para a compreensão das questões urgentes da ordem do dia. Seu ensaio é inclusive um exemplo desse tipo tão raro quanto brilhante, embora – ou melhor, porque – ele não trilhe a senda tão em moda da "ética aplicada".

Na República Federal da Alemanha – como na Comunidade Europeia em geral –, depois das revoluções no centro e no leste da Europa, um outro tema se coloca na ordem do dia: a imigração. Depois de uma apresentação exaustiva do problema, um colega holandês chegou sem rodeios ao seguinte prognóstico:

> *Western European countries* [...] *will do their utmost to prevent immigration from third countries. To this end they will grant work permits to persons who have skills of immediate rlevance to the society in fairly exceptional cases only (soccer players, software specialists from the US, scholars from India etc.). They will combine a very restrictive entry policy with policies aimed at dealing more quickly and effectively with requests of asz ylum, and with a practice of deporting without delay those whose request has been denied* [...]. *The conclusion is that they will individually and jointly use all means at their disposal to stem the tide.*[25]

---

25 Van de Kaa, European migration at the End of History, *European Review*, p.94. ["Os países da Europa Ocidental (...) farão todo o possível para impedir a imigração dos países do Terceiro Mundo. Com esse objetivo somente em casos muito excepcionais concederão permissão para trabalhar a pessoas que tenham qualificações relevantes para a sociedade (jogadores de futebol, especialistas norte-americanos em software, pesquisadores da Índia etc.). Eles combinarão uma política de entrada muito restritiva com políticas orientadas para lidar de modo mais rápido e efetivo com os pedidos de asilo e com a deportação daqueles cujos pedidos foram negados.

Jürgen Habermas

Essa descrição corresponde exatamente ao compromisso sobre a questão do asilo que o governo e a oposição negociaram e aprovaram em 1993 na República Federal da Alemanha. Não resta dúvida de que essa política é saudada pela grande maioria da população. Inclusive a xenofobia está hoje muito difundida nos países da Comunidade Europeia. Em cada país ela tem características fortemente distintas. Mas a posição dos alemães não se diferencia muito daquela assumida pelos franceses ou ingleses.[26] O exemplo de Taylor pode nos estimular a buscar (também) da perspectiva filosófica uma resposta à questão sobre a justificativa dessa política de isolamento em relação aos imigrantes. Eu gostaria, de início, discutir a questão *in abstracto*, para depois analisar o debate alemão sobre o asilo no ano de 1992/93 e iluminar o seu pano de fundo histórico, para, enfim, caracterizar as alternativas que precisariam ser esclarecidas no debate sobre a autocompreensão ético-política da República Federal da Alemanha *ampliada*, debate que até hoje não foi conduzido de maneira aberta.

Embora o direito moderno se diferencie da moral racional pós-tradicional em virtude de determinadas qualidades formais, o sistema de direitos e os princípios do Estado de direito, em virtude de seu teor universalista, estão em harmonia com essa moral. Ao mesmo tempo, como vimos, os ordenamentos jurídicos estão "impregnados eticamente" à medida

---

(...) A conclusão é que utilizarão tanto individual quanto conjuntamente todos os meios à sua disposição para deter esta maré."]

26 Cf. Wiegand, Ausländerfeindlichkeit in der Festung Europa. Einstellungen zu Fremden im europäischen Vergleich. *Informationsdienst Soziale Indikatoren (ZUMA)*, p.1-4.

A inclusão do outro

que neles se refletem a vontade política e a forma de vida de uma comunidade jurídica concreta. Os Estados Unidos, cuja cultura política é marcada por uma tradição constitucional de duzentos anos, são um bom exemplo disso. Porém, enquanto o legislador político se orientar pelos princípios do Estado de direito e, com isso, pela ideia da realização dos direitos fundamentais, o *ethos* juridificado de uma nação organizada no Estado não pode contradizer os direitos dos cidadãos. Por isso, o teor ético de uma integração política que une todos os cidadãos precisa ser "neutro" com relação às diferenças entre comunidades ético-culturais integradas segundo suas próprias concepções do bem, que existem em um mesmo Estado. Não obstante o desacoplamento desses dois âmbitos de integração, uma nação de cidadãos só consegue manter vivas as instituições da liberdade enquanto desenvolver uma determinada medida de lealdade com relação ao *próprio* Estado, medida que não pode ser imposta pelo direito.

É essa autocompreensão ético-política da nação que é afetada pela imigração, pois a corrente de imigrantes altera a composição da população também do ponto de vista ético--cultural. Por isso surge a questão de se o desejo pela imigração não encontra seus limites no direito de uma coletividade política de manter intacta sua forma de vida político-cultural. Sob a premissa de que a ordem do Estado, configurada como um todo autônomo, está impregnada em termos éticos, o direito à autodeterminação não inclui o direito de uma nação autoafirmar sua identidade em relação a imigrantes que poderiam redefinir a forma de vida político-cultural amadurecida ao longo da história?

Jürgen Habermas

Da perspectiva da sociedade que acolhe os imigrantes, o problema da imigração lança a questão sobre as condições legítimas de entrada. Deixando de lado os níveis intermediários de ingresso, podemos nos concentrar na questão acerca do ato de naturalização com o qual cada Estado controla a expansão da coletividade definida pelos direitos de cidadania. Sob quais condições o Estado deve negar a nacionalidade aos que reivindicam a naturalização? Sem levar em conta as cautelas usuais (contra a criminalidade, por exemplo), a questão mais relevante em nosso contexto é saber sob qual perspectiva um Estado de direito democrático pode exigir que os imigrantes se assimilem para proteger a integridade da forma de vida de seus cidadãos. No âmbito abstrato das reflexões filosóficas podemos diferenciar dois níveis de assimilação:

(a) a assimilação que é definida pelo consentimento aos princípios da Constituição dentro do espaço interpretativo determinado, em um dado momento, pela autocompreensão ético-política dos cidadãos e pela cultura política do país. Isso implica, portanto, assimilar-se a uma certa forma de institucionalização da autonomia dos cidadãos na sociedade que acolhe e à maneira como se pratica o "uso público da razão" (Rawls) nessa sociedade;

(b) o nível ulterior de uma disposição para se aculturar, isto é, não apenas se adequar do ponto de vista externo, mas sim internalizar o modo de vida, as práticas e os costumes da cultura nativa em toda sua extensão. Isso implica uma assimilação que perpassa o âmbito da integração ético-cultural e, com isso, afeta de modo muito mais profundo a identidade coletiva da cultura de origem dos imigrantes do que a socialização política exigida em (a).

A inclusão do outro

Os resultados da política de imigração até agora praticada nos Estados Unidos permitem uma interpretação liberal que lança luz sobre a expectativa de assimilação mais fraca, limitada à socialização política.[27] Um exemplo da segunda alternativa é a fase da política prussiana na Polônia durante o império de Bismarck orientada (embora com oscilações) para germanizar a população.[28]

O Estado de direito democrático que leva a sério o desacoplamento entre os dois âmbitos da integração só pode exigir dos imigrantes a socialização política no sentido descrito em (a) (e esperá-lo de modo pragmático da segunda geração). Desse modo pode proteger a identidade da coletividade, que inclusive não deve ser tocada pela imigração, visto que está atrelada aos *princípios constitucionais* ancorados na *cultura política*, e não nas *orientações éticas fundamentais* de uma *forma de vida cultural* predominante em um país. De acordo com isso, só é necessário esperar dos imigrantes a disposição a adotar a cultura política de sua nova pátria, sem que com isso tenham de abandonar a forma de vida cultural de sua origem. O direito à autodeterminação democrática inclui certamente o direito dos cidadãos de preservarem o caráter inclusivo de sua própria cultura política. Esta protege a sociedade do perigo da segmentação — do risco da exclusão de subculturas estrangeiras ou a dissolução separatista em subculturas sem quaisquer relações entre si. Contudo,

---

27 Cf. Walzer, What does it mean to be an American, *Social Research*, em que afirma que a concepção comunitarista não faz jus à composição complexa de uma sociedade multicultural, p.613.

28 Cf. Brubaker, *Citizenship and Nationhood in France and Germany*, p.128 et seq.

Jürgen Habermas

a integração política não se estende às culturas de imigração fundamentalistas, como mostramos. Porém, ela não justifica a assimilação forçada em favor da autoafirmação de uma forma de vida cultural preponderante em um país.[29] Essa alternativa em termos de Estado de direito implica que a identidade da coletividade, afirmada de modo legítimo, de modo algum pode ser salvaguardada, *em longo prazo*, das mudanças que resultam das ondas imigratórias. Uma vez que os imigrantes não podem ser coagidos a abandonar suas próprias tradições, também se amplia o horizonte no qual os cidadãos até então interpretavam seus princípios constitucionais comuns, com novas formas de vida estabelecidas, se for o caso. Então entra em ação aquele mecanismo segundo o qual, ao se alterar em termos culturais a composição da cidadania ativa, também se modifica o contexto de referência da autocompreensão ético-político da nação como um todo:

People live in communities with bonds and bounds, but these may be of diferente kinds. In a liberal society, the bonds and bounds should be compatible with liberal principles. Opne immigration would change the character of the community, but it would not leave the community without any character.[30]

---

29 Cf. Cohn-Bendit, Schmid et. al., Capítulo 8.

30 Carens, Aliens and Citizens, *Review of Politics*, p.271. ["As pessoas vivem em comunidade com vínculos e limites, mas estes podem ser de tipos diferentes. Em uma sociedade liberal, os vínculos e limites deveriam ser compatíveis com os princípios liberais. Abrir-se à imigração mudaria o caráter da comunidade, mas isso não deixaria a comunidade sem qualquer caráter."] Sobre isso, cf. Habermas, Staatsbürgerschaft und nationale Identität. In: *Faktizität und Geltung*.

A inclusão do outro

Isso é o suficiente sobre quais condições um Estado de direito democrático deveria estabelecer para aceitar os imigrantes. Mas, afinal, quem tem realmente o direito a imigrar? Há boas razões *morais* para uma *pretensão de direito* individual a asilo político (no sentido do artigo 16 da Lei Fundamental, que precisa ser interpretado tendo como referência a proteção da dignidade humana garantida no artigo 1 e vinculado à garantia de proteção legal, estabelecida no artigo 16). Não é necessário entrar nisso agora. O importante é a definição de refugiado. Conforme o artigo 33 da Convenção de Genebra sobre refugiados,* tem direito a asilo todo aquele que foge de países "nos quais sua vida ou sua liberdade esteja sendo ameaçada por causa de sua raça, religião, nacionalidade, pertencimento a um grupo social ou suas convicções políticas". À luz das experiências mais recentes, essa definição precisa ser ampliada de modo a incluir a proteção das mulheres dos estupros em massa. Tampouco resulta problemática a reivindicação de um asilo temporário aos refugiados oriundos de regiões em guerra civil. Mas desde o descobrimento da América, e mais especificamente desde o aumento explosivo da imigração em todo o mundo no século XIX, a grande massa daqueles dispostos a imigrar era composta de pessoas que buscavam trabalho e de refugiados pobres que queriam escapar de uma existência

---

* Trata-se da Convenção das Nações Unidas sobre o Estatuto dos Refugiados. Seguindo a decisão da Assembleia Geral de 1950 (Resolução n.429 V), foi convocada em Genebra, em 1951, uma Conferência de Plenipotenciários das Nações Unidas para redigir uma Convenção regulatória do *status* legal dos refugiados. Como resultado, a Convenção foi adotada em 28 de julho de 1951, entrando em vigor em 22 de abril de 1954. (N. T.)

Jürgen Habermas

miserável em sua terra natal. E ainda hoje é assim. E é contra essa imigração das regiões pobres do Leste e do Sul que se arma o chauvinismo europeu do bem-estar social.

Sob o ponto de vista moral, não deveríamos considerar esse problema somente a partir da perspectiva dos habitantes das sociedades pacíficas e de bem-estar social. Precisamos também assumir a perspectiva daqueles que em continentes estrangeiros buscam sua salvação, isto é, uma existência humana digna – e não a proteção contra a perseguição política. Sobretudo na situação atual, quando o desejo de imigrar supera visivelmente a disposição para aceitar, coloca-se a questão de se, além da pretensão moral, existe também uma *pretensão de direito* à integração.

Pode-se apresentar boas razões para a pretensão *moral*. Normalmente, as pessoas não abandonam sua terra natal se não devido a uma grande necessidade. Via de regra, o próprio fato de sua fuga é suficiente para documentar a necessidade de assistência. A obrigação moral de prestar ajuda resulta especificamente da crescente interdependência de uma sociedade mundial que, mediante o mercado capitalista mundial e os meios de comunicação eletrônicos, se fundiu de maneira tal que as Nações Unidas tiveram de assumir algo como uma responsabilidade política global para assegurar a vida, como mostra o caso recente da Somália. Além disso, o Primeiro Mundo tem certas obrigações específicas que resultam da história de colonialismo e de desenraizamento das culturas regionais pela irrupção da modernização capitalista. Além disso, pode-se mencionar que os europeus participavam de maneira desproporcional dos movimentos migratórios intercontinentais no período entre 1800 a 1960, perfazendo 80% desse evento, e lucraram com isso, ou seja, melhoraram suas condições de

A inclusão do outro

vida quando comparados com outros migrantes e com aqueles compatriotas que não emigraram. Ao mesmo tempo, durante o século XIX e início do século XX, esse êxodo melhorou a situação econômica dos países de origem de modo tão decisivo quanto, inversamente, a imigração em direção à Europa na época da reconstrução pós-Segunda Guerra Mundial.[31] De uma forma ou de outra, a Europa foi beneficiária dessas correntes migratórias.

---

31 Cf. Emmer, Intercontinental Migration. *European Review: "After 1800 the dramatic increase in the economic growth of Western Europe could only be maintained as an 'escape hatch'. The escape of 61 million Europeans after 1800 allowed the European economies to create such a mix of the factors of production as to allow for record economic growth and to avoid a situation in which economic growth was absorved by an increase in population. After the Second World War, Europeans also benefitted from intercontinental migration since the colonial empires forced many colonial subjects to migrate to the metropolis. In this particular period there was no danger of overpopulation [...]. Many of the colonial migrants coming to Europe had been well trained and they arrived at exactly the time when skilled labour was at a premium in rebuilding Europe's economy"* (p.72 et seq.). ["Após 1800, o aumento dramático do crescimento econômico na Europa Ocidental somente poderia ser mantido por uma 'via de escape'. A evasão de 61 milhões de europeus depois de 1800 permitiu às economias europeias criar uma tal mescla de fatores de produção que permitiu um crescimento econômico recorde e evitou uma situação na qual o crescimento econômico fosse absorvido pelo aumento da população. Após a Segunda Guerra Mundial, os europeus também se beneficiaram da migração intercontinental, pois os impérios coloniais forçaram vários dos sujeitos coloniais a migrarem para a metrópole. Nesse período específico não havia o risco de uma superpopulação (...). Vários dos migrantes coloniais que vieram para a Europa haviam sido bem treinados e eles chegaram justamente em um período em que o trabalho qualificado era muito recompensado na reconstrução da economia da Europa."]

385

Jürgen Habermas

É certo que essas e outras razões similares ainda não justificam uma pretensão de direito a imigrar que possa ser reivindicada de modo individual, mas justificam uma obrigação moral com uma política liberal de imigração que abra a própria sociedade aos imigrantes e que controle a imigração conforme as capacidades disponíveis. Com o *slogan* defensivo "O barco está cheio", está ausente a disposição de assumir a perspectiva do outro lado – por exemplo, daquelas *boat people* que procuravam fugir do terror da Indochina em botes que adornavam. Com toda certeza ainda não foram atingidos os limites da capacidade de absorção de imigrantes nas sociedades europeias que, tanto ontem como hoje, ainda dependem da imigração em face da redução demográfica e por razões econômicas. Além disso, a fundamentação moral de uma política liberal de imigração implica a obrigação de não limitar o contingente de imigrantes em virtude das necessidades econômicas dos países de acolhida, isto é, como "força de trabalho especializada aceitável", mas sim por meio de critérios que sejam aceitáveis da perspectiva de todos os participantes.

VI. A política de asilo na Alemanha reunificada

Partindo desses princípios, não é possível justificar do ponto de vista normativo o compromisso sobre a questão do asilo negociado entre o governo e o SPD (Partido Social-Democrata) e em vigor desde a primavera de 1993. Sem poder entrar em detalhes, menciono os três erros centrais e critico as premissas que lhes estão subjacentes.

(a) A regulamentação prevista limita-se à política de asilo, isto é, às medidas contra o "mau uso" do direito de asilo. Com

A inclusão do outro

isso, ignora-se a circusntância de que a República Federal da Alemanha precisa de uma política de imigração que abra *outras* opções jurídicas aos imigrantes. Desse modo, o problema da imigração acaba sendo definido de maneira equivocada, e com enormes consequências. Quem dissolve a interdependência entre as questões de asilo político e a imigração que decorre da pobreza declara implicitamente que quer se desvencilhar da obrigação moral que a Europa tem com relação aos refugiados oriundos das regiões miseráveis deste mundo. Em vez disso, assume tacitamente os custos de uma imigração ilegal que pode ser instrumentalizada a qualquer momento para os fins políticos internos como "mau uso do asilo".

(b) A emenda parlamentar da Lei Fundamental, por meio do artigo 16, previsto por um acordo entre os partidos firmado em 15 de janeiro de 1993, esvazia o "teor essencial" da pretensão de direito individual ao asilo político, pois, conforme o artigo, os refugiados provenientes de um terceiro Estado considerado seguro podem ser deportados sem interposição de recurso. Com isso, o ônus da imigração é desviado para o Leste Europeu, para os nossos vizinhos poloneses, tchecos, eslovacos, húngaros e austríacos. Ou seja, aos países que na situação atual praticamente não estão preparados para tratar desse problema de uma maneira correta em termos jurídicos. Além disso, é problemático restringir a garantia de proteção jurídica para refugiados oriundos de países que são definidos como "livres de perseguição" do ponto de vista da Alemanha.[32]

---

32 Com uma fundamentação escandalosa do ponto de vista do direito constitucional, em 14 de maio de 1996, o Segundo Senado do Tribunal Constitucional Federal declarou que estariam em confor-

Jürgen Habermas

(c) Em vez de facilitar a aquisição da cidadania aos estrangeiros já estabelecidos na Alemanha, especialmente aos "trabalhadores convidados" que foram recrutados, o acordo sobre o asilo recusa uma mudança no direito de naturalização. A eles é negada a dupla cidadania, preferida por razões compreensíveis. Nem sequer seus filhos nascidos na Alemanha obtêm os direitos de cidadania sem restrições. E inclusive para os estrangeiros que querem renunciar à sua cidadania, a naturalização não é possível antes de quinze anos de residência no Alemanha. Por outro lado, aqueles que pertencem ao assim denominado "povo alemão", sobretudo os da Polônia e da Rússia, que puderem comprovar sua ascendência alemã, possuem um direito de naturalização garantido pela lei fundamental. Com base nesse fundamento, dentre os aproximadamente 500 mil pedidos de asilo (entre os quais 130 mil eram oriundos das regiões de guerra civil da antiga Iugoslávia) foram acolhidos, em 1992, 220 mil exilados na República Federal da Alemanha.

(d) A política alemã sobre o asilo se baseia na premissa sempre reafirmada de que a República Federal não é um país de imigração. Isso contradiz não somente o que se pode ver nas ruas e nos metrôs de nossas grandes cidades – por exem-

---

midade com a Constituição a "regulação dos Estados terceiros", assim como a regulação da definição de "Estados de origem seguros", ambas previstas na nova versão do direito fundamental ao asilo político. Com isso um direito fundamental é colocado em segundo plano por imperativos funcionais que exigem uma deportação rápida. Heribert Prantl (no *Süddeutschen Zeitung* de 15-16 de maio de 1996) afirma: "A deportação rápida é mais importante para o Tribunal Constitucional [...] do que o direito ao asilo, mais importante do que a dignidade humana, mais importante do que o princípio do procedimento justo".

A inclusão do outro

plo, hoje 26% da população de Frankfurt é estrangeira –, mas também os fatos históricos. É certo que, desde o início do século XIX, só para os EUA emigraram cerca de 8 milhões de alemães. Mas durante os últimos cem anos também ocorreram ao mesmo tempo grandes movimentos de imigração. Até a Primeira Guerra Mundial, chegaram ao país 1,2 milhão de trabalhadores imigrantes. A Segunda Guerra Mundial deixou 12 milhões de *displaced people* – principalmente trabalhadores forçados que foram deportados da Polônia e da União Soviética. Em 1955, seguindo o caminho de uma política nacional--socialista para os trabalhadores estrangeiros, e a despeito das taxas relativamente altas de desemprego no país, teve início o recrutamento organizado da força de trabalho masculina, barata e solteira, proveniente de países estrangeiros do sul e sudeste da Europa – que se estendeu até o ápice em 1973. Hoje, as famílias e os descendentes dos "trabalhadores hóspedes", que não podem mais retornar, vivem a situação paradoxal de serem imigrantes sem uma clara perspectiva de imigração – como alemães com passaporte estrangeiro.[33] Elas formam a massa de 8,2 % de estrangeiros que viviam na Alemanha em 1992. A resistência à integração plena desses estrangeiros, sem os quais não teria sido possível a prosperidade econômica na Alemanha, só comparável a do Japão, fica ainda mais incompreensível se pensarmos que até aquele momento a antiga República Federal da Alemanha havia integrado 15 milhões de refugiados alemães e descendentes de alemães, migrantes e estrangeiros, ou seja, de "novos cidadãos": "*If a foreign population of about 4.8 million is*

---

33 Cf. Bade, Immigration and Integration in Germany since 1945. In: *European Review*, p.75-9.

Jürgen Habermas

added, nearly one third of the West-German population has resulted from immigration movements since World War II.[34]

Ao continuar afirmando, na esfera pública política, que "nós não somos um país de imigração", à revelia de todas essas evidências, se revela aí uma mentalidade profunda – e a necessidade de uma dolorosa mudança na autocompreensão nacional. Não é por acaso que se decide sobre a naturalização adotando o princípio da ascendência, e não, como em outros países do Ocidente, o territorial. Os déficits descritos de (a) até (d) relativos ao trato com o problema da imigração na Alemanha precisam ser entendidos diante do pano de fundo histórico de uma autocompreensão dos alemães enquanto uma nação de compatriotas centrada na cultura e na língua. É considerado francês quem nasceu na França e tem os direitos de um cidadão francês; entre nós, até o final da última guerra, ainda era feitas distinções sutis entre os "alemães", isto é, entre cidadãos de ascendência alemã, os "alemães do império", isto é, cidadãos com outra ascendência, e "os que pertencem ao povo alemão" – os descendentes de alemães no estrangeiro.

Na França, a autocompreensão nacional pôde se desenvolver no âmbito de um Estado territorial, ao passo que, na Alemanha, ela esteve desde o início vinculada à ideia de uma "nação cultural", inspirada no romantismo e na burguesia letrada. Essa ideia representou uma unidade imaginária que outrora buscava se sustentar nos elementos comuns da língua, da tradição e da

---

34 Id., p.77. ["Ao adicionar uma população estrangeira de cerca de 4,8 milhões, aproximadamente um terço da população da Alemanha Ocidental é o resultado dos movimentos de imigração do pós--Segunda Guerra Mundial."]

390

A inclusão do outro

origem para poder ultrapassar a realidade existente dos pequenos Estados. Ainda mais rico em consequências é o fato de que a consciência nacional francesa foi desenvolvida *pari passu* com a imposição dos direitos da cidadania democrática e na luta contra a soberania de um *único* rei, ao passo que o nacionalismo alemão surgiu a partir da luta contra Napoleão, ou seja, contra um inimigo *externo*, e portanto surgiu separado da luta pelos direitos de cidadania democrática e muito tempo antes da imposição, vinda de cima, de um Estado nacional alemão reduzido. Oriundo de uma "guerra de libertação" a consciência nacional na Alemanha podia se vincular ao *pathos* da singularidade da cultura e da origem – um particularismo que marcou de forma duradoura a autocompreensão dos alemães.

Após 1945, depois do choque da ruptura civilizacional do extermínio em massa promovido pelo nacional-socialismo, assimilado paulatinamente, a República Federal da Alemanha havia se afastado dessa "consciência da singularidade". A isso se somou a perda da soberania e a posição marginal em um mundo bipolar. Essa situação foi profundamente modificada pela dissolução da União Soviética e a reunificação. Por isso as reações ao radicalismo de direita novamente inflamado – e nesse contexto também o debate mentiroso sobre o asilo – suscitam novamente a questão de se a República Federal da Alemanha *ampliada* vai prosseguir no caminho de uma civilização política ou vai renovar a antiga "consciência da singularidade" sob uma nova forma. Essa questão é precária porque um processo de unificação estatal monopolizador e açodado de cima por meios administrativos também nesse aspecto acabou encaminhando a questão por vias erradas. Até hoje ainda não ocorreu o esclarecimento necessário e urgente da autocompreensão

Jürgen Habermas

ético-política dos cidadãos de dois Estados com destinos históricos muito divergentes. A via de ingresso dos novos estados federativos, muito duvidosa do ponto de vista da política constitucional, acabou impedindo um debate constitucional, e o debate posterior que o substituiu, sobre a sede da capital, foi conduzido em *fronts* equivocados. Nesse ínterim, os cidadãos da antiga DDR, humilhados em muitos sentidos e privados de seus porta-vozes e de uma esfera pública política própria, tiveram de lutar com outras preocupações: as contribuições claras são substituídas por ressentimentos latentes.

Todo recalque produz seus sintomas. Um desafio depois do outro – da Guerra do Golfo ao Tratado de Masstricht, a guerra civil na Iugoslávia, a questão do asilo e do radicalismo de direita à intervenção das forças armadas fora da Otan – provocou desespero na esfera pública política e em um governo paralisado. A mudança na constelação das potências e uma situação modificada no âmbito interno exigem sem dúvida novas respostas. A questão é só saber segundo qual consciência a República Federal da Alemanha vai fazer essa adaptação necessária quando o modelo de reação permanece sendo o das decisões *ad hoc* e as mudanças subcutâneas de humor.

Os historiadores que publicam livros escritos às pressas, sob títulos como *Rückruf in die Geschichte* [Retorno à história] ou *Angst vor der Macht* [Angústia diante do poder] nos oferecem uma "despedida da antiga República Federal da Alemanha" voltada para trás, que inclusive ainda expõe a história bem-sucedida da democracia alemã do pós-guerra como um "caminho singular" próprio. Na antiga República Federal da Alemanha teria se corporificado a anormalidade imposta a uma nação vencida e dividida, que, agora, após a reconquista de sua

A inclusão do outro

grandeza e soberania em termos de Estado nacional, precisaria ser afastada de seu utopismo, que deu as costas ao poder, e reconduzida à via da política do poder de uma potência ciente de si no centro da Europa, uma política de poder prefigurada e trilhada por Bismarck. Na comemoração em torno da cesura de 1989 esconde-se apenas o desejo de normalização (sempre repelido) daqueles que não quiseram admitir a cesura de 1945.[35] Eles se voltam contra uma alternativa que não necessariamente leva, em toda ocasião, a outras opções em uma visão de curto prazo, mas que abre uma outra perspectiva. Segundo essa interpretação, a orientação ocidental da antiga República Federal da Alemanha expressa uma decisão política externa transitória, mas não prudente, e muito menos apenas uma decisão *política*, mas sim uma ruptura *intelectual* profunda com aquelas tradições históricas alemãs específicas, que marcaram o Império Guilhermino e que fomentaram a decadência da República de Weimar. Ela estabeleceu os limiares para uma mudança de mentalidade que, depois da revolta estudantil de 1968 e sob as condições favoráveis de uma sociedade do bem-estar social, atingiu camadas mais amplas e possibilitou, pela primeira vez, um *enraizamento* político-cultural da democracia e do Estado de direito em solo alemão. Hoje, trata-se de ajustar o papel político da República Federal da Alemanha a uma nova realidade, sem interromper, sob a pressão dos problemas econômicos e sociais da unificação, o processo de civilização política que vinha progredindo até 1989 e sem abandonar as conquistas normativas de uma autocompreensão nacional não mais fundamentada em termos étnicos, mas sim em termos de cidadania.

---

35 Cf. o artigo homônimo em Habermas, *Die Normalität einer Berliner Republik*.

V
O que significa "política deliberativa"?

9
Três modelos normativos
de democracia

No que se segue, vou me referir, em termos típico-ideais bem acentuados, à concepção "liberal" e "republicana" de política – expressões que atualmente caracterizam nos Estados Unidos dois *fronts* do debate desencadeado pelos assim chamados comunitaristas. Reportando-me a F. Michelman descreverei, de início, os dois modelos de democracia contrapostos em termos polêmicos, tomando como referência o conceito de cidadão, o conceito de direito e a natureza do processo político de formação da vontade, para, na segunda parte, a partir da crítica à sobrecarga ética do modelo republicano, desenvolver uma terceira concepção mais precisamente procedimentalista, à qual gostaria de reservar o nome de "política deliberativa".

I

A diferença decisiva está na compreensão do papel do processo democrático. Segundo a concepção "liberal", o processo democrático cumpre a tarefa de programar o Estado no interesse da sociedade, em que o Estado é representado como aparato da administração pública e a sociedade como sistema, estruturado em termos de economia de mercado, das relações entre as pessoas privadas e seu trabalho social. Nesse processo, a política (no sentido da formação política da vontade dos cidadãos) tem a função de agregar e impor os interesses sociais privados ao aparato do Estado especializado no uso administrativo do poder político para fins coletivos.

Segundo a concepção "republicana", a política não se esgota nessa função de mediação. Ela é muito mais um elemento constitutivo para o processo de socialização como um todo. A política é concebida como forma reflexiva de um contexto de vida ético. Ela forma o *medium* em que os membros de comunidades solidárias naturais se tornam conscientes de sua dependência uns dos outros e, como cidadãos, levam adiante as relações de reconhecimento recíproco já dadas e as configuram, como vontade e consciência, em uma associação de parceiros do direito livres e iguais. Com isso, a arquitetônica liberal de Estado e sociedade passa por uma mudança importante. Ao lado da instância hierárquica de regulação da autoridade soberana do Estado e da instância descentralizada do mercado, ou seja, ao lado do poder administrativo e do interesse próprio, surge a *solidariedade* como uma *terceira fonte* de integração social.

Essa formação política horizontal da vontade orientada pelo entendimento ou ao consenso alcançado de modo comunicativo deve inclusive gozar de uma primazia, tanto do ponto de vista genético quanto normativo. Para a prática de autodeterminação cidadã supõe-se uma base social autônoma, independente em relação à administração pública e ao intercâmbio socioeconômico privado, que proteja a comunicação política

A inclusão do outro

de ser absorvida pelo aparato do Estado ou de ser assimilada na estrutura do mercado. Na concepção republicana a esfera pública política e a sociedade civil como sua infraestrutura adquirem um significado estratégico. Ambas devem assegurar à prática de entendimento dos cidadãos sua força de integração e autonomia.[1] Ao desacoplamento entre comunicação política e sociedade econômica corresponde um reacoplamento entre o poder administrativo e o poder comunicativo que emana da formação política da opinião e da vontade. A partir dessas duas abordagens concorrentes decorrem consequências diferentes.

(a) Em primeiro lugar, distinguem-se os *conceitos de cidadão*. Segundo a concepção liberal o *status* dos cidadãos é definido pelos direitos subjetivos que eles têm diante do Estado e dos demais cidadãos. Na condição de portadores de direito subjetivos, os cidadãos gozam da proteção do Estado à medida que perseguem seus interesses privados dentro dos limites estabelecidos pelas leis – também a proteção frente às intervenções do Estado que excedem a ressalva para intervir estabelecida em lei. Os direitos subjetivos são direitos negativos que garantem um espaço de escolha no qual as pessoas de direitos estão livres de coações externas. Os direitos políticos têm a mesma estrutura: eles dão aos cidadãos a possibilidade de fazer valer seus interesses privados de tal modo que eles possam ser agregados (por meio de votações e a composição do parlamento e do governo) com outros interesses privados em uma vontade coletiva capaz de agir sobre a administração. Desse modo as pessoas, em seu

---

1 Cf. Arendt, *Über die Revolution*. In: *Macht und Gewalt*.

Jürgen Habermas

papel de cidadãos, podem controlar em que medida o poder do Estado é exercido em nome de seus interesses.[2]

Segundo a concepção republicana, o *status* dos cidadãos não é definido pelo padrão das liberdades negativas que eles podem reivindicar *enquanto* pessoas privadas. Pelo contrário, os direitos de cidadania, que são sobretudo direitos de participação e comunicação políticas, são liberdades positivas. Eles não

---

2 Cf. Michelman, Political truth and the rule of law, *Tel Aviv Univ. Studies in Law*, p.283: "*The political society envisioned by bumper-sticker republicans is the society of private right bearers, an association whose first principle is the protection of lives, liberties and states, of its individual members. In that society, the state is justified by the protection it gives to those prepolitical interests; the purpose of the constitution is to ensure that the states apparatus, the government, provides such protection for the people at large rather than serves the special interests of the governors or their patrons; the function of citizenship is to operate the constitution and therby motivate the governors to act according to that protective purpose; and the value to you of your political franchise — your right to vote and speak, to have your views heard and counted — is the handle it gives you on influencing the system so that it will adequately heed and protect your particular, pre-political rights and other interests*". ["A sociedade política anunciada nos adesivos republicanos é a sociedade dos portadores de direitos privados, uma associação cujo primeiro princípio é a proteção da vida, das liberdades e das posses de seus membros individuais. Nessa sociedade, o Estado é justificado pela proteção que ele dá a estes interesses pré-políticos; o objetivo da Constituição é assegurar que o aparato do Estado, o governo, ofereça essa proteção para as pessoas, antes de servir aos interesses específicos dos governantes e de seus patrões; a função da cidadania é colocar em prática a Constituição e, por conseguinte, motivar os governantes a agir conforme esse objetivo de proteger; e o valor do teu direito político — teu direito de eleger e falar, de ter sua voz ouvida e ser levada em conta — é o suporte que ele te dá para influenciar o sistema de modo que ele considere e proteja adequadamente os teus direitos pré-políticos específicos e os demais interesses."]

A inclusão do outro

garantem a liberdade em face de coações externas, mas sim a participação em uma prática comum em cujo exercício os cidadãos podem se converter naquilo que querem ser: em sujeitos políticos responsáveis de uma comunidade de livres e iguais.[3] Nessa medida o processo político não serve apenas para o controle da atividade do Estado por cidadãos que, no exercício de seus direitos privados e liberdades pré-políticas, já alcançaram uma autonomia prévia. E muito menos cumpre uma função de dobradiça entre Estado e sociedade, pois o poder do Estado democrático não é de modo algum um poder originário. Pelo contrário, esse poder emana do poder produzido de modo comunicativo na prática de autodeterminação dos cidadãos e se legitima pelo fato de proteger essa prática por meio da institucionalização da liberdade pública.[4] A justificação da existência do Estado não se encontra primariamente na proteção dos

---

3 Sobre a liberdade positiva *versus* a liberdade negativa, cf. Taylor, Was ist menschliches Handeln? In: *Negative Freiheit?*, p.9 et seq.

4 Cf. Michelman, Political Truth, p.284: "*In civic institutional vision, political society is primarily the society not of right-bearers but of citizens, an association whose first principle is the creation and provision of a public realm within which a people, together, argue and reason about the right terms of social coexistence, terms that will set together and which they understand as their common good [...]. Hence the state is justified by its purpose of establishing and ordering the public sphere within which persons can achieve freedom in the sense of self-government by the exercise of reason in public diaogue*". ["Na visão cívica institucional, a sociedade política não é primariamente a dos portadores de direito, mas sim dos cidadãos, uma associação cujo primeiro princípio é criar e prover um espaço público no qual as pessoas, juntas, discutem e argumentam sobre os termos corretos da coexistência social, termos que serão entendidos em comum e que eles compreendem como seu bem comum (...). Logo, o Estado é justificado pelo seu objetivo de estabelecer e ordenar a esfera

Jürgen Habermas

direitos subjetivos iguais, mas sim na garantia de um processo inclusivo de formação da opinião e da vontade, no qual cidadãos livres e iguais se entendem sobre quais propósitos e normas correspondem ao interesse comum de todos. Com isso espera--se do cidadão republicano muito mais do que uma orientação pelos respectivos interesses próprios.

(b) Na polêmica contra o conceito clássico de pessoa do direito como portador dos direitos subjetivos revela-se uma controvérsia em torno do próprio *conceito de direito*. Ao passo que para a concepção liberal o sentido da ordem jurídica consiste em ela poder estabelecer em cada caso particular que direitos cabem a quais indivíduos, na concepção republicana esses direitos se devem a uma ordem jurídica objetiva que ao mesmo tempo possibilita e garante a integridade de uma convivência em igualdade de direitos, autônoma e fundada no respeito mútuo. No primeiro caso, a ordem jurídica é construída a partir dos direitos subjetivos; no segundo, concede-se um primado ao teor objetivo do direito.

É claro que esses conceitos dicotomizados não alcançam o teor *intersubjetivo* dos direitos, que exigem o respeito recíproco de direitos e deveres em relações de reconhecimento simétricas. Porém, é a concepção republicana que vai ao encontro de um conceito de direito que atribui peso igual à integridade do indivíduo e suas liberdades subjetivas e à integridade da comunidade na qual os indivíduos podem se reconhecer ao mesmo tempo como indivíduos e como membros. A concepção republicana vincula a legitimidade das leis ao procedimento

---

pública na qual as pessoas alcançam a liberdade no sentido de autogoverno pelo exercício da razão no diálogo público."]

A inclusão do outro

democrático de sua gênese e preserva, assim, um vínculo interno entre a prática de autodeterminação do povo e o império impessoal das leis:

> For republicans rigths ultimately are nothing but determinations of the prevailing political will, while for liberals some rights are always grounded in a "higher law" of transpolitical reason or revelation [...]. In a republican view, a community's objective, the common good substantially consists in the success of its political endeavor to define, establish, effectuate and sustain the set of rights (less tendentiously laws) best suited to the conditions and mores of that community, whereas in a contrasting liberal view the higher law rights provide the transcendental structures and the curbs on power required so that pluralistic pursuit of diverse and conflicting interests may proceed as satisfactorily as possible.[5]

O direito de voto, ao ser interpretado como liberdade positiva, é transformado em paradigma dos direitos em geral, não

---

5 Michelman, Conceptions of democracy in american constitutional argument: voting rights, *Florida Law Review*, p.446 et seq. ["Para os republicanos, os direitos em última instância nada mais são do que determinações da vontade política prevalecente, ao passo que para os liberais alguns direitos já estão fundamentados em uma 'lei superior' da razão ou revelação transpolítica. (...) Na visão republicana, o objetivo da comunidade, seu bem comum, consiste substâncialmente no sucesso de seu empenho político para definir, estabelecer, realizar e sustentar um conjunto de direitos (ou leis, para ser menos tendencioso) mais adequado às condições e costumes daquela comunidade, enquanto na visão liberal, em contrapartida, a lei superior fornece aos direitos as estruturas transcendentais e os freios ao poder necessários para que a busca pluralista de interesses diversos e conflitantes possa ocorrer da melhor maneira possível."]

somente porque esse direito é constitutivo para a autodeterminação política, mas também porque nele se torna explícito que a inclusão em uma comunidade em igualdade de direitos está vinculada ao direito individual de fazer contribuições autônomas e assumir posições próprias:

> *The claim is, that we all take an interest in each other's enfranchisment because (i) our choice lies between hanging together and hanging separately; (ii) hanging together depends on reciprocal assurance to all of heving one's vital interests heeded by the others; and (iii) in the deeply pluralized conditions of contemporary American society, such assurances are attainable [...] only by maintaining at least the semblance of a politics in which everyone is conceded a voice.*[6]

Essa estrutura que pode ser lida nos direitos de participação e comunicação políticas é compartilhada por *todos* os direitos por meio do processo de legislação que constitui os direitos. Inclusive o empoderamento no âmbito do direito privado para buscar fins escolhidos livremente obriga, ao mesmo tempo, a manter os limites para a ação estratégica consentidos no interesse igual de todos.

---

6 Michelman, op. cit., p.484. ["A reivindicação é de que todos estamos interessados no direito de voto dos demais porque (i) nossa escolha consiste em permanecer unidos ou permanecer separados: (ii) permanecer unidos depende da garantia recíproca a todos que os interesses vitais de cada um serão considerados pelos demais: e (iii) nas condições profundamente pluralizadas da sociedade norte-americana contemporânea, tais garantias só são alcançáveis (...) se ao menos for mantida a aparência de uma política na qual se concede voz a cada um."]

A inclusão do outro

(c) Essas diferentes conceituações sobre o papel do cidadão e do direito manifestam um dissenso mais profundo sobre a *natureza do processo político*. Segundo a concepção liberal, a política é essencialmente uma luta por posições que assegurem a capacidade de dispor do poder administrativo. O processo de formação política da opinião e da vontade na esfera pública e no parlamento é determinado pela concorrência de atores coletivos que agem de modo estratégico para manter ou obter posições de poder. O êxito é medido pelo consentimento dos cidadãos a pessoas e programas, quantificado pelo número de votos obtidos. Por meio dos votos, os eleitores manifestam suas preferências. Suas decisões de voto têm a mesma estrutura dos seus atos de escolha orientados para o êxito dos participantes do mercado. São essas decisões que liberam o acesso às posições de poder, disputadas pelos partidos políticos em uma mesma atitude orientada para o êxito. O *input* de votos e o *output* do poder seguem o mesmo padrão de ação estratégica.

Segundo a concepção republicana, a formação política da opinião e da vontade na esfera pública e no parlamento não obedece às estruturas dos processos de mercado, mas sim às estruturas próprias de uma comunicação pública orientada ao entendimento. O paradigma da política no sentido de uma prática de autodeterminação dos cidadãos não é o do mercado, mas sim o do diálogo. Nessa perspectiva, existe uma diferença estrutural entre o poder comunicativo que resulta da comunicação política na forma de opiniões majoritárias formadas em termos discursivos e o poder administrativo de que dispõe o aparato estatal. Também os partidos que lutam pelo acesso às posições de poder do Estado precisam aceitar o estilo deliberativo e o sentido próprio do discurso político:

Jürgen Habermas

Deliberation [...] *refers to a certain atitude toward social cooperation, namely, that of openness to persuasion by reasons referring to the claims of others as well as one's own. The deliberative medium is a good faith exchange of views – including participant's reports of their own understanding of their respective vital interests –* [...] *in which a vote, if any vote is taken, representes a pooling of judgments.*[7]

É por isso que o conflito de opiniões na arena política tem uma força que legitima não apenas no sentido de autorizar o acesso às posições de poder, mas muito mais no sentido de que o debate político levado adiante de forma contínua também tem uma força vinculante sobre a maneira de exercer a dominação política. O poder administrativo somente pode ser usado com base em políticas e nos limites das leis que emanam do processo democrático.

II

Até aqui comparamos ambos os modelos de democracia que hoje, sobretudo nos EUA, dominam a discussão entre os assim chamados comunitaristas e os "liberais". O modelo republicano tem vantagens e desvantagens. Vejo como vantagem

---

7 Michelman, *Pornography*, p.293. ["A deliberação (...) diz respeito a certa atitude acerca da cooperação social, a saber, aquela de abrir-se à persuasão por meio de razões que se referem às reivindicações dos outros, bem como às próprias. O *medium* deliberativo é a troca bem intencionada de visões – que incluem as narrativas dos participantes sobre seu entendimento próprio dos seus interesses vitais – (...) na qual um voto, quando for feito, representa uma combinação de juízos."]

A inclusão do outro

o fato de que se atém ao sentido democrático radical de uma auto-organização da sociedade por cidadãos unidos de forma comunicativa e não reduz os fins coletivos a um *deal* entre interesses privados opostos. Vejo a desvantagem no fato de que ele é muito idealista e torna o processo democrático dependente das *virtudes* de cidadãos orientados para o bem comum. Porém, a política não consiste somente, e nem mesmo primariamente, de questões sobre a autocompreensão ética. O erro reside em um *estreitamento ético do discurso político*.

É claro que os discursos de autocompreensão – aqueles em que seus participantes querem se esclarecer sobre como devem entender a si mesmos como membros de uma determinada nação, como membros de um município ou de um Estado, como habitantes de uma região e assim por diante, sobre quais tradições vão levar adiante, como vão lidar uns com os outros, com as minorias e grupos marginais, em que tipo de sociedade querem viver – são um componente importante da política. Mas nas condições de um pluralismo cultural e social, por trás dos fins relevantes em sentido político, se escondem muitas vezes interesses e orientações por valores que de modo algum são constitutivos para a identidade da coletividade como um todo, isto é, para a totalidade de uma forma de vida compartilhada em termos intersubjetivos. Esses interesses e orientações por valores, que dentro de uma mesma comunidade estão em conflito entre si sem a perspectiva de um consenso, necessitam de um equilíbrio que não pode ser alcançado por discursos éticos – ainda que os resultados desse equilíbrio produzido de forma não discursiva estejam sob a ressalva de não poderem violar os valores fundamentais consentidos em uma cultura. O equilíbrio de interesses se efetua na forma de um compromisso entre os partidos que se apoiam em potênciais de poder e de sanção. É certo que esse tipo de negociação pressupõe a disposição para cooperar, isto é, a vontade de, respeitando as regras do jogo, chegar a resultados que possam ser aceitáveis a todas as partes, ainda que por razões distintas. Mas a formação do compromisso não se efetua nas formas de um discurso racional que neutraliza o poder e que exclua a ação estratégica. Contudo, a equidade dos compromissos mede-se por pressupostos e procedimentos que, por sua vez, precisam de uma justificação racional, e mais precisamente normativa, do ponto de vista da justiça. Diferentemente das questões éticas, as questões de justiça não estão em si mesmas referidas a uma determinada coletividade. O direito positivado em termos políticos, para ser legítimo, precisa ao menos estar de acordo com princípios morais que reivindicam uma validade universal para além de uma comunidade jurídica concreta.

O conceito de política deliberativa somente ganha uma referência empírica quando levamos em conta a multiplicidade de formas de comunicação nas quais uma vontade comum se forma não somente pela via de uma *autocompreensão ética*, mas também pelo equilíbrio de interesses e *compromissos*, pela escolha dos meios segundo *a racionalidade com respeito a fins*, pela *fundamentação moral* e exames de coerência *jurídica*. Com isso, os dois tipos de política, que Michelman contrapõe em termos típico-ideais, poderiam interpenetrar-se e complementar-se de modo racional. A política dialógica e a política instrumental podem *se entrelaçar* no *medium* das deliberações, se as respectivas formas de comunicação estiverem institucionalizadas de modo suficiente. Ou seja, tudo depende das condições de comunicação e dos procedimentos que outorgam à formação institu-

A inclusão do outro

cionalizada da opinião e da vontade sua força legitimadora.

O terceiro modelo de democracia, que eu gostaria de propor, se apoia justamente nas *condições de comunicação* sob as quais o processo político pode ter a seu favor a suposição de produzir resultados racionais, por ser realizado de modo deliberativo em toda a sua amplitude.

Quando transformamos o conceito procedimental de política deliberativa no núcleo, carregado de teor normativo, de uma teoria da democracia resultam diferenças tanto em relação à concepção republicana do Estado como uma comunidade ética, quanto em relação à concepção liberal do Estado como guardião de uma sociedade econômica. Ao comparar os três modelos, parto da dimensão da política com a qual sobretudo nos ocupamos até agora – da formação democrática da opinião e da vontade que resulta em escolhas gerais e decisões parlamentares.

Segundo a concepção liberal, esse processo se dá exclusivamente na forma de compromissos de interesse. As regras para formar os compromissos – às quais devem assegurar a equidade dos resultados por meio do direito de voto igual e universal, bem pela composição representativa no Parlamento, suas leis ordinárias etc. – estão fundamentadas nos princípios liberais da Constituição. Em contrapartida, segundo a concepção republicana, a formação democrática da vontade deve se realizar na forma de uma autocompreensão ética, com a qual o conteúdo da deliberação pode se apoiar no consenso de fundo dos cidadãos já estabelecido na cultura e que se renova na rememoração ritualizada do ato republicano de fundação. A teoria do discurso assume elementos de ambos os lados, integrando-os no conceito de um procedimento ideal de deliberação e tomada

409

de decisão. Esse *procedimento democrático* estabelece uma relação interna entre *negociações, discursos de autocompreensão e discursos de justiça* e fundamenta a suposição de que sob tais condições são alcançados resultados racionais e equitativos. Com isso, a razão prática se desloca dos direitos humanos universais ou da eticidade concreta de uma determinada comunidade para situar-se naquelas regras discursivas e formas de argumentação que retiram seu teor normativo da base de validade da ação orientada ao entendimento, e, em última instância, da estrutura da comunicação linguística.[8]

Com essas descrições do processo democrático abrem-se os caminhos para uma *conceitualização normativa de Estado e sociedade*. Pressupõe-se tão somente uma administração pública do tipo que se formou no início da modernidade com o sistema europeu de Estados e se desenvolveu no entrelaçamento funcional com o sistema econômico capitalista. Segundo a concepção republicana, a formação política da opinião e da vontade dos cidadãos forma o *medium* pelo qual a sociedade se constitui como uma totalidade concebida politicamente. A sociedade se centra no Estado, pois na prática de autodeterminação política dos cidadãos a comunidade se torna consciente de si como uma totalidade e atua sobre si mesma mediante a vontade coletiva dos cidadãos. A democracia é sinônimo de auto-organização política da sociedade. Disso resulta uma *compreensão da política que se orienta polemicamente contra o Estado*. Nos escritos políticos de Hannah Arendt pode-se ver a ofensiva da argumentação republicana: contra o privatismo da cidadania de uma população

---

8 Cf. Habermas, Volkssouvernatität als Verfahren. In: *Faktizität und Geltung*.

A inclusão do outro

despolitizada e contra a obtenção de legitimação por partidos estatizados, deve-se revitalizar a esfera pública política até o ponto em que uma cidadania regenerada pudesse, nas formas de uma autogestão descentralizada, se (re)apropriar de um poder do Estado que se autonomizou de modo burocrático. Segundo a concepção liberal, essa separação entre o aparato do Estado e a sociedade não pode ser eliminada, mas apenas transposta pelo processo democrático. As fracas conotações normativas de um equilíbrio regulado de poder e de interesses precisam, contudo, ser complementadas pelo Estado de direito. A formação democrática da vontade de cidadãos autointeressados, entendida de modo minimalista, é apenas um elemento dentro de uma Constituição que deve disciplinar o Estado por medidas normativas (como direitos fundamentais, separação de poderes e a administração vinculada às leis) e, por meio da competição entre os partidos políticos, por um lado, e entre o governo e a oposição, por outro, deve fazer com que o Estado leve adequadamente em consideração os interesses sociais e as orientações por valores. Essa *compreensão da política centrada no Estado* pode dispensar a suposição irrealista de um corpo de cidadãos capaz de agir de modo coletivo. Ela não se orienta pelo input de uma formação política racional da vontade, mas sim pelo *output* de um balanço bem-sucedido das atividades do Estado. A ofensiva da argumentação liberal tem como alvo o potencial perturbador de um poder do Estado que pode impedir o intercâmbio social autônomo de pessoas privadas. O cerne do modelo liberal não é a autodeterminação democrática de cidadãos que deliberam, mas sim a normatização, conforme ao Estado de direito, de uma sociedade econômica que, pela satisfação das expectativas de felicidade privadas de cidadãos

Jürgen Habermas

que atuam de modo produtivo, deve assegurar um bem comum entendido de maneira apolítica.

A teoria do discurso, que associa ao processo democrático conotações normativas mais fortes que as do modelo liberal, porém mais fracas do que as do modelo republicano, toma, por sua vez, elementos de ambos e os articula de uma nova forma. Em concordância com o republicanismo, ela situa o processo de formação política da opinião e da vontade no centro, sem, todavia, entender a constituição do Estado de direito como algo secundário. Em vez disso, ela concebe os direitos fundamentais e os princípios do Estado de direito como uma resposta consequente à questão sobre como institucionalizar os pressupostos comunicativos exigentes do procedimento democrático. Na teoria do discurso, a realização de uma política deliberativa não depende de um corpo de cidadãos capaz de agir coletivamente, mas sim da institucionalização dos respectivos procedimentos. Ela não opera mais com o conceito de um todo social centrado no Estado que seria representado por um macrossujeito que age orientado por fins. Ela tampouco situa o todo em um sistema de normas constitucionais que regula de modo inconsciente o equilíbrio de poder e de interesses segundo o modelo das trocas do mercado. Ela dispensa em geral as figuras de pensamento da filosofia da consciência inclinadas a atribuir a prática de autodeterminação dos cidadãos a um sujeito social como um todo ou de referir o império anônimo das leis a sujeitos individuais que competem entre si. No primeiro caso, a cidadania é considerada um ator coletivo que reflete o todo e age em nome dele; no segundo caso, os atores individuais funcionam como variáveis independentes nos processos de poder, que se desenvolvem de forma cega porque, para além dos atos de escolha individual,

A inclusão do outro

não podem existir decisões coletivas tomadas de forma consciente (exceto em um sentido meramente metafórico).

A teoria do discurso, em contrapartida, conta com a *intersubjetividade de ordem superior* dos processos de entendimento que se realizam, por um lado, na forma institucionalizada das deliberações nas corporações parlamentares, bem como, por outro lado, na rede de comunicações das esferas pública e política. Essas comunicações sem sujeito, dentro e fora das corporações políticas programadas para tomar decisões, formam arenas nas quais se pode dar uma formação mais ou menos racional da opinião e da vontade sobre temas relevantes para a sociedade e sobre matérias que precisam ser regulamentadas. A formação informal da opinião desemboca em decisões eleitorais institucionalizadas e resoluções legislativas, pelas quais o poder gerado comunicativamente é transformado no poder empregado administrativamente. Assim como no modelo liberal, também na teoria do discurso a fronteira entre Estado e sociedade é respeitada. Mas na teoria do discurso a sociedade civil, como a base social das esferas públicas autônomas, se diferencia tanto do sistema de ação econômica quanto da administração pública. Do ponto de vista normativo, dessa compreensão da democracia segue-se a exigência de deslocar o peso na relação entre aqueles três recursos – dinheiro, poder administrativo e solidariedade – segundo os quais as sociedades modernas satisfazem sua necessidade de integração e de regulação. As implicações normativas saltam à vista: o poder de integração social da solidariedade, que não pode mais ser extraído unicamente da fonte da ação comunicativa, deve poder se desenvolver em esfera públicas autônomas e amplamente difundidas, e nos procedimentos de formação democrática da opinião e da vontade, institucionali-

Jürgen Habermas

zados no Estado de direito, e deve poder se afirmar contra os dois outros poderes: o dinheiro e o poder administrativo.

III

Essa concepção tem consequências sobre a compreensão da legitimação e da soberania popular. Segundo a concepção liberal, a formação democrática da vontade tem a função exclusiva de *legitimar* o exercício do poder político. Os resultados das eleições são uma licença para assumir o poder governamental, ao passo que o governo tem de justificar o uso desse poder perante a esfera pública e o parlamento. Segundo a concepção republicana, a formação democrática da opinião tem essencialmente a função mais forte de *constituir* a sociedade como uma coletividade política e, a cada eleição, manter viva a memória desse ato de fundação. O governo não é somente autorizado, mediante uma eleição entre grupos concorrentes de lideranças, para o exercício de um mandato (em grande medida independente), mas também está programaticamente comprometido com a implementação de determinadas políticas. Mais um comitê do que um órgão do Estado, ele é parte de uma comunidade política que se autoadministra, e não o ápice de um poder do Estado separado. Com a teoria do discurso entra novamente em cena uma outra concepção: os procedimentos e os pressupostos comunicativos da formação democrática da opinião e da vontade funcionam como as eclusas mais importantes à racionalização discursiva das decisões de um governo e de uma administração vinculados ao direito e à lei. *Racionalização* significa mais do que a mera legitimação, mas menos do que o ato de constituir o poder. O poder disponível

A inclusão do outro

em termos administrativos muda seu estado agregado desde que esteja reacoplado à formação democrática da opinião e da vontade, que não apenas faça o controle posterior do exercício do poder político, mas que também o programe de uma certa maneira. Sem prejuízo ao processo democrático, só o sistema político pode "agir". Ele é um sistema parcial especializado para decisões que vinculam a coletividade, ao passo que as estruturas comunicativas da esfera pública formam uma vasta rede de sensores que reagem à pressão das situações problemáticas do todo social e estimulam as opiniões influentes. A opinião pública, que emprega o poder comunicativo segundo procedimentos democráticos, não pode ela mesma "dominar" o poder administrativo, mas somente orientar seu uso do para determinados canais.

O conceito de *soberania popular* deve-se à apropriação republicana e à revalorização, no início da modernidade, da concepção de soberania, inicialmente associada aos senhores que dominavam de modo absolutista. O Estado, que monopoliza os meios do uso legítimo da violência, é representado como o polo que concentra o poder, capaz de prevalecer sobre todos os demais poderes desse mundo. Rousseau transpôs essa figura de pensamento (que remonta a Bodin) à vontade do povo unido, fundindo-a com a ideia clássica do autodomínio de livres e iguais e a superando no conceito moderno de autonomia. A despeito dessa sublimação normativa, o conceito de soberania permaneceu vinculado à concepção de uma corporificação no povo (de início, presente de forma física). Segundo a concepção republicana, o povo (ao menos potencialmente presente) é o portador de uma soberania que em princípio não pode ser delegada: na sua condição de soberano, o povo não pode ser

415

Jürgen Habermas

representado. O poder constituinte se fundamenta na prática de autodeterminação dos cidadãos, e não em sua representação. A isso o liberalismo contrapõe a concepção mais realista de que no Estado democrático de direito o poder do Estado que emana do povo só é "exercido nas eleições e votações e por órgãos específicos do legislativo, do poder executivo e do judiciário" (como é dito no artigo 20, § 2, da Constituição da República Federal da Alemanha).

É claro que essas duas concepções só formam uma alternativa completa quando se parte das premissas questionáveis de um conceito de Estado e de sociedade baseado no todo e suas partes – onde o todo é constituído ou pelo corpo soberano dos cidadãos ou por uma Constituição. Em vez disso, o conceito discursivo de democracia recorre à imagem de uma sociedade descentrada, que, contudo, com a esfera pública política, diferencia uma arena para a percepção, identificação e tratamento de problemas que atingem a sociedade como um todo. Quando se abdica da formação de conceitos segundo a filosofia do sujeito, a soberania popular não precisa estar concentrada no povo em termos concretos nem ficar dispersa no anonimato das competências constitucionais. O *"self"* da comunidade jurídica que se organiza a si mesma desaparece nas formas de comunicação desprovidas de um sujeito que regula o fluxo da formação discursiva da opinião e da vontade, de modo que seus resultados falíveis tenham para si a suposição de racionalidade. Com isso não se desmente aquela intuição vinculada à ideia de soberania popular; todavia, ela passa a ser interpretada de modo intersubjetivo. Uma soberania popular, ainda que tenha se tornado anônima, só se reduz aos procedimentos democráticos e à implementação jurídica de seus pres-

A inclusão do outro

supostos comunicativos exigentes para entrar em vigor como um poder gerado comunicativamente. De modo mais preciso, ela decorre das interações entre a formação da vontade institucionalizada pelo Estado de direito e as esferas públicas mobilizadas culturalmente, que, por sua vez, encontram uma base nas associações de uma sociedade civil igualmente distante do Estado e da economia.

A autocompreensão normativa da política deliberativa exige um modo discursivo de socialização *para a comunidade jurídica*. Porém, essa socialização não se estende para a sociedade como um todo, no qual o sistema político constituído na forma do Estado de direito está *inserido*. Também nessa autocompreensão, a política deliberativa continua sendo um componente de uma sociedade complexa, que, como um todo, não pode ser apreendida do ponto de vista normativo de uma teoria do direito. Nessa perspectiva, a interpretação que a teoria do discurso faz da democracia está conectada com uma abordagem distanciada de acordo com as ciências sociais, segundo a qual o sistema político não é nem o ápice nem o centro da sociedade, e tampouco o modelo que define sua estrutura, mas sim *um* sistema de ação ao lado de outros. Visto que a política se apresenta como uma espécie de garantia para resolver os problemas de integração da sociedade, ela certamente precisa poder se comunicar pelo *medium* do direito com todos os demais domínios de ação ordenados de modo legítimo, independentemente de como estejam estruturados e orientados. Mas o sistema político não continua só dependente, em um sentido não trivial, do desempenho dos demais sistemas – por exemplo, do desempenho fiscal do sistema econômico; pelo contrário, a política deliberativa, realizada segundo os procedimentos formais

417

Jürgen Habermas

da formação institucionalizada da opinião e da vontade ou de modo informal nas redes de esferas públicas políticas, tem uma relação interna com os contextos favoráveis de um mundo da vida racionalizado. São precisamente as comunicações políticas filtradas em termos deliberativos que dependem dos recursos do mundo da vida – de uma cultura política libertária e de uma socialização política esclarecida, sobretudo das iniciativas de associações formadoras de opinião – que se formam e se regeneram em grande medida de maneira espontânea, ainda que, em todo caso, sejam dificilmente acessíveis ao controle político.

10
Sobre o vínculo interno entre Estado de direito e democracia

No âmbito acadêmico, nós muitas vezes mencionamos direito e política em um só fôlego, mas ao mesmo tempo nos acostumamos a considerar o direito, o Estado de direito e a democracia como objetos que pertencem a disciplinas diferentes: a jurisprudência trata do direito; a ciência política, da democracia; a primeira, trata do Estado de direito sob os pontos de vista normativos; a segunda, sob os pontos de vista empíricos. A própria divisão do trabalho científico não permanece estanque quando os juristas se ocupam, por um lado, com o direito e o Estado de direito e, por outro, com a formação da vontade no Estado democrático constitucional; ou quando os cientistas sociais se ocupam, na qualidade de sociólogos do direito, do direito e do Estado de direito, ou, como cientistas políticos, com os processos democráticos. Estado de direito e democracia aparecem como objetos completamente diferentes. Há boas razões para isso. Uma vez que toda dominação política é exercida na forma do direito, também existem ordens jurídicas em que o poder político ainda não foi domesticado pelo Estado de direito. E também existem Estados de direito nos quais o poder de governo ainda não foi democratizado. Em suma, existem ordens jurídicas estatais sem as instituições do Estado de direito, e existem Estados de direito sem Constituições democráticas. É claro que essas razões empíricas para uma divisão de trabalho no tratamento acadêmico de ambos os objetos de modo algum implicam que possa haver, do ponto de vista normativo, um Estado de direito sem democracia. A seguir quero tratar dessa conexão interna entre Estado de direito e democracia sob outros aspectos. Ele resulta tanto do próprio conceito do direito moderno (I) quanto da circusntância de que o direito positivo não pode mais obter sua legitimidade a partir de um direito mais elevado (II). O direito moderno se legitima na autonomia garantida de modo igual a todo cidadão, segundo a qual a autonomia privada e a autonomia pública se pressupõem mutuamente (III). Esse vínculo conceitual também entra em vigor naquela dialética entre a igualdade jurídica e a igualdade fática que, em contrapartida à compreensão liberal do direito, foi inicialmente colocada em cena pelo paradigma do Estado social e que hoje compele a uma autocompreensão procedimental do Estado de direito (IV). No final, explicarei esse paradigma procedimental do direito com o exemplo das políticas feministas de igualdade (V).

I. As qualidades formais do direito moderno

Desde Locke, Rousseau e Kant, não apenas na filosofia, mas também pouco a pouco na realidade constitucional das sociedades ocidentais, foi se estabelecendo um conceito de direito que leva em conta simultaneamente tanto a positividade do direito coercitivo quanto seu caráter de fiador da liberdade. A circuns-

A inclusão do outro

tância segundo a qual as normas sustentadas pelas ameaças de sanções do Estado remontam às decisões modificáveis de um legislador político está atrelada à exigência de legitimação segundo a qual um direito estabelecido dessa maneira assegura de modo igual a autonomia de todas as pessoas de direito. E o procedimento democrático de legislação, por sua vez, deve satisfazer essa exigência. Desse modo produz-se um vínculo conceitual entre o caráter coercitivo e o caráter modificável do direito positivo, por um lado, e o modo de legislação que cria a legitimidade, por outro. Por isso, do ponto de vista normativo, não existe apenas um vínculo histórico e casual entre a teoria do direito e a teoria da democracia, mas sim um vínculo conceitual ou interno.

À primeira vista isso parece um truque filosófico. Mas de fato esse vínculo interno está profundamente ancorado nas pré-suposições de nossa prática jurídica cotidiana. Ou seja, no modo de validade do direito, a facticidade da imposição do direito pelo Estado se entrelaça com a legitimidade da força fundamentadora de um procedimento de positivação do direito que tem a pretensão de ser racional por estar fundamentado na liberdade. Isso se mostra naquela ambivalência peculiar com a qual o direito se apresenta aos seus destinatários e espera ser obedecido por eles. A saber, ele deixa seus destinatários livres para quererem observar as normas somente como uma limitação factual ao seu espaço de ação e lidarem de maneira estratégica com as consequências calculáveis das possíveis violações das regras, ou para quererem seguir as leis em uma atitude performativa – mais precisamente *por respeito* em relação aos resultados de uma formação comum da vontade que reivindica ser legítima. Kant já destacava o vínculo entre esses

Jürgen Habermas

dois momentos em seu conceito de legalidade, sem os quais não se pode exigir a obediência ao direito: as normas jurídicas precisam ser produzidas de tal maneira que possam ser consideradas, sob os diferentes aspectos, ao mesmo tempo como leis coercitivas e como leis da liberdade. Esse aspecto duplo faz parte de nossa compreensão do direito moderno: nós consideramos a validez de uma norma jurídica como equivalente da explicação para o fato de que o Estado garante ao mesmo tempo a imposição factual do direito e a criação legítima do direito – ou seja, por um lado, a legalidade do comportamento no sentido de uma obediência normal à norma que, caso necessário, pode ser imposta por sanções, e por outro lado a legitimidade da própria regra, que precisa tornar possível a todo momento uma obediência da norma por respeito à lei.

Com isso, no entanto, surge imediatamente a questão sobre como deve ser fundamentada a legitimidade das regras que podem ser modificadas a todo momento pelo legislador político. Também as normas constitucionais são modificáveis, e inclusive as normas fundamentais, que a própria Constituição declara imodificáveis, compartilham com o direito positivo o destino de poderem deixar de vigorar – por exemplo, depois de uma mudança de regime. Enquanto se podia recorrer ao direito natural fundamentado de modo religioso ou metafísico, o redemoinho da temporalidade no qual o direito positivo é puxado podia ser represado pela moral. O direito positivo temporalizado – no sentido de uma hierarquia de leis – deveria permanecer *subordinado* ao direito moral válido de modo eterno e receber dele suas orientações permanentes. Independentemente do fato de que em sociedades pluralistas tais imagens de mundo integradoras e as éticas que vinculam de modo coletivo

A inclusão do outro

já desmoronaram, o direito moderno, devido a suas qualidades formais, se furta ao acesso direto de uma consciência moral pós-tradicional, que, por assim dizer, é a única que restou.

II. Sobre a relação complementar entre o direito positivo e a moral autônoma

As ordens jurídicas modernas estão construídas sobre direitos subjetivos que têm o sentido de desobrigar as pessoas de direito em relação aos mandamentos morais, e de modo bem circunscrito. Com a introdução de direitos subjetivos que garantem aos atores um espaço para agir orientados por suas próprias preferências, o direito moderno como um todo coloca em vigor o princípio de que é permitido tudo o que não está explicitamente proibido. Na moral há, em sua origem, uma simetria entre direitos e obrigações, ao passo que as obrigações jurídicas só resultam como consequência de autorizações a partir da restrição legal das liberdades subjetivas. Essa primazia conceitual dada aos direitos em relação aos deveres se explica pelos conceitos modernos de pessoa de direito e comunidade jurídica. O universo moral *sem limites* no espaço social e no tempo histórico se estende a *todas* as pessoas *naturais* em sua complexidade biográfica, e a própria moral abrange a proteção da integridade dos sujeitos plenamente individuados. Em contrapartida, a comunidade jurídica a cada vez localizada no espaço e no tempo protege a integridade de seus membros exatamente à medida que assumem o *status* de *portadores de direitos subjetivos*, criado de modo artificial. Por isso, entre o direito e a moral existe antes uma relação de complementaridade do que de subordinação.

423

Jürgen Habermas

Isso também vale para uma dimensão mais ampla. As matérias que carecem de uma regulamentação jurídica são ao mesmo tempo mais restritas e mais abrangentes do que as questões relevantes em termos morais: mais restritas porque só o comportamento exterior – isto é, o comportamento que pode ser coagido – é acessível à regulamentação jurídica, e mais abrangentes porque o direito – como instrumento de organização da dominação política – não se refere somente à regulação dos conflitos de ação interpessoal, mas também ao cumprimento de programas e finalidades políticas. Por isso as regulamentações jurídicas não se referem apenas às questões morais em sentido estrito, mas também às questões pragmáticas e éticas, bem como à formação de compromissos entre interesses conflitantes. E diferentemente da pretensão de validade dos mandamentos morais claramente delimitada em termos normativos, a *pretensão de legitimidade* das normas jurídicas se apoia em diversos tipos de razões. A prática legislativa de justificar o direito depende de uma rede ramificada de discursos e negociações – e não apenas de discursos morais.

A concepção típica do direito natural de uma hierarquia de direitos com dignidades diferentes é equivocada. O direito pode ser mais bem entendido como um complemento funcional da moral. O direito que vale de modo positivo, estabelecido de modo legítimo e que pode ser reivindicado é capaz de aliviar as pessoas que julgam e agem moralmente das exigências cognitivas, motivacionais e organizacionais de uma moral invertida completamente em consciência subjetiva. O direito pode compensar as fraquezas de uma moral exigente que, se olharmos para as consequências empíricas, apenas produz resultados indeterminados do ponto de vista cognitivo e

A inclusão do outro

incertos do ponto de vista motivacional. Isso evidentemente não livra o legislador e o sistema judicial de zelarem para que o direito continue em consonância com a moral. Entretanto, as regulamentações jurídicas são muito concretas para poderem se legitimar *exclusivamente* pelo fato de não contradizerem princípios morais. Mas se não há mais um direito moral superior, de quem o direito positivo pode obter sua legitimidade? Assim como a moral, também o direito deve proteger de modo igual a autonomia de todos os participantes e concernidos. Portanto, também o direito precisa comprovar sua legitimidade a partir desse aspecto, da garantia da liberdade. Contudo, o interessante é que a positividade do direito obriga a uma bifurcação peculiar da autonomia, que não encontra contrapartida do lado da moral. A autodeterminação moral no sentido kantiano é um conceito unitário à medida que exige que cada indivíduo *in propria persona* siga exatamente as normas que estabeleceu para si mesmo segundo um juízo imparcial próprio – ou almejado em conjunto com todos os demais. Ora, a obrigatoriedade das normas jurídicas não remonta unicamente aos processos de formação da opinião e do juízo, mas sim às decisões que vinculam de modo coletivo tomadas por instâncias que legislam e que aplicam o direito. Disso resulta de um modo conceitualmente necessário uma divisão de papéis entre autores que estabelecem (e dizem) o direito, bem como entre destinatários que respectivamente estão subordinados ao direito vigente. A autonomia que no âmbito da moral está por assim dizer fundida; no âmbito jurídico só aparece sob a figura dupla da autonomia privada e da autonomia pública.

Esses dois momentos, no entanto, precisam ser mediados de maneira tal que uma autonomia não prejudique a outra. As

Jürgen Habermas

liberdades de ação subjetivas dos sujeitos privados e a autonomia pública dos cidadãos se possibilitam mutuamente. A isso serve a ideia de que as pessoas de direito só podem ser autônomas à medida que, no exercício de seus direitos de cidadãos, possam se compreender como autores daqueles direitos aos quais devem obedecer como destinatários.

III. Sobre a mediação entre soberania popular e direitos humanos

Assim, não é nenhuma surpresa que as teorias do direito natural tenham respondido à questão da legitimação tendo como referência, por um lado, o princípio da soberania popular e, por outro lado, o *império das leis* garantido pelos direitos humanos. O princípio da soberania popular se expressa nos direitos de comunicação e de participação que asseguram a autonomia pública dos cidadãos; o império das leis se expressa naqueles direitos fundamentais clássicos que garantem a autonomia privada dos cidadãos sociais. O direito legitima-se desse modo como um meio para a garantia igual da autonomia privada e da autonomia pública. Contudo, a filosofia política não conseguiu harmonizar de modo sério a tensão entre a soberania popular e os direitos humanos, entre a "liberdade dos antigos" e a "liberdade dos modernos". A autonomia política dos cidadãos deve incorporar-se na auto-organização de uma comunidade que, pela vontade soberana do povo, dá suas próprias leis. Por outro lado, a autonomia privada dos cidadãos deve assumir uma forma nos direitos fundamentais que asseguram o império anônimo das leis. Se os caminhos forem traçados dessa maneira, então uma das ideias só pode entrar em

A inclusão do outro

vigor à custa da outra. A cooriginariedade de ambas as ideias, compreensível de modo intuitivo, fica pelo caminho.

O *republicanismo*, que remonta a Aristóteles e ao humanismo político do Renascimento, sempre concedeu primazia à autonomia pública em relação às liberdades pré-políticas das pessoas privadas. O *liberalismo*, que remonta a Locke, sobrecarregou o perigo das maiorias tirânicas e postulou uma prioridade dos direitos humanos. Segundo o republicanismo, os direitos humanos seriam legítimos em virtude de serem o resultado de uma autocompreensão ética e da autodeterminação soberana de uma coletividade política; para o liberalismo, os direitos humanos desde a sua origem constituiriam barreiras que impediriam a vontade soberana do povo de apoderar-se das esferas de liberdade subjetiva intocáveis. É certo que Rousseau e Kant buscavam o propósito de pensar ambos a vontade soberana e a razão prática, unidos no conceito de autonomia da pessoa de direto a tal ponto que a soberania popular e os direitos humanos se interpretassem mutuamente. Mas nem mesmo eles conseguiram fazer jus à cooriginariedade de ambas as ideias. Rousseau sugere uma interpretação mais republicana; Kant, mais liberal. Eles perdem a intuição que pretendiam dar ao conceito: a ideia de direitos humanos, que no direito se exprime nas iguais liberdades de ação subjetivas, não pode se impor meramente como uma barreira externa ao legislador soberano e tampouco ser instrumentalizada como um requisito funcional para seus fins.

Para expressar essa intuição de modo correto, recomenda-se considerar o procedimento democrático – nas condições de um pluralismo social e de visões de mundo, é ele quem primeiramente atribui ao processo democrático uma força que cria legitimidade – sob os pontos de vista da teoria do discurso.

Para isso, partirei do princípio, que aqui não posso discutir em detalhe, de que podem reivindicar legitimidade precisamente as regulamentações que podem contar com o consentimento de todos os possíveis concernidos enquanto participantes de discursos racionais.

Se os discursos e as negociações – cuja equidade, por sua vez, se apoia em procedimentos fundamentados em termos discursivos – são o lugar em que se pode formar uma vontade política racional, aquela suposição de racionalidade que deve fundamentar o procedimento democrático precisa, em última instância, se apoiar em um arranjo comunicativo engenhoso: tudo depende das condições sob as quais as formas de comunicação necessárias para a criação legítima do direito podem, por sua vez, ser institucionalizadas em termos jurídicos. O vínculo interno que se almeja entre os direitos humanos e a soberania popular consiste, então, na condição de que a exigência para institucionalizar pelo direito uma prática cidadã de uso público das liberdades comunicativas seja cumprida justamente pelos próprios direitos humanos. Os direitos humanos, que *tornam possível* o exercício da soberania popular, não podem se impor de fora como uma restrição a essa prática.

No entanto, essa reflexão só elucida de modo imediato os direitos políticos dos cidadãos, ou seja, os direitos de comunicação e de participação que asseguram o exercício da autonomia política, mas não os direitos humanos clássicos que garantem a autonomia privada dos cidadãos. Aqui pensamos na primeira instância no direito fundamental para a maior medida possível de liberdades de ação subjetivas iguais, mas também nos direitos fundamentais que constituem tanto o *status* de membro do Es-

A inclusão do outro

tado, como a ampla proteção jurídica individual. Esses direitos, que devem garantir em geral a cada um a possibilidade de seguir seus objetivos de vida privados em igualdade de oportunidades, possuem um valor intrínseco ou que, em todo caso, não se esgota em seu valor instrumental para a formação democrática da vontade. Só podemos fazer jus à intuição da *cooriginariedade* entre os direitos de liberdade clássicos e os direitos políticos dos cidadãos se nossa tese de que os direitos humanos *possibilitam* a prática de autodeterminação dos cidadãos se tornar mais precisa, da forma que abordo a seguir.

IV. Sobre a relação entre autonomia privada e autonomia pública

Os direitos humanos podem até mesmo ser bem fundamentados em termos morais. Porém, eles não podem ser impostos, por assim dizer, de forma paternalista a um soberano. A ideia de autonomia jurídica dos cidadãos exige que os destinatários do direito possam ao mesmo tempo se entender como seus autores. Essa ideia seria contraditória se o legislador democrático da Constituição encontrasse os direitos humanos como fatos morais pré-dados e apenas precisasse positivá-los. Por outro lado, não se pode perder de vista que a escolha do *medium* para realizar sua autonomia não está mais disponível aos cidadãos, em seu papel de colegisladores. Eles só participam da legislação na condição de *sujeitos de direito*. Eles não podem mais decidir qual tipo de linguagem vão usar. A ideia democrática da autolegislação *precisa* conseguir sua validade no *medium* do próprio direito.

Jürgen Habermas

Mas se, por sua vez, os pressupostos de comunicação – sob os quais os cidadãos, à luz do princípio do discurso, julgam se o direito que eles definem é legítimo – devem ser institucionalizados na forma de direitos políticos dos cidadãos, o código do direito como tal precisa estar disponível. Contudo, para instituir esse código do direito é necessário criar o *status* de pessoas de direito que, na condição de portadores de direitos subjetivos, façam parte de uma associação voluntária de parceiros do direito e, conforme o caso, reivindiquem efetivamente suas pretensões jurídicas. Não há direito algum sem a autonomia privada das pessoas de direito em geral. Portanto, sem os direitos fundamentais que asseguram a autonomia privada dos cidadãos também não haveria o *medium* para institucionalizar juridicamente aquelas condições sob as quais os cidadãos, em seu papel de cidadãos políticos, pudessem fazer um uso da autonomia pública. Nesse sentido, a autonomia privada e a autonomia pública se pressupõem mutuamente, sem que os direitos humanos possam reivindicar um primado sobre a soberania popular, ou vice-versa.

Aqui se manifesta a intuição de que, por um lado, os cidadãos só podem fazer um uso apropriado de sua autonomia pública quando são suficientemente independentes porque a autonomia privada está assegurada de modo igual. Mas também porque só conseguem chegar a uma regulamentação capaz de gerar consenso sobre sua autonomia privada se fizerem um uso adequado de sua autonomia política na condição de cidadãos.

Esse vínculo interno entre Estado de direito e democracia ficou por muito tempo encoberto pela competição entre os paradigmas do direito que predominam até hoje. O paradigma liberal do direito conta com uma sociedade econômica que se

A inclusão do outro

institucionaliza pelo direito privado – sobretudo pelos direitos de propriedade e pela liberdade contratual – e que fica relegada à ação espontânea dos mecanismos de mercado. Essa "sociedade do direito privado" está circunscrita à autonomia de sujeitos de direito que, em seu papel de participantes do mercado, perseguem seus planos de vida próprios de um modo mais ou menos racional. A isso se vincula a expectativa normativa de que a justiça social possa ser produzida pela garantia desse *status* jurídico negativo, ou seja, unicamente pela delimitação de esferas de liberdade individuais. O modelo do Estado social se desenvolveu a partir de uma crítica bem fundamentada a esse pressuposto. A objeção é evidente: se a liberdade na "capacidade de ter e adquirir" deve garantir a justiça social, precisa haver a igualdade na "capacidade jurídica". Mas com a crescente desigualdade nas posições de poder econômico, nos montantes de riqueza e nas condições da vida social, são de fato cada vez mais violados os pressupostos fáticos para usar em igualdade de oportunidades as competências jurídicas distribuídas de modo igual. Para evitar que o teor normativo da igualdade jurídica se converta inteiramente em seu contrário, teria de ser necessário, por um lado, especificar o conteúdo das normas do direito privado existentes e, por outro lado, introduzir direitos sociais básicos que fundamentassem as reivindicações por uma distribuição mais justa da riqueza produzida socialmente e por uma proteção mais efetiva diante dos perigos produzidos socialmente.

É claro que, nesse meio-tempo, essa *materialização* do direito, por sua vez, provocou as consequências colaterais não desejadas de um *paternalismo do Estado de bem-estar social*. Evidentemente o ajuste almejado entre as condições fáticas de vida e as posições de poder não pode levar a esse tipo de intervenções "normalizadoras" que outra vez limitam o espaço de ação dos possíveis beneficiários no qual podem configurar sua vida de modo autônomo. No decorrer da dialética entre liberdade jurídica e liberdade fática se mostrou que ambos os paradigmas do direito estão igualmente comprometidos com a imagem produtivista de uma sociedade econômica capitalista e industrial, que deve funcionar de tal maneira que a expectativa de justiça social possa ser cumprida na tentativa de cada um realizar sua própria concepção de vida boa, assegurada pela autonomia privada. Ambos os lados apenas discordam sobre a questão sobre como assegura a autonomia privada: de modo imediato pelos direitos de liberdade ou pela concessão de direitos a benefícios sociais. Em ambos os casos se perde de vista o vínculo interno entre autonomia privada e autonomia pública.

V. O exemplo das políticas feministas de igualdade

Para finalizar, quero mostrar, a partir das políticas feministas de equiparação, que enquanto o olhar estiver limitado à garantia da autonomia privada e ficar oculto o vínculo interno entre os direitos subjetivos das pessoas privadas e a autonomia pública dos cidadãos que participam da positivação do direito, a política do direito oscila desamparada de lá para cá entre os dois paradigmas tradicionais. Enfim, nem mesmo os sujeitos de direito privados podem chegar a desfrutar das liberdades subjetivas iguais se eles não puderem se esclarecer, no exercício comum de sua autonomia cidadã, sobre os interesses e critérios legítimos e entrar em acordo sobre *os aspectos relevantes* sob os quais se deve tratar o que é igual como igual e o que é desigual como desigual.

A política liberal, de início, visa desacoplar a conquista do *status* e a identidade de gênero e assegurar para as mulheres uma igualdade de oportunidades, neutra em relação aos resultados, na competência por postos de trabalho, prestígio social, níveis educacionais, poder político etc. Porém, a igualdade implementada de modo parcial apenas permitiu que o tratamento desigual *factual* dado às mulheres aparecesse de forma mais evidente. A política do Estado de bem-estar social reagiu a isso com regulamentações específicas, sobretudo no direito social, do trabalho e da família, que dizem respeito, por exemplo, à gravidez e à maternidade ou aos encargos sociais em casos de divórcios. É claro que nesse ínterim se tornaram objeto da crítica feminista não só as demandas não atendidas, mas também as consequências ambivalentes dos programas do Estado de bem-estar social implementados com êxito – por exemplo, o maior risco de desemprego decorrente das compensações para as mulheres, a sobrerrepresentação das mulheres nos grupos com menores salários, o problemático "bem-estar da criança", a crescente feminização da pobreza em geral etc. Do ponto de vista jurídico, há uma razão para essa discriminação criada reflexivamente nas classificações supergenéricas para as situações desfavorecedoras e os grupos desfavorecidos. Essas classificações "falsas" levam a intervenções "normalizadoras" no modo de conduzir a vida que acabam convertendo em nova discriminação o objetivo de compensar os danos, ou seja, a garantia da liberdade se converte em privação da liberdade. Nos âmbitos feministas do direito, o paternalismo do Estado de bem-estar social assume um sentido literal à medida que o legislativo e o sistema judicial se orientam por padrões de interpretação tradicionais e contribuem para fortalecer os estereótipos de identidade de gênero existentes.

Jürgen Habermas

A classificação dos papéis de gênero e das diferenças que dependem do gênero afeta as camadas elementares da autocompreensão cultural da sociedade. Só hoje o feminismo radical nos tornou conscientes do caráter falível, que precisa ser revisto e fundamentalmente controverso dessa autocompreensão. Ele insiste, com razão, que *na esfera pública política*, e mais precisamente na disputa pública acerca da interpretação adequada de necessidades e critérios, é necessário que sejam esclarecidos aqueles aspectos segundo os quais as diferenças entre as experiências e as condições de vida (de determinados grupos) de mulheres e homens se tornam relevantes para o uso das liberdades de ação subjetivas em igualdade de oportunidades. Assim, nessa luta acerca da igualdade de mulheres pode ser muito bem demonstrada a mudança inevitável da compreensão paradigmática do direito.

A controvérsia sobre como garantir a autonomia das pessoas de direito, se pelas liberdades subjetivas que possibilitam a concorrência entre as pessoas privadas ou pelos direitos a benefícios garantidos de modo objetivo para os clientes das burocracias do Estado de bem-estar social, é substituída por uma *concepção procedimental do direito* segundo a qual o processo democrático precisa assegurar ao mesmo tempo a autonomia privada e a autonomia pública: os direitos subjetivos que devem garantir às mulheres uma configuração da vida nos termos da autonomia privada nem sequer podem ser formulados de modo adequado se antes disso os próprios concernidos não articularem e fundamentarem os aspectos relevantes para o tratamento igual ou desigual dos casos típicos. A autonomia privada de cidadãos em pé de igualdade só pode ser assegurada se sua autonomia política se tornar ativa.

VI
Apêndice a Faktizität und Geltung

Réplica às contribuições no Simpósio da Cardozo Law School

Todo autor tem uma dívida com seu leitor. Isso vale sobretudo para um autor pretensioso que apresenta uma investigação abrangente e complexa e encontra para ela a atenção crítica de colegas excelentes – em uma universidade norte-americana antes mesmo da publicação do livro em língua alemã. Tirei grande proveito dos cuidadosos comentários. Essa afirmação pode ser comprovada em minha resposta, com a qual ao mesmo tempo eu gostaria de registrar meu agradecimento.

Limito-me a sete conjuntos de temas. De início, gostaria de me posicionar em termos metacríticos sobre a *incorporação do "justo" nas concepções do que é bom*. Esse contextualismo moderado é acentuado de modo diferente por R. F. Bernstein e F. I. Michelman: o primeiro na perspectiva de um pragmatismo de cunho aristotélico e o outro a partir da teoria republicana do direito (I). Thomas McCarthy intensifica essa controvérsia, bem de perto, por assim dizer, na questão acerca do caráter adequado do modelo do discurso para lidar com os conflitos de valores típicos das sociedades multiculturais, e discute particularmente a suposição de uma reposta correta em cada caso (II).

Jürgen Habermas

Michel Rosenfeld continua a discussão da perspectiva do jurista acerca da *primazia do procedimento sobre um acordo substantivo de fundo*, e sugere, ao final, uma alternativa que vem sendo desenvolvida por A. J. Jacobson na forma de uma *concepção dinâmica do direito* (III). Com sua questão interessante sobre a *relação entre discurso e decisão*, Bill Regh leva a discussão às questões fundamentais sobre a construção da teoria. Michael Power trata do *papel das idealizações*, ao passo que J. Lenoble me confronta com *objeções de crítica da razão* que atingem a abordagem da teoria da ação comunicativa como um todo (IV). Assim como Lenoble, também David Rasmussen, Robert Alexy e Günther Teubner me dão a ocasião para novamente abordar a *lógica dos discursos de aplicação* (V). Urich Preuß e Günther Frankenberg discutem sob diferentes aspectos a *relação entre autonomia privada e autonomia pública*, ao passo que Dick Howard e Gabriel Motzkin abordam o *teor político* de minha teoria do direito (VI). Por fim, posiciono-me diante das *objeções da sociologia do direito* feitas por Mark Gould, a partir de uma visão parsoniana de esquerda, e por Niklas Luhmann, a partir da visão da teoria dos sistemas.

I. O bom e o justo

(1) Meu amigo Dick Bernstein é um dos que conhecem meus trabalhos da maneira mais precisa. Acompanha e interpreta[1] minhas publicações com grande sensibilidade hermenêutica — e as situa de forma elucidativa no contexto da discussão

---

1 Cf. a introdução sutil a Bernstein (Org.), Habermas and Modernity, bem como Bernstein, *The Reconstructuring of Social and Political Theory*, Capítulo IV.

A inclusão do outro

contemporânea.[2] Há mais de duas décadas estamos vinculados por uma controvérsia filosófica que deixou marcas em meus textos. Desde a primeira conversa no campus de Haverford, Bernstein me força, com bons argumentos, a "destranscendentalizar" a herança kantiana – na época, eu nem sequer conhecia o termo. Bem no espírito hegeliano do pragmatismo, ele procura continuamente solucionar as contradições rígidas. As distinções não têm valor *per se*; elas precisam ser comprovadas nos problemas que queremos resolver com elas. Ele pergunta, com Peirce, *what is the difference that makes a difference?*[3] [Qual é a diferença que faz uma diferença?]. Também é assim agora, mas evidentemente com uma impaciência crescente. Ele se volta (a) contra a pretensão de neutralidade de uma procedimentalismo que, na verdade, depende de um determinado *ethos* democrático, e (b) contra a distinção abstrata entre questionamentos morais e éticos que passa ao largo dos problemas reais e, na sua opinião, corre no vazio.

ad a) Na concepção de Bernstein, determinados procedimentos e pressupostos da comunicação só podem fundamentar a pretensão de resultados racionais (por serem bem informados e imparciais) da formação democrática da opinião e da vontade se os cidadãos que participam forem animados por um *"ethos* democrático". Eles precisam estar motivados por virtudes cidadãs, embora essas orientações por valores generalizadas

---

2 Cf. Bernstein, *Beyond Objectivism and Relativism*; Id., *The New Constellation*.
3 Ainda que sua generosidade hermenêutica o leve ocasionalmente a apagar diferenças que se deveria manter. Bernstein, What is the difference that makes a difference? Gadamer, Habermas, and Rorty. In: *Philosophical Profiles*.

Jürgen Habermas

ainda não decidam previamente sobre *normas em particular*. Em uma interpretação mais fraca essa tese não representa nenhuma objeção à minha concepção segundo a qual o sistema político constituído na forma do Estado de direito não gira em torno de si, mas permanece dependente de uma "cultura política liberal" e de uma "população acostumada à liberdade" (e mais especificamente, permanece dependente das "iniciativas das associações formadoras de opinião" e dos respectivos modelos de socialização): "a política deliberativa (tem) [...] um vínculo estreito com os contextos de um mundo da vida racionalizado *favorável*".[4] Quando se acrescenta o que digo a respeito da racionalização dos mundos da vida na *Teoria da ação comunicativa*, esse "caráter favorável" pode ser perfeitamente entendido no sentido de uma "eticidade pós-convencional"[5] ou de um *ethos* democrático.

É por razões sistemáticas que vejo essa exigência de incorporação do processo democrático nos termos de um "patriotismo constitucional", por assim dizer. Isso se explica pelo fato de que os direitos políticos fundamentais também assumem a forma de direitos públicos subjetivos e, por isso, podem ser interpretados como liberdades de ação subjetivas. Nas ordens jurídicas modernas cabe aos cidadãos decidir livremente como pretendem usar seus direitos de comunicação e de participação. Pode-se pedir que se orientem pelo bem comum, mas não se pode transformar isso em uma obrigação jurídica. Não obstante, até certo ponto é necessário orientar-se pelo bem comum, já que a

---

4 Habermas, *Faktizität und Geltung*, p.366.
5 Wellmer, Bedingungen einer demokratischen Kultur. In: Brumlick; Brunkhorst (Orgs.), *Gemeinschaft und Gerechtigkeit*.

A inclusão do outro

legislação democrática só pode tirar sua força legitimadora do processo de *entendimento* dos cidadãos acerca das regras de sua vida em comum. Portanto, o paradoxo do surgimento da legitimidade a partir da legalidade só se resolve quando a cultura política predispõe os cidadãos a não persistirem na atitude de participantes do mercado autointeressados e orientados para o sucesso, mas para *também* fazerem uso de suas liberdades políticas orientados para o entendimento, no sentido kantiano de "uso público da razão".

É esse "também" que distingue a interpretação fraca da interpretação forte – clássico-republicana – favorecida por Bernstein. Pois ele só transforma sua tese em uma *objeção* quando ele deposita, em última instância, na virtude política dos cidadãos unidos *toda* a carga de legitimação do direito positivo. Ao contrário disso, a explicação que a teoria do discurso dá ao processo democrático desonera os cidadãos da exigência rousseauísta de virtude, recorrendo a um argumento estruturalista. A orientação para o bem comum só precisa ser exigida modestamente à medida que a razão prática se retira dos corações e mentes dos atores coletivos ou individuais e se desloca para os procedimentos e formas de comunicação da formação política da opinião e da vontade; e do âmbito individual da motivação e do discernimento ético se desloca para o âmbito social da aquisição e produção de informação. Isso implica certa intelectualização. Ou seja, os processos de deliberação e de decisão precisam ser estruturados de maneira tal que os discursos e negociações funcionem como filtros e deixem passar os temas e contribuições que devem "contar" para a tomada de decisão. Quando substituímos, já no âmbito das explicações normativas, a exigência de *virtude* pela exigência de *racionalidade* pode-se combater melhor aquele falso realismo que de antemão condena como "idealista" o sentido da autodeterminação.

Com isso, só contradigo a tradição republicana à medida que o ônus para fundamentar a efetividade da razão prática passa da mentalidade dos cidadãos para as formas deliberativas da política. No entanto, esse procedimentalismo não implica, como pensa Bernstein, uma neutralização normativa da prática de autodeterminação dos cidadãos. É claro, ainda que os procedimentos e processos não se sustentem a si mesmos e precisem estar ancorados em uma cultura política libertária, a expectativa normativa da criação legítima do direito está vinculada ao arranjo comunicativo, e não à competência dos atores envolvidos. Mas esse modo de positivação do direito, que deve assegurar a autonomia igual a todos, guarda um teor normativo forte. O procedimento democrático fundamenta a exigência de racionalidade no sentido que coloca a perspectiva de *resultados* neutros, isto é, imparciais: a racionalidade procedimental deve garantir a justiça no sentido da regulamentação imparcial de questões práticas.

ad b) Outra restrição feita por Bernstein se volta não tanto para a concepção procedimental como tal, mas muito mais contra a compreensão de justiça política vinculada a ela. Pois na razão prática incorporada aos procedimentos e processos está inscrita a referência a uma justiça (entendida tanto em sentido moral quanto jurídico) que *aponta para além* do *ethos* concreto de uma determinada comunidade ou uma interpretação de mundo articulada em uma tradição ou forma de vida. Para esclarecer isso, faço a distinção entre questões morais de *justiça* e questões éticas de *autocompreensão*. No primeiro caso consideramos um problema sob o ponto de vista de qual regulamentação

A inclusão do outro

é mais adequada ao interesse igual de todos os concernidos ("o que é igualmente bom para todos"); no segundo caso, ponderamos as alternativas de ação a partir da perspectiva dos indivíduos ou coletividades que querem se certificar de sua identidade e saber que vida devem levar à luz do que são e gostariam de ser ("o que é bom para mim ou para nós visto como um todo e em longo prazo"). Aos dois questionamentos correspondem pontos de vista diferentes. Ao passo que na questão sobre "a vida boa" está inscrita a perspectiva de uma interpretação do mundo e de si mesmo a partir de uma primeira pessoa do singular ou do plural, as questões de justiça só podem ser avaliadas de modo imparcial sob a consideração igual das perspectivas de interpretação do mundo e de si mesmo de *todos* os participantes (por isso Mead coloca a exigência de "assunção ideal de perspectivas"). Bernstein não contesta a distinção analítica como tal; na verdade, ele afirma que eu a hipostasio e que não faço um uso sensato dela (ou seja, que sucumbo ao *myth of the framework* [o mito do referêncial]).

Em primeiro lugar, preciso esclarecer um mal-entendido. Questões de autocompreensão ética dependem do contexto em um sentido diferente do que ocorre com as questões morais, uma vez que as questões éticas são sempre colocadas no horizonte de uma história de vida pessoal ou de uma forma de vida compartilhada em termos intersubjetivos e só podem ser respondidas com sentido *tendo como referência* esse contexto *presente de antemão*. Por outro lado, também nos discursos éticos é natural que precisamos assumir uma atitude reflexiva, aliviada da pressão dos interesses e imperativos de ação imediatos, que seja capaz de interromper de algum modo o fluxo ingênuo da vida e assumir uma distância do contexto de vida próprio. Só que *esse* distanciamento da rede *completa* de nossos processos de formação não pode (nem precisa) ir tão a fundo como aquele que adotamos em nossa reflexão moral, na qual assumimos uma atitude hipotética diante de pretensões de validade de normas *particulares* que se tornaram problemáticas. É justamente o pragmatismo que nos ensina que não podemos objetivar nossa identidade e nosso mundo da vida como um todo por meio do *fiat* de uma dúvida colocada de modo formal.

O que é controverso é a questão sobre se podemos formular e responder questões morais tão somente no *interior* do horizonte de nossas respectivas autocompreensão e compreensão de mundo articuladas de modo ético e, nesse sentido, particulares, ou se nós, à medida que consideramos algo sob o ponto de vista moral, procuramos *alargar* esse horizonte de interpretação, e de forma tão radical que ele "se funde" com os horizontes de todas as outras pessoas, usando uma expressão de Gadamer. Bernstein não é inteiramente unívoco em vista dessa questão da prioridade do justo sobre o bom: *If I take my own life history as a Jew or an American* [...] *I certainly do not restrict myself to questions concerning my fellow Jews, Americans etc. I want to understand my responsibilities and obligations to those who are not members of the identified groups.** Em primeiro lugar, isso não quer dizer nada mais que as questões de justiça se *apresentam* para nós na condição de pessoas com determinada autocompreensão e compreensão do

---

* "Quando considero minha própria história de vida como judeu ou norte-americano [...] com certeza não me limito a questões relativas aos meus companheiros judeus, norte-americanos etc. Procuro entender minhas responsabilidades e obrigações para com aqueles que não são membros dos grupos identificados." (N. T.)

A inclusão do outro

mundo e que nós as *entendemos* a partir desse horizonte. Contudo, não é nada trivial se podemos *responder de modo satisfatório* à questão no interior do horizonte dado. Não é necessário, e nem mesmo possível, saber como pretendo me esclarecer sobre minha identidade como judeu ou protestante, norte-americano ou alemão. Mas em questões que dizem respeito a nossas obrigações morais diante dos refugiados bósnios ou dos sem-teto no próprio país, ou em questões jurídicas, tal como a regulamentação de situações urgentes que vão surgindo ("violência no casamento"), tratamos da legitimidade de expectativas e pretensões que exigimos uns dos outros não apenas como *os que pertencem*, mas também como *estranhos*, que abrangem grandes distâncias geográficas ou históricas, culturais ou sociais. Nesse caso, não estamos mais lidando com o que é "bom" para nós, membros de uma coletividade (caracterizada por um *ethos* próprio), mas sim com o que é "correto" para todos, seja para todos os membros do universo de sujeitos capazes de falar e agir ou para todos os parceiros de uma comunidade jurídica (local ou inclusive global, se for o caso). Na avaliação dessas questões de justiça buscamos uma solução imparcial, à qual todos os participantes (e concernidos) precisam poder dar seu consentimento bem ponderado em um diálogo isento de coerção e realizado sob as condições simétricas do reconhecimento recíproco.

Nessa questão se defrontam hoje três posições. Enquanto cada conceito de justiça (a) estiver indissoluvelmente impregnado de uma respectiva concepção do bem, então também nós, ao avaliarmos as questões de justiça, permanecemos presos ao horizonte *dado* de nossa autocompreensão e compreensão do mundo. Nesse caso, só pode haver um acordo entre partes de

Jürgen Habermas

origem diferente segundo o modelo de assimilação de *seus* critérios aos *nossos* (Rorty) ou segundo o modelo da conversão, ou seja, a renúncia de *nossos critérios* em favor dos *deles* (MacIntyre). Assim que, pelo contrário, (b) consideramos uma pluralidade de imagens de mundo "modernas" capazes de se comportar de maneira tolerante umas com as outras devido ao seu potencial universalista dado desde o início, podemos contar com um consenso sobreposto em questões de justiça (Rawls). Visto que disso – segundo o modelo da liberdade religiosa – se pressupõe alguma ampliação de horizontes (das religiões mundiais e visões de mundo que nesse ínterim se tornaram reflexivas) *resulta* um consentimento motivado racionalmente, contudo apenas porque as mesmas soluções em termos de princípios (que Rawls reconstrói na "teoria da justiça") são respectivamente aceitas por razões *diferentes*. Por fim, a teoria do discurso (c) introduz a distinção entre questões morais e questões éticas e afirma a prioridade do justo sobre o bom no sentido de que a lógica das questões de justiça exige a dinâmica de uma ampliação progressiva do horizonte. A partir do horizonte de sua respectiva autocompreensão e compreensão do mundo as diversas partes se referem a um ponto de vista moral presumivelmente comum sob as condições simétricas do discurso, que as obriga a cada vez mais descentralizarem as diferentes perspectivas (e do aprender um com o outro). Nesse contexto, G. H. Mead falou do *appeal to an ever wide community* ["o apelo a uma comunidade sempre mais ampla"].

O fato de que a distinção entre questões morais e questões éticas "faz uma diferença" no campo da justiça política, e de que ela de modo algum "gira em falso", fica evidente quando se considera as discussões que ocorrem hoje sob o termo

A inclusão do outro

"multiculturalismo",[6] bem como nos esforços de paz nos conflitos étnicos no leste e sudeste da Europa – ou ainda o exemplo da Conferência dos Direitos Humanos em Viena, na qual a interpretação dos direitos fundamentais (aceitos como tais) foi discutida entre representantes asiáticos e africanos e os representantes das sociedades ocidentais.

(2) Não é casual que Frank Michelman esteja entre os três ou quatro autores contemporâneos que citei com mais frequência. Foi de seus escritos que mais aprendi sobre política deliberativa, e foi com essa leitura que me vi encorajado a aplicar o conceito do discurso ao direito e à positivação do direito – a *jurisgenesis*, como ele diz. Nesse aspecto, há uma grande concordância entre nossas posições, que se explica por uma dependência (absolutamente não simétrica). Em uma disputa de família as diferenças são muitas vezes tão pequenas que só pelo exagero podemos torná-las visíveis. Talvez eu tenha me tornado culpado por tal exagero em minha apresentação, mais orientada por propósitos sistemáticos do que hermenêuticos. Isto é, não estou certo se as críticas de Michelman, como no caso de Bernstein, se remetem em última instância a uma diferença filosófica de opinião ou mais para uma diferença no ponto de vista da disciplina. Minhas ressalvas se referem unicamente a um conceito "dialógico" de política deliberativa que, por uma oposição idealizadora à política "instrumental", exclui da política a grande massa das negociações, isto é, o equilíbrio de interesses mediante a formação de compromissos.

---

6 Cf. Habermas, Luta por reconhecimento no Estado de direito democrático, neste livro.

Jürgen Habermas

Para Michelman trata-se de apreender de modo exato um conceito de eticidade pós-convencional que deve formar o contexto formador de motivos favoráveis a uma percepção adequada dos direitos de cidadania. É certo que uma cultura política "favorável" surge do respectivo contexto de uma história nacional. Mas é a sua referência aos princípios universalistas da Constituição, que prometem a igualdade de direitos, que a torna útil a uma cultura política "liberal" que institui e preserva, em uma sociedade pluralista, uma consciência cidadã comum para além de todas as diferenças. Os Estados constitucionais aparecem naturalmente de forma plural e se diferenciam uns dos outros não apenas em suas ordens institucionais, mas também na formulação de suas cartas constitucionais. *Constitutional law is institutional stuff from the word go* [A lei constitucional é a matéria institucional que deriva do discurso]. Contudo, o que transforma esses Estados em Estados de direito democráticos é a implementação dos direitos fundamentais, pela qual todos os intérpretes partem do pressuposto de que esses direitos têm um teor de significado universalista – ainda que controverso da perspectiva dos horizontes de intepretação em competição. *"But to say that originary discourse of legislative justification must always proceed on ground that is already ethical is not to deny that they must always proceed within a horizon of universalista morality* sub specie aeternitatis".*

Não é contraditório o que Michelman afirma sobre o vínculo do jurista constitucional, sobretudo do juiz, com uma tradição do direito impregnada em sentido ético. Ele ilustra

---

* "Porém, dizer que os discursos que dão origem à justificação legislativa sempre precisam ser realizados a partir de uma base que já é ética não é negar que eles precisam sempre ser realizados no interior de um horizonte de moralidade universal *sub specie aeternitatis*." (N. T.)

A inclusão do outro

essa circunstância com o exemplo de como os tribunais nos EUA e no Canadá tratam de modo diferente a nova situação do *hate speech* [discurso de ódio]. A partir das duas interpretações dessa diferença, que Michelam coloca à nossa escolha, eu gostaria de construir uma terceira que me parece mais adequada a esse caso:

The same (universal) principle of equal liberties for all, resting on somewhat different variants of discourses of originarity constitutional justification, prevails in both countries, which have somewhat different cultural, and ethical histories. The doctrinal differences we observe are secondary applicational variants reflecting (what is probably) a combination of differing legal traditions and different social facts at the moment.*

II. A neutralização dos conflitos de valor e "suportar [*Aushalten*] as diferenças"

Thomas McCarthy é um caso de sorte para mim: na maioria das vezes tenho a impressão que ele compreende meus textos melhor do que eu. Apesar de todas as críticas,[7] ele defende o

---

* "O mesmo princípio (universal) das liberdades iguais para todos, apoiado em algumas diferentes variações dos discursos da justificação constitucional originária, predomina em ambos os países, que possuem histórias culturais e éticas um tanto diferentes. As diferenças doutrinais que podemos observar são diferentes formas de aplicação que, em diferentes momentos, refletem (o que é provável) uma combinação de diferentes tradições jurídicas e diferentes fatos sociais." (N. T.)

7 Já há algum tempo McCarthy chamou minha atenção para os problemas de construção que se referem à estrutura da teoria como um todo. Cf. McCarthy, *The Critical Theory of Jürgen Habermas*. Também o anexo à edição alemã em formato de livro de bolso: *Kritik der Verstän-*

Jürgen Habermas

que nesse ínterim passei a conhecer e reconhecer como nossa posição comum, e o faz de modo tão perspicaz contra as objeções (principalmente da parte de Foucault, Rorty e os desconstrutivistas)[8] que fico inquieto quando ele me contradiz de forma tão enfática, como no ensaio aqui abordado.[9] É claro que há duas décadas ele faz jus às ressalvas hermenêuticas contra as fortes pretensões sistemáticas da reconstrução racional (principalmente quando estão vinculadas a suposições da teoria da evolução). Por isso, não me surpreende tanto a direção de suas objeções (hoje com uma coloração mais fortemente pragmática) quanto o fazem seus pontos antiuniversalistas. De maneira semelhante a Bernstein, McCarthy insiste em um entrelaçamento dialético do que é bom com o que é justo:

the justice issue of what is "equally good for all" is not, strictly speaking, superordinate to "self-understanding of the kind of society we want to live in": they are two interdependente aspects of the same problem, namely "which norms citizens want to adopt to regulate their life together".*

---

digungverhältnisse, bem como em id., Complexity und Demokratie – die Versuchungen der Systemtheorie. In: Honneth; Joas (Orgs.), *Kommunikatives Handeln*.

8 Cf. mais recentemente Hoy; McCarthy, *Critical Theory*.

9 Em princípio, sua crítica já estava desenvolvida em id., Praktischer Diskurs über das Verhältnis von Moral und Politik. In: *Ideale und Illusionen*.

* "Falando de modo estrito, a questão da justiça sobre o que é 'igualmente bom para todos' não está acima da questão sobre 'a autocompreensão do tipo de sociedade na qual gostaríamos de viver': ambas são dois aspectos interdependentes do mesmo problema, a saber, 'quais normas os cidadãos querem adotar para regular sua vida em comum'." (N. T.)

A inclusão do outro

Da mesma maneira que em Bernstein e Michelman, mais uma vez se trata de dizer que os pontos de vista distinguíveis em termos analíticos não "são distinguíveis na prática". McCarthy parte da observação importante de que nas sociedades modernas surge um descompasso entre, por um lado, as diferenças que crescem rapidamente e que os cidadãos percebem em suas interações cotidianas e, por outro, a exigência que o sistema de direito igualitário impõe ao mesmo tempo a esses cidadãos, a saber, a exigência de que *ignorem* do ponto de vista normativo essas diferenças percebidas de maneira cada vez mais penetrante. O espectro das diferenças que precisam ser trabalhadas pelos indivíduos no âmbito das interações simples cresce na dimensão temporal, social e objetiva. A intervalos sempre menores, em contatos sempre mais fugazes, precisamos nos entender com pessoas sempre mais estranhas (marcadas por origens socioculturais completamente diferentes) sobre problemas sempre mais numerosos e específicos (que se tornam mais agudos pela confiança que se atribui de antemão a especialistas que não conhecemos).[10] Essas *exigências de abstração* são comprovadas de maneira muito drástica pela individualização dos estilos de vida e sobretudo pela composição etnicamente heterogênea das sociedades multiculturais, pois os estilos e formas de vida que colidem entre si são totalidades que formam identidades, que abrangem as estruturas de personalidade como um todo, e que por isso desencadeiam conflitos de valor "existenciais". McCarthy insiste nos conflitos entre orientações de valor marcantes porque estes, de maneira diferente do que as oposições de interesses, não podem

---

10 Cf. Offe, Modern barbarity: a micro state of nature? *Constellations*.

Jürgen Habermas

ser compensados por compromissos acerca da distribuição de compensações, reconhecidas *segundo seu gênero*.

Por causa de seu caráter coletivo, a coexistência de formas de vida em igualdade de direitos não pode ser assegurada *per se* com os instrumentos do direito privado; pois os direitos subjetivos asseguram liberdades que funcionam de modo imediato como capas protetoras para a busca autônoma dos planos de vida *individuais*. O paradigma liberal ainda contava com certa individuação dos indivíduos, os quais deveriam poder manter uma distância um dos outros a fim de, ao realizarem suas concepções do bem próprias, não ter de atravessar o caminho um do outro e se perturbar mutuamente. Mas em sociedades multiculturais e altamente individualizadas, encolhem com crescente complexidade ao mesmo tempo as "zonas" no espaço social e no tempo histórico que podem ser a cada vez ocupados e igualmente "privatizados" por indivíduos diferentes e pelos membros de subculturas *diferentes*. A pessoa de direito abstrata da dogmática clássica do direito precisa ser hoje substituída por uma concepção intersubjetiva; a identidade do indivíduo está entretecida com as identidades coletivas. Uma vez que também as pessoas de direito só se individualizam pela via da socialização, sua integridade não pode ser garantida sem proteger os contextos de vida e de experiência compartilhados de modo intersubjetivo, nos quais formaram sua identidade pessoal e só nos quais podem estabilizá-las, se for o caso.[11]

Eu gostaria de (1) abordar duas máximas da neutralização dos conflitos de valor no Estado de direito, (2) tratar de diversos detalhes que me parecem importantes para esclarecer a

---

11 Cf. Habermas, Luta por reconhecimento no Estado de Direito democrático, neste volume.

A inclusão do outro

controvérsia, (3) discutir a alternativa sugerida por McCarthy e (4) propor uma reflexão provisória sobre o ponto realmente problemático – a premissa da "única resposta correta".

(1) O Estado de direito democrático tem apenas um repertório limitado de instrumentos para regulamentar os conflitos de valores que resultam das interações inevitáveis entre (membros de) formas de vida que coexistem, mas que são "estranhas" umas para as outras de uma maneira dissonante do ponto de vista existencial. (Da mesma maneira que McCarthy, vou me limitar a esse tipo de conflito gerado pelo "multiculturalismo".) Em nosso contexto, interessam sobretudo dois instrumentos para neutralizar normativamente as diferenças: (a) a garantia da coexistência em igualdade de direitos e (b) a segurança da legitimação pelos procedimentos.

Para (a) é fundamental fazer a distinção entre questões de justiça e questões de vida boa. Isso pode ser exemplificado a partir de casos concretos, como a eutanásia ou o aborto. Imaginemos que em disputas públicas conduzidas de modo suficientemente discursivo (o que não estou afirmando que aconteça nos exemplos citados, mas apenas supondo para fins de argumentação) se tenha alcançado à conclusão que, sobre essa situação polêmica, não se pode chegar a uma versão neutra em termos de visão de mundo porque as descrições concorrentes da matéria que precisa ser regulamentada estão entretecidas de modo conceitual com a autocompreensão de diferentes confissões, comunidades de interpretação, subculturas etc., articuladas de maneira religiosa ou em termos de visão de mundo. Portanto, estaria posto um conflito de valor que não poderia ser resolvido pelo discurso nem pela via do compromisso. Sendo assim, em uma sociedade pluralista constituída em termos de Estado de direito, evidentemente esses fatos *eticamente controveros* não poderiam ser regulamentados pela descrição impregnada eticamente de uma autocompreensão *particular* – a partir da visão do universo de parceiros do direito – mesmo se se tratasse da descrição da cultura majoritária. Pelo contrário, é necessário buscar uma regulamentação neutra (como na sentença do Tribunal Constitucional da Alemanha sobre os crucifixos nas salas de aula da Bavária) que, no nível abstrato da coexistência em igualdade de direitos de diferentes comunidades integradas de maneira ética, possa encontrar o reconhecimento motivado racionalmente de todas as partes em conflito. Para haver essa mudança no nível de abstração é necessária uma *mudança de perspectiva*. Todos os participantes precisam deixar de lado a questão ética sobre qual regulamentação é "melhor para nós" a partir de "nossa" respectiva visão e, em vez disso, precisam testar sob o ponto de vista moral qual regulamentação é "igualmente boa para todos" em vista da pretensão prioritária de uma coexistência em igualdade de direitos.

Em relação à dificuldade que McCarthy vê vinculada a essa abstração, é oportuno, na verdade, fazer uma restrição. A mudança de perspectiva deve possibilitar uma regulamentação moral, isto é, aceitável pelas mesmas razões, mas o conflito de *valor* continua irreconciliável. Essa regulamentação ainda não implica uma distribuição simétrica dos *encargos subsequentes* a serem suportados. Ela é "igualmente boa para todos" tendo em vista o objetivo de uma coexistência em igualdade de direitos, mas nem sempre em vista de *todas* as consequências em cada caso. Não se pode excluir uma distribuição desigual dos "rigores" que uma solução justa implica para a autocompreensão ética de uma ou outra parte; pelo contrário, é mais provável que isso aconteça. Em geral, a abstração trabalha em favor de uma regulamentação relativamente "liberal" (que a mim, do ponto de vista pessoal, pareceria bastante insuportável nos casos de eutanásia, por exemplo). Por outro lado, a expectativa normativa vinculada a isso, de *tolerar* (se for o caso) o comportamento de membros de outros grupos que do nosso ponto de vista consideramos eticamente reprovável, não implica que haverá imediatamente um dano à nossa integridade. "Nós" podemos recriminar eticamente a prática de outras pessoas permitida do ponto de vista do direito. O que nos é exigido do ponto de vista do direito é a tolerância em face de práticas que se desviam de "nosso" ponto de vista ético.

Esse é o preço para uma convivência no âmbito de uma comunidade jurídica igualitária, na qual grupos de origem cultural e étnica diferente precisam se entender uns com os outros. A tolerância é necessária caso se queira manter intactas as bases do respeito mútuo das pessoas de direito. À medida que o direito à coexistência em igualdade de direitos estiver assegurado, o preço para "suportar" esse tipo de diferenças éticas também pode ser exigido do ponto de vista jurídico. Pois esse direito "abstrato" em uma perspectiva ética constitui, portanto, o ponto de referência para uma regulamentação que, por poder ser aceita pelas mesmas razões em vista do objetivo de todos, dispensa a única alternativa, a saber, o compromisso essencialmente doloroso, porque ameaça a integridade, em conflitos de valor que não são passíveis de compromisso.

ad b) Isso, contudo, só vale sob o pressuposto de que de fato se trata de uma questão ética que *de imediato e como tal* não seja acessível a uma solução moral passível de consenso. Supõe-se ter chegado a isso por disputas conduzidas de maneira suficientemente discursiva. Na fase preliminar, esse conflito assumirá um caráter renitente, sobretudo se a mudança para um nível de abstração mais elevado favorecer soluções que tenham como consequência exigências de tolerância desiguais. Mesmo se pudéssemos, como se supõe aqui, entrar em um acordo sobre o ponto de referência mais abstrato – o da coexistência em igualdade de direitos de diferentes comunidades, intactas em sua identidade –, é certo que não se teria ganhado nada mais do que uma base sobre a qual se poderia resolver o conflito *em princípio*. Também nesse nível de disputas morais só muito raramente se pode chegar *de fato* a um acordo. Segundo ensina a experiência, até mesmo questões de justiça definidas com precisão mantêm seu caráter controverso em uma sociedade constituída de maneira heterogênea. Nada muda na fenomenologia das disputas *persistentes*, nem mesmo quando os participantes tomam como ponto de partida comum (ou pelo menos pressupõem de modo consensual) que há uma única resposta correta para as questões morais, quando estas são formuladas de modo suficientemente preciso. Por isso McCarthy insiste na questão de se a premissa de uma única resposta correta não acaba sendo uma ilusão (embora talvez ainda seja elucidativa da perspectiva dos participantes). Mas da perspectiva do observador constatamos que não se alcança ou muito raramente se alcança a um acordo sobre questões políticas polêmicas em termos normativos. Em face do fenômeno indiscutível de um dissenso permanente, por que os participantes do processo democrático ainda deveriam se orientar por um objetivo tão questionável como o de um acordo *possível em princípio*?

Uma resposta a essa questão central pode ser dada em dois passos. Isto é, precisamos esclarecer duas coisas: por que a

A *inclusão do outro*

premissa da única resposta correta é necessária e, se ela é necessária, como pode ser conciliada com a evidência esmagadora do dissenso permanente. A primeira questão pode ser mais bem respondida e *a contrario*. Quando consideramos o Estado constitucional uma ordem legítima, que por sua vez possibilita uma legislação legítima (e processos legítimos de positivação do direito em geral) onde "legitimidade" é entendida em um sentido não empirista,[12] então supomos a possibilidade de um acordo *não violento* sobre questões políticas. Ou seja, o "acordo" (nesse sentido mais amplo) só pode ser visto como uma alternativa à imposição – apoiada no mero hábito, na coerção, em uma influência planejada, na ilusão ou no engodo – de um interesse mais forte quando os participantes – de maneira mediada ou imediata – aceitam de livre vontade (ou pudessem aceitar sob condições adequadas) os resultados de um debate político. O sentido mais amplo de acordo inclui convenções que são firmadas pela livre manifestação (ou se presume que seja de livre vontade) das partes de uma negociação ou contrato, ou segundo regras livremente aceitas (como regras corretas ou reconhecidas de modo equânime) para que se possa formar compromissos; também consensos e resoluções fundamentadas que se baseiam no reconhecimento racionalmente motivado de fatos, normas, valores e respectivas pretensões de validade, ou nos procedimentos de formação discursiva da opinião e da vontade (inclusive decisões sustentadas pela argumentação). Esse acordo se qualifica como alternativa à "violência" pelo fato de que os participantes, em última instância, confiam na

---

12 Habermas, *Faktizität und Geltung*, p.351-8.

Jürgen Habermas

força, que cria laços comuns, dos discernimentos comprovados pela via comunicativa e da liberdade de manifestação da vontade assegurada de modo institucional (ou pela combinação entre "razão" e "vontade livre", regulada por procedimentos). Eles não poderiam confiar nessa base comum se não pudessem supor que todos os cidadãos pudessem aceitar, pelas mesmas razões, tanto a Constituição que institucionaliza uma rede de processos que legitima os acordos quanto a suposição de racionalidade que está vinculada a esses processos e instituições. Isso ainda admite uma interpretação republicana da premissa de "uma única resposta correta". As boas razões pelas quais os cidadãos confiam na legitimidade da Constituição e na força legitimadora do processo democrático poderiam estar amparadas por um *ethos* político *como algo habitual*, e com isso elas perderiam sua força de convencimento capaz de ir além dos limites da respectiva comunidade política própria. Essa interpretação, porém, não oferece a McCarthy um caminho a ser seguido, pois ele exclui das sociedades multiculturais a possibilidade de haver um consenso de valores "inato". Pelo contrário, conta com conflitos de valor endêmicos, de modo que também o conflito contínuo acerca da autocompreensão ético-política da nação como um todo precisa ser visto pelos próprios cidadãos como algo que, em princípio, não pode ser resolvido. Meu argumento implica muita coisa em relação a McCarthy, de modo que ele não consegue dizer, sob suas premissas, como afinal é possível haver legitimidade democrática.

Se as questões de justiça não conseguem transcender a autocompreensão ética de formas de vida concorrentes e *todas* as questões políticas em disputa estão perpassadas por conflitos de valor ou oposições relevantes do ponto de vista existencial,

A inclusão do outro

acabamos ficando, no final, com uma concepção de política semelhante a de Carl Schmitt. Se os conflitos políticos, por serem essencialmente de natureza ética, não permitem *como tais* esperar uma mediação motivada racionalmente, os cidadãos precisam tomar como ponto de partida que a política como um todo, *e sem outra possibilidade,* é uma esfera do dissenso a ser esperado de modo razoável. Pois outra possibilidade já implica que os cidadãos possam assumir uma *outra* perspectiva, por exemplo, uma perspectiva da justiça que lhes permita ultrapassar a perspectiva de participantes envolvidos de *modo imediato* em conflitos de valores. Enquanto não se admitir essa possibilidade, permanece incompreensível como os debates políticos, atravessados por conflitos de valores que não podem ser resolvidos de modo racional e dominados por identidades opostas, poderiam ser resolvidos a não ser pela imposição, ou no melhor dos casos, por procedimentos conciliatórios impostos (e com o tempo internalizados). Isso então exige uma descrição empírica dos processos de legitimação, mas com a qual McCarthy não se dá por satisfeito.

A política deliberativa perderia seu sentido – e o Estado de direito democrático perderia sua base de legitimação – se nós, na qualidade de participantes em discursos políticos, não pudéssemos convencer os demais e aprender com eles. O conflito político perderia seu caráter deliberativo e por fim degeneraria em uma luta estratégica pelo poder se os participantes não tomassem como ponto de partida que os problemas políticos e jurídicos em disputa pudessem encontrar uma solução "correta" – certamente com a consciência falibilista de que a todo momento eles podem se equivocar. Sem a orientação para a solução de problemas que pode ser comprovada com

Jürgen Habermas

razões, os participantes nem sequer saberiam o que *procurar*. Por outro lado, na qualidade de participantes, nós também não deveríamos ignorar ingenuamente as evidências empíricas. McCarthy tem razão em insistir que aquilo que nós *sabemos* sobre o dissenso permanente, da perspectiva do *observador*, precisa ser integrado com aquilo que nós *pressupomos* na qualidade de *participantes* orientados para o acordo em deliberações e discussões políticas. Ou pelo menos uma coisa não pode contradizer a outra. Nas coisas práticas, apesar do dissenso contínuo, é necessário que se decida. Mas as decisões devem ser tomadas de tal modo que possam valer como legítimas.

À primeira vista a "legitimação pelo procedimento", quando entendida de modo correto, cumpre essa exigência paradoxal. Até agora orientamos nosso olhar para o fato de que a formação discursiva da opinião e da vontade precisa conferir legitimidade ao direito estatuído. No entanto, igualmente interessante é o avesso da questão: o próprio processo de legitimação precisa da institucionalização jurídica. É por meio dela que os discursos políticos adquirem as qualidades formais do direito. Ora, cabe ao direito a especificidade de *coagir* de modo legítimo. Graças a essa particularidade, coerções para decidir, que se mostram necessárias da perspectiva do observador, podem ser introduzidas nos processos democráticos de deliberação pela via da institucionalização jurídica, sem que se prejudique a força criadora de legitimidade que, da perspectiva dos participantes, é inerente aos discursos. Em outros lugares, procurei mostrar como os processos de deliberação e tomada de decisão podem ser institucionalizados pelo direito (e desse modo ser incorporados em comunicações públicas infor-

A inclusão do outro

mais) de maneira tal que possam fundamentar uma suposição de racionalidade para os resultados alcançados conforme o procedimento. O "procedimento" do "processo democrático" deve ser entendido aqui em um sentido complexo. No processo democrático, uma formação informal da opinião na esfera pública política – formação que se torna possível pela via jurídica – é canalizada com deliberações (e negociações) institucionalizadas pelo direito, cujos resultados, por sua vez, são combinados com procedimentos de tomada de decisão que vinculam em termos jurídicos.

Dentre os procedimentos de decisão, a regra da maioria (qualificada, se for necessário) é particularmente importante, pois sua "racionalidade procedimental", junto com o caráter discursivo das deliberações que a precedem, confere uma força legitimadora às decisões da maioria. As decisões democráticas da maioria apenas criam um corte no processo de argumentação interrompido pela pressão para decidir. Os resultados desse processo podem também ser aceitos por uma determinada minoria como a base para uma prática que obriga a todos. Pois a aceitação fática não significa que a minoria tivesse de aceitar o conteúdo dos resultados como algo racional, ou seja, que ela tivesse de modificar suas *convicções*. Contudo, ela pode aceitar a opinião da maioria como uma orientação obrigatória para sua ação por certo tempo, desde que o processo democrático lhe assegure a possibilidade de dar continuidade à discussão interrompida, ou de retomá-la e alterar a situação da maioria em virtude dos (supostamente) melhores argumentos. A regra da maioria deve sua força legitimadora a uma racionalidade procedimental "imperfeita", porém "pura", no sentido dado

Jürgen Habermas

por Rawls.[13] Ela é imperfeita porque o processo democrático está estruturado de maneira tal que ele pode *justificar* a suposição dos resultados racionais, mas não pode *garantir* a correção dos resultados (por exemplo, no procedimento aleatório perfeito). Por outro lado, trata-se de um caso de justiça procedimental pura porque no processo democrático não se pode dispor de nenhum critério de justiça que seja *independente* do procedimento; a correção das decisões depende unicamente do cumprimento factual do procedimento. (Isso não afeta a distinção subsequente entre a justificação "direta", ou em termos de conteúdo, do próprio procedimento e a justificação "indireta" das decisões individuais pela aplicação correta do procedimento.)

(2) Se vejo as coisas de modo correto, acho que uma parte da controvérsia com McCarthy se baseia em mal-entendidos, que dizem respeito sobretudo a três questões de detalhes: (a) a distinção entre um plano de integração ética do Estado como um todo e outro interno ao Estado; (b) o conceito de identidade coletiva, que deve ser entendida em termos processuais; e (c) a impregnação ética da ordem jurídica do Estado.

Ad (a). No âmbito do Estado nacional nós precisamos fazer a distinção entre (no mínimo) dois planos de integração ética. Os conflitos de valores que consideramos até agora surgem da coexistência de diferentes comunidades confessionais e de interpretação, subculturas e formas de vida no interior de uma nação de cidadãos (que, podemos supor, não estão separadas territorialmente). Esses conflitos no interior do Estado são muitas vezes suscitados pelo fato de que o *ethos* de uma cultura

---

13 Cf. Rawls, *Eine Theorie der Gerechtigkeit*, p.106 et seq.

A inclusão do outro

majoritária, que predomina por razões históricas, domina as condições jurídicas e, com isso, impede um tratamento igual (dos membros) das coletividades que se encontram eticamente integradas nesse nível subpolítico – de um modo dissonante uma com a outra. Porém, em seu papel como cidadãos de um mesmo Estado nacional, os membros das subculturas diferentes são obrigados, em casos de conflitos, a levar em conta a norma prioritária da coexistência em igualdade de direitos assegurada por regulamentações abstratas. No entanto, como mostramos antes, essas regulamentações que asseguram a integridade digna de proteção de cada um *em seu pertencimento cultural particular que marca sua identidade*, muitas vezes, só podem ser obtidas à custa do preço sociopsicológico bastante amargo das exigências de tolerância. O plano de integração política e ética da coletividade do Estado como tal deve ser diferenciado dessa integração no nível subcultural.

No plano da integração política e ética da coletividade do Estado se encontra o que nos Estados Unidos se chamou de *civil religion* – um "patriotismo constitucional" que vincula todos os cidadãos políticos, independentemente de suas características culturais ou origens étnicas diferentes. Trata-se de uma grandeza metajurídica; isto é, o patriotismo constitucional se baseia em uma interpretação de princípios constitucionais reconhecidos, que segundo seu teor são universalistas, feita a partir do contexto da respectiva história e tradição nacionais. Ou seja, só se pode ter a expectativa dessa lealdade à Constituição não forçada pelo direito e ancorada nos motivos e disposições dos cidadãos se estes forem capazes de conceber o Estado constitucional democrático como uma *conquista* alcançada a partir de seus próprios contextos histó-

Jürgen Habermas

ricos. Tal patriotismo constitucional só se livra dos traços ideológicos quando os dois planos de integração ética – o do Estado como um todo e o interno ao Estado – forem mantidos separados. Normalmente esse desacoplamento precisa ser defendido perante a oposição da cultura majoritária. Só então surgem as bases motivacionais favoráveis àquelas exigências de tolerância que resultam das diferenças mantidas em termos jurídicos *entre* as comunidades integradas eticamente *no interior* de uma mesma nação.[14]

Ad (b). McCarthy chama a atenção para as dessemelhanças estruturais entre a autocompreensão compartilhada de modo intersubjetivo por uma comunidade e a identidade das pessoas individuais. Eu mesmo já havia advertido[15] sobre o risco de apresentar a identidade coletiva de uma comunidade de cidadãos segundo o modelo da identidade do eu. Antes, ambas se comportam de modo complementar uma com a outra. Portanto, da integração ética dos cidadãos de uma comunidade política com certeza não resulta um sujeito ampliado (*a unified we*). Porém, os integrantes de um Estado também não podem ser entendidos como membros de um organismo; pelo contrário, eles compartilham uma forma de vida política que se articula

---

14 Isso também vale *mutatis mutandis* para a neutralidade de uma autocompreensão política que é exigida igualmente para todos em contraste com as demais diferenças (de gênero, classe social, idade etc.). As diferenças nas condições de vida, sobretudo as que estão fundamentadas em critérios sexuais e socioeconômicos, estão associadas de modo cumulativo com as diferenças culturais e étnicas.

15 Já em 1974, na questão que abordei em meu discurso sobre Hegel: Sociedades complexas podem formar uma identidade racional? In: Habermas, *Para a reconstrução do materialismo histórico*, p.133-79.

A inclusão do outro

em uma respectiva autocompreensão. Os integrantes de uma coletividade sabem de modo intuitivo em quais dimensões e situações eles dizem "nós" – e também esperam um do outro que digam "nós". Contudo, em uma sociedade pós-tradicional e com uma pluralidade de visões de mundo, e sobretudo em uma sociedade multicultural, a questão sobre como "nós" queremos nos compreender como cidadãos de uma determinada república, que emerge de modo explícito em dadas ocasiões, é essencialmente disputada. E em contextos que se modificam, os discursos de autocompreensão continuam em curso. Nossa identidade não é apenas algo que assumimos, mas também um projeto próprio. Nós não podemos escolher nossas próprias tradições: alguns têm os pais fundadores e uma tradição constitucional de mais de duzentos anos nas costas, embora merecedora de críticas; outros têm a Revolução Francesa – e os alemães têm a assim chamada "guerra de libertação" contra Napoleão, a mal-sucedida revolução de 1848, o império Guilhermino, o fracasso da República de Weimar, o Nacional-Socialismo e os crimes em massa desse período, o despertar de 1989 etc. Porém, cabe a nós decidir a quais tradições queremos dar continuidade e a quais não.[16] A isso corresponde um conceito de identidade coletiva como *processo*. A identidade de uma nação de cidadãos não é algo estático; ela se reflete hoje naqueles parâmetros que delimitam o *respectivo* espectro de disputas públicas acerca da melhor interpretação da Constituição e acerca da autocompreensão autêntica das tradições que são constitutivas para a coletividade política. Enquanto os princí-

---

16 Cf. Habermas, Grenzen des Neohistorismus. In: *Die nachholende Revolution*.

Jürgen Habermas

pios constitucionais vigentes formarem o foco comum desse discurso de autocompreensão circunscritos à forma de vida da nação como um todo, as interpretações concorrentes também acabam se sobrepondo de maneira suficiente para assegurar – *for the time being* – um acordo capaz de sustentar a integração ético-política dos cidadãos, ainda que de modo difuso. Em todo caso, as discussões sobre temas específicos que dizem respeito à forma de vida histórica comum de uma nação ocorrem diante desse pano de fundo oscilante. Uma questão ético-política de tipo mais trivial é, por exemplo, a disposição de uma população de assumir riscos maiores ou menores quando se trata de ponderar os padrões de segurança tecnológica em comparação com os encargos econômicos subsequentes.

Ad (c). No entanto, McCarthy tem razão em se mostrar cético diante da minha tentativa (corrigida no posfácio à 4ª edição de *Faktizität und Geltung*) de ordenar os aspectos pragmáticos, éticos e morais de determinados tipos de matérias legislativas. Via de regra as questões políticas são tão complexas que precisam ser discutidas ao mesmo tempo sob todos esses aspectos – mas que precisam ser diferenciados sob o ponto de vista analítico.[17] Porém, McCarthy deriva conclusões falsas a partir da circusntância de que toda ordem jurídica nacional, localizada no espaço e no tempo, está "impregnada" pela autocompreensão ética de uma forma de vida política. A impregnação ética do direito de maneira nenhuma apaga seus teores universalistas.

Se as Constituições nacionais diferentes apresentam do mesmo modo múltiplas interpretações *dos mesmos* direitos

---

17 Cf. Habermas, *Faktizität und Geltung*, Posfácio, p.667, nota 3.

A inclusão do outro

fundamentais – que podem ser reconstruídos em termos teóricos – e se as ordens jurídicas positivas diferentes implementam igualmente *os mesmos* direitos fundamentais em múltiplas formas de vida, então a identidade de sentido desses direitos – a universalidade de seu teor – não precisa se esgotar no espectro dessas interpretações diferentes. É certo que o direito positivo vigente sempre tem um campo de aplicação delimitado pelo Estado; mesmo um direito internacional implementado mundialmente continua sendo provinciano em comparação com o universo. Não obstante, essas ordens jurídicas não poderiam reivindicar legitimidade alguma se não estivessem de uma maneira racionalmente aceitável em harmonia com princípios morais. A pretensão de universalidade do sistema de direitos ligada aos direitos humanos adquire uma atualidade sobretudo hoje quando as interdependências crescentes do mundo único colocam na agenda o conflito acerca do caráter seletivo das diferentes interpretações culturais. Esse conflito nas interpretações só faz sentido sob a premissa que é necessário encontrar uma única interpretação correta que *esgote* de maneira suficiente o teor universalista desses direitos no presente contexto.

Mesmo no âmbito interno de uma ordem jurídica nacional, a distinção entre aspectos da justiça e da autocompreensão não funciona no sentido de um entrecruzamento dialético segundo o qual nos restaria um conflito insolúvel entre conceitos de justiça que dependem do contexto. O teor universalista dos direitos fundamentais não fica restringido pela impregnação ética da ordem jurídica do Estado; antes, ele perpassa os contextos de coloração nacional. Ora, é por isso que a neutralização jurídica dos conflitos de valores, que de outro modo fragmentariam a coletividade política, exige *que se privilegie* a

Jürgen Habermas

dimensão da justiça. As questões de justiça também gozam de uma prioridade normativa por uma outra razão: há concepções do bem que sancionam relações internas autoritárias. Na Alemanha é preciso não somente impor os direitos das meninas turcas contra a vontade dos pais que evocam prerrogativas de sua cultura de origem, mas também impor os direitos individuais em geral contra as pretensões coletivas que derivam da autocompreensão nacionalista. Por exemplo, não acredito que hoje os Estados ainda possam manter a obrigatoriedade universal do serviço militar, ou seja, que possam exigir de determinados grupos (do gênero masculino) que deem suas vidas pelo país. Concordo com a seguinte afirmação de McCarthy: *"Legitimate law is at once a realization of universal rights and an expression of particular self-understanding and forms of life. A concrete law must be both at once".* Porém, a frase que segue, *"Hence its acceptability or legitimacy can be thematized under both aspects: the right and the good",*** só é correta sob a ressalva de que em casos de conflito, os argumentos de justiça apresentam-se como trunfos dworkinianos que são superiores às ponderações feitas a partir da perspectiva interna a uma forma de vida – que coexiste em igualdade de direitos com outras subculturas.

(3) McCarthy não é totalmente claro na questão central sobre a possibilidade de fundamentar a prioridade da justiça sobre o bem. A partir da perspectiva ético-existencial de um

---

* "O direito legítimo é ao mesmo tempo uma realização de direitos universais e uma expressão da autocompreensão particular e de formas de vida. Um direito concreto precisa ser ambos ao mesmo tempo." (N. T.)

** "Portanto, sua aceitabilidade ou legitimidade pode ser tematizada sob ambos as dimensões: o correto e o bom." (N. T.)

A inclusão do outro

plano de vida pessoal, a "justiça" certamente conta como um valor que precisa ser ponderado em relação a outros valores, inclusive valores mais prioritários, quando está claro que a prática privilegiada deve satisfazer os parâmetros da justiça. No entanto, as questões de justiça afirmam uma prioridade *incondicional* no sistema de referência da convivência no âmbito do Estado de direito em uma sociedade multicultural. Por um lado, McCarthy admite isso, mas, por outro, ele insiste que também aqui as questões de justiça "em última instância" não podem ser separadas das questões ético-políticas. Ele retoma sua afirmação anterior: "*We cannot agree on what is just without achieving some measure of agreement on what is good*".[18] Isso está correto, mas é meio trivial quando "alguma medida de acordo" se referir apenas à exigência *funcional* de uma sobreposição suficiente de formas de vida subculturais. Toda configuração estatal depende também da força de integração de uma cultura política comum, caso não queira desmoronar em seus vários segmentos. Essa é uma afirmação sociológica. Como afirmação filosófica, a frase admite duas interpretações. Ou todas as concepções de justiça – no sentido de Taylor e MacIntyre[19] – dependem, por razões conceituais, do contexto de concepções específicas do bem (sobre a qual não posso discutir aqui em detalhes).[20] Nesse caso, só se poderá chegar a um acordo sobre justiça a partir de um fundamento ético comum. Ou se afirma que

---

18 McCarthy, *Ideals and Illusions*, p.192. ["Não podemos chegar a um acordo sobre o que é justo sem alcançar alguma medida de acordo sobre o que é bom."]

19 Cf. minha crítica em Habermas, *Erläuterungen zur Diskursethik*, p.176-84 e 209-18.

20 Porém, cf. Wingert, *Gemeinsinn und Moral*.

todas as explicações sobre um suposto conceito universalista da justiça precisam inevitavelmente *tomar com ponto de partida* o horizonte de uma concepção do bem própria. Mas nesse caso a crítica mútua às diferentes interpretações seletivas da "justiça" continua apoiada na premissa que a disputa discursiva torna possível que o conceito universal de justiça, oscilante do ponto de vista intuitivo, possa desdobrar seu teor universalista de um modo que *em princípio* é independente do contexto.

De qualquer maneira, McCarthy considera insuficiente a explicação das práticas do Estado de direito dada em termos de teoria do discurso e sugere a alternativa de uma convivência isenta de violência baseada no reconhecimento do *reasonable disagreements* [desacordo razoável]: "*Members may be said 'rationally' to accept outcomes with they substantively disagree only in an attenuated, indirect sense: they abide by the rules they accept as fair even when things don't go their way*".* No entanto, essa alternativa desemboca no tipo de legitimidade procedimental aqui apresentada; ela deve garantir uma neutralização daqueles dissensos que podemos esperar de modo razoável entre os padrões valorativos de diferentes comunidades integradas em torno de suas respectivas concepções do bem, que são inevitáveis em sociedades pluralistas. Apenas a frase subsequente permite reconhecer a diferença em relação a uma explicação segundo a teoria do discurso: "*Rational acceptance does not here have the cognitive sense of succumbing to the force of*

---

* "Os membros podem dizer que aceitam 'racionalmente' os resultados com os quais discordam do ponto de vista substantivo, mas apenas em um sentido atenuado e indireto: eles aderem às regras que aceitam como justas mesmo quando as coisas não funcionam como eles queriam." (N. T.)

A inclusão do outro

the better argument".* A tolerância, o respeito e o amparo mútuos etc. devem substituir a expectativa de um acordo possível em princípio. O fato de McCarthy não tornar mais precisa essa alternativa se explica, suponho, por uma falta de clareza sobre as condições cognitivas que precisam ser cumpridas para que se possa *exigir* a tolerância de modo racional.

Ou seja, nós só podemos chegar a um acordo sobre a tolerância mútua de formas de vida e de visões de mundo, que implicam uma para a outra um desafio existencial, quando temos uma base de convicções comuns para esse *agree to disagree* [acordo para discordar]. Ora, segundo as suposições de McCarthy, nas questões de justiça faltam as convicções éticas comuns e inclusive uma base comum. Porém, quando não consideramos que seja possível chegar a um acordo racional também nesse plano abstrato, então só nos resta o recurso ao hábito, à imposição violenta de interesses e à conformidade involuntária [*compliance*]. Isso pode ser suficiente por um tempo para o equilíbrio precário de um acordo tácito, para um *modus vivendi*, mas não para um apelo à tolerância fundamentado em termos normativos. De fato, as sociedades complexas dependem cada vez mais da tolerância almejada por McCarthy, mas que não pode ser implementada de modo coercitivo pelo direito; ou seja, na disposição para suportar diferenças significativas do ponto de vista existencial e na disposição para cooperar com membros de formas de vida dissonantes, ao passo que de um ponto de vista subjetivo essa exigência [*Ansinnen*] é sentida como uma exigência pouco razoável [*Zumutung*]. Sob o ponto

---

* "A aceitação racional não tem aqui o sentido *cognitivo* de submeter-se à força do melhor argumento." (N. T.)

de vista sociológico, a tolerância é tida como um recurso que se tornou escasso. Por isso a exigência da tolerância, por sua vez, carece (e em proporção crescente) de uma justificação normativa. E esta, por seu turno, precisa cumprir a pretensão de que a coexistência e ao mesmo tempo a proteção das formas de vida sejam reguladas de forma justa, isto é, regulada por regras aceitáveis de modo racional por todos os lados.

(4) O processo democrático só promete uma racionalidade procedimental "imperfeita", mas "pura", sob a premissa de que os participantes também considerem possível haver em princípio uma única resposta correta para as questões de justiça. Nesse sentido, existe uma analogia com a disputa sobre as questões factuais que não levaríamos adiante por meio de argumentos se não tomássemos como ponto de partida que em princípio podemos nos convencer acerca da verdade ou falsidade de um enunciado. Naturalmente, o fato de que em uma atitude performativa nós nos consideremos "capazes de aceitar a verdade" não implica que precisamos ter fortes expectativas de alcançar um consenso – ou de que não poderíamos nos enganar a todo o momento. Afinal, no sistema da ciência, a contradição e o dissenso estão institucionalizados *a serviço* da busca cooperativa pela verdade. Por outro lado, a analogia também não deve ser extrapolada. Quando não observamos a diferença entre pretensões de validade assertóricas e normativas, então incorremos em interpretações intelectualistas equivocadas sobre o que a razão prática pode fazer. McCarthy pergunta com razão: *"Is the search for truth about 'the' objective world an apropriate analogue of the search for justice in 'our' social world?".**

---

* "A busca pela verdade sobre 'o' mundo objetivo é uma analogia adequada para a busca pela justiça em 'nosso' mundo social?" (N. T.)

A inclusão do outro

A questão é inquietante em vista da premissa de "uma única resposta correta".

Depois das discussões com Friedrich Kambartel sobre o intuicionismo na matemática, eu gostaria de atenuar em um aspecto minha tese, que até agora defendi de forma muito enérgica. O princípio da bivalência faz muito sentido para enunciados substantivos do ponto de vista empírico sobre algo no mundo objetivo. Porém, ao considerar o universo dos objetos simbólicos *criados por nós* precisamos, como suponho agora, contar com um tipo de enunciados que *hic et nunc* não são nem falsos nem verdadeiros e que podem ser decididos, se for o caso, quando conseguimos *construir* um procedimento de fundamentação (da mesma maneira que na matemática construímos um procedimento de comprovação). Considerando-se a constituição ontológica do mundo social, que nós mesmos produzimos, ainda que não de modo voluntário e consciente (como disse Marx junto com Vico), é plausível que a relação entre construção e descoberta, assumida no conhecimento do mundo objetivo, desloque seu peso a favor da fantasia abdutiva. Quando nos defrontamos com problemas difíceis, precisamos deixar que as construções corretas nos "venham à mente".

Evidentemente não gostaria de equiparar o direito e a moral com o domínio objetual das relações e objetos produzidos de modo matemático. Em relação ao seu sentido de validade, os dois tipos de enunciados estão inclusive muito distantes um do outro. Algo como a "verdade analítica" (caso devesse haver algo assim *pace* Quine) não se presta para elucidar a "correção moral" ou a "legitimidade". Além disso, direito e moral referem-se à regulamentação de relações interpessoais entre ato-

Jürgen Habermas

res que, por assim dizer, estão enraizados no mundo objetivo e que têm aí, de certo modo, um *fundamentum in re*. Por outro lado, as ordens modernas do direito "estatuído" são criadas e construídas de modo artificial, de maneira semelhante àquela que o intuicionismo supõe para os objetos da geometria e da aritmética. Portanto, não é totalmente descabido também contar nesse universo com questões para as quais não há uma resposta correta evidente, porque os participantes não "tiveram êxito" na "construção" correta. Em face da regulamentação normativa de interações, talvez não devêssemos contar com a validade do princípio da bivalência. Pode ser que na solução de um caso específico não falte acuidade argumentativa, mas sim criatividade. Contudo, nessa região sublunar na qual com frequência é necessário tomar decisões em prazos determinados, não podemos ficar esperando muito tempo para que ideias construtivistas nos ocorram ao acaso. Se nossa suposição estiver correta, em tais situações em que não há saída normativa, operaríamos apenas com a premissa (válida em geral) de "uma única resposta correta" como se fosse uma aposta sem garantia no futuro. Mas, mesmo nesse caso, não poderemos abandonar essa premissa se quisermos que o processo democrático não perca ao mesmo tempo sua racionalidade procedimental inerente e sua força legitimadora. Sob as condições do pensamento pós-metafísico não vejo nenhuma alternativa a isso.

III. Forma e conteúdo: o cerne "dogmático" do procedimentalismo

(1) Michel Rosenfeld quer mostrar que o paradigma procedimentalista desenvolvido por mim não é "procedimentalista"

A inclusão do outro

em sentido "genuíno", mas apenas em sentido "derivado". Ou, de modo mais preciso: "*Derivative proceduralism is not genuine proceduralism but rather substantive theory in procedural garb*".* Com relação a uma tal teoria que não admite seus próprios pressupostos substantivos, Rosenfeld defende um pluralismo "abrangente", pleno de conteúdo substantivo, e que difere da variante liberal de liberalismo pelo fato de não recorrer à neutralidade de um método para conciliar os conflitos de valores. Eu gostaria de devolver a acusação a Michel Rosenfeld: "*Comprehensive pluralism is not substantive theory but rather proceduralism in substantivist garb*".** Para estabelecer o ponto em que a disputa é mais do que esse jogo de palavras, eu gostaria, inicialmente, de (a) comentar o conceito de "procedimento" e de (b) entrar na problemática da igualdade de conteúdo jurídico.

(a) Rosenfeld cita a teoria hobbesiana do contrato social como um exemplo de procedimentalismo genuíno porque ela justifica as regras de convivência social por meio de uma convenção entre todos participantes surgida segundo um procedimento. Em contrapartida, a teoria de Locke vale como um exemplo de procedimentalismo "derivado", porque aqui o direito natural de propriedade é um critério substantivo para o contrato social. Em oposição a Hobbes, Rosenfeld defende a esclarecedora tese de que não seria possível haver a legitimação de uma ordem jurídica apenas com base em uma

---

* "O procedimentalismo derivado não é um procedimentalismo genuíno, mas uma teoria substantiva com vestes procedimentais." (N. T.)

** "O pluralismo abrangente não é uma teoria substantiva, mas um procedimentalismo em vestes substantivas." (N. T.)

Jürgen Habermas

justiça procedimental: *"proceduralism may (only) be acceptable in the context of contestable substantive norms"*.* A tese é correta para um conceito estreito de procedimentalismo. De fato, o que subjaz à conclusão do contrato social hobbesiano (segundo o modelo do contrato do direito privado burguês) é unicamente a declaração formal da vontade dos participantes. Essa figura jurídica deveria garantir a justiça procedimental "perfeita" e "pura".

Mas Rosenfeld quer ver sua tese aplicada a outros procedimentos da justiça; por exemplo, nos procedimentos processuais judiciais ou conformes ao tribunal que asseguram uma justiça procedimental pura, independente de critérios substantivos, mas imperfeita. A título de exemplo, ele toma a audiência de um cliente diante do Tribunal Social ou de um comitê de administração que decidem sobre os direitos a benefícios sociais. Em tais casos, o curso regular do procedimento assegura o respeito pela dignidade humana do cliente, mas novamente ao próprio procedimento é prescrita uma norma social substantiva que é tida como justa ou injusta de modo independente do procedimento. Todavia, se examinamos esse exemplo mais a fundo, nos defrontamos com o procedimento democrático do legislador político que teve de decidir previamente sobre essa norma. E assim se chega à questão propriamente polêmica, a saber, de onde *em última instância* as normas jurídicas, que regulam comportamentos, criam competência ou procedimentos (de legislação, da justiça, da administração – e da vinculação dos poderes uns com os outros) obtêm sua legitimidade: das razões substantivas ou dos procedimentos? Entender qual o

---

* "O proceduralismo (somente) poderia ser aceitável no contexto de normas substantivas contestáveis." (N. T.)

A inclusão do outro

papel que a distinção forma/conteúdo mantém no paradigma procedimental do direito depende da compreensão *desse* processo que gera legitimidade.

O ponto de partida da minha reconstrução do sentido de uma ordem jurídica legítima está na decisão de um grupo (aleatório) de pessoas que querem a partir de então regular legitimamente sua convivência com os meios do direito positivo e, por conseguinte, iniciam uma prática comum com a qual possam realizar esse propósito. O sentido performativo dessa prática constituinte consiste, assim, em descobrir e decidir em comum quais direitos (sob a premissa já mencionada) os participantes precisam reconhecer mutuamente. Portando, duas coisas são pré-dadas à prática constituinte: o direito positivo como *medium* de regulamentações *obrigatórias* e o princípio do discurso como guia para as deliberações e decisões *racionais*. A combinação e o entrelaçamento desses dois elementos formais deve ser suficiente para a instituição dos processos de criação e aplicação do direito legítimo. Pois sob as condições do pensamento pós-metafísico não se pode mais contar com um consenso que se mantenha *nesse sentido substantivo*. A limitação aos pressupostos *nesse sentido formais* está talhada para as condições especificamente modernas do pluralismo de visões de mundo, formas de vida culturais, constelações de interesse etc. Ela não implica evidentemente que uma prática constituinte estaria livre desse tipo de teores normativos. Pelo contrário, no *sentido performativo* dessa prática, que simplesmente se *desdobra* no sistema de direitos e nos princípios do Estado de direito, já se encontra, como cerne dogmático, a ideia (rousseauaísta e kantiana) de autolegislação de parceiros do direito associados de maneira voluntária, ao mesmo tempo livres e iguais. Essa

Jürgen Habermas

ideia não é apenas formal, mas visto que ela pode ser plenamente desenvolvida nas formas de uma prática constituinte cujos conteúdos não são determinados em detalhes (e nas formas de uma prática de *configuração* de um sistema de direitos insaturados), subsiste a *suposição* bem fundamentada de que ela é neutra em termos de visão de mundo, desde que as diferentes autointerpretações e interpretações do mundo não sejam fundamentalistas (no sentido de *not unreasonable comprehensive doctrines* de Rawls), isto é, sejam compatíveis com as condições do pensamento pós-metafísico.

Essa distinção forma/conteúdo se refere, de início, apenas à presumível neutralidade dos princípios do direito em relação aos conteúdos das visões de mundo. Em seguida, sua natureza formal *se mostra* no modo procedimental de legitimação da criação e imposição do direito, em primeiro lugar na formação política da opinião e da vontade (com o foco nos processos legislativos) e no sistema judicial. Ambos são processos que são regulados por "procedimentos" em sentido amplo. Esse conceito complexo de procedimento, como foi dito, não é neutro em sentido normativo e, dessa forma, só é "formal" ou neutro em termos de conteúdo em um sentido que precisa ser esclarecido. (Nos esclarecimentos genéricos a seguir não poderei entrar em detalhes sobre as diferenças importantes entre os procedimentos legislativos, judiciais e administrativos.)

Nesses casos, trata-se de procedimentos sociais de decisão,[21] que vinculam a tomada de decisão com o resultado de deliberações ao acoplarem os discursos a procedimentos decisórios

---

21 Sobre o que segue, cf. Peters, *Rationalität, Recht und Gesellschaft*, Capítulo VII.

A inclusão do outro

(normalmente a votações). Os processos de formação da opinião e da vontade estão institucionalizados pelo direito em seu todo, bem como em sua estrutura e modo de operar. Nesse complexo se entrelaçam três tipos de procedimentos. O cerne é formado por discursos nos quais os argumentos são intercambiados para responder a questões empíricas e práticas, ou seja, para resolver problemas. Esses processos argumentativos obedecem a procedimentos puramente cognitivos. As convicções que se pretende alcançar de modo argumentativo formam, portanto, a base para as decisões que, por sua vez, estão regulados por procedimentos decisórios (via de regra pela decisão da maioria). Em ambos os processos, a deliberação e a tomada de decisão, estão, por fim, institucionalizados por procedimentos jurídicos. Os procedimentos legais regulam, entre outras coisas, a composição das corporações (normalmente pela eleição ou delegação), a distribuição dos papéis na participação (por exemplo, em processo judiciais), a especificação dos conteúdos (os temas e contribuições admissíveis), os passos da análise (por exemplo, de questões de fato e questões de direito), as bases da informação (perícias, métodos de investigação etc.), a marcação adequada de prazos (retomada de leituras, prazos para decidir etc.). Em suma, os procedimentos jurídicos devem zelar pela instituição obrigatória de processos discursivos de deliberação e processos de decisão justos.

Os discursos que obedecem a lógica própria de seus questionamentos (e nos trabalhos parlamentares estão amarrados a procedimentos justos de formação de compromissos, fundamentados em termos discursivos) formam o elemento central desses processos entrelaçados de múltiplas formas, já que que devem suportar o ônus da legitimação. Porém, como já

Jürgen Habermas

foi mencionado, os processos de argumentação só satisfazem as condições de uma racionalidade procedimental imperfeita, e mais precisamente na medida em que eles sejam realizados sob as formas de comunicação e segundo regras que exigem uma "busca cooperativa pela verdade". A institucionalização (de uma rede) de discursos (e negociações) precisa sobretudo se orientar pelo objetivo de cumprir de maneira mais ampla possível os pressupostos pragmáticos universais da argumentação em geral (acesso universal, participação em igualdade de direitos e igualdade de oportunidades para as contribuições, a orientação para o entendimento dos participantes e o caráter estrutural não coercitivo). Portanto, sob as restrições objetivas, sociais e temporais dos respectivos processos de decisão, a instituição dos discursos deve assegurar, tanto quanto possível, o livre fluxo de propostas, temas e contribuições, informações e razões, de modo que a força racionalmente motivadora do melhor argumento (a contribuição mais convincente ao tema relevante) possa entrar em ação.

Aqui parece ter origem a dissimulação da substância pela forma, criticada por Rosenfeld. Pode-se duvidar, como fez Bernard Peters,[22] que a prática da argumentação possa ser descrita como um procedimento imperfeito, mas "puro", que fundamenta a suposição de resultados racionais. No fim das contas, não são as razões substantivas que decidem o resultado correto, em vez do "procedimento" de um intercâmbio regulado de argumentos? Não existem razões independentes do próprio procedimento para avaliar o resultado alcançado segundo o procedimento, de modo que nem sequer se pode falar de uma legitimação

---

22 Peters, *Rationalität, Recht und Gesellschaft*, p.253 et seq. e p.258 et seq.

A inclusão do outro

procedimental? A resposta depende do sentido que damos às questões práticas quando falamos que elas são "capazes de ter uma solução verdadeira".

Na visão das posições não cognitivistas, espera-se da argumentação no direito e na moral que ela simplesmente *sugira* discernimentos onde não pode haver discernimentos, mas apenas preferências e posições, emoções e decisões. Da mesma forma não é satisfatório um realismo moral que conta com valores objetivos que podem ser conhecidos ou com direitos naturais, com uma ordem normativa que existe independentemente de nossas construções. A teoria da verdade como correspondência já é implausível para os enunciados descritivos; então é óbvio que para a correção dos enunciados normativos não podemos aceitar de modo algum uma correspondência com algo dado. Todavia, se não lhes podemos negar uma pretensão cognitiva, resta-nos a opção de conceber a "correção" como aceitabilidade racional sob certas condições idealizadas. Nós consideramos válidos aqueles enunciados normativos para os quais erguemos a pretensão de que eles podem ser fundamentados de modo argumentativo. É claro que essa formulação ainda é ambígua, pois "fundamentar" pode se basear tanto na prática da argumentação quanto no respectivo fundamento. O que seria esse "procedimentalismo" ,se o resultado de uma prática de fundamentação seguida de modo correto ainda pode ser criticado à luz de razões substantivas particulares? Essa é a questão de Bernard Peters.

Em vista do caráter falível, em princípio, de nosso saber, não é suficiente nenhum desses dois elementos, a forma ou a substância, tomadas em si mesmas. Por um lado, uma estrutura prática de fundamentação, inserida sempre em um contexto restringido e ainda assim favorável, só pode tornar provável, no melhor dos casos, que a troca de argumentos se realize com base em todas as informações e razões relevantes e disponíveis em determinado momento, bem como em um vocabulário (ou sistema descritivo) o mais frutífero possível. Por outro lado, não há quaisquer evidências ou critérios valorativos *que sejam anteriores* à argumentação, isto é, que não possam ser eles mesmos problematizados e que não precisem, por sua vez, ser validados por um acordo criado de modo discursivo e motivado de modo racional sob condições do discurso. Por não haver evidências "últimas" nem argumentos "decisivos" em questões práticas, precisamos recorrer a processos argumentativos como "procedimentos" para esclarecer por que acreditamos que podemos erguer e resgatar pretensões de validade "que transcendem", isto é, que apontam para além do respectivo contexto.

Procedimentos e razões, forma e conteúdo estão de tal maneira entrelaçados que acreditamos poder defender com boas razões os enunciados que consideramos válidos contra as objeções (quando e por quem forem levantadas). Nesse *recurso ao enfraquecimento de "todas" as possíveis objeções a serem apresentadas,* como eu gostaria de dizer seguindo A. Wellmer e L. Wingert, está embutida uma idealização que permite fazer a distinção entre a "validez" dos enunciados e a "aceitabilidade racional", sem tirar da validade a referência epistêmica de "algo que vale para nós". Isso explica a ambivalência peculiar que está na base da dúvida de Peters. Por um lado, são as razões substantivas que nos convencem da correção de um resultado; mas, por outro lado, seu caráter convincente só pode ser *comprovado* em processos de fato realizados, ou seja, na defesa contra toda objeção apresentada de modo fático.

A inclusão do outro

Isso vale para o discurso como procedimento em geral. As deliberações institucionalizadas no Estado de direito democrático, atreladas a prazos de decisão e a procedimentos de votação, não garantem resultados válidos por si mesmos; apenas fundamentam a suposição de que eles são racionais; com isso, asseguram aos cidadãos a "aceitabilidade racional" de decisões que foram tomadas em conformidade com o procedimento. Com relação a esse procedimento reconhecido como legítimo ainda se pode fazer valer a diferença entre um resultado "válido" e um resultado "aceitável de modo racional" (em estruturas institucionais dadas) – seja pela liberdade de expressão de uma minoria que apenas se resigna às decisões que não podem ser objetadas em termos procedimentais, seja pelo protesto simbólico daquele que pratica a desobediência civil e que, depois de se esgotarem todos as possibilidades formais de revisão, apela à maioria com uma violação das regras para que se retome o procedimento em um assunto de importância fundamental.

(b) Ainda que Rosenfeld aceitasse um procedimentalismo nesse sentido, ele não precisaria se dar por vencido. Para questões de justiça, Rosenfeld recusa pretensões de validade que *transcendam* o contexto:

> *Justice beyond law* [*that is beyond a particular order* – J. H.] *cannot achieve complete impartiality* [...] *to the extent that it must* [...] *rely on a vision of the good that has intracommunal roots, thus favoring the members of the relevant intracommunal group over the remaining legal subjects.**

---

* "A justiça para além da lei [isto é, para além de uma ordem jurídica específica, J. H.] não pode alcançar uma imparcialidade completa

Jürgen Habermas

Segundo essa concepção, as ordens jurídicas modernas nem sequer cumpririam, por razões conceituais, a promessa de assegurar a autonomia privada e a autonomia pública iguais para cada um. Na opinião de Rosenfeld, a dialética entre igualdade jurídica e igualdade de fato necessariamente levaria a soluções unilaterais, que, segundo o contexto, produzem igualdade em excesso à custa de diferenças *reprimidas* ou igualdade de menos à custa de diferenças que são *exploradas*. Com um linguajar pós-estruturalista, Rosenfeld afirma que o próprio princípio do tratamento igual não fornece um corretivo nem para aquele tipo de nivelamento das diferenças, nem para esse tipo de desigualdade ilegítima. Segundo sua opinião, a ideia dos direitos iguais para todos, ao se realizar, acaba se enredando em um vaivém sem saída entre a diferença reprimida e o tratamento igual recusado. Não considero elucidativo nem o argumento conceitual, nem o exemplo que deveria comprová-lo em termos históricos.

Rosenfeld acha que os diretos da igualdade liberais, que, sob o slogan *"all men are created equal"* [todos os homens foram criados iguais], foram outrora implementados contra as desigualdades de *status*, também podem servir de padrão para reivindicar direitos sociais. Porém, em contextos modificados, como o da descolonização (ou da luta de minorias étnicas contra uma cultura majoritária), mostra-se que o mesmo princípio do tratamento igual, que outrora serviu à emancipação,

---

[...] na medida em que ela precisa [...] se apoiar na concepção do bem que tem raízes internas à comunidade, portanto, uma concepção que favorece os membros do grupo intracomunitário relevante em detrimento dos demais sujeitos de direito." (N. T.)

A inclusão do outro

justifica agora a pressão à assimilação e, com isso, à repressão das diferenças legítimas:

> *The master treats the slave as inferior because he is different, whereas the colonizer offers the colonized equal treatment provided that the later give up his own language, culture and religion [...]. Accordingly, in a master-slave setting, equality as identity is a weapon of liberation whereas in a colonizer--colonized setting, is a weapon of domination.**

Com esse exemplo, Rosenfeld quer mostrar que os princípios de justiça que se anunciam como iguais acabam tendo seu sentido modificado no âmbito de diferentes concepções do bem e, portanto, não se sustentam por si mesmos. Porém, o que o exemplo mostra de fato é que a crítica da falta de tratamento jurídico igual sob as relações feudais de dominação e a crítica da falta de paridade social sob as condições de uma capitalismo *laissez-faire* têm como base exatamente *o mesmo* ponto de vista normativo que subjaz à crítica da ausência do respeito das diferenças culturais sob a pressão imperialista à assimilação.

Em todos esses casos observa-se a exigência de que se trate o que é igual como igual e o que é desigual como desigual. Na reivindicação por direitos iguais, no primeiro caso eles se referem a competências; no segundo, a benefícios sociais que devem tornar possível o uso em igualdade de oportunidade das com-

---

* "O senhor trata o escravo como um inferior porque ele é diferente, enquanto o colonizador oferece um tratamento igual ao colonizado contanto que o último renuncie a sua linguagem, cultura e religião [...]. Respectivamente, na relação senhor-escravo, a igualdade como identidade é uma arma para a libertação, enquanto na relação colonizador-colonizado, ela é uma arma da dominação." (N. T.)

Jürgen Habermas

petências já asseguradas; no terceiro caso, trata-se de ambas as coisas – porém, não em primeiro lugar em relação a um equilíbrio de poder e interesses que não pode mais ser alcançado com o auxílio (das formas aceitas) de compensações sociais (como dinheiro, tempo livre, formação educacional etc.), mas sim tendo como referência a independência nacional ou a autonomia cultural, ou, no caso do multiculturalismo, a coexistência em igualdade de direitos de diferentes grupos culturais, étnicos ou religiosos. Trata-se sempre da pretensão de garantia da integridade de pessoas de direito, a quem são garantidas as liberdades iguais no sentido de uma igualdade de conteúdo jurídico entendido de modo não seletivo. Pois essas liberdades devem ser asseguradas aos cidadãos não de um modo apenas formal, mas sim de modo efetivo, isto é, pelas condições sociais e culturais de surgimento de sua autonomia privada e pública.

Em princípio, acontece a mesma coisa nos postulados feministas de igualdade de gênero. Rosenfeld formula (para fins argumentativos) duas formas de vida concorrentes vinculadas a gêneros específicos, cujos códigos de valores colidem uns com os outros de modo irreconciliável – por um lado, a ênfase na intimidade, vínculo, cuidado e autossacrifício; por outro lado, a ênfase recai na distância, competição, orientação para o desempenho etc. Ora, tão logo se torne necessário regulamentar constelações de interesse e conflitos de valores *particulares*, essa oposição entre duas "visões" de vida boa, estilizada de maneira monolítica, simplesmente se dissolveria em diversas concorrências entre muitos grupos diferentes de mulheres e de homens. Além disso, seria preciso considerar os demais imperativos funcionais nos diferentes domínios da vida. Na perspectiva do paradigma procedimentalista do direito, esses

A inclusão do outro

conflitos podem ser bem resolvidos, mas apenas se o poder para definir as experiências e situações específicas ligadas a cada gênero não for mais deixado nas mãos de delegados ou especialistas. Os próprios participantes precisam lutar, em fóruns públicos, pelo reconhecimento das interpretações de necessidades suprimidas ou marginalizadas, para que novas situações sejam reconhecidas como relevantes e carentes de regulamentação, e que sejam negociados os critérios sob os quais se possa tratar o igual como igual e o desigual como desigual. Porém, toda crítica e toda pretensão para rever os antigos critérios ficariam desprovidas de uma base se não pudessem contar com princípio do tratamento igual estabelecido *a fortiori* como fundamento.

Por fim, Rosenfeld enfatiza mais uma vez o "desafio feminista": trata-se agora de questionar o *medium* do direito e a própria estrutura dos direitos com a reivindicação de substituir "a hierarquia dos direitos por uma rede de relações interpessoais". À medida que essa reivindicação tiver como base a mera crítica da interpretação individualista possessiva dos "direitos", que predominou por longo tempo, ela acentua com boas razões um conceito intersubjetivo do direito (em concordância com Martha Minow ou Frank Michelman). Os direitos são de natureza relacional, pois instituem ou estabelecem relações de reconhecimento simétrico. Também os direitos privados, que em casos de conflitos podem ser reivindicados *um contra o outro*, decorrem de uma ordem jurídica que exige *de todos o reconhecimento recíproco* de cada um como pessoa de direito livre e igual, e dessa forma garante o respeito igual a cada um. Essa ordem jurídica só pode ser legítima se resultar de uma prática *comum* de autodeterminação cidadã.

Contudo, no momento em que a crítica se volta contra o conceito de direitos *como tal*, a discussão se desloca para outro plano. O lado contrário precisa, então, propor alternativas *ao* direito, como fez Marx, ou propor conceitos de direito alternativos. Não tenho nenhum problema com esse tipo de questionamento, pois não propus nenhuma fundamentação normativa ao Estado de direito como tal. Uma discussão sensata só poder ter início quando as alternativas estão definidas de modo suficientemente preciso. Dou-me por satisfeito com uma explicação funcional sobre por que deveríamos privilegiar as ordens do direito positivo (na linguagem do direito racional clássico: por que entramos no "estado de sociedade"). Por enquanto, não vejo nenhum equivalente para essa forma de estabilizar as expectativas de comportamento (pelos direitos subjetivos distribuídos de modo igual). A esperança romântica – em um sentido não pejorativo – do jovem Marx de um "desaparecimento gradual" do direito dificilmente vai se realizar em nossas sociedades complexas.

A alternativa que o próprio Rosenfeld indica no final de seu trabalho, ao assumir as ideias de um "universalismo reiterativo", ainda se move no âmbito dos conceitos básicos de uma teoria dos direitos. Da vaga alusão a uma "concepção dinâmica dos direitos" não se pode tirar muito mais do que o desejo por uma concepção de direito alternativa.

(2) Essa alternativa fica ainda mais clara com Arthur J. Jacobson.[23] De início, ele contrapõe à teoria dos direitos uma teoria dos deveres, a qual subjaz, se bem entendo, a uma teologia polí-

---

23 Devido aos muitos mal-entendidos, seria muito trabalhoso abordar aqui a crítica à minha concepção do direito: se sou um "positivista", Jacobson é um "jusnaturalista".

A inclusão do outro

tica que – da mesma maneira que Leo Strauss ou Carl Schmitt, mas com consequências muito diferentes – acusa o direito moderno de ser expressão da decadência de uma autoridade divina obrigatória. De fato, Hobbes foi o primeiro a ressaltar, junto com um conceito positivista de direito, o princípio moderno de que é permitido fazer tudo o que a lei não proíbe. Com isso, a prioridade moral dos deveres, em relação aos direitos que resultam de deveres com os demais, é dissolvida em prol de uma prioridade dos direitos que asseguram liberdades subjetivas – ou esferas de livre-arbítrio privadas. Nas ordens jurídicas modernas, os deveres *resultam* tão somente das limitações recíprocas dessas liberdades sob leis universais. A isso Jacobson contrapõe um direito divino concebido de maneira aristotélica (ou tomista?) que só conhece deveres; ele obriga que os destinatários se comportem de modo a imitarem a pessoa de um "senhor ideal" ou perfeito (*ideal legal commander*). Por fim, Jacobson concebe a *common law* como uma mediação dialética entre aqueles dois tipos de ordem jurídica:

> *Common law breaks the correlation of rights with duties in both directions in order to produce a succession of correlations, according to the principle that law is just the application of law in single cases. Here dynamism flows from the incessant activities of legal persons to assemble, then disassemble, then reassemble correlations.**

---

* "A *common law* rompe a correlação dos direitos com os deveres em duas direções, de modo a produzir uma sequência de correlações, segundo o princípio de que a lei é justamente a aplicação da lei a casos particulares. Aqui, o dinamismo flui das atividades incessantes das pessoas de direito nas correlações para se reunirem, então se separarem, e novamente se reunirem." (N. T.)

Jürgen Habermas

Enquanto o direito moderno, que deve satisfazer a necessidade por reconhecimento – entendida evidentemente em sentido narcisista – e o direito *divino*, que deve satisfazer a busca das pessoas por perfeição, fracassam, todavia, em cumprir esse objetivo em sua aplicação atual, a *common law* fracassa em um nível mais alto, por assim dizer. Com isso, passa a vigorar um motivo central dos *Critical Legal Studies*. O discernimento acerca do fracasso dos princípios de toda justiça divina na terra força os destinatários a aceitar o caráter indeterminado do direito em um sentido radical. Juízes e clientes estão continuamente tentando fixar o direito ao tratarem as decisões particulares como precedentes legais. Porém, como entendo Jacobson, à luz do *espírito* da *common law* só podemos fazer jus à individualidade de cada novo caso quando *aceitamos* que a suposta falsa identidade do direito se dilui no fluxo de decisões não antecipáveis: *"law is just the application of law to single cases"*.* Assim, emerge a imagem de uma lei inapreensível que prevalece de modo fatídico na desordem das decisões originais: *"the legal mainfold in common law is constantly in motion* [...]. [*It*] *lacks a stable ground, because it both unfolds and enfolds its ordering principle in each apllication"*.** Se entendo bem, essa construção criptoteológica é uma tentativa de renovar via desconstrutivismo a concepção da escola histórica alemã de um direito "vivo" que emana do "espírito do povo".

Devo admitir que esse conceito alternativo de direito, mesmo que pudesse ser apreendido de modo mais preciso, me pa-

---

* "A lei é *justamente* a aplicação da lei a casos particulares." (N. T.)
** "O complexo legal na *common law* está sempre em movimento [...]. Ela não tem uma base estável porque tanto desdobra quanto encolhe seu princípio ordenador em cada aplicação." (N. T.)

A inclusão do outro

rece implausível tanto por razões normativas quanto por razões funcionais e históricas. Do ponto de vista normativo, porque o resultado disso na prática é que a legitimação do direito pelo legislador democrático cede o lugar em favor da jurisdição de um sistema judicial que surge como um legislador paralelo. Além disso, ninguém confiaria na aplicabilidade de um direito que, na aura de uma "indeterminação" santificada (que não é mais percebida como déficit), já em princípio renunciou à *previsibilidade* do sistema judicial – e com isso à sua função de estabilizar as expectativas de comportamento. Por fim, observamos uma convergência impressionante dos desenvolvimentos do direito em *todas* as sociedades ocidentais, principalmente no direito privado, de modo que hoje a *common law*, em uma visão comparativa, dificilmente pode reivindicar para si uma posição singular em relação às codificações continentais.

IV. Problemas de construção teórica

(1) Agradeço a Bill Regh por uma das análises mais perspicazes e por um dos aperfeiçoamentos mais produtivos da ética do discurso. Como evidencia o título de seu livro *Insight and Solidarity*, Regh já se mostra ali incomodado com certo intelectualismo desse enfoque. Ele está convencido de que a prática comum de argumentação só leva a discernimentos quando os participantes podem confiar em relações solidárias com as quais já estão habituados de antemão. Por um lado, eles só estarão suficientemente motivados a se envolver em um entendimento mútuo circunscrito de modo discursivo quando considerarem consensualmente que "a cooperação racional" é um "bem" que se deve priorizar frente a outras formas de inte-

491

Jürgen Habermas

ração. Na base da decisão entre a alternativa do acordo racional e um confronto violento (mesmo que sublimado) encontra-se uma *preferência* que está incorporada de modo muito mais confiável em orientações de valores comuns do que nos interesses próprios. Por outro lado, Regh acredita que a ética do discurso só se verá livre dos últimos resquícios de uma filosofia do sujeito quando o cumprimento inevitavelmente incompleto dos pressupostos pragmáticos e ideais da comunicação, que ultrapassam os contextos espaciais e temporais, for *compensado* pela "confiança" dos participantes na regulação de um processo de comunicação intersubjetivo, que prossegue acima de sua cabeça e para além dos limites de sua participação atual: "*if rational consensus is cooperative even to the degree of requiring a decentered 'cooperative insight', then it would seem that something like trust must inhabit the heart of rational conviction*".[24] Regh postula um *crédito de confiança* para os procedimentos que nós escolhemos para conciliar, de um modo não derrotista, os pressupostos exigentes da comunicação sob a pressão de decisões necessárias com as restrições empíricas de discursos situados, que têm de ser conduzidos aqui e agora. Regh acha que a lealdade frente aos procedimentos que abreviam e amarram o processo de comunicação precisaria ter como base uma confiança peirceana na disposição para cooperar e na integridade de uma comunidade mais ampliada (*the wider community*).

---

24 Regh, *Insight and Solidarity*, p.237. ["Se o consenso racional é cooperativo mesmo no nível de exigir um 'insight cooperativo' descentrado, então parece que algo como a confiança teria de estar no cerne da convicção racional."]

A inclusão do outro

Esse tema da necessidade de complementar o momento do discernimento com o momento de uma confiança prévia e de vinculação ética, Regh o retoma agora com a atenção voltada para *a relação entre discurso e decisão* na formação democrática da opinião e da vontade. Com a institucionalização jurídica das deliberações torna-se mais agudo o problema acerca de como justificar, por sua vez, as restrições às quais os discursos ficam submetidos em virtude dessa institucionalização. Em sua função negativa de limitações, os procedimentos jurídicos apenas desvelam os desvios inevitáveis de um ideal suposto. Regh presume então que o direito, na condição de *medium* pelo qual são implementados os procedimentos de decisão que limitam os discursos, produz uma contribuição *própria* à legitimação do processo como um todo, independentemente dos discursos.

De fato, ao cumprir sua "função própria" de estabelecer as expectativas de comportamento e com isso garantir a chamada "segurança jurídica", o direito dispõe de uma força de legitimação que é inerente à forma do direito. Mas esse "mínimo ético" que é inerente à legalidade como tal decorre da estrutura dos direitos subjetivos reivindicáveis que asseguram, de modo moralmente incontestável, espaços de ação ao arbítrio privado que são não moralizados. Mas Regh só aborda esses momentos de modo tangencial. A ele interessa sobretudo a questão acerca da força legitimadora do processo democrático, se ela deve se apoiar unicamente no caráter discursivo das deliberações ou também na forma circunscrita do direito que amarra os discursos aos processos decisórios. No discurso sobre a justificação procedimental "do" direito, o direito surge apenas em *genetivus objectivus* ou também em *genetivis subjectivus*?

493

Jürgen Habermas

A contribuição que o *medium* do direito como tal dá à força de legitimação do processo democrático consiste em acoplar, por procedimentos (no sentido estrito de procedimentos jurídicos) a "busca cooperativa da verdade" a processos decisórios e, desse modo, lhe dá um novo destino, o de atuar na preparação discursiva de decisões. Essa circunstância é a base da tese de Regh: os procedimentos que de início apenas produzem um vínculo interno entre discurso e decisão não obtêm novamente sua força legitimadora da fonte cognitiva dos discursos que são justificados nesses procedimentos, mas na fonte volitiva da inclusão de todos os concernidos nos procedimentos, que é pressuposta em todos os discursos.

Isso não me convence totalmente. Com certeza, a participação inclusiva nos procedimentos cumpre duas funções diferentes: por um lado, a participação abrangente nos discursos deve assegurar um espectro de contribuições que seja o mais amplo possível; por outro lado, uma participação equânime no processo de decisão deve assegurar que os resultados das deliberações sejam transformados em decisões de maneira a mais confiável possível. Nesse contexto, os "votos" no processo democrático implicam ambos: juízos e decisões. Mas disso não resulta de modo algum que a participação inclusiva nos processos de decisão esteja regulada sob o ponto de vista da equidade que não se deve à avaliação imparcial, mas sim ao caráter genuinamente vinculante de tais procedimentos. É exatamente isso que afirma Regh:

> *An adequate elaboration of equal opportunity in decision-making should refer, not just to influence of outcome, but also to an idea of solidaristic inclusion built on equal respect for each citizen* [...]. *Habermas risks neglecting*

A inclusão do outro

the intrinsic procedural fairness in law and its potential contribution to solidarity and compliance.*

Regh explica essa justiça intrínseca aos procedimentos de decisão recorrendo à decisão por sorteio, que em muitos casos é considerada equânime, embora não esteja vinculada a justificações objetivas e, nesse aspecto, tem um caráter puramente decisionista. Mas a equidade do procedimento não teria de estar justificada com relação à situação de aplicação? Um procedimento aleatório só pode ser definido como um procedimento equânime em determinados contextos: por exemplo, no caso dos jogos de azar que asseguram aos participantes oportunidades iguais para ganhar, ou no caso hobbesiano da anarquia insuportável, onde qualquer decisão é melhor do que nenhuma, ou ainda nos caos de uma distribuição justa dos bens escassos que só podem ser consumidos de modo individual, mas que não podem ser compartilhados etc. Aliás, existem boas razões para que as decisões políticas sejam tomadas de modo democrático, e não *sorteadas*.

Regh tem em vista um fenômeno importante. O direito, comparado à moral, tem um caráter artificial, de modo que construímos uma ordem jurídica em vez de descobri-la. Mesmo que o direito deva estar em consonância com a moral, ele abrange matérias que precisam ser regulamentadas tanto sob

---

* "Uma formulação adequada da oportunidade igual na tomada de decisão deveria se referir à influência no resultado, mas também à ideia de inclusão solidária baseada no respeito igual por cada cidadão. [...] Habermas corre o risco de negligenciar a equidade procedimental intrínseca ao direito e sua contribuição potencial para gerar solidariedade e conformidade." (N. T.)

495

Jürgen Habermas

os pontos de vista pragmáticos e éticos, ou seja, no horizonte dos objetivos dados e de uma forma de vida habitual e aceita, quanto com base em compromissos, isto é, a partir do equilíbrio entre constelações de interesses dados. Assim, acabam ingressando no direito objetivos e orientações de valores, carências e preferências, contra os quais a moral se protege. Uma vez que no direito se reflete o substrato fático da vontade de uma sociedade, ele precisa ser "positivo"; ele precisa "ser estabelecido" porque os momentos do acordo se entrelaçam com os do estabelecimento de objetivos e de compromissos. É por isso que o surgimento do direito, diferentemente da moral, podia ser concebido de modo contratual – o que não é correto, mas também não é *completamente* falso. Só que desde logo a força de gravidade das formas de vida e dos interesses existentes, o momento volitivo da decisão tem mais peso no processo de legislação do que a formação cognitiva do juízo e da opinião; pela necessidade prática de uma institucionalização obrigatória dos processos de deliberação, ela apenas se fortalece. A legitimidade da positivação do direito exige, pelos *dois* motivos, uma regulamentação da tomada de decisão – e não apenas a instituição de discursos que fundamentam a suposição de uma correção dos juízos. Mas as regulamentações que, para isso, podem ser encontradas em todo leque que vai da Constituição até os regulamentos internos precisam, por sua vez, ser justificadas. Pelo fato disso acontecer em discursos de fundamentação, não posso descobrir na "equidade" das regras de decisão nenhuma qualidade intrínseca aos procedimentos do direito em geral que seja independente do discurso e como tal inerente a eles.

A participação igual, em princípio, nos procedimentos de decisão é de certo modo prejulgada pelo fato de que o Estado

A inclusão do outro

de direito democrático é uma construção que emana de uma prática constituinte. Diferentemente de uma moral válida para todos os sujeitos capazes de falar e agir, cada projeto constitucional se apoia na *resolução* datável de um grupo histórico de pessoas (que do ponto de vista normativo se constitui de modo aleatório). Não se pode decidir em ser moral (em todo caso, podemos decidir por uma mudança mais ou menos moral na vida). Mas pelo direito é preciso se *decidir* em virtude de seu caráter artificial. E essa decisão originária implica já o reconhecimento mútuo de pessoas livres e iguais; portanto, também aquela obrigação de incluir, que Regh gostaria de introduzir como uma fonte de legitimidade independente do discurso. Pertence ao sentido performativo de uma prática constituinte que um grupo, localizado no espaço e no tempo, esteja *decidido* a se constituir como uma associação voluntária de parceiros do direito. Considerando que essa resolução tem como conteúdo regular *legitimamente* a vida em comum com os meios do direito positivo (que, por isso, precisa ser fundamentado), os momentos que Regh separa, a saber, discurso e decisão, estão unidos desde o início.

(2) Michael Power também compreende melhor o autor do que este a si mesmo; de todo modo, ele estabelece vínculos sistemáticos entre, por um lado, *conhecimento e interesse* e, por outro, *"facticidade e validade"*, dos quais eu mesmo não tinha consciência. Com esses paralelos surpreendentes, ele talvez subestime a mudança de perspectiva ligada ao fato de eu ter migrado de um questionamento em termos de teoria do conhecimento para a questão acerca das condições necessárias do entendimento possível, formulada em termos de pragmática da linguagem. Com isso, a tentativa de uma reconstrução do saber de uso de

Jürgen Habermas

pessoas que falam e agem de modo competente certamente passou para o primeiro plano em relação à autorreflexão nos processos de formação. Agora, tenho minhas dúvidas de que isso tenha levado a um enfraquecimento da energia crítica, inclusive ao "fim da teoria crítica".[25] Power analisa de modo esclarecedor o papel das idealizações e o sentido profundamente hermenêutico dos argumentos transcendentais fracos, não obstante eu interprete de outra maneira a linha de uma transformação linguística da arquitetônica da teoria kantiana, particularmente a dissolução em termos de pragmática da linguagem do conceito kantiano de razão como a faculdade de ideias que representam o mundo. Contudo, com sua análise do conceito de "pressupostos contrafactuais" e principalmente do "vocabulário como se", Power toca em um ponto nevrálgico de todo meu empreendimento teórico. Aqui ainda resta muito que fazer.

Tenho apenas uma ressalva mais forte contra o destaque que Power concede à "situação ideal de fala". E isso não apenas porque já assumimos pressupostos contrafactuais na ação comunicativa cotidiana – quando os participantes supõem significados idênticos às expressões linguísticas, levantam pretensões de validade que transcendem os contextos, atribuem imputabilidade uns aos outros etc. O que acho perturbador é o fato de que a expressão "situação ideal de fala", que introduzi há décadas como abreviatura para o complexo de pressupostos

---

25 Por exemplo, Otfried Höffe fala de uma "conversão" em: Abend-dämmerung oder Morgendämmerung? Zur Jürgen Habermas' Diskurstheorie des demokratischen Rechtsstaats, *Rechtshistorisches Journal*.

A inclusão do outro

universais da argumentação, sugira um estado final a ser alcançado – no sentido de um ideal regulador. Porém, esse estado entrópico de um entendimento definitivo, que tornaria supérflua qualquer outra comunicação, não pode ser representado como um objetivo sensato, pois, para tanto, requeriria vários paradoxos (de uma linguagem última, de uma intepretação definitiva, de um saber não falível etc.). Em vez disso, como aprendi da crítica de Albrecht Wellmer,[26] o resgate discursivo de uma pretensão de validade (isto é, a pretensão de que estejam cumpridas as condições para a validez de um enunciado) precisa ser concebido como um processo metacrítico de enfraquecimento *contínuo* de objeções. Com isso, procuro esclarecer em termos de teoria do discurso o que Hilary Putnam denomina, com o olhar voltado para os contextos da teoria das ciências, "aceitabilidade racional sob condições ideais", ou o que Crispin Wright chama de "superafirmabilidade" (*superassertibility*) seguindo as reflexões de Michael Dummett.[27] Essas análises situam-se no contexto de uma discussão ainda intensa sobre teorias da verdade.

Essa característica de uma idealização das condições de afirmabilidade responde à necessidade de distinguir entre a "verdade", ou "validez" universal, e a aceitabilidade racional. Depois que se dispensou a concepção de verdade como correspondência, essa necessidade resulta do caráter triplo da "validade de algo para nós", concebida em termos epistêmicos. É claro que não estipulo simplesmente um conceito de discurso substantivo do ponto de vista normativo; pelo contrário, afirmo, pela

---

26 Mais recentemente: Wellmer, Wharheit, Kontingenz, Moderne. In: *Endspiele*.

27 Wright, *Truth and Objectivity*, Capítulo 2.

Jürgen Habermas

via de uma análise de pressuposições, que posso comprovar que todo aquele que participa de modo sério em uma argumentação aceita *de modo inevitável* determinados pressupostos da comunicação com teor contrafático. Nisso deixo-me guiar pela seguinte intuição: em cada argumentação os participantes supõem condições de comunicação que (a) previnem uma ruptura da controvérsia por motivos não racionais e (b) que, pelo acesso irrestrito e em igualdade de direitos e pela participação simétrica na deliberação em igualdade de oportunidades, asseguram tanto a liberdade de escolha dos temas como a consideração de todas as informações e razões disponíveis, e (c) que excluem toda coerção que atue de fora sobre o processo do entendimento ou que surja a partir dele mesmo, exceto a coerção do "melhor argumento" e, com isso, neutraliza todos as motivações, exceto a da busca cooperativa pela verdade. Se os participantes não supusessem isso, não poderiam tomar como ponto de partida que podem *convencer* uns aos outros sobre algo. Por isso os pressupostos da comunicação mencionados "não são rejeitáveis", já que teria de incorrer em uma contradição performativa todo aquele que desmentisse o teor proposicional tornado explícito no decorrer de uma argumentação.[28] Essas idealizações não implicam nenhum recurso prévio a um estado final ideal, mas só iluminam a diferença entre a aceitação racional de uma pretensão de validade em um dado contexto e a validez de um enunciado que tivesse de poder ser comprovado em todos os contextos possíveis.

---

28 Cf. Apel, Fallibilismus, Konsenstheorie der Wahrheit und Letzbegründung, In: Forum für Philosophie (Org.), *Philosophie und Begründung.*

A inclusão do outro

Power percebe muito bem que essas idealizações que decorrem da facticidade social da própria prática cotidiana não salvam nenhum universalismo abstrato, mas que devem apenas fundamentar uma "transcendência de dentro", a partir dos respectivos contextos do mundo da vida. *"We can only 'make sense' of certain practices on the basis of assuming an operative role for deeply embedded fictional norms. These fictions are foundations from within, without any heavy-weight metaphysical support"*.* Isso não é válido apenas para a prática da argumentação, não obstante também valha para ela de modo notável. Depois de uma decisiva destranscendentalização da razão kantiana, a tensão entre o inteligível e o empírico retraiu-se para os próprios fatos sociais.

(3) A contribuição de Jacques Lenoble, muito exaustiva do ponto de vista retórico, também visa os fundamentos da teoria discursiva do direito. Sua contribuição é muito complexa para que eu possa entrar em detalhes nas objeções. No todo, tenho a impressão de que Lenoble queria trazer a um denominador comum as concepções pragmático-formais da linguagem e as concepções desconstrutivistas, e com isso conciliar o que é inconciliável. Assim, por um lado, Lenoble quer manter o princípio da teoria pragmático-formal do significado, segundo o qual *compreendemos* uma expressão linguística quando sabemos como temos de usá-la para, com seu auxílio, chegar a um *entendimento* com alguém sobre algo no mundo. Não obstante esse vínculo interno entre significado e validade, ele insiste,

---

* "Só podemos fazer com que certas práticas 'tenham sentido' ao assumirmos um papel funcional para normas fictícias incorporadas de modo profundo. Essas ficções são fundamentos a partir de dentro, sem qualquer suporte metafísico pesado." (N. T.)

Jürgen Habermas

por outro lado, no caráter aberto, em princípio, do êxito ilocucionário de toda tentativa de entendimento: os participantes da comunicação não estão em condições de *verificar* se um aceita como válida ou não a oferta de um ato de fala do outro. Em primeiro lugar, (a) quero refutar essa tese do caráter aberto, central para tudo o que é dito em seguida, para, então, (b) defender a diferenciação entre a atitude orientada para o entendimento e a atitude orientada para o êxito e, paralelo a isso, defender a distinção entre objetivos ilocucionários e perlocucionários. Concluirei (c) com uma observação sobre a ontologia probabilística de Lenoble.[29]

(a) É razoável fazer a distinção entre os seguintes casos. "A" formula uma afirmação "p" com a qual reivindica poder fundamentar que o enunciado "p" é verdadeiro ou falso; ou A manifesta a suposição "de que p", e portanto tem razões para $>p<$, sem no entanto erguer a pretensão de poder defender $>p<$ contra quem quer que seja; ou A expressa $>p<$ em uma atitude hipotética, e portanto deixa momentaneamente em aberto a questão da verdade ou da falsidade de seu enunciado; ou A expressa $>p<$ como um enunciado (matemático) inconclusivo em sentido estrito, sendo que ele pode comprovar (em casos raros) esse caráter aberto. O primeiro caso é evidentemente a base da qual os demais casos se alimentam de modo parasitário. Pois mesmo o caráter aberto precisa se distinguir em face da alternativa verdadeiro/falso. A afirmação de um enunciado

---

29 Sobre o que vem a seguir, cf. Habermas, Sprechakt-theoretische Erläuterungen zum Begriff der kommunikativen Rationalität, *Zeitschrift für philosophische Forschung*.

A inclusão do outro

que pode ser verdadeiro ou falso, correto ou incorreto, é, aliás, a regra na prática comunicativa cotidiana.

Na condição de unidade elementar dessa enunciação, a oferta de um ato de fala de um falante A pode ser concebida e analisada junto com a tomada de posição sim/não de um ouvinte B. Essa análise é feita na perspectiva de uma segunda pessoa. Os dois objetivos do falante, se expressar de forma compreensível e querer se entender com alguém sobre algo, são na verdade definidos a partir da perspectiva de um ouvinte que deve entender o que foi dito e aceitá-lo como válido, não obstante o segundo possa a qualquer momento dizer "não". As *condições* para o *entendimento possível* formam o ponto de referência da *compreensão*. Porém, elas só são cumpridas quando o ouvinte aceita a pretensão de validade erguida pelo falante em seu enunciado. Ou seja, a base do entendimento é o reconhecimento intersubjetivo de uma pretensão de validade que pode ser criticada por parte do ouvinte, e cujo resgate discursivo (necessário, se for o caso) o falante pode garantir (de forma mais ou menos digna de confiança *prima facie*). Evidentemente, pode acontecer que essa garantia não seja capaz de ser sustentada; porém, diante do pano de fundo de um consenso amplo acerca das certezas do mundo da vida, frequentemente também garantias frágeis servem como base para uma aceitação que gera obrigações relevantes para as consequências da ação. O que parece aceitável para o ouvinte não precisa ser válido de imediato. A ação comunicativa cotidiana flui pela aceitação de *pretensões* de validade que parecem ser suficientemente racionais aos destinatários em um dado contexto, mas não pela validade de atos de fala que se comprovam como racionalmente aceitáveis em um teste mais preciso.

Jürgen Habermas

Lenoble contesta a abordagem dessa análise (aqui apenas esboçada) com a afirmação de que o falante jamais poderia decidir se sua oferta de ato de fala é aceita com seriedade ou não: em princípio, o êxito ilocucionário *fica inconcluso*. Por exemplo, um falante não poderia saber se um ouvinte, que concorda com uma afirmação ou cumpre uma ordem, de fato crê no enunciado afirmado ou se duvida dele, ou se ele pratica a ação ordenada para cumprir a ordem ou por razões completamente diferentes. Com isso, Lenoble parte claramente de uma compreensão da comunicação linguística entendida nos termos de uma filosofia do sujeito, segundo a qual ela não ocorre no *medium* de expressões simbólicas acessíveis publicamente, mas sim entre mentes mutuamente intransparentes. Lenoble parece não perceber que a *ressalva internalista* não faz mais sentido depois da virada linguística feita de modo consequente. Com a tomada de posição a favor de uma afirmação ou de uma ordem, o ouvinte produz um fato social que pode ser comprovado publicamente e independe do que ele pense sobre ele. E no decorrer da interação ficará igualmente evidente, de modo público, se o destinatário viola ou não as obrigações que ele assumiu (de respeitar a circusntância aceita como verdadeira, de realizar a ação que foi ordenada, quaisquer que sejam os motivos). Algo semelhante ocorre com outro exemplo, o de uma promessa que o falante cumpre por razões diferentes daquelas que ele declarou. O ato de prometer cria uma relação social nova, a obrigatoriedade em relação a uma outra pessoa. E se essa promessa foi feita de modo honesto, isso só se mostrará no decorrer da interação, na tentativa séria de cumpri-la. A sinceridade da intenção do agente pertence aos pressupostos do uso da linguagem orientado para o entendimento, mas, como em todas as pressuposições,

A inclusão do outro

essa também pode se mostrar falsa. Esse pressuposto permanece implícito em atos de fala constatativos e regulativos, e só aparece de modo temático em atos de fala expressivos, por exemplo, em confissões (com as quais um falante torna visível uma vivência a qual tem um acesso privilegiado). Em todo caso, a pretensão de veracidade que aqui se levanta explicitamente só pode ser verificada de forma indireta "no decorrer da interação", ou seja, em sua continuação consistente, mas não de imediato em um discurso.

Para comprovar o caráter aberto dos êxitos comunicativos, Derrida, em seu debate com Searle, recorreu a outros exemplos, e mais plausíveis à primeira vista. Esses exemplos foram tirados do âmbito dos discursos fictícios e do uso metafórico ou irônico da linguagem: quando estiver no placo, um ator que, ao gritar "fogo!", queira avisar o público que de fato começou um incêndio no teatro não será levado a sério sob certas circunstâncias, mesmo que acrescente: "estou falando sério!".[30] Nesses exemplos específicos, pode-se ilustrar o estado de coisas geral de que não é suficiente para o êxito comunicativo de uma falante que o ouvinte entenda o significado *literal* do que foi dito. O entrelaçamento entre saber linguístico e saber sobre o mundo também se estende ao fato de que falantes competentes só entendem corretamente um enunciado quando sabem como uma sentença é expressa *de modo adequado a uma situação*.

---

30 Albrecht Wellmer, em conjunto com Davidson, trata do exemplo sob o ponto de vista que interessa aqui. Cf. Id. Autonomie der Bedeutung und Principle of charity aus sprachpragmatischer Sicht. Desse manuscrito não publicado tiro também a diferença entre o conhecimento do significado literal de uma sentença e o saber acerca do caráter adequado da situação em que é usada.

Jürgen Habermas

Pois é somente com base nessa compreensão das características de fundo de situações de aplicação típicas que o ouvinte poderá *inferir*, em casos atípicos, qual a intenção do falante e qual, se for o caso, o significado "figurado" ou irônico da expressão. Com essa estratégia de interpretação, não quero de maneira alguma negar o que há de ocasional, fugaz e difuso na comunicação cotidiana, na qual as possibilidades de entendimento só podem ser realizadas de modo transitório – pela dissonância polifônica de expressões imprecisas, fragmentárias, polissêmicas, mal-entendidas e carentes de interpretação. Mas o ponto de partida da análise é formado pelo *faktum* de que mediante esse *medium* turvo os inúmeros planos de ação contingentes de atores que dizem "não" são enredados em uma teia densa de interações mais ou menos livres de conflitos. Toda análise de enfoque transcendental quer esclarecer as condições de possibilidade de um *faktum* que ela pressupõe. Kant tomou como ponto de partida o *faktum* da física newtoniana e se colocou a questão de como a experiência objetiva é possível. A pragmática formal substitui essa questão fundamental da teoria do conhecimento pela questão própria da filosofia da linguagem, a saber, como o entendimento intersubjetivo é possível. Com isso ela parte do *faktum*, não menos surpreendente, de uma integração social não violenta realizada por meio de processos de entendimento (na maioria das vezes implícitos) no mundo da vida. O entendimento acontece com êxito, ou seja, ele é pressuposto em uma análise que deve esclarecer como ele é possível. Contra a dúvida de Lenoble, acho que posso me apegar tanto mais a esse pressuposto quanto mais o êxito das tentativas de entendimento puder ser medido inequivocamente pelos participantes segundo o "sim" ou "não" manifesto publicamente pelos que são interpelados.

A inclusão do outro

(b) Partindo do suposto caráter inconclusivo dos êxitos comunicativos, Lenoble infere o caráter aberto entre, de um lado, o uso da linguagem voltado para o entendimento e o uso da linguagem voltado para o êxito, e, por outro lado, entre objetivos ilocucionários e perlocucionários. O que é determinante nessas distinções é o *papel da segunda pessoa*, que não pode ser ignorado caso se queira que a compreensão de uma expressão linguística não seja assimilada à formação de hipóteses de um observador (como em Quine e Davidson) ou que comunicação em uma linguagem natural não seja reduzida (como em Grice ou Luhmann) à influência exercida de modo indireto por atores que se observam mutuamente e que querem "dar a conhecer" aos demais as suas próprias intenções. A atitude em relação a uma segunda pessoa com a qual gostaria de me entender em uma linguagem dominada em comum é intuitivamente fácil de ser diferenciada de uma atitude de uma primeira pessoa em relação a uma terceira pessoa (observada) à qual quero dar a entender uma opinião própria ou propósito, ao lhe dar a ocasião para tirar as conclusões corretas de meu comportamento calculado de modo prudente.

As situações de uma mudança involuntária de atitude são adequadas para ilustrar isso – por exemplo, quando o médico em uma clínica psiquiátrica percebe, durante uma conversa, que não o procuro, digamos assim, como colega, mas como paciente – e ele repentinamente volta seu olhar para mim *de modo investigativo* para decifrar o que digo como *sintoma* de algo não dito. O "estranhamento" típico que se instaura em tais situações é explicado pela mudança involuntária de posição do destinatário que, sob o olhar objetificante do observador, se vê transferido do papel da segunda pessoa para o papel de um

Jürgen Habermas

oponente que está sendo observado. De alguém *com* quem se estava conversando para alguém *sobre* quem se pode falar. Foucault investigou de forma impressionante como esse olhar clínico se cristaliza no cerne institucional do sistema disciplinar; Goffman desenvolveu a fenomenologia desse olhar com base nas cenas inofensivas do cotidiano. Essas experiências têm sua base inocente em uma linguagem coloquial que está inscrita no sistema de pronomes pessoais, ou seja, não apenas os pronomes da primeira e terceira pessoas, mas também da segunda. Visto que o êxito ilocucionário é medido pelo consentimento a uma pretensão de validade que o destinatário pode contradizer, um falante só consegue alcançar seu objetivo ao assumir uma atitude em face de segundas pessoas. Pois o consentimento ou a contradição de um enunciado proferido só são possíveis a partir da perspectiva de uma pessoa que participa com base em uma compreensão comum do que é dito. Isso se mostra no *status* do acordo e do dissenso, onde são definidos o consentimento e a contradição: é o seu caráter intersubjetivo que diferencia ambos do consentimento ou não consentimento interpessoal de opiniões (que pode ser constatado pela perspectiva do observador). Cada um pode ter só para si uma opinião que *coincida* com outras de modo objetivo, mas um *consenso* só pode ser alcançado em comum com os demais, sendo que o caráter comum do empreendimento tem como base o fato de que falantes e ouvintes participam do mesmo sistema de perspectivas eu-tu entrecruzadas e intercambiáveis de modo recíproco.

Por outro lado, denominamos perlocucionários os efeitos que os atos de fala exercem no destinatário, quer estejam ligados internamente ao significado do que é dito (como no

A inclusão do outro

cumprimento de uma ordem), quer dependam de contextos aleatórios (como o susto causado por uma notícia) ou decorram de enganos (como no caso da manipulação). Os efeitos perlocucionários são causados pela ação intencional ou não intencional sobre um destinatário *sem a cooperação deste*: eles o atingem. O falante que busca atingir os efeitos perlocucionários se orienta pelas consequências de seu proferimentos, as quais ele consegue prognosticar de modo correto quando calcula de modo correto os efeitos de sua *própria* intervenção no mundo a partir da perspectiva do observador. Os êxitos ilocucionários não podem ser calculados dessa maneira, pois dependem da tomada de posição motivada racionalmente de uma segunda pessoa. Atos de fala especificamente polêmicos, como ameaças, ofensas, pragas etc. podem ser entendidos como "perlocuções", isto é, como proferimentos cujo significado padronizado não é estabelecido pelo próprio ato ilocucionário usado como veículo, mas sim pelo efeito perlocucionário que se pretende alcançar com ele. Em geral, a linguagem não é necessária em um sentido essencial para alcançar esses efeitos da linguagem: frequentemente as ações não linguísticas são equivalentes funcionais para esse uso da linguagem não orientado *per se* pelo entendimento, mas sim pelas consequências.

Da mesma maneria podemos diferenciar as práticas que são *essencialmente* dependentes da linguagem – porque a coordenação da ação ocorre através do entendimento de participantes orientados de modo performativo – das interações estratégicas. Estas acontecem segundo o modelo da influência recíproca dos atores que só estão orientados pelas consequências de suas decisões tomadas segundo suas próprias preferências, e que, da atitude objetificante de um observador, não podem aproveitar a força vinculante dos atos ilocucionários que motiva de modo racional. Pelos sentimentos morais pode-se comprovar facilmente que essa distinção entre ações orientadas pelo entendimento e ações orientadas pelo êxito não é nenhum artefato teórico. Diante da violação da norma por parte de outrem, só podemos nos sentir ofendidos, nos indignar ou mesmo ficar com a consciência pesada quando supomos um consenso normativo e partimos do fato de que nós nos comportamos "de maneira correta" uns com os outros na atitude performativa de atores que agem orientados pelo entendimento, ou seja, de modo que, caso seja necessário, o comportamento também possa ser justificado à luz desse consenso. Nós sabemos muito bem quando seguimos uma norma por reconhecê-la válida ou obrigatória e quando só agimos em conformidade com ela porque queremos evitar as consequências de um comportamento desviante. No primeiro caso, agimos a partir de razões que são independentes do agente, sobre as quais nos entendemos (de modo implícito) uns com os outros (ou sobre as quais acreditamos poder alcançar um entendimento); no segundo caso, agimos a partir de razões relativas ao agente que somente contam em relação aos objetivos e preferências próprios. Os conceitos (não apenas kantianos) de direito e de validade do direito se baseiam nessas distinções. Por isso não vejo como Lenoble consegue analisar o comportamento segundo a lei e as ordens legítimas sem fazer uso dessas distinções ou de outras equivalentes.

(c) Lenoble quer desconstruir as distinções conceituais básicas, cuja plausibilidade intuitiva procurei mais uma vez lembrar, porque ele assume que essa concepção ainda está presa à imagem de mundo do determinismo clássico. Ele mesmo,

A inclusão do outro

de maneira semelhante a Jacobson, parece estar impressionado pelas especulações cosmológicas, inspiradas – a uma distância própria – pela pesquisa do caos. Em todo caso, Lenoble situa o caráter em princípio aberto do êxito comunicativo e a dinâmica aleatória do acontecimento linguístico no âmbito de uma ontologia probabilística. Ao acontecimento mundano, só apreensível de modo estatístico, o modelo laplaciano do jogador de dados deve ser mais adequado do que o modelo do crítico kantiano que pondera as razões umas com as outras, em vez de contar os pontos lançados ao acaso. A suspeita é clara: a razão comunicativa postula ordem em demasia no delírio dos significantes. Farei apenas uma breve observação sobre isso.

Da mesma maneira que se pode considerar a virada mentalista na filosofia moderna como uma resposta a uma nova experiência da contingência, a saber, à experiência de uma natureza que se tornara completamente contingente, também a virada linguística lida com a irrupção de um novo tipo de contingências históricas que só alcançaram relevância filosófica após o surgimento da consciência histórica no final do século XVIII. A consciência destranscendentalizada do sujeito que conhece precisa, doravante, estar situada em formas de vida históricas, incorporada na linguagem e na prática. Com isso sua espontaneidade para formar imagens de mundo migra para a função de abertura de mundo da linguagem. A questão em torno da qual circula hoje o debate sobre a racionalidade é saber se os sujeitos que agem de modo comunicativo *são capturados* pelo sobe-e-desce das interpretações de mundo, discursos e jogos de linguagem, se estão *fatidicamente* entregues à pré-compreensão ontológica que torna possíveis os processos de aprendizagem intramundanos, ou se os resultados desses processos de aprendizagem podem também rever de modo retroativo o próprio saber linguístico que interpreta o mundo. Se queremos fazer jus ao *faktum* transcendental da aprendizagem, nós precisamos provavelmente contar com a segunda alternativa – e com uma razão comunicativa que não mais prejulga nenhum conteúdo. Essa razão que é apenas procedimental opera com *pretensões* de validade que transcendem os contextos e com *suposições* de mundo pragmáticas. Mas a suposição de um mundo objetivo único somente tem um significado formal em um sistema de referência neutro em termos ontológicos. Ela não mais afirma que podemos, também entre descrições cambiantes, fazer referência às mesmas entidades – novamente reconhecíveis.[31]

V. Sobre a lógica dos discursos jurídicos

Lenoble admite uma crítica ao conceito de razão comunicativa e às suposições básicas da teoria da ação comunicativa porque vê na "indeterminação" do direito e da prática de decisão judicial apenas um reflexo daquele "caráter inconclusivo" inerente à comunicação linguística como tal. Não está claro para mim como o direito poderia continuar a cumprir sua função de estabilizar as expectativas de comportamento quando os clientes e os especialistas tivessem de duvidar que o direito vigente pudesse determinar de maneira suficiente *ex ante* quais são os procedimentos e pontos de vista normativos segundo os quais os casos futuros deveriam ser interpretados e decididos. A segurança jurídica, que certamente não deve ser vista como absoluta, mas que representa uma contribuição imanente da forma do

---

31 Cf. Lafont, *Sprache und Welterschließung*.

A inclusão do outro

direito à legitimidade da ordem jurídica, exige certa medida de previsibilidade. Os temas que Lenoble aborda nesse contexto acabam reaparecendo em outros autores. David Rassmussen defende a hermenêutica jurídica (1), Robert Alexy defende sua versão da teoria do discurso (2) e Gunther Teubner defende uma nova formulação do antigo problema da colisão (3).

(1) David Rassmussen trata minha análise do sistema judicial e da apropriação da hermenêutica jurídica em termos de teoria do discurso a partir do ponto de vista de um filósofo que seguiu a discussão alemã de Husserl e Heidegger, passando por Gadamer até chegar a Apel. Ele resume suas observações metacríticas na seguinte tese: *"Habermas's argument claims too much for a theory of rationality. At the same time, while buying into a form of philosophy of language, it claims too little for language"*.* Diante do pano de fundo do debate entre hermenêutica e fenomenologia transcendental, a investigação pragmático-formal dos pressupostos universais da comunicação parece ser para Rassmussen um regresso para aquém do ponto de partida da destranscendentalização da consciência pura − a despeito da virada linguística. Ele vê o erro na suposição de que ainda se poderia preservar o estilo transcendental da argumentação depois da virada linguística − em vez de abandonar completamente a herança transcendental de uma tensão entre facticidade e validade e, com a hermenêutica, evitar todas as idealizações.

Surpreende-me que Rassmussen negue francamente a pergunta, feita de modo retórico, *Does interpretation require idea-*

---

* "O argumento de Habermas reivindica muito para uma teoria da racionalidade. Ao mesmo tempo, embora arrematada na forma da filosofia da linguagem, ela reivindica muito pouco para a linguagem." (N. T.)

lization? [A interpretação exige alguma idealização?], pois Gadamer e Davidson demonstraram, cada um a sua maneira, que a interpretação de expressões linguísticas (e de configurações em geral pré-estruturadas de modo simbólico) exige muito provavelmente um princípio de caridade. Temos de supor a imputabilidade dos atores e a racionalidade para seus proferimentos – nada diferente é exigido pela teoria da ação comunicativa.[32] É certo que estas são idealizações apenas estimadas *em termos metodológicos*; mas elas têm um *fundamentum in re*, mais precisamente nas suposições de racionalidade da própria prática de entendimento.

Eu mesmo sempre ressaltei que não se pode estabelecer uma ligação direta entre a prática do discurso e o procedimento de formação democrática da opinião e da vontade. Além do mais, a concepção do sistema judicial segundo a teoria do discurso de modo algum leva à exigência de uma "democratização" dos tribunais. O que resulta do encaixe da justiça [*Justiz*] em uma comunidade de intérpretes da Constituição que seja aberta e que exerça a crítica da justiça são muito mais as exigências *políticas e jurídicas* em vista apenas da já mencionada erosão da separação funcional dos poderes: quanto mais a justiça aperfeiçoa o direito, tanto mais energicamente é preciso forçá-la a se justificar não apenas na esfera pública de especialistas, mas *para fora*, no fórum dos cidadãos.

(2) A tese de doutorado de Alexy[33] me encorajou oportunamente para expandir a teoria do discurso, desenvolvida para a

---

32 Cf. Habermas, *Theorie des kommunikativen Handelns*, v.1, p.152-95.

33 Cf. Alexy, *Theorie der juristischen Argumentation*, 2.ed. (com um posfácio interessante).

A inclusão do outro

moral, ao âmbito do direito e do Estado constitucional. Além disso, sua "teoria dos direitos fundamentais"[34] me ajudou na compreensão da dialética entre igualdade jurídica e fática. É claro, ele também propõe aí uma intepretação das normas jurídicas, a qual foi criticada por Klaus Günther e por mim.[35] Segundo a interpretação de Alexy, a compreensão deontológica de normas deve poder ser transferida para uma compreensão equivalente de conteúdos de valor correspondentes. Alexy vê muito bem a diferença entre ambos as abordagens: "O que no modelo de valores parece ser o melhor *prima facie*, no modelo de princípios é o que deve ser feito *prima facie*; e o que no modelo de valores é definitivamente o melhor, no modelo de princípios é o que definitivamente deve ser feito. Ou seja, princípios e valores se diferenciam apenas devido a seu caráter deontológico, por um lado, e a seu caráter axiológico, por outro.[36] Mas a disputa gira em torno do "apenas": "No direito trata-se apenas do que deve ser feito. Isso depõe a favor do modelo de princípios. Por outro lado, não há qualquer dificuldade na argumentação jurídica quando se toma como ponto de partida o modelo de valores em vez do modelo de princípios".[37] Alexy desenvolveu essa tese na forma de um modelo de otimização ou ponderação (que inclui análises de custo-benefício).

Agora ele defende essa posição com mais um argumento. A distinção rígida entre pontos de vista deontológicos e axio-

---

34 Cf. Alexy, *Theorie der Grundrechte*; nesse meio-tempo foi publicado Alexy, *Begriff und Geltung des Rechts*.
35 Cf. Günther, *Der Sinn für Angemessenheit*; Habermas, *Faktizität und Geltung*, p.309 et seq.
36 Alexy, *Theorie der Grundrechte*, p.133.
37 Ibid.

Jürgen Habermas

lógicos não serviria para as normas jurídicas, as quais, por regulamentarem matérias relativamente concretas, precisam ser justificadas tanto em vista de objetivos políticos e valores éticos quanto sob os pontos de vista morais. Alexy antecipa minha resposta de que na fundamentação de normas jurídicas sempre se trata (em um sentido dworkiniano) apenas de uma prioridade *relativa* dos argumentos de princípio frente aos argumentos que estabelecem objetivos; senão a forma do direito (e a validade deôntica de normas jurídicas) necessariamente sofreria danos, pois já *na sua origem* o direito compartilha com a moral a tarefa de resolver conflitos interpessoais, mas não servir em primeiro lugar para realizar fins coletivos – como políticas públicas.[38] Alexy não se dá por satisfeito com essa réplica. Pois ele entende o caráter deontológico, isto é, incondicional, da validade deôntica, que ele gostaria de ver preservado nas normas jurídicas, no sentido de uma validade universal que inclui todos os sujeitos capazes de ação e de fala; assim, tem uma tarefa fácil: as normas jurídicas vinculam sempre apenas uma comunidade de pessoas histórica, delimitada no espaço e no tempo, e por isso não podem ser "deontológicas" em sentido estrito.

Sobre isso é preciso dizer que a expressão "deontológico" se refere, de início, apenas ao caráter obrigatório de expectativas de comportamento codificado de modo binário. As normas são válidas ou inválidas, ao passo que os valores competem pela primazia com outros valores e *a cada vez* precisam ser postos em uma ordem transitiva. O código de uma diferenciação, análoga à verdade, entre mandamentos "corretos" e "falsos" e a respec-

---

38 Cf. Habermas, *Faktizität und Geltung*, p.516 et seq.

A inclusão do outro

tiva incondicionalidade de sua pretensão de validade normativa ficam intocadas pela restrição do âmbito de validade a uma comunidade jurídica particular. Dentro desse âmbito de validade, o direito se apresenta diante dos destinatários, agora como antes, com uma pretensão de validade que exclui uma *avaliação* dos direitos segundo o modelo da ponderação de "bens jurídicos" prioritários ou subordinados. O modo de avaliar nossos valores e de decidir a cada vez "o que é bom para nós" e o que "é o melhor" altera-se de um dia para o outro. Assim que o princípio da igualdade jurídica for considerado apenas um bem ao lado de outros, os direitos individuais poderiam ser sacrificados, caso a caso, em favor de fins coletivos – em vez de um direito, em caso de colisão, poder "recuar" diante de outro direito, sem com isso perder sua validez.

Pode-se mostrar que isso é mais do que um jogo de palavras ao considerarmos como nós entendemos o princípio da proporcionalidade, pelo qual o sistema judicial se orienta em casos de colisão. Aos olhos de Alexy, a sua concepção de que que os princípios podem ser tratados *como* valores é confirmada pelo fato de que os direitos desempenham a função de razões no discurso jurídico, que podem ser "ponderadas" entre si. Ora, de fato pode haver razões mais ou menos boas para um enunciado, ao passo que a própria proposição é verdadeira ou falsa. Nós supomos a "verdade" como uma qualidade "imperdível" de enunciados, mesmo que só possamos avaliá-los com base em razões que, conforme o caso, nos *autorizam* a tomar os enunciados como verdadeiros. A distinção entre o modelo de princípios e o modelo de valores se mostra no fato de que somente em um caso se mantém o ponto de referência de uma pretensão à validade "incondicionada" ou codificada de modo

Jürgen Habermas

binário: as proposições normativas universais usadas (entre outras) pelo tribunal para justificar uma sentença (singular) valem aqui como razões que deveriam nos autorizar a considerar correta a decisão do caso. Se, por outro lado, as normas justificadoras forem concebidas como valores que, conforme uma dada situação, são colocadas *ad hoc* em uma ordem transitiva, a sentença *resulta* de uma ponderação de bens. A sentença é ela *mesma* um juízo de valor que reflete de maneira mais ou menos adequada uma forma de vida que se articula em uma ordem concreta de valores, mas não se refere mais à alternativa se a decisão tomada é correta ou falsa. Ao assimilar os mandamentos a juízos de valores, só surge a legitimação de um espaço de ação para critérios subjetivos. Mas os enunciados normativos se comportam de maneira gramaticalmente diferente dos enunciados avaliativos. A sorrateira assimilação de enunciados de um tipo a enunciados de outro tipo tira do direito a sua pretensão de validade deôntica circunscrita de modo claro e que pode ser resgatada de modo discursivo. Com isso também desaparece a coerção tranquilizadora à justificação, a qual o direito positivo deveria ficar submetido por estar equipado com sanções e por lhe ser permitido, através das penas, interferir sensivelmente nos direitos de liberdade das pessoas que o transgridam.

Algo semelhante vale para a assimilação dos discursos de aplicação a discursos de fundamentação.[39] Alexy vê bem a diferença na lógica do questionamento, que em um caso visa

---

39 Não posso entrar aqui na respectiva discussão entre Aley e Günther. Cf. Günther, Critical remarks on Robert Alexy's special case thesis, *Ration Juris*; Alexy, Justification and application of norms, *Ratio Juris*.

A inclusão do outro

a justificação de proposições normativas universais à luz das consequências para os casos exemplares previsíveis, e no outro caso visa a justificação de juízos à luz de normas que se pressupõem serem válidas. Mas Alexy não consegue explicar determinados fenômenos – por exemplo, as diferenças, em termos de arranjos comunicativos, entre a legislação e o judiciário. Elas resultam, segundo a lógica da argumentação, dos princípios de *universalização* e de *adequação* que orientam respectivamente os discursos de fundamentação e de aplicação. Nos discursos de fundamentação, por exemplo, onde não pode haver os que não participam, o papel de um terceiro imparcial, que determina a estrutura do discurso no tribunal, estaria fora de lugar. Além disso, quando incluímos a distinção entre ambos os tipos de discurso, desenvolve-se a base racional para uma separação funcional dos poderes, que se justifica a partir das diferentes possibilidades de recorrer a determinados tipos de razões. As razões pelas quais o legislador político justificou (ou as quais poderia ter mobilizado de modo razoável para esse fim) as normas acordadas simplesmente não estão à disposição do sistema judicial e da administração ao aplicarem e implementarem essas normas. Isso tem um sentido crítico em todos os casos em que o sistema judicial e a administração tiverem de tomar decisões que aperfeiçoam o direito ou assumir de modo velado tarefas legislativas – e com isso se expondo a *outras* coerções de legitimação, diferentes daquelas previstas em uma separação tradicional de poderes. (Daí decorre, por exemplo, a demanda do ponto de vista político e jurídico por fóruns críticos do sistema judicial, por formas de participação na administração, *ombudsmans* etc.)

Jürgen Habermas

(3) A crítica de Gunther Teubner visa ao que é fundamental. De início, ele saúda a diferenciação entre deliberações segundo os discursos e as negociações (bem como a diferenciação dos discursos segundo as diferentes formas de argumentação: pragmáticas, éticas, morais e jurídicas). Todavia, quando em face desse pluralismo de discursos, não se parte do fechamento semântico dos discursos e sua indiferença recíproca (como em Lyotard), surge o seguinte problema, que interessa a Teubner: em caso de colisão torna-se necessário, então, providenciar a compatibilidade dos diferentes discursos: *"After the move to pluridiscursivity, the success of Habermas's theory depends on a plausible solution to the collision of discourse"*.* Nós precisamos de procedimentos – Teubner fala de *rational metaprocedures for interdiscursivity* [metaprocedimentos racionais para a interdiscursividade] – segundo os quais podemos decidir quais matérias, e sob quais aspectos, precisam ser prioritariamente regulamentadas, ou qual dos diferentes aspectos deve ter a prioridade em uma mesma matéria a ser regulamentada. Teubner me coloca diante da alternativa de escolher entre a heterarquia de discursos em igualdade de direitos ou sua hierarquização sob a égide de um superdiscurso. E ele acha que atribuo à teoria do discurso esse papel de superdiscurso. Mas isso não está correto.

É certo que a explicação dos questionamentos pragmáticos, éticos e morais e a análise das respectivas regras de argumentação e dos tipos de discursos são, em primeiro lugar, tarefas filosóficas. Mas a filosofia é um entre muitos outros discursos

---

* "Após o movimento em direção à pluralidade discursiva, o sucesso da teoria de Habermas depende de encontrar uma solução plausível para a colisão de discursos." (N. T.)

A inclusão do outro

e explica inclusive por que não pode haver metadiscursos. Por isso, do ponto de vista sociológico, os filósofos, assim como os demais cientistas, não desfrutam de quaisquer privilégios nos assuntos públicos. Em todo caso, na condição de especialistas, eles podem ser questionados sobre as respectivas matérias ou na condição de intelectuais se intrometer sem serem consultados, mas de modo algum podem assumir o papel de um árbitro.

Minhas reflexões nos termos da teoria do discurso desembocam na *autoseletividade* dos *questionamentos*: a lógica dos respectivos discursos também delineia as passagens racionais de um discurso para outro. A reflexão seguinte serve apenas para ilustrar isso. À medida que seja necessário escolher (com base em informações empíricas) os meios com respeito a fins ou as estratégias para articular e ponderar políticas, é preciso que já tenham sido dadas preferências suficientemente claras e capazes de serem consensuais. Quando as próprias preferências estão em disputa porque os interesses entram em choque uns com os outros, é necessário encontrar compromissos justos segundo o procedimento (ao passo que a equidade do procedimento é decidida em discursos morais). Contudo, quando as preferências não estão tanto em disputa, mas há muito mais incerteza sobre elas, então é necessário que os participantes se entendam, em discursos éticos, sobre sua forma de vida e sua identidade coletiva para se certificarem sobre as orientações de valores em comum. Quando, então, em vez de conflitos de interesses que precisam ser conciliados em compromissos houver conflitos de valores irreconciliáveis, as partes precisam mudar de nível e entrar em acordo sob um ponto de vista moral (mais abstrato, mas pressuposto em comum e que é igualmente do interesse de todos) acerca das regras da vida em comum. Esse é apenas um

Jürgen Habermas

modelo das relações interdiscursivas, ao lado de muitos outros modelos possíveis. O que importa aqui é que as passagens não estão estabelecidas por um superdiscurso. Pelo contrário, elas resultam da lógica de questionamento de um *respectivo* discurso, com a consequência de que o que é bom tenha prioridade em relação ao que é racional com respeito a fins, e o que é justo tenha prioridade em relação ao que é bom. Em caso de colisão, as razões morais "cortam" as razões éticas e estas as pragmáticas, porque os respectivos questionamentos, tão logo se tornem problemáticos em seus *próprios* pressupostos, indicam eles mesmos a direção em que precisam ser superados de modo racional. O fato de que os compromissos precisam estar em consonância com os valores básicos reconhecidos em em termos éticos e estes, por sua vez, com os princípios válidos em termos morais, é resultado da lógica dos questionamentos e dos vínculos interdiscursivos que eles mesmos regulam.

Essa "autosseletividade" dos questionamentos só pode funcionar enquanto a seleção dos questionamentos e a escolha dos aspectos sob os quais deve ser tratada uma matéria em disputa não estiverem elas mesmas em disputa. Nesse caso, passa haver então uma "colisão de discursos" quando os participantes não conseguem chegar a um acordo sobre, por exemplo, se estão tratando de um conflito de interesses sobre o qual podem chegar a um compromisso ou de um conflito de valores não passível de compromisso, de uma questão ética ou de uma questão moral, ou se estão de fato tratando de uma matéria que precisa ser regulamentada pela política e que é regulável pelo direito. Uma vez que também não há metadiscursos para esses problemas de segunda ordem, torna-se necessário aqui a interferência dos procedimentos institucionalizados pelo

A inclusão do outro

direito. Pois estes implicam apenas uma pré-seleção à medida que tudo o que tem de ser negociado *precisa* ser tratado sob o ponto de vista jurídico e na linguagem do direito (desde que uma das partes autorizadas assim o queira). A competência dos procedimentos jurídicos para regular os casos de colisão de discursos decorre da circusntância de que o código do direito é muito inespecífico para ser sensível a uma "lógica do questionamento". Não há nenhum procedimento jurídico que *selecione* as matérias segundo o tipo de questionamento. Isso certamente é proveitoso em termos procedimentais, porque, desse modo, as decisões adequadas aos prazos são tomadas em todos os casos, mesmo nas colisões de discurso; porém, é insatisfatório do ponto de vista substantivo, pois desse modo não se pode excluir que se chegue a compromissos sobre valores contraditórios, nem que se decidam questões éticas sob o ponto de vista moral, ou que questões privadas sejam politizadas, ou que domínios da vida sejam juridificados etc. Por outro lado, a "ausência de seletividade" pode ser enfrentada porque os procedimentos jurídicos ao mesmo tempo tornam possíveis as argumentações e *permitem* que elas se mantenham intactas, ou seja, liberam os discursos, sem se intrometer em sua lógica própria. Na medida em que isso tem êxito, a autosseletividade dos questionamentos pode entrar em funcionamento.[40]

Isso de modo algum implica que os discursos jurídicos possam ser utilizados como superdiscursos. Teubner propõe isso. Ao fazê-lo ele se baseia em duas suposições problemáticas:

---

40 Cf. Habermas, Vom pragmatischen, ethischen und moralischen Gebrauch der praktischen Vernunft. In: *Erläuterungen zur diskursethik,* p.117 et seq.

Jürgen Habermas

(a) que os diferentes discursos, dos quais o discurso jurídico se apropria, são incomensuráveis entre si; e (b) que o papel específico do discurso jurídico consiste em trazer os demais discursos a um denominador comum e, por meio disso, torná-los compatíveis uns com os outros.

ad a) Teubner explica o que ele entende por incomensurabilidade (em um sentido ainda não específico em termos jurídicos) a partir do exemplo do direito privado internacional. Este já sempre teve de lidar com o problema de formular regras para as colisões, que aparecem em casos isolados, entre ordens jurídicas nacionais diferentes. Segundo essas "regras de colisão" se decide se deve ser usado, a cada vez, o direito privado próprio ou o direito privado estrangeiro. Mas essas metaregras são, por sua vez, formadas a partir do respectivo direito próprio. Por isso, no uso das diferenças, percebidas a partir da perspectiva própria, entre o *respectivo* direito privado próprio e o direito privado estrangeiro, o problema inicial se reproduz em um nível de reflexão mais elevado: *"In vain do discourse collisions search for one central meta-discourse. There is only a plurality of decentralized meta-discourses that reformulate collisions in their own idiosyncratic language"*.* Sob essa descrição – *a la* Rudolf Wiethölter – os direitos privados internacionais, que só podem realizar o singular "do" direito privado internacional na pluralidade das muitas ordens jurídicas nacionais, servem de exemplo para a problemática geral do "entendimento" entre discursos que constituem mundos estranhos uns para os outros. É claro que eles não es-

---

* "É vão procurar por um metadiscurso central na colisão de discursos. Há somente uma pluralidade de metadiscursos que reformulam as colisões em sua própria linguagem idiossincrática." (N. T.)

A inclusão do outro

tão fechados do ponto de vista semântico no sentido de serem *incompreensíveis* uns para os outros; porém, eles são regidos por racionalidades e conceitos básicos diferentes e incompatíveis entre si, de modo que em um universo pode ser correto ou prioritário o que em um outro é falso e subordinado. Essa incomensurabilidade é do mesmo tipo daquela presente no conflito, que ocorre no âmbito interno de um Estado, entre aquelas comunidades integradas em torno das respectivas concepções próprias do bem, que, por exemplo, descrevem o "aborto" cada uma em sua perspectiva, de modo que a identidade do fato desaparece devido à ausência de uma perspectiva de avaliação comum. Se isso estiver correto, decorre uma consequência desagradável para Teubner, a saber, com sua concepção de incomensurabilidade, ele tacitamente acaba atribuindo ao discurso ético uma posição privilegiada em relação a todos os outros tipos de discurso. Isso contradiz a premissa da similaridade dos diversos discursos, a partir da qual deve resultar uma inevitável assimetria do "entendimento" entre eles. Voltarei a isso em breve.

De fato, a assimetria que Teubner explica pelas regras de colisão do direito privado internacional é o produto contraintuitivo de um deslocamento teórico que ainda está preso à tradição da filosofia da consciência. Quando se parte de sistemas ou discursos que, da mesma maneira que um sujeito transcendental, constituem seu respectivo mundo próprio segundo premissas próprias, então só se pode conceber o "entendimento" como base na observação recíproca *intencionalista*, de modo que um "estimula" o outro a operar de modo próprio. Essa estratégia é contraintuitiva porque ela ignora a circunstância – e a ideia hermenêutica fundamental – de que, em uma linguagem ordinária, ninguém pode se entender com o outro sobre algo no mundo se não domina o sistema de pronomes pessoais que podem transformar-se uns nos outros e não souber como produzir uma simetria entre as perspectivas *intercambiáveis* da primeira e da segunda pessoas dentro de uma interação que pode ser observada da perspectiva da terceira pessoa.

Além disso, o direito privado internacional apenas pode continuar a servir de exemplo de como o direito *inevitavelmente* usa suas próprias premissas para resolver seus conflitos com outros direitos, assim como era o caso das ordens jurídicas nacionais de Estados soberanos. Porém, só no período entre 1648 e 1914 os Estados foram "soberanos" no sentido de que não estavam submetidos a uma convenção dos direitos humanos obrigatória no âmbito internacional, nem os direitos humanos haviam sido positivados nas Constituições próprias. Assim que isso acontece, o teor universalista dos direitos fundamentais acaba se impondo sobre as legislações do direito privado, em todas as regulamentações concretas. A pressão de um sistema de direitos humanos e de direitos fundamentais, que nesse meio-tempo se tornou efetiva de dentro e de fora, certamente não exclui o conflito intercultural acerca da interpretação desses direitos. Porém, o discurso sobre os direitos humanos é, por sua vez, informativo para as *disputas jurídicas* que acontecem nas cortes internacionais que são decididas desta ou daquela maneira. Ao menos é possível *pensar* sem contradições um futuro Estado cosmopolita, o que mostra que o exemplo das regras de colisão de modo algum comprova o caráter inevitável das assimetrias que aparecem no direito privado internacional.

A inclusão do outro

ad b) Na opinião de Teubner, o papel de um superdiscurso deve caber ao direito porque ele se relaciona com todos os demais discursos, com a consciência de que eles constituem mundos incomensuráveis *uns para os outros* e que, devido a suas relações assimétricas, cometem "injustiças" uns com os outros. O *medium* do direito compensa essa "injustiça" à medida que, à sua maneira, se apropria de todos os discursos que podem ser encontrados em seu universo social e faz que sejam compatíveis entre si. Portanto, segundo essa concepção, a especificidade do direito é compatibilizar o que é incompatível em sentido gramatical. Naturalmente, o direito tem êxito apenas sob premissas próprias, pois também o discurso jurídico, apesar de tudo, acaba apresentando a característica da incomensurabilidade: "*Justice can be realized to the degree as a concrete legal discourse is simultaneously able, externally, to incorporate the rationalities of other discourses and, internally, to incorporate its own requirements of legal consistency*".* O discurso jurídico e sua "lógica própria" não são definidos somente pela coerência normativa, isto é, a ligação de cada um dos novos casos à corrente de decisões tomadas até agora, mas sim pelo seu questionamento específico: como o igual pode ser tratado como igual e o desigual tratado como desigual (*how to treat new cases alike/not alike* [como tratar novos casos semelhantes/ dessemelhantes]). Isso implica, ao mesmo tempo, uma assimilação das racionalidades apropriadas de universos discursivos estranhos ao próprio padrão de tratamento igual. O direito é

---

* "A justiça pode ser realizada na medida em que um discurso jurídico concreto for capaz ao mesmo tempo de incorporar externamente as racionalidades de outros discursos e observar internamente suas próprias exigências de consistência jurídica." (N. T.)

"senhor" sobre a igualdade e a desigualdade. Esse padrão está na base da "comparação" dos discursos ou da "justiça reparadora" em relação aos discursos que são incomensuráveis e que por isso só podem se comportar de forma "injusta" uns com os outros (no sentido hermenêutico e estetizante de "injustiça" segundo Derrida e Lyotard). Com esse nivelamento que tudo assimila, Teubner também explica o "descaramento" e o "ecletismo" de um sistema judicial que tem como objetivo obstinado "ponderar os bens" — *be it balancing between principles, between values, or between interests* [ponderar entre princípios, entre valores ou entre interesses].

Mesmo se aceitássemos a descrição que Teubner faz da incomensurabilidade e da "injustiça" (de um tipo desconstrutivista em mais alto grau), a concepção de direito como um "superdiscurso" não poderia convencer por (pelo menos) duas razões. Por um lado, o princípio do tratamento igual não é apropriado para definir o que é próprio ao direito, pois a moral também ajuda, da sua maneira, a tornar vigente esse mesmo princípio. O direito e a moral obedecem ao mesmo princípio do discurso e seguem a mesma lógica dos discursos de aplicação e de fundamentação. O que diferencia o direito da moral não é o questionamento abstrato sobre como conflitos interpessoais podem ser regulamentados no interesse igual de todos, nem tampouco as regras da argumentação da universalização e da adequação. O que é específico ao direito não reside no discurso, mas sim na conformidade jurídica de normas (fundamentadas e aplicadas em termos discursivos) que são *estabelecidas* de modo político, *interpretadas* de modo obrigatório e *impostas* sob a ameaça de sanções estatais. Também estão ligadas à forma do direito: a diferenciação institucional entre discursos de apli-

A inclusão do outro

cação e de fundamentação, a pressão específica para tornar as regras mais exatas, coerentes em suas ligações e consistentes nas decisões. A característica peculiar do código do direito exige uma "tradução" dos argumentos pragmáticos, éticos e morais, assim como dos resultados das negociações que, pelas deliberações e resoluções do legislador político, ingressam no sistema do direito e aos quais o sistema judicial pode se referir para fundamentar seus julgamentos. Por outro lado, isso de modo algum dispensa a prática de decisão do juiz de considerar o sentido deontológico da validade das normas jurídicas. Se o sistema judicial pudesse de fato se mover livremente no âmbito de uma ordem flexível de valores, como afirma Teubner, e se sua tarefa fosse nivelar os princípios e a definição de objetivos, as normas e os valores no denominador comum de *"bens* jurídicos" e "ponderá-los" entre si, então os discursos jurídicos assumiriam o papel de discursos paternalistas que substituiriam a *autocompreensão ético-política*, que não mais cabe aos cidadãos. Certamente a prática das supremas cortes oferece exemplos de um privilégio tácito dado a uma ética dos valores em relação ao direito e à moral, mas o sentido dado por Teubner dificilmente implicaria uma consequência como essa.

VI. Sobre o teor político
do paradigma procedimental

(1) Sou grato a Ulrich K. Preuß por ter traçado os contornos do pano de fundo de uma tradição especificamente alemã de pensamento sobre o direito, sem o que não seria possível esclarecer os pontos centrais da ligação entre direito e poder

Jürgen Habermas

comunicativo. É certo que faz parte da tradição liberal em geral explicar o Estado de direito a partir do antagonismo entre um direito que assegura as liberdades individuais e um poder político que realiza fins coletivos. Além disso, esse "poder do Estado" é remetido a uma origem autóctone e "bárbara", não tocada pelo direito: a capacidade de subjugação física.[41] Porém, nas sociedades ocidentais civilizadas em termos políticos, esse antagonismo não culminou em uma luta de princípios antagônicos; pelo contrário, sempre foi percebido como uma oposição que teria de ser equilibrada em um Estado de direito. Na Alemanha, em vez disso, o que se teve diante dos olhos foi uma concorrência não resolvida entre, por um lado, a integração política pelo direito e, por outro, a integração política pelo poder do Estado. Aqui a discussão se inflamou entre especialistas do direito público liberais e conservadores em torno da questão sobre em que medida o poder monárquico deveria estar subordinado a um controle disciplinar do direito. A "substância" do Estado incorporada no exército, na autoridade pública e na administração, que alguns temiam e outros festejavam, manteve a tal ponto a aura de um poder irracional em seu cerne e que dominava todo o restante, que até mesmo a esquerda só podia conceber a democracia como uma soberania principesca invertida da cabeça do monarca para os pés do povo. Por isso a democracia permaneceu, também para seus defensores, um conceito *estatista*.

Diante desse pano de fundo, faz mais sentido a ideia marxista da "extinção do Estado" – uma radicalização do saint-

---

41 Cf., por exemplo, Larmore, *Die Wurzlen radikaler Demokratie. Deutsche Zeitung für Philosophie.*

A inclusão do outro

-simonismo adotado por Friedrich Engels, segundo o qual a dominação "política" de pessoas sobre pessoas deveria ser convertida na administração "racional" das coisas. A mim, essa ideia me fascinou desde o início. Através de Carl Schmitt e seus alunos, essa tradição que glorifica o "elemento político" do poder do Estado prosseguiu para além do fim do regime nacional-socialista, no qual, aliás, essa tradição teve seu ponto culminante.[42]

Da mesma maneira que Preuß, também devo estímulos importantes à *contratradição* dos "juristas dispostos ao conflito",[43] sobretudo Hermann Heller, Franz Neumann, Otto Kirchheimer e Wolfgang Abendroth. Claro, esses especialistas do direito público desenvolveram em outra direção a ideia central que Preuß tem razão em destacar: eles seguiram com a "superação" democrática da substância de dominação do poder do Estado, adotando sobretudo o ponto de vista da crítica do capitalismo com o objetivo de transformar a organização socioeconômica da desigualdade, ao passo que desenvolvi a ideia de uma "racionalização" do exercício do poder administrativo, de modo imanente desde o início, pela via de uma reconstrução do teor normativo peculiar ao direito e ao Estado democrático de direito. É isso – e não a proximidade a mestres que de vez em quando nos fazem esquecer o que aprendemos com eles – que pode explicar por que não abordei explicitamente essas fontes.[44]

---

42 Cf. minha resenha das teses de doutorado de R. Koselleck e H. Kesting de 1960: Habermas, *Kultur und Kritik*.

43 Cf. Justiz (Org.), *Streibare Juristen. Eine andere Tradition*.

44 Mas pontos de contato foram oferecidos pelas reflexões de Jürgen Seifert sobre a "Constituição como fórum", dedicadas não por acaso à memória de A. R. L. Gurland. Cf. Seifert, Haus oder Forum.

Não obstante, de modo retrospectivo, vejo um déficit no fato de não ter investigado em pormenores as tendências que hoje transformam o processo democrático em instrumento de uma dominação da maioria que exclui as minorias fortes. Talvez a constelação modificada, na qual as estruturas de classe foram dissolvidas pela segmentação surpreendente de populações que se tornaram *supérfluas* e pela degradação da infraestrutura de bairros e regiões inteiras, também precisasse ter consequências no plano normativo – na forma de direitos de veto e direitos minoritários e sob a forma de instâncias advocatícias para aqueles que se veem cada vez mais empurrados para fora das esferas públicas estabelecidas e têm cada vez menos oportunidades para melhorar sua situação a partir da sua própria força e de fazer valer sua voz. A tendência de destruição do Estado de bem--estar social e de surgimento de uma subclasse nas sociedades industriais desenvolvidas precisa também de uma análise severa sob o ponto de vista normativo do uso efetivo dos direitos de participação política em igualdade de oportunidades.

Com Preuß eu gostaria de sustentar que o paradigma do direito no Estado social e o paradigma liberal do direito não levam a sério e não explicam a conexão *interna* entre direito e poder político. Só se pode chegar a esse vínculo interno mediante um conceito de poder que dissolve a falsa alternativa entre direito ou poder político. O poder que emana do uso público das liberdades comunicativas dos cidadãos está irmanado com a criação legítima do direito.

Wertsystem oder offene Verfassunf. In: Habermas (Org.), *Stichworte zur 'Geistigen' Situation der Zeit*; ali também se encontra a literatura complementar. Cf. nesse ínterim Müller, *Demokratische Gerechtigkeit*.

A inclusão do outro

No final, Preuß propõe questões que já analisei em outros momentos.[45] Em muitos casos acontece que as matérias que devem ser regulamentadas pelo direito precisam ser discutidas ao mesmo tempo sob os pontos de vista pragmático, ético e moral. Todavia, o aspecto da justiça reivindica prioridade sobre os demais aspectos. Caso queira ser legítimo, o direito de uma comunidade jurídica concreta, estabelecido na política, precisa estar em consonância com os princípios morais. Entendo a complexa pretensão de validade das normas jurídicas como a pretensão de, por um lado, ver se os interesses parciais afirmados de modo estratégico são compatíveis com o bem comum; e, por outro lado, a pretensão de considerar os princípios de justiça no horizonte de uma forma de vida marcada por determinadas constelações de valores. A geração do poder comunicativo e do direito legítimo torna necessário que os cidadãos não recorram a seus diretos democráticos exclusivamente *como* liberdades subjetivas, isto é, de maneira autointeressada, mas também *enquanto* autorizações para o uso das liberdades comunicativas, isto é, orientados para o bem comum. Há boas razões, por sua vez, para que os cidadãos não sejam juridicamente coagidos a isso. Por isso, é necessário que os cidadãos *estejam habituados* com as instituições da liberdade no âmbito de uma cultura política liberal – necessária no sentido de uma exigência funcional. Todavia, visto que a doutrinação política deve ser evitada, a questão empírica sobre as condições para uma socialização política favorável não deveria ser traduzida diretamente na exigência normativa por valores e virtudes políticas. Em outras passagens, o próprio Preuß indicou que as virtudes públicas só podem ser exigidas "em pequenas proporções" [*in kleiner Münze*].

---

45 Cf. Posfácio à 4ª edição de *Faktizität und Geltung*.

Esse também pode ser o motivo para a proposta de fazer com que os conflitos de valores, que, *na condição de* conflitos éticos, não podem ser resolvidos, sejam transformados em conflito de interesses passíveis de compromisso. Não considero isso justificável do ponto de vista normativo, pois a *redefinição* de valores em interesses resulta em danos para a identidade. A base dos ideais à luz dos quais se articulam o projeto de vida ou o modo de vida cultural consiste em "avaliações fortes". A força relativa dos valores varia; em alguns casos, as questões de segurança e de saúde são mais prioritárias que as questões de justiça distributiva ou de formação; em outros casos, as coisas se invertem. Mas essas relações entre os valores só podem ser modificadas em discursos de autocompreensão e não pela via da formação de compromissos. As negociações só fazem sentido quando as pretensões ou interesses concorrentes se referem a bens idênticos ou comparáveis. Nas negociações, as partes precisam de antemão estar em acordo sobre as dimensões do que seja relevante – como no caso dos bens primários de Rawls (ou seja, bens coletivos compartilhados e reconhecidos socialmente, como renda, tempo livre, seguridade social e, em geral, indenizações sociais em dinheiro). À medida que a formação de compromissos abrange o próprio sistema de referência dos bens, é necessário que estejam estabelecidas *a fortiori* quais as relevâncias que não são negociáveis – a saber, "os valores básicos" que são constitutivos para a identidade e, com isso, para a autocompreensão dos participantes. A confusão entre valores básicos e interesses é um erro categorial cheio de consequências. No âmbito político, o amor e o respeito não podem ser trocados pelo dinheiro; a língua materna ou a confissão religiosa não podem ser trocados por lugares de trabalho. O que interfere nas definições da identidade não é passível de compromisso. Aliás, interferências desse tipo

A inclusão do outro

implicam uma violação da dignidade humana e seriam inclusive inadmissíveis por razões jurídicas.

(2) A política social do Estado forma o cerne do Estado social e da compreensão do direito na perspectiva do Estado social. Desde que os direitos sociais fundamentais estão garantidos sob a forma de seguros obrigatórios (relacionados à renda) para os riscos da vida do trabalho (como doença, acidente, invalidez, desemprego e idade – aliás, ainda negligenciando a especificidade de gênero ligada aos encargos do trabalho doméstico e da educação das crianças), o cuidado burocrático da existência substituiu as obrigações do cuidado tradicionais. Com essa transformação, perdeu-se a consciência de pertencer a uma comunidade mantida coesa de modo imediato pela solidariedade, e não apenas pelas relações jurídicas abstratas. As relações de solidariedade corroídas não conseguem mais ser regeneradas entre os clientes isolados que exigem seus direitos a benefícios diante das burocracias do Estado de bem-estar social. Günter Frankenberg se interessa pelo lado normativo desse processo. Ele acha que a forma correta de implementar precisa vir precedida por uma concepção normativa correta de direito social. Por isso a questão: *Why care?*.

Frankenberb considera insuficiente a fundamentação *relativa* dos direitos sociais fundamentais (também defendida por mim) segundo a qual estes deveriam assegurar (entre outras coisas) as condições de vida que são necessárias para um uso efetivo, em igualdade de oportunidades, dos direitos de liberdade privados e os direitos políticos dos cidadãos (fundamentados *de modo absoluto*). Essa estratégia de fundamentação que concede prioridade à garantia da autonomia privada e pública se orienta contra os efeitos de um paternalismo do Estado de bem-estar social. Os cidadãos precisam também usar de fato seus direitos na configuração autônoma da vida. Por isso, eles precisam estar em condições de usar suas competências asseguradas de modo formal, condições que, se for o caso, precisam ser providenciadas pelos benefícios do Estado. Contra essa concepção, Frankenberg apresenta uma objeção boa e uma outra não tão boa.

O princípio de "assistência" [*hilfe zur Selbsthilfe*] só pode ser satisfatório em vista das pessoas que não estão na posse plena de suas forças ou que algum dia vão chegar à maioridade (como as crianças), ou que podem recuperar as suas forças e competências (como ocorre com pessoas doentes ou com aquelas pessoas desfavorecidas ou abandonadas de outras maneiras). Uma coisa diferente é a solicitude em relação às pessoas desamparadas e inválidas, ou o cuidado para com pessoas que sofrem sem possibilidade de cura. Evidentemente essa assistência tem um valor intrínseco e não se esgota em sua função de produzir e restabelecer a autonomia. Esse impulso moral óbvio, que aponta para obrigações positivas, não pode, é claro, ser traduzido de modo imediato para o âmbito político, no qual é necessário haver, por motivos de organização, uma "divisão moral do trabalho".[46] Normalmente, um sentimento de solidariedade ancorado na cultura política se manifestará em apoio às respectivas políticas e programas de auxílio.

Frankenberg dá outra direção ao argumento com a tese de que a referência às condições de surgimento da autonomia privada e pública levaria a uma concepção unilateral dos direitos sociais. Eles correriam o risco de degenerar em instrumentos

---

46 Cf. Shue, Mediating duties, *Ethics*.

A inclusão do outro

para restabelecer a força de trabalho ou para qualificar a participação dos cidadãos. O senso das relações solidárias entre os "membros" só se mantém quando os direitos sociais forem fundamentados de modo absoluto, ou seja, como componentes dos direitos de pertencimento. *"Instead of underprivileging social rights as 'implied' or 'relative'* [...] *it seems more plausible to argue for social rights as self-incurred obligations to limit one's autonomy in order to realize it in society"*.* Se entendo de modo correto, contra o conceito dicotômico de autonomia privada e pública, Frankenberg gostaria de pôr em cena algo como uma *autonomia social* de cada indivíduo, que deveria ser realizada na comunidade. Na base disso está a intuição de que a interpretação possessivo-individualista dos direitos subjetivos precisa ser superada em favor de uma compreensão solidária. Disso resulta a consequência comunitarista de que só a reanimação da substância *ética* da coletividade pode agir contra as tendências desintegradoras do sistema do *direito.* Frankenberg responde à questão *"why care?"* com um apelo a mais *civic virtue* [virtude cívica], mais *communal spirit* [espírito comunitário] e um *sense of solidarity* [senso de solidariedade] mais forte.

Eu considero esse conceito não apenas irrealista, como também problemático, pois atribui uma força de integração muito pequena ao direito – na condição de único *medium* no qual se poderia assegurar uma "solidariedade com estranhos" em sociedades complexas – e atribui muito potencial universalista aos vínculos pré-políticos de comunidades informais. Talvez

---

* "Em vez de subprivilegiar os direitos sociais como algo 'implícito' ou 'relativo' [...], seria mais plausível argumentar a favor dos direitos sociais como obrigações autocontraídas para limitar a autonomia de alguém de modo a realizá-la na sociedade." (N. T.)

Jürgen Habermas

essas ponderações ainda espelhem a herança de um socialismo inicial que, com sua face de Janus, olhava ao mesmo tempo para a frente, em um futuro emancipado, e para trás, em um passado idealizado, querendo *superar* as forças de integração social das comunidades solidárias corporativas, familiares e de vizinhança *desgastadas*, transformá-las e salvá-las sob as condições modificadas de uma sociedade industrial. Seja como for, Frankenberg acha que os direitos sociais não deveriam ser primeiramente apreendidos sob o ponto de vista moral *da possibilidade igual* da autonomia privada e pública. O problema específico consiste em saber como uma consciência da solidariedade poderia ser mobilizada para tornar aceitável, nos limites de uma comunidade integrada de modo ético, a *restrição* da autonomia própria em benefício dos demais membros.

Porém, o que está na base dessa concepção de um jogo de soma zero entre as liberdades privadas é uma oposição não dialética entre a autonomia privada e a autonomia pública. Quando, em vez disso, se toma como ponto de partida a abordagem intersubjetiva, segundo a qual os direitos derivam do pertencimento a uma associação de parceiros do direito livres e iguais e adquirem sua legitimidade exclusivamente do reconhecimento recíproco das liberdades iguais, aquela solidariedade, conhecida a partir das relações concretas de reconhecimento da interação simples e reclamada por Frankenberg, conserva uma força estruturadora para o próprio direito. Na forma abstrata, a solidariedade *permanece* um recurso social do qual a autodeterminação democrática dos cidadãos precisa se alimentar para dela surgir um direito legítimo. Só são legítimas aquelas regulamentações que tratam o que é igual como igual e o que é desigual como desigual, ou seja, também assegurem efeti-

A inclusão do outro

vamente liberdades subjetivas; e só se pode ter a expectativa por regulamentações legítimas quando os cidadãos usam em comum suas liberdades comunicativas, de modo que todas as vozes tenham oportunidades iguais de serem ouvidas. Assim, o uso efetivo das autonomias privada e pública, que se pressupõem mutuamente, é ao mesmo tempo uma condição para que os direitos dos cidadãos sejam interpretados e assegurados de modo adequado em contextos cambiantes e que sejam progressivamente esgotados em seu teor universalista. Uma vez que a reprodução do direito, considerada sob a perspectiva normativa, sempre implica a realização de uma associação de parceiros do direito livres e iguais, em que todos os membros estão vinculados uns aos outros pelo respeito igual, não surge nenhuma lacuna no processo circular que possibilita e assegura mutuamente a autonomia privada e pública; em todo caso, nenhuma lacuna para uma autonomia social que teria de ser preenchida pela solidariedade dos membros de um *modo diferente* daquele que, de qualquer maneira, resulta do *status* de cidadão.

(3) As filosofias do direito, embora não sejam escritas para a ordem do dia, possuem também um teor político e de diagnóstico do tempo no qual se reflete de certo modo o seu contexto de surgimento. Como é sabido, a força explosiva da filosofia do direito de Hegel instigou muitas gerações a reagirem de modo apaixonado. Apesar das menções lisonjeiras de Dick Howard, é evidente que meu texto, nesse aspecto, não sugere nenhuma comparação com Hegel. Não obstante, alegro-me com o diagnóstico político de Dick Howard e Gabriel Motzen. Muitas vezes eu me defronto com outras reações.

É certo que um evento da história mundial como a derrocada do império soviético obriga cada um a repensar sua posição

Jürgen Habermas

política; no entanto, há muito tempo defendo um reformismo radical.[47] A despeito de todas as mudanças em minha posição teórica,[48] também vinculo à teoria discursiva do direito um sentido democrático radical. Tal intenção é reconhecida por Howard em sua análise acerca da importância que assumem o mundo da vida e a sociedade civil nessa teoria, e em sua busca por uma herança revolucionária, que ele descobre nas liberdades comunicativas desencadeadas na cultura política. Parece-me igualmente correta a descrição que Motzkin faz da constelação política a qual reajo. Ele apreende com bastante exatidão a situação interna da República Federal da Alemanha ampliada, ainda que devesse falar de um "extremismo de centro" em vez de um "extremismo de direita":

The demise of the left had liberated the right from its servitude to the center: no longer does it need liberalism as the best defence for antiliberalism [...]. The critical enterprise [...] is not one of dismantling the power structure and replacing it by another, but rather one of buttressing the existing power structure against the threat looming from the right, whether the political, the economic or the religious right.*

---

47 Cf. Habermas, Nachholende Revolution und linker Revisionsbedarf. In: *Die nachholende Revolution*, p.179-204.

48 Tentei dar conta delas recentemente no prefácio à nova edição da *Mudança estrutural da esfera pública*, de 1990.

* "O desaparecimento da esquerda liberou a direita de sua servidão ao centro: ela não precisa mais do liberalismo como a melhor defesa contra o antiliberalismo [...]. O empreendimento crítico [...] não é desmontar a estrutura de poder e substituí-la por outra, mas o de reforçar a estrutura de poder existente contra a ameaça que assoma da direita, seja da direita política, econômica ou religiosa." (N. T.)

A inclusão do outro

VII. Comentários sociológicos: mal-entendidos e estímulos

Quando retornei a uma faculdade de filosofia depois de doze anos de trabalho de pesquisa em um instituto de ciências sociais, chamou-me mais atenção do que antes o fato de que às vezes os filósofos acham que são capazes de julgar estados de coisas empíricos sem tomar conhecimento da complexa bibliografia especializada sobre o assunto. Esse gesto de mandarim me estimulou a fazer uma observação mordaz, que Mark Gould cita agora contra mim.[49] Mas não são apenas os filósofos que lidam de maneira pré-científica com a empiria; também há sociólogos que elaboram toda uma filosofia sem abdicar da perspectiva metódica de sua própria especialidade – que, por assim dizer, aparecem como filósofos em pele de ovelha sociológica. Aqui, só em casos muito raros, a originalidade se manifesta (como é o caso, sem dúvida alguma, em Niklas Luhmann); nos demais casos, manifesta-se antes certa ingenuidade.

(1) Mark Gould se arrisca muito pouco a sair da sua morada parsnoniana e ao mesmo tempo se arrisca a emitir tantos juízos, de modo que sua competência específica (que há muito tempo tenho na mais alta estima) se liga, de vez em quando, com uma surpreendente insensibilidade hermenêutica. De qualquer maneira, ele compreende muito pouco a abordagem pluralista de minha teoria (enfatizada já no prefácio),* que acaba misturando quase tudo.

---

49 Cf. Habermas, Treffen Hegels Einwände gegen Kant auch auf die Diskursethik? In: *Erläuterungen zur Diskursethik*, p.30.

* Prefácio de *Facticidade e validade*. (N. T.)

Jürgen Habermas

Quando alguém não quer se restringir (o que também seria legítimo, é claro) às reflexões normativas sobre uma teoria da justiça, ou à análise de conceitos básicos decisivos, ou a considerações jurídicas sobre a metodologia da prática de decisão judicial, não se pode mais ter uma filosofia do direito com um todo harmonioso, como na época de Hegel. Por isso procedi de modo a desenvolver, de início, o questionamento geral – da relação entre facticidade e validade – a partir da teoria da ação comunicativa para explicar, à luz dessa teoria, a função de integração social do direito. Em seguida, confrontei a objetivação do direito na visão das ciências sociais com a perspectiva normativa da tradição do direito racional, a fim de atribuir um *outro* valor metódico a essa análise filosófica no âmbito de uma teoria da sociedade orientada por uma "dupla perspectiva", que procede de modo reconstrutivo, mas que satisfaz as pretensões descritivas. Isso não implica, porém, nenhum nivelamento da reconstrução do direito feita a partir da perspectiva interna do sistema de diretos nos capítulos III e IV. Essa reconstrução racional do direito, dos princípios do Estado de direito, da prática de decisão judicial e sua relação com o legislativo preserva, pelo contrário, a peculiaridade de uma teoria do direito orientada em termos normativos. A comparação entre direito e moral exige inclusive reflexões de teoria moral, ou seja, reflexões filosóficas em sentido mais estrito, do mesmo modo que a investigação dos discursos jurídicos de aplicação exige reflexões sobre a metodologia do direito. Só os dois capítulos seguintes realizam uma mudança de perspectiva em direção a uma teoria da democracia nos termos das ciências sociais.

Mas também essas análises que têm sua ênfase no processo de legitimação não servem, por exemplo, à finalidade de uma

A inclusão do outro

sociologia do direito e dos sistemas políticos constituídos na forma do Estado de direito. Pelo contrário, o modelo de uma circulação do poder político desenvolvido ali deve apenas tornar plausível que a autocompreensão normativa das ordens jurídicas modernas, apreendida de modo reconstrutivo, não fique pairando no ar, e deve mostrar como ela se engata na realidade social de sociedades altamente complexas. O resultado dessas análises,[50] e era isso que importava nos excursos sociológicos, fornece a base de comparação para julgar o teor, nos termos das ciências sociais, do paradigma procedimental do direito introduzido no último capítulo. Da mesma maneira que os paradigmas liberal e do Estado de bem-estar social, também no paradigma procedimental subjaz uma determinada interpretação da sociedade como um todo *do ponto de vista do sistema do direito*. Para isso, é claro, foi necessário retornar à perspectiva performativa interna ao sistema do direito e seus membros. À medida que a teoria como um todo é estabelecida em uma relação com a prática, ela almeja, como eu também afirmo no final do livro, uma mudança naquela pré-compreensão falível, em cujo horizonte não apenas os especialistas em direito, mas também os cidadãos e seus políticos *participam*, em uma divisão de trabalho, no processo de interpretação da Constituição e de realização do sistema de direitos.

Gould desconhece essa compreensão democrática da relação entre teoria e prática, pois ele próprio parte da concepção instrumental de uma explicação sociológica do sistema judicial como uma agência de reforma da sociedade. Ele exige uma *jurisprudence rooted in social science* ["uma jurisprudência enraizada nas

---

50 Cf. Habermas, *Faktizität und Geltung*, p.464-7.

Jürgen Habermas

ciências sociais"], cabendo à sociologia o papel de uma autoridade que orienta a ação: *"Suggesting that courts implement equitable standards rests on a preliminar theory of social development that attemps to discover an immanent progression from within our liberal legal structure"*.*
Gould não entende que apresento uma filosofia do direito em que defendo uma concepção paradigmática do direito modificada – e não uma teoria da sociedade que deveria contribuir para modificar a sociedade, particularmente suas relações de produção, através da mobilização do ativismo jurídico.

Considero ainda mais irritante o fato de que ele não acompanha a mudança de perspectivas metódicas que acabei de mencionar, e comete justamente o mesmo erro da confusão de planos analíticos da qual me acusa. Senão nem teria caído na tentação de tirar conclusões sobre meu conceito sociológico de ação a partir das determinações da "situação ideal de fala" – um conceito que só teve lugar nas teorias da verdade. É por essa via curiosa que ele chega ao diagnóstico de que eu confundiria normas com valores, valores com constelações de interesse e a orientação por valores com preferências, ou ainda pior: que eu operaria com um conceito atomista e empírico de ação social, não teria feito a distinção entre restrições fáticas da situação da ação e as restrições normativas, teria uma concepção utilitarista das obrigações morais etc. Isso tudo são constructos de uma leitura preconcebida. Nesse plano dos conceitos fundamentais, as únicas diferenças sérias resultam do fato de eu

---

* "Sugerindo que as cortes implementem padrões equitativos apoiados em uma teoria preliminar do desenvolvimento social que porcura descobrir um progresso imanente a partir do interior de nossa estrutura jurídica liberal." (N. T.)

A inclusão do outro

não compartilhar a concepção não cognitivista da moral e dos valores obrigatórios, defendida por Parsons, e que, portanto, não excluo os "valores morais" da esfera do "racional". Gould contenta-se com a afirmação: "*I believe that there is and irreducible, nonrational component of moral principle*".* Em outras passagens, ele novamente "acredita" que os valores do "individualismo institucionalizado" também "deveriam" encontrar acesso no sistema do direito. Estas não são questões de fé, mas sim de argumentação filosófica.

As longas exposições sobre o princípio da proporcionalidade e do que é "excessivo" na justiça do direito privado são bem apropriadas para o desenvolvimento descrito por mim com a palavra-chave weberiana da materialização do direito. Contudo, elas não contribuem em nada para a crítica do procedimentalismo, nem (a) de forma imanente em vista da norma jurídica do procedimento da liberdade contratual, e muito menos (b) na transposição da argumentação para os procedimentos institucionalizados pelo direito. E tampouco consigo descobrir um ponto de vista novo (c) na distinção entre *equity* [equidade] e *equality* [igualdade].

ad a) A liberdade contratual deveria, segundo a concepção liberal, colocar à disposição da interação das pessoas de direito privadas um procedimento que garantisse uma justiça procedimental "pura": independentemente do conteúdo do contrato, o resultado vale como correto ou "justo" desde que as partes cumpram as prescrições formais. Com a desigualdade crescente nas posições de poder econômico, na renda e riqueza

---

* "Eu *acredito* que há um componente irredutível, não racional, nos princípios morais." (N. T.)

Jürgen Habermas

e nas condições sociais em geral, foi se tornado cada vez mais evidente o caráter fictício de uma "livre declaração da vontade" (vinculada com a liberdade de firmar contratos). Isso explica as correções do Estado social no direito contratual, em cujo contexto a máxima interpretativa da jurisprudência (*unconscionability*) [desproporcionalidade], também destacada por Gould, adquiriu seu significado atual. Contudo, Gould interpreta de modo errado esse desenvolvimento ao querer mostrar nessa máxima como os "valores" materiais da justiça social ingressam no direito formal e colocam em xeque, de modo geral, a concepção procedimental do direito. Pelo contrário, na materialização do direito se mostra que, com a mudança na percepção dos contextos sociais, passam a fazer parte da consciência pública determinadas condições fáticas para uma aplicação do procedimento de forma não discriminadora. Também no paradigma liberal do direito a expectativa de justiça associada à liberdade de contrato universalizada dependia, pelo menos de modo implícito, do cumprimento dessas mesmas condições. Por isso as correções do Estado social podem ser compreendidas como a realização *do mesmo princípio* da distribuição igual de liberdades de ação subjetivas, que estava também na base da concepção liberal do direito. E tampouco há uma alteração no princípio da separação entre forma e conteúdo quando a norma procedimental tiver de ser mudada no sentido de que seja possível aplicá-la de maneira não discriminadora em um contexto social modificado.

ad b) Mesmo que a interpretação de Gould fosse correta, não seria possível deduzir daí quaisquer objeções a minha compreensão "procedimental" do direito. Pois o tipo de procedimento de deliberação e de decisão institucionalizados pelo

A inclusão do outro

direito, que está na base daquele paradigma, se diferencia da figura do *contrato*, em todos os aspectos essenciais. Diferentemente da norma procedimental jurídica da liberdade de contrato, exclusivamente talhada para a liberdade de arbítrio, que deve assegurar uma justiça procedimental pura, no paradigma procedimental se entrelaçam processos de entendimento com os de negociação, os "procedimentos" jurídicos com os discursivos, de maneira tal que só está assegurada a justiça procedimental "imperfeita". Além disso, as condições de comunicação, que só asseguram o livre fluxo de informações e razões "disponíveis" e, com isso, *tornam possíveis* as soluções de problemas *e* os processos de aprendizagem, continuam dependendo da entrada de contribuições substantivas, que elas próprias não podem gerar. Gould percebe, com razão, que o princípio segundo o qual o que é igual deve ser tratado como igual e o que é desigual como desigual permanece vazio enquanto não tivermos critérios adequados de comparação. Mas isso não é um argumento contra, mas sim a favor de uma concepção que faz que a garantia das liberdades de ação subjetivas dependa do fato de que os concernidos, em seu papel de cidadãos políticos, isto é, pelo uso público de suas liberdades comunicativas, se esclareçam e entrem em acordo, segundo os procedimentos democráticos, sobre a interpretação adequada das suas respectivas carências e sobre os pontos de vista relevantes para comparar as condições de vida típicas. Se quisermos evitar um paternalismo, esse processo não deve ficar exclusivamente nas mãos do sistema judicial (ainda que orientado pelas ciências sociais). Esse vínculo interno (e recíproco) da autonomia privada e da autonomia pública, quando concebido de modo correto, não é de modo algum trivial, mas sim o cerne normativo do paradigma procedimental.

ad c) Gould pretende fazer a distinção entre *equality* no sentido de uma igualdade jurídica abstrata e *equity*, no sentido de uma igualdade na aplicação do direito a casos concretos. Essa questão terminológica não teria muito interesse se a ela não estivesse ligada uma crítica ao "formalismo" de uma suposta concepção "liberal" do direito (em sentido pejorativo). Segundo a opinião de Gould, a teoria dos discursos de aplicação (que devo a Klaus Günther) estaria presa a uma representação abstrata da igualdade jurídica (*equality*) e não poderia satisfazer a ideia de uma igualdade do conteúdo jurídico (*equity*) porque acaba separando a fundamentação e a aplicação de normas: "*the meaning of a principle can olnly be determined in the light of its consequences and thus its 'justifiability' and 'appropriateness' are always intermingled*".* Ao contrário disso, Günther chama a atenção para os papéis diferentes, em termos de lógica da argumentação, que os casos concretos assumem nos discursos de fundamentação e nos discursos de aplicação.

Nos discursos de fundamentação eles servem como *exemplos padronizados* ponderados de modo hipotético, com base nos quais são simuladas as possíveis consequências de uma obediência universal à norma; nos discursos de aplicação são os casos difíceis, que ocorrem de fato, que aguardam uma decisão tendo em vista a sua concreção plena. Enquanto nos discursos de fundamentação uma prática é testada em vista de suas consequências

---

* "O significado de um princípio só pode ser determinado à luz de suas consequências e, portanto, a 'possibilidade de sua justificação' e 'seu caráter apropriado' estão sempre entremesclados." (N. T.)

A inclusão do outro

que apenas podem ser ilustradas nos casos particulares típicos e *previsíveis*, nos discursos de aplicação é preciso esclarecer qual norma, entre as normas válidas *prima facie*, é adequada a todas as características de um caso conflituoso que *de fato* ocorreu. Gould entende por *equity* esse tratamento igual concreto, talhado à singularidade de uma situação dada. Mas o tratamento jurídico igual não deve se referir exclusivamente à constelação complexa dos participantes imediatos. Estes só têm a pretensão de serem tratados como iguais na condição de membros do universo de parceiros do direito em igualdade de direitos; e só a totalidade das normas fundamentadas, isto é, válidas *prima facie*, que constituem uma comunidade, pode assegurar essa referência a "todos os demais". Essas regras, por sua vez, só desempenham um papel constitutivo à medida que forem reconhecidas como válidas *a fortiori*, antes do surgimento de casos novos – eles precisam "existir" antes de serem aplicadas aos conflitos que vão surgindo. Essa relação também se reflete nas formas de comunicação dos respectivos processos (legislativos ou judiciários) de deliberação e de decisão. Em princípio, todo os concernidos precisam participar (ainda que de forma indireta, na maioria das vezes) de modo igual na fundamentação (isto é, sem privilégios ou discriminação), ao passo que a aplicação das normas (aceitas como fundamentadas) a um caso particular é feita na perspectiva de um terceiro imparcial – na condição de representante da universalidade – em que os participantes imediatos do conflito são "ouvidos" em sua apresentação controversa do caso.

Gould parece que não vê o problema central que precisa ser resolvido nesses discursos de aplicação: a solução da colisão de normas, ou seja, a decisão racional entre candidatos válidos *prima facie*, que, por assim dizer, competem pela "adequação" a um caso dado. Gould parece ter em vista muito mais uma situação específica, ainda que importante: os casos de tratamento social desigual que só podem ser resolvidos quando forem modificadas as relações de trabalho, formas de organização, estruturas familiares etc. que discriminam de modo implícito. Mas em geral isso só é possível com a implementação de novos projetos de leis; ou seja, esses casos dizem respeito em primeiro lugar ao legislador político, e não ao sistema judicial. A canalização de propostas de reforma da sociedade por tribunais superiores ativistas e esclarecidos pelas ciências sociais alça a prática da *Supreme Court* durante o *New Deal* à condição de um caso normal. Mas, em longo prazo, isso levaria a um paternalismo judiciário que é inconciliável com os princípios do Estado de direito democrático.

(2) Até aqui a minha réplica segue as regras usuais do jogo de argumentação científico, ou pelo menos tenta — ela se defronta com objeções, e depois de reconstruí-las, seguem as respostas. Lumann, o verdadeiro filósofo, pratica um outro estilo de reflexão: com alguns comentários — rápidos apenas na aparência — ele sonda o todo. Aqui se trata de avaliação artesanal do alcance e da sustentabilidade de um empreendimento que vai além da vontade de ter razão. Cada um de nós trilha seu caminho, e é preciso ver onde e quão longe se chega. Além disso, tenho a sensação de que Luhmann — ao longo de uma discussão duradoura, da qual sempre aprendi — jamais havia operado, até agora, com um grau tão elevado de disposição hermenêutica, nem havia dado tanto espaço ao princípio da benevolência. Já que é próprio das discussões permanecerem abertas e prosseguirem, deposito minha confiança na continui-

A inclusão do outro

dade delas e me limito aqui a uns poucos comentários sobre algumas observações.

Quod omnes tangit...[51] – uma bela reminiscência que não é inteiramente correta porque a questão da participação inclusiva de todos os parceiros do direito no procedimento não é apresentada nem em problemas de herança nem em disputas jurídicas, mas somente em vista da legislação nacional em um Estado democrático. Aqui a participação é garantida pelos direitos de comunicação e de participação usuais, isto é, pelo direito de voto universal. No discurso de aplicação institucionalizado na forma dos tribunais, que, de modo já conhecido, limita a participação, a referência ao suposto "consentimento de todos" é assegurado pelo fato de que o direito *válido* precisa ser aplicado. A validade dessas normas depende dos procedimentos democráticos de um legislativo apoiado em discursos de fundamentação, cujas resoluções dizem respeito, via de regra, "a todos". Com isso, de modo algum "externalizo" um problema do sistema judicial em "direção à democracia política", mas trato do problema da legitimação onde ele deve estar, segundo a autocompreensão das democracias no Estado de direito. Foi com essa concepção que, na Alemanha, o positivismo democrático da lei na época de Weimar (desenvolvido por Kelsen, entre outros) pôde se impor, é claro que apenas de forma póstuma, contra uma tradição jurídica marcada pela monarquia constitucional. Mas isso pertence muito mais ao capítulo jurídico no livro da "nação atrasada".

---

51 O texto de Luhmann foi publicado em alemão com este título no *Rechtshistorisches Journal*.

É claro que essa escaramuça não toca ainda na questão específica, comentada de modo reflexivo, sobre como o sistema de instituições pode lidar com as idealizações inevitáveis já inscritas na ação comunicativa e que, como tais, já produzem fatos sociais. Como era de se esperar, Luhmann coloca o dedo no ponto frágil da operação de destranscendentalização, que dissolve a oposição kantiana entre o inteligível e o empírico, oculta em termos ontológicos, no excedente de uma transcendência *intramundana* claramente idealizante – e nos deixa com uma relação tensa entre facticidade e validade que precisa ser explicada. Luhmann está sobretudo interessado no caráter das pretensões de validade universal que, estando elas próprias situadas historicamente, superam o tempo, ou seja, interessa-lhe o sentido (que se opõe ao tempo) das atribuições de imputabilidade invariante (situadas temporalmente) e de uma identidade do significado das palavras e sentenças. Ele acha que essas idealizações "paralisam o tempo" e sugere, em vez disso, descrições em que as idealizações "estão dissolvidas temporalmente". "Todas as identidades (e enfatizo: todas!) são criadas por uma avaliação *seletiva* de complexos de eventos passados e sua seletividade é continuamente reconstruída. É preciso não apenas pressupô-las, mas também produzi-las." Mas qual é a descrição correta?

De modo surpreendente, Luhmann, que normalmente reflete sobre tudo, não reflete sobre certo tipo de premissas: é só aparentemente trivial deduzir a tensão entre facticidade e validade pelo lado da facticidade de sequências observáveis (!) de eventos construídos no espaço e no tempo. É o nominalismo, que está na base dessa construção conceitual, que primeiro volta o olhar para o que é singular no tempo e na contingência, a partir do qual é preciso explicar o universal como uma construção igualmente fugaz, pois nesse universo teórico todas as distinções visam ao que é singular. Luhmann pergunta pela unidade de facticidade e validade e pressupõe *a priori* que ela é produzida por uma operação que, por seu lado, novamente pode ser observada como algo que decorre no tempo (a partir da perspectiva de outros sistemas). Essa estratégia teórica nominalista revela uma decisão que opera em Luhmann — como em Davidson ou Derrida — como uma pré-decisão não tematizada. Ao contrário do que pensa Luhmann, a teoria dos sistemas não deixou para trás, de modo algum, as alternativas conceituais nominalistas e realistas que surgiram da dissolução do paradigma ontológico. Pois esse processo de dissolução continuou com a irrupção de novos impulsos contingenciais: do nominalismo da idade média ao empirismo clássico até aquele segundo empirismo, voltado para a história, e que hoje aparece com nova roupagem, mas com a mesma operação de singularização. Esse nominalismo mais recente é uma resposta à irrupção do pensamento histórico desde o final do século XVIII, em que apenas a natureza observada é dissolvida no fluxo contingente de eventos, mas também a cultura — que certamente é acessível a partir da perspectiva do participante, mas reificada em segunda natureza — é dissolvida no rumor dos eventos comunicativos ou no turbilhão dos significantes. É evidentemente uma marca da modernidade — que ainda deve suas conquistas libertárias à paixão antiplatônica — que as filosofias que aparecem sob os signos da pós-modernidade se abandonem *de modo inconsciente* à esteira das figuras de pensamento nominalistas.

Jürgen Habermas

Mas essa tendência de reduzir o universal ao singular sempre se alimentou, em cada caso, do pressuposto paradoxal de um universal. Isso teve início (no mais tardar) no século XIII, quando os nominalistas se apegaram de modo inconsciente ao caráter determinado de coisas singulares que são em si mesmas. Se a divisão conceitual do mundo em gênero e espécie deve ser uma atividade subjetiva do espírito humano que opera com signos a fim de fazer com que suas impressões das coisas individuais se tornem um saber sobre as coisas, o trabalho de abstrair não pode simplesmente ocorrer de maneira arbitrária, mas precisa conservar um *fundamentum in re* de modo que as comparações estabelecidas pelo sujeito tenham como ponto de partida critérios que se referem a algo nas próprias coisas. Essa inconsistência motivou a investigação, nos termos da teoria do conhecimento, da atividade construtiva de um intelecto que não pode mais proceder de maneira imitativa, mas que procede de maneira inquisitiva e que dirige questões à natureza – o ponto de partida do empirismo e da filosofia transcendental. Quando a virada linguística dessa virada mentalista se vinculou à filosofia transcendental, surgiu mais uma vez um empirismo inteligente, direcionado para o universo semântico, que, como seus antecessores, tampouco consegue explicar satisfatoriamente a natureza paradoxal da tentativa nominalista de também singularizar as universalidades simbólicas. Quando Luhmann enfatiza "todas as identidades [...] são criadas", ele faz uso de uma generalização que então só pode ser reduzida *completamente* ao evento do *processo* de generalização quando se atribui ao sistema de referência (a ciência ou a pessoa) uma autoconstituição de universalidades que só pode ser descrita de modo paradoxal. Mas antes que essa necessidade seja trans-

A inclusão do outro

formada de modo triunfal em uma virtude, lembrar da história da filosofia talvez possa levar as pessoas a fazerem uma pausa e incentivá-las a ponderar o preço do *a priori* nominalista em comparação com o da abordagem alternativa.

Quando alguém se livra da obsessão por uma objetificação que opera exclusivamente na perspectiva do observador e se envolve na perspectiva interna de um acesso compreensivo ao mundo estruturado em termos simbólicos, ao qual o teórico pertence de uma maneira pré-teórica, é possível abandonar a sugestão nominalista de modo desapaixonado. Dessa posição pode-se ver que as relações entre universal, singular e individual (!) estão inscritas desde a origem na comunicação constituída de modo intersubjetivo de nossas formas de vida estruturadas de modo simbólico e não *precisam* ser dissolvidas de modo assimétrico – da mesma forma que a tensão entre facticidade e validade não precisa ser afrouxada de modo assimétrico em uma direção (nominalista) ou em outra (platônica). No mundo em que não se ganha nada sem pagar, também se precisa pagar um preço por isso. Ele consiste no desacoplamento temporário entre os enunciados que podem ser feitos (e verificáveis) a partir dessa perspectiva do participante e os enunciados sobre aquilo que só pode se mostrar ao observador no âmbito de uma estratégia conceitual nominalista: por exemplo, enunciados objetivos sobre como as formas de vida culturais surgiram em termos de história natural, sobre a aparência das constantes naturais pelas quais elas podem se reproduzir sozinhas etc. Mas por que não se deveria deixar isso ao encargo de outras ciências? É preciso mais uma vez sonhar o sonho empirista de uma ciência nomológica única no tule certamente mais arejado e festivo da *poeisis* seletiva da teoria dos sistemas? Sob as con-

Jürgen Habermas

dições do pensamento pós-metafísico, não me parece que seja um preço renunciar a uma teoria universal.

Mas quando se cumpre a mudança de perspectiva sugerida, desaparece a coerção sistemática de propor as questões que se impõem a Luhmann: a questão sobre a natureza local de todas as argumentações; a questão sobre os efeitos excludentes de todos os discursos; a questão sobre os teores normativos do conceito de racionalidade etc. É certo que, como já mostra a forma do gerúndio, as idealizações são operações que realizamos aqui e agora, mas que *precisamos* assumir de tal modo que não resultem danos para seu sentido que transcende o contexto. É certo que o discurso da liberdade e da igualdade na cidadania se constitui segundo regras próprias, mas de maneira tal que, na condição de discurso universalista, se coloca *como tal* à disposição de uma crítica interna – já que pela sua capacidade de autotransformação ele se diferencia dos discursos de tipo foucaltianos. E a racionalidade comunicativa que desvenda o segredo do surgimento da legitimidade a partir da legalidade, não pode "substituir" o dominador, pois na democracia seu lugar deve permanecer vazio, e não apenas em sentido literal. A contribuição paradoxal (à primeira vista) do direito consiste no fato de domesticar, pelas normas que garantem a igualdade, o potencial de conflito desencadeado pelas liberdades subjetivas, normas que só podem coagir enquanto forem reconhecidas como legítimas no terreno oscilante das liberdades comunicativas desencadeadas.

Referência dos textos

(1) Uma consideração genealógica do teor cognitivo da moral. Inédito.

(2) Reconciliation through the public use of reason: remarks on John Rawls's Political Liberalism. *The Journal of Philsophy*, XCII, mar. 1995, p.109-31.

(3) "Razoável" *versus* "verdadeiro" ou a moral das imagens de mundo. Inédito.

(4) Edição ampliada de: The European Nation-State – its achievements and limitations. *Ratio Juris*, 9, 1996, p.125-37.

(5) Inclusão: integrar ou incorporar? Sobre a relação entre nação, Estado de direito e democracia. Inédito.

(6) Remarks on Dieter Grimm's "Does Europe need a constitution?". *European Law Journal*, 1, nov. 1995, p.303-7.

(7) A ideia kantiana da paz perpétua – à distância histórica de duzentos anos. *Kritische Justiz*, 28, 1995, p.293-319.

(8) Luta por reconhecimento no Estado de direito democrático. In: Taylor et al. *Multikulturalismus und die Politik der Anerkennung*. Frankfurt am Main, 1993, p.147-96.

(9) Três modelos normativos de democracia. Edição ampliada de uma contribuição para a *Festschrift* em homenagem a Iring Fetscher. H. Münkler (Org.). *Die Chancen der Freiheit*. Münch, 1992, p.11-24.

(10) Sobre o vínculo interno entre Estado de direito e democracia. In: U. Preuß (Org.). *Zum Begriff der Verfassung*. Frankfurt am Main, 1994, p.83-94.

(11) Apêndice à *Faktizität und Geltung*. Réplica às contribuições no Simpósio da Cardozo Law School. *Cardozo Law Review*, v.17, mar. 1996, parte II, p.1477-558.

Referências bibliográficas

ALEXY, R. *Theorie der Grundrechte*. Baden-Baden: Nomos Verlagsgesellschaft, 1985.

_____. *Theorie der juristischen Argumentation*. Frankfurt am Main: Suhrkamp, 1991.

_____. *Begriff und Geltund des Rechts*. Freiburg: Verlag Herder, 1992.

_____. Justification and application of norms. *Ratio Juris*, v.6, 1993.

_____. *Recht, Vernunft, Diskurs*. Frankfurt am Main: Suhrkamp,1995.

ALTER, P. *Nationalismus*. Frankfurt am Main: Suhrkamp, 1985.

APEL, K.-O. (Org.). *Philosophie und Begründung*. Frankfurt am Main: Suhrkamp, 1987.

_____. *Diskurs und Verantwortung*. Frankfurt am Main: Suhrkamp,1988.

ARCHIBUGI, D.; HELD, D. (Orgs.). *Cosmopolitan Democracy*. Cambridge: Polity Press, 1995.

ARENDT, H. *Über die Revolution*. München: Piper, 1965.

_____. *Macht und Gewalt*. München: Piper, 1970.

BADE, K. J. Immigration and integration in Germany since 1945. *European Review*, v.1, 1993.

BAIER, A. C. *Moral Prejudices*. Cambridge, Mass.: Harvard University Press, 1994.

BAYNES, K. *The Normative Grounds of Social Criticism*. Albany: State University of New York Press, 1992.

Jürgen Habermas

BEDAU, H. A. International human rights. In: REGAN, T.; VAN DER WEER, D. (Orgs.). *And Justice for All*. Totowa: Rowman and Littlefield, 1983.

BEINER, R. *Political Judgment*. Chicago: University of Chicago Press, 1983.

BENHABIB, S. In the shadow of Aristotle and Hegel: communicative ethics and current controversies in practical philosophy. *The Philosophical Forum*, v.XXI, inverno 1989/90.

_____. *Situating the Self*. Cambridge: Polity Press, 1992.

_____. Deliberative rationality and models of democratic legitimacy. *Constellations*, 1, 1994.

BERMAN, P. (Org.). *Debating P.C.* Nova York: Laurel, 1992.

BERNSTEIN, R. J. *The Restructuring of Social and Political Theory*. Nova York/Londres: Harcourt Brace Jovanovich, 1976.

_____. *Beyond Objectivism and Relativism*. Philadelphia: University of Pennsylvania Press, 1983.

_____. (Org.). *Habermas and Modernity*. Oxford: Blackwell, 1985.

_____. *Philosophical Profiles*. Philadelphia: University of Pennsylvania Press, 1986.

_____. *The New Constellation*. Cambridge (Inglaterra): Polity Press, 1991.

BÖCKENFÖRDE, E. W. Die Nation. *Frankfurter Allgemeine Zeitung*, 30 set. 1995.

BRUBAKER, E. *Citizenship and Nationhood in France and Germany*. Cambridge, Mass.: Harvard University Press, 1992.

BRUMLIK, M.; BRUNKHORST, H. (Orgs.). *Gemeinschaft und Gerechtigkeit*. Frankfurt am Main: Suhrkamp, 1993.

BRUNKHORST, H. *Demokratie und Differenz*. Frankfurt am Main: Suhrkamp, 1994.

BRYDE, B. O. Die budesrepublikanische Volksdemokratie als Irrweg der Demokratietheorie. *Staatswissenschaften and Staatspraxis*, 5, 1994.

CARENS, J. H. Aliens and Citizens. *Review of Politics*, v.49, 1987.

COHN-BENDIT, D.; SCHMID, T. *Heimat Babylon*. Hamburg: Hoffmann und Campe, 1992.

A inclusão do outro

CONNOR, W. *Ethonationalism*. Princeton U. P.: Princeton University Press, 1994.

COOPER, R. Gibt es eine neue Welt-Ordnung? *Europa-Archiv*, 18, 1993.

CZEMPIEL, E. O. *Weltpolitik im Umbruch*. München: C.H. Beck Verlag, 1993.

DAHL, R. A. *Democracy and its Critics*. New Haven/Londres: Yale University Press, 1989.

DAVIDSON, D. *Wahrheit und Interpretation*. Frankfurt am Main: Suhrkamp, 1986.

DOPPELT, G. Walzer's theory of morality in international relations. *Philosophy and Public Affairs*, 8, 1978.

DWORKIN, R. *Bürgerrechte ernstgenommen*. Frankfurt am Main: Suhrkamp, 1984.

_____.Foundations of liberal equality. *The Tanner Lectures on Human Values*, XI, Salt Lake City, 1990.

ELSTER, J. *The Cement of Society*. Cambridge: Cambridge University Press, 1989.

EMMER, P. C. Intercontinental migration. *European Review*, v.1, jan. 1993.

ENZENSBERGER, H. M. *Aussichten auf den Bürgerkrieg*. Frankfurt am Main: Suhrkamp, 1993.

FORST, R. *Kontexte der Gerechtigkeit*. Frankfurt am Main: Suhrkamp, 1994.

FRASER, N. *Unruly Practices*. Oxford: Oxford University Press, 1989.

FROWEIN, J. A. Die Entwicklung der Anerkennung von Staaten und Regierungen im Völkerrecht. *Der Staat*, v.11, 1972.

_____. Das Maastricht-Urteil und die Grenzen der Verfassungsgerichtsbarkeit. *Zeitschrift für ausländisches öffentliches Recht und Völkerrecht*, 1994.

GEHLEN, A. *Moral und Hipermoral*. Frankfurt am Main: Suhrkamp, 1969.

GIBBARD, A. *Wise Choices, Apt Feelings*. Harvard U. P., 1992.

GIDDENS, A. *The Consequences of Modernity*. Cambridge: Polity Press, 1990. [Ed. bras.: *As consequências da modernidade*. Trad. Raul Fiker. São Paulo: Editora Unesp, 1991.]

561

Jürgen Habermas

GIDDENS, A. *Beyond Left and Right*. Cambridge: Polity Press, 1994.

GREENWOOD, Ch. Gibt es ein Recht auf humanitäre Intervention? *Europa-Archiv*, 23, 1993.

GRIMM, D. Braucht Europa eine Verfassung? *European Law Journal*, nov. 1995.

GUÉHENNO, J. M. *Das Ender der Demokratie*. München/Zürich: DTV, 1994.

GÜNTHER, K. *Der Sinn für Angemessenheit*. Frankfurt am Main: Suhrkamp, 1988.

_____. Critical remarks on rober Alexy's special case thesis. *Ratio Juris*, v.6, 1993.

_____. Kampf gegen das Böse? Wider die ethische Aufrüstung der Kriminalpolitik. *Kritische Justiz*, 27, 1994.

HABERMAS, J. *Kultur und Kritik*. Frankfurt am Main: Suhrkamp, 1973.

_____. *Zur rekonstruktion des Historischen Materialismus*. Frankfurt am Main: Suhrkamp, 1976. [Ed. bras.: *Para a reconstrução do materialismo histórico*. Trad. Rúrion Soares Melo. São Paulo: Editora Unesp, 2016.]

_____. *Theorie des kommunikativen Handelns*. Frankfurt am Main: Suhrkamp, 1981.

_____. *Kleine Politiche Schriften I-IV*. Frankfurt am Main: Suhrkamp, 1981.

_____. *Moralbewußtsein und kommunikatives Handeln*. Frankfurt am Main: Suhrkamp, 1983.

_____. *Der philosophische Diskurs der Moderne*. Frankfurt am Main: Suhrkamp, 1985.

_____. *Eine Artl Schadensabwicklung*. Frankfurt am Main: Suhrkamp, 1987.

_____. *Nachmetaphysisches Denken*. Frankfurt am Main: Suhrkamp, 1988.

_____. *Die nachholende Revolution*. Frankfurt am Main: Suhrkamp, 1990.

_____. *Strukturwandels der Öffentlichkeit*. Frankfurt am Main: Suhrkamp, 1990. [Ed. bras.: *Mudança estrutural da esfera pública*. Trad. Denilson Luis Werle. São Paulo: Editora Unesp, 2014.]

HABERMAS, J. Transzendenz von innen, Transzendenz ins Diesseits. In: *Texte und Kontexte*. Frankfurt am Main: Suhrkamp, 1991. [Ed. bras.: *Textos e contextos*. Trad. Antonio Ianni Segatto. São Paulo: Editora Unesp, 2015.]

_____. *Erläuterungen zur Diskursethik*. Frankfurt am Main: Suhrkamp, 1991.

_____. *Faktizität und Geltung*. Frankfurt am Main: Suhrkamp, 1992.

_____. *Die Normalität einer Berliner Republik*. Frankfurt am Main: Suhrkamp, 1995.

_____. *Vergangenheit als Zukunft*. München: Piper, 1993.

_____. Sprechakttheoretischen Erläuterungen zum Begriff der kommunikativen Rationalität. *Zeitschrift für philosophische Forschung*, 50, 1996.

HART, H. L. A. *Der Begriff des Rechts*. Frankfurt am Main: Suhrkamp, 1973.

_____. Rawls on liberty and its priority. In: DANIELS, N. (Org.). *Reading Rawls*. Nova York: Basic Books, 1975.

HEATH, J. *Morality and Social Action*. Tese (Doutorado), Northwestern University, 1995.

HINSCH, W. Einleitung. In: RAWLS, J. *Die Idee des politischen Liberalismus*. Frankfurt am Main: Suhrkamp, 1992.

HÖFFE, O. Die Menschenrechte als Legitimation und kritischer Maßtabl der Demokratie. In: SCHWARTLÄNDER, J. (Org.). *Menschenrechte und Demokratie*. Straßburg: Engel, 1981.

_____. *Politische Gerechtigkeit*. Frankfurt am Main: Suhrkamp, 1987.

_____. Abenddämmerung oder Morgendämmerung? Zur Jürgen Habermas' Diskurstheorie des demokratischen Rechtsstaats. *Rechtshistorisches Journal*, n.22, 994.

HONNETH, A. *Kampf um Anerkennung* Frankfurt am Main: Suhrkamp, 1992.

_____. Universalismus als moralische Falle? *Merkur*, 546/47, 1994.

HORKHEIMER, M. *Zur Kritik der instrumentellen Vernunft*. Frankfurt am Main: Suhrkamp, 1967.

HUBER, W. Art. Menschenrechte/Menschenwürde. *Theol. Realenzyklopädie*, XXII, Berlin, Nova York, 1992.

Jürgen Habermas

IPSEN, H. P. Zehn glossen zum Maastricht-Urteil. *Europarecht*, 29, 1994.

ISENSEE, J. Weltpolizei für Menschenrechte. *Juristische Zeitung*, v.50, n.9, 1995.

JAHN, B. Humanitäeren Intervention und das Selbstbestimmungsrecht der Völker. *Politische Vierteljahresschrift*, 34, 1993.

JOPPKE, Ch. *Nation-Building after World War Two*. Florence: European University Institute, 1995.

KANT, I. *Grundlegung zur Metaphysik der Sitten*. In: *Werke* (Weischedel), v.IV.

_____.Über den Gemeinspruch: Das mag in der Theorie richtig sein, taugt aber nicht für die Praxis. In: *Werke* (Weischedel), v.VI.

KELSEN, H. *Peace through Law*. Chapel Hill: The University of North Carolina Press, 1944.

KNIEPER, R. *Nationale Souveränität*. Frankfurt am Main: Suhrkamp, 1991.

KÖNIG, S. *Zur Begründung der Menschenrechte: Hobbes-Locke-Kant*. Freiburg: Alber, 1994.

KORSGAARD, C. M. The sources of normativity. *The Tanner Lectures on Human Values*, XV, 1994.

KRITSICHE JUSTIZ (Org.). *Streibare Juristen. Eine andere Tradition*. Baden-Baden: Nomos Verlagsgesellschaft, 1988.

KYMLICKA, W. *Liberalism, Community and Culture*. Oxford: Oxford University Press, 1989.

LAFONT, C. *Spreche und Welterschließung*. Frankfurt am Main: Suhrkamp, 1994.

LARMORE, C. Die Wurzeln radikaler Demokratie. *Deutsche Zeitung für Philosophie*, 41, 1993.

_____. The foundations of modern democracy. *European Journal of Philosophy*, 3, 1995.

LEGGEVIE, C. Ethnizität, Nationalismus und multikulturelle Gesellschaft. In: BERDING, H. (Org.). *Nationales Bewußtsein und kollektive Identität*. Frankfurt am Main: Suhrkamp, 1995.

LENK, H. Kann di sprachanaytische Moralphilosophie neutral sein? In: RIEDEL, M. (Org.). *Rehabilitierung der praktische Philosophie*, v.II, Freiburg: Alber, 1974.

A inclusão do outro

LEPSIUS, M. R. *Interessen, Ideen und Institutionen.* Opladen: Westdeutscher Verlag, 1990.

_____. *Demokratie in Deutschland.* Göttingen: Vandenhoeck & Ruprecht, 1993.

LINDHOLM, T. The cross-cultural legitimacy of human rights. *Norwegian Institute of Human Rights*, n.3, Oslo, 1990.

LÜBBE, H. *Abschied vom Superstaat.* Berlim: Siedler, 1994.

LUHMANN, N. *Quod omnes tangit.* Anmerkungen zur Rechtstheori von Jürgen Habermas. *Rechtshistorisches Journal*, 12, 1993.

LUKÁCS, G. *Der junge Hegel.* Zürich: Europa Verlag, 1948.

MAUS, I. *Rechtstheorie und Politische Theorie im Industriekapitalismus.* München: W. Fink, 1986.

_____. *Zur Aufklärung der Demokratietheorie.* Frankfurt am Main: Suhrkamp, 1992.

_____. "Volk" und "Nation" im Denken der Aufklärung. *Blätter für Deutsche und internationale Politik*, 5, 1994.

MACKIE, J. L. *Ethics.* Nova York: Penguin, 1977.

_____. Can there be a right-based moral theory? In: WALDRON, J. (Org.). *Theories of Right.* Oxford: Oxford University Press, 1984.

McCARTHY, T. *The Critical Theory of Jürgen Habermas.* Cambridge, Mass.: Harvard University Press, 1978.

_____. Komplexität und Demokratie – die Versuchungen der Systemtheori. In: HONNETH, A.; JOAS, J. (Orgs.); *Kommunikatives Handeln.* Frankfurt am Main: Suhrkamp, 1986.

_____. *Kritik der VerständingungsverhälthisseI.* Frankfurt am Main: Suhrkamp, 1989.

_____. *Ideale und Illusionen.* Frankfurt am Main: Suhrkamp, 1993.

_____. *Critical Theory.* Oxford: Oxford University Press, 1994.

McDOWELL, J. Are moral requirements hypothetical imperatives? *Proceedings of the Aristotelian Society*, suplemento 52, 1978.

_____. Virtue and reason. *Monist*, 62, 1979.

_____. *Mind and World.* Cambridge, Mass.: Harvard University Press, 1994.

MICHELMAN, F. I. Political thuth and the rule of law. *Tel Aviv Univ. Studies in Law*, 8, 1988.

_____. Conceptions of democracy in American constitutional arguments: voting rights. *Florida Law Review*, 41, 1989.

_____. Conceptions of democracy in American constitutional arguments: the case of pronography regulation. *Tennese Law Review*, 56, 1989.

MILO, R. Contractarian constructivism. *The Journal of Philosophy*, XCII, 1995.

MÜLLER, J. P. *Demokratische Gerechtigkeit*. München: DTV, 1993.

MÜNKLER, H. Die Nation als Modell politischer Ordnung. *Staatswissenchaft und Staatspraxis*, v.5, n.3, 1994.

MURSWIEK, D. Maastricht und der Pouvoir Constituant. *Der Staat*, 1993.

NASS, K. O. Grenzen und Gefahren humanitärer Interventionen. *Europa-Archiv*, 10, 1993.

NIQUET, M. *Transzendentale Argumente*. Frankfurt am Main: Suhrkamp, 1991.

_____. *Nichthintergehbarkeit und Diskurs*. Tese (Doutorado). Frankfurt am Main: Suhrkamp, 1995.

NYE, J. S. Soft power. *Foreign Policy*, 80, 1990.

OFFE, C. Modern barbarty: a micro state of nature? *Constellations*, 2, 1996.

O'NEILL, O. *Constructions of Reason*. Cambridge: Cambridge University Press, 1989.

OTT, K. Wie begündet mane in diskussionsprinzip der Moral? In: *Vom Begründen zum Handeln*. Tübingen, 1996.

PETERS, B. *Rationalität, Recht und Gesellschaft*. Frankfurt am Main: Suhrkamp, 1991.

PUHLE, H. J. Vom Büergerrecht zum Gruppenrecht? Multikulturelle Politik in de USA. In: BAADE, K. J. (Org.). *Menschen über Grenzen*. Herne: Heitkamp, 1995.

QUARITSCH, H. Nachwort. In: SCHMITT, C. *Das internationalrechtliche Verbrechen des Angriffskrieges*. Berlim: Duncker & Humblot, 1994.

A inclusão do outro

RAZ, J. Multiculturalism: a liberal perspective. *Dissent*, inverno 1994.

RAWLS, J. *Theorie der Gerechtigkeit*. Frankfurt am Main: Suhrkamp, 1975.

_____. Kantian constructivism in moral theory. *Journal of Philosophy*, set. 1980.

_____. Der Bereiche des Politischen und der Gedanke eines übergreifenden Konsens. In:_____. *Die Idee des politischen Liberalismus*. Frankfurt am Main: Suhrkamp, 1992a.

_____. Der Vorrang der Grundfreiheiten. In:_____. *Die Idee des politischen Liberalismus*. Frankfurt am Main: Suhrkamp, 1992b.

_____. Gerechtigkeit als Fairneß: politisch, ncht metaphysich. In:_____. *Die Idee des politischen Liberalismus*. Frankfurt am Main: Suhrkamp, 1992c.

_____. *Political Liberalism*. Nova York: Columbia University Press, 1993.

_____. Reply to Habermas. *The Journal of Philosophy*, XCII, 1995.

REHG, W. *Insight and Solidarity*. Berkeley: University of California Press, 1994.

RHODE, D. L. *Justice and Gender*. Cambridge, Mass.: Harvard University Press, 1989.

RIEDEL, E. Menschenrechte der dritten Dimension. *Europäische Grundrechte Zeitschrift* (EuGRZ), 1989.

RORTY, R. Pragmatism, Davidson and truth. In: LePore, E. (Org.). *Truth and Interpretation*. Londres: Blackwell, 1986.

_____. Der Vorrang der Demokratie vor der Philosophie. In:_____. *Solidarität und Objektivität*. Stuttgart: Reclam, 1988.

SAHLINS, B. P. *Boundaries*. Berkeley: University of California Press, 1989.

SCANLON, Th. Contractualism and utilitarianism. In: SEN, A.; WILLIAMS, B. (Orgs.). *Utilitarianism and beyond*. Cambridge: Cambridge University Press, 1982.

SCELE, G. *Précis de droit de gens*. Paris: Centre National de la Recherche Scientifique, v.1, 1932; v.2, 1934.

SCHMIDT, T. M. Immanente Transzendenz. In: HAUSER, L.; NORDHOFEN, E. (Orgs.). *Im Netz der Begriffe. Religionsphilosophische Analysen*. Freiburg: Oros, 1994.

Jürgen Habermas

SCHMITT, C. *Verfassungslehre*. Berlim: Duncker & Humblot, 1963.

_____. *Der Begriff des Politischen*. Berlim: Duncker & Humblot, 1979.

_____. *Die Wendung zum diskrimierenden Kriegsbegriff*. Berlim: Duncker & Humblot, 1988.

_____. *Glossarium*. Berlim: Duncker & Humblot , 1991.

_____. *Das internationalrechtliche Verbrechen des Angriffskrieges*. Berlim: Duncker & Humblot, 1994.

SCHNÄDELBACH, H. Vernunft. In: MARTENS, H. SCHNÄDELBACH, H. (Orgs.). *Philosophie*. Hamburg: Rohwolt, 1985.

SCHULZE, H. *Staat und Nation in der Europäischen Geschichte*. München: C. H. Beck, 1994.

SCHWARZ, G. Internationale Politik und der Wandel von Regimen. *Sonderheft der Zeitschrift für Politik*, Zürich, 1989.

SEARLE, J. Storm over the universtiy. *The New York Review of Books*, 6 de dezembro de 1990.

SEEL, M. *Versuch über die Form des Glücks*. Frankfurt am Main: Suhrkamp, 1995.

SEIFERT, J. Haus oder forum. Wertsystem oder offene Verfassung. In: HABERMAS, J. (Org.). *Stichworte zur Geistigen Situation der Zeit*. Frankfurt am Main: Suhrkamp, 1979.

SENGHAAS, D.; SENGHAAS, E. *Wohin drift die Welt?* Frankfurt am Main: Suhrkamp, 1994.

SHUE, H. Mediating duties. *Ethics*, 98, jul. 1988.

SHUE, St.; HURLEY, S. (Orgs.). *On Human Rights*. Nova York: Basic Books, 1993.

STRAWSON, P. F. *Freedom and Resentment*. Londres: Methuen and Co., 1974.

TAYLOR, C. *Negative Freiheit?* Frankfurt am Main: Suhrkamp, 1988.

_____. *Mutikulturalismus und die Politk der Anerkennung*. Frankfurt am Main: Suhrkamp, 1993.

_____. *Quellen des Selbst*. Frankfurt am Main: Suhrkamp, 1994.

TUGENDHAT, E. Zum Begriff und zur Begründung von Moral. In: *Philosophische Aufsätze*. Frankfurt am Main: Suhrkamp, 1992.

A inclusão do outro

TUGENDHAT, E. *Vorlesung über Ethik*. Frankfurt am Main: Suhrkamp, 1993.

_____. *Gibt es eine moderne Moral?* (Manuscrito, 1995.)

VAN DE KAA, D. J. European migration at the end of history. *European Review*, v.1, jan. 1993.

VERDROSS, A.; SIMMA, B. *Universelles Völkerrecht*. Berlim: Duncker und Humblot, 1984.

WALLERSTEIN, I. *The Modern World System*. Nova York: Academic Press, 1974.

WALZER, M. The moral standing of Staates. *Philosophy and Public Affairs*, 9, 1980.

_____. What does it mean to be an American. *Social Research*, v.57, outono 1990.

_____. *Just and Injust War*. A moral argument with historical illustrations. Nova York: Basic Books, 1992.

WEHLER, H. U. Nationalismus und Nation in der deutschen Geschichte. In: BERDING, H. (Org.). *Nationales Bewußtsein und kollektive Identität*. Frankfurt am Main: Suhrkamp, 1995.

WELLMER, A. *Ethik und Dialog*. Frankfurt am Main: Suhrkamp, 1986.

_____. Bedingungen einer demokratischen Kultur. In: BRUMLIK, M.; BRUNKHORST, H. (Orgs.). *Gemeinschaft und Gerechtigkeit*. Frankfurt am Main: Suhrkamp, 1993.

_____. *Endspiele*. Endspiele: Die unversöhnliche Moderne: Essays und Vorträge.Frankfurt am Main: Suhrkamp, 1993.

_____. *Autonomie der Bedeutung und Principle of Charity aus sprachpragmatiwscher Sicht*. (Manuscrito inédito, 1994.)

WIEGAND, E. Ausländerfeindlichkeit in der Festung Europa. Einstellungen zu Fremden im europäischen Vergleich. *Informationsdienst Soziale Indikatores* (ZUMA), n.9, jan. 1993.

WILLIAMS, B. *Ethics and the Limits of Philosophy*. Londres: Fontana Press, 1985.

WINGERT, L. *Gemeinsinn und Moral*. Frankfurt am Main: Suhrkamp, 1993.

Jürgen Habermas

WOLFRUM, R. Die Entwicklung der internationalen Menschenrechtsschutzes. *Europa-Archiv*, 23, 1993.

WOLIN, R. *The Politics of Being*. Nova York: Verso, 1990. [Ed. port.: *A política do ser*: O pensamento político de Martin Heidegger. [s.l.]: Instituto Piaget, 1990.]

WRIGHT, C. *Truth and Objectivity*. Cambridge, Mass.: Harvard University Press, 1992.

YOUNG, I. M. *Justice and the Politics of Difference*. Princeton: Princeton University Press, 1990.

Índice onomástico

A
Abendroth, Wolfgang, 531
Alexy, Robert, 103n.70, 438, 513-9
Anderson, 201
Apel, Karl-Otto, 513
Archibugi, Daniele, 315n.30
Arendt, Hannah, 410
Aristóteles, 38-9, 46n.7, 427

B
Baynes, Ken, 110n.2
Bedau, Hugo A., 323n.40
Benhabib, Sheyla, 102n.66, 103n.70, 12n.13
Berman, P., 357n.11
Bernstein, Richard F., 437-9, 441-4, 447, 450-1
Bismarck, Otto von, 194, 381, 393
Bluntschli, Johann Caspar, 236
Böckenförde, Ernst Wolfgang, 233
Bodin, Jean, 415

Bonaparte, Napoleão, 391, 465
Bryde, B. O., 239n.19

C
Caracalla, 223
Carens, Joseph H., 382n.30
Carter, Jimmy, 314
Cavour, Camilo Benso (conde), 194
Connor, Walker, 229n.4
Cooper, R., 312
Czempiel, Ernst Otto, 224n.13, 229n.11, 314n.29, 333n.50

D
Dahl, Robert A., 246n.24, 251n.33, 253
Davidson, Donald, 505n.30, 507, 553
Derrida, Jacques, 505, 528, 553
Doppelt, G., 260n.43
Dummett, Michael, 499

Dworkin, Ronald, 74, 78n.42, 119, 346, 362

E

Emmer, P. C., 385n.31
Engels, Friedrich, 531
Enzensberger, Hans Magnus, 333

F

Fichte, Johann Gottlieb, 297
Flick, Friedrich, 328
Forst, Rainer, 19n.4, 103n.70, 110n.2, 147n.1, 172, 177n.33, 325n.42
Foucault, Michel, 450, 508
Frankenberg, Günther, 438, 535-8
Frederico II, 297
Frowein, J. A., 249n.28, 264n.51

G

Gadamer, Hans-Georg, 439n.3, 444, 513-4
Gehlen, Arnold, 333
Gibbard, Allan, 55-7, 59, 61-2, 69
Giddens, Anthony, 215, 294n.7
Goffman, Erving, 508
Gould, Mark, 438, 541, 543-50
Greenwood, Christopher, 304n.15, 308n.23, 309n.24
Grice, 507
Grimm, Dieter, 269-71, 273-5, 277
Guéhenno, Jean-Marie, 222
Günther, Klaus, 91n.56, 103, 338, 438, 513, 515, 518n.39, 520, 548

Gurland, Arcadius R. L., 531n.44
Gutmann, Amy, 344, 357n.13

H

Habermas, Jürgen, 44n.5, 87n.50, 91n.56, 94n.59, 101n.65, 121n.13, 133n.23, 160n.11, 161n.13, 171n.22, 176n.32, 182n.41, 185-6n.43, 250n.32, 332, 344, 371, 382n.30, 393n.35, 439n.3, 447n.6, 452n.11, 464n.15, 469n.19, 494, 495, 498n.25, 502n.29, 513, 520, 531n.42, 532-3n.44
Hare, Richard M., 37
Hart, Herbert L. A., 36n.2, 118
Heath, J., 88n.51
Hegel, Georg W. F., 94, 121n.13, 187, 195, 223, 241, 293, 301, 317, 333-4, 464n.15, 539, 542
Heidegger, Martin, 75-6n.40, 513
Held, David, 315n.30
Heller, Herman, 262, 531
Hitler, Adolf, 301
Hobbes, Thomas, 152, 154-6, 163, 199, 222, 323, 475, 489
Höffe, Otfired, 498
Honneth, Axel, 333n.50, 342, 449-50n.7
Horkheimer, Max, 49n.10, 334
Howard, Dick, 438, 539-40
Hoy, D., 450n.8

A inclusão do outro

Huber, W., 306-7n.20
Humboldt, Willhelm von, 94
Hume, David, 50
Husserl, Edmund, 513

I
Ipsen, Hans P., 263n.49
Isensee, Josef, 303n.14, 317n.33

J
Jacobson, Arthur J., 438, 488-90, 511
Jahn, B., 257n.39
Jellinek, Georg, 136
Joas, Hans, 449-50n.7
Joppke, Christian, 266n.53

K
Kaa, D. J. van de, 377n.25
Kambartel, Friedrich, 473
Kant, Immanuel, 39, 50, 56-7, 79, 81, 83-4, 107, 138, 152, 155-6, 168, 187, 199, 204, 206, 243, 245, 281-94, 296-300, 305-6, 309-10, 312-3, 317, 320, 323, 324, 332-3, 338, 345, 420-1, 427, 506
Kelsen, Hans, 315, 551
Kesting, Hanno, 531n.42
Kierkegaard, Sören, 38
Kirchheimer, Otto, 531
Korsgaard, Christine. M., 82n.46
Koselleck, Reinhart, 531n.42
Kymlicka, Will, 368

L
Larmore, Charles, 185-6n.43, 530n.41
Lenin, Vladimir I., 236, 334
Lenoble, Jacques, 438, 501-2, 504, 506-7, 510-3
Lindholm, T., 313n.27
Locke, John, 319, 420, 427, 475
Lübbe, Hermann, 228, 264-5
Luhmann, Niklas, 438, 507, 541, 550-4, 556
Lyotard, François, 520, 528

M
MacIntyre, Alasdair, 446, 469
Mackie, John L., 46n.7,n
Martens, Ekkehard, 49n.10
Marx, Karl, 197, 473, 488, 530
McCarthy, Thomas A., 147n.1, 437, 449-51, 453-4, 456, 458-9, 462, 464, 466, 468-72
McDowell, J., 46n.7, 71n.33
Mead, George Harbert, 77, 94, 121, 156, 443, 446
Michelman, Frank I., 397, 400n.2, 401n.4, 403n.5, 404n.6, 406n.7, 408, 437, 447-8, 451, 487
Minow, Martha, 487
Motzkin, Gabriel, 438, 540
Müller, Jörg P., 531-2n.44
Münkler, Herfried, 200n.3
Mussolini, Benito, 334

N

Neumann, Franz, 531
Niquet, Marcel, 100n.64
Nordhofen, Eckhard, 46n.4

O

O'Neill, Onora, 116n.9

P

Parsons, Talcott, 545
Peirce, Charles S., 90n.55, 439
Peters, Bernhard, 478n.21, 480-2
Platão, 46n.7
Popper, Karl, 37
Power, Michael, 438, 497-8, 501
Prantl, Herbert, 387-8n.32
Preuß, Ulrich K., 438, 529, 531-3
Puhle, Hans J., 254n.34
Putnam, Hilary, 499

Q

Quaritsch, Helmut, 308n.22
Quine, Willard van Orman, 473, 507

R

Rasmussen, David, 438
Rawls, John, 28, 68, 70, 92, 107-12, 114-20, 122-42, 144-5, 147-9, 151-6, 158-64, 166-9, 171, 173-6, 178-88, 343, 346, 373-4, 380, 446, 462, 478, 534
Raz, J., 255n.35
Regan, T., 323n.40

Regh, William R., 102n.66, 438, 491-5, 497
Riedel, E., 306-7n.20
Rorty, Richard, 125, 183n.42, 439n.3, 446, 450
Rosenfeld, Michel, 438, 474-6, 480, 483-8
Rousseau, J.-J., 138, 204, 243, 319, 415, 420, 427
Rushdie, Salman, 373

S

Sahlins, P., 230n.6
Scanlon, T. M., 125, 155-6
Scelle, Georges, 306n.18
Schmid, Thomas, 382n.29
Schmitt, Carl, 235-41, 246-7, 257, 263, 306, 308n.22, 317-8, 326-30, 332-8, 459, 489, 531
Schnädelbach, Herbert, 49n.10
Schulze, Hagen, 202, 208-9n.5, 229
Schwarz, G., 314n.29
Searle, John, 357n.11, 505
Seel, Martin, 64-5, 75
Seifert, Jürgen, 531n.44
Sen, A. K., 155n.9
Senghaas, Dieter, 313, 333n.50
Senghaas, Eva, 313, 333n.50
Shue, Henry, 323n.40
St. Pierre (abade), 281
Stevenson, Charles L., 37
Strauss, Leo, 489

A inclusão do outro

T

Taylor, Charle, 30, 344-8, 357-8, 362, 369, 376, 371, 401n.3, 469
Teubner, Gunther, 438, 513, 520, 523-5, 527-9
Tugendhat, Ernst, 55-6, 62-9, 83n.48, 95n.61, 101n.65

V

Vico, Giovanni Battista, 473
Voltaire, 297

W

Walzer, Michael, 257-60, 344, 346, 361-2, 381n.27
Weber, Max, 141, 197, 229

Weer, D. van de, 323n.40
Wehler, Hans-Ulrich, 227, 233
Weischedel, Wilhelm, 282n.1
Weizsäcker, Carl Friedrich von, 224
Wellmer, Albrecht, 90n.55, 299n.11, 482, 499, 505n.30
Williams, Bernard, 74n.38, 155n.9
Wilson, Woodrow, 236, 301
Wingert, Lutz, 36n.3, 44n.5, 90n.55, 94n.59, 95n.60, 147n.1, 469n.20, 482
Wittgenstein, Ludwig, 71n.33, 119
Wolf, Susan, 344, 369
Wolfrum, Rüdiger, 257n.21
Wolin, Richard, 75-6n.40
Wright, Crispin, 90n.55, 499

SOBRE O LIVRO

Formato: 14 x 21 cm
Mancha: 23 x 44 paicas
Tipologia: Venetian 301 12,5/16
Papel: Off-white 80 g/m² (miolo)
Cartão Supremo 250 g/m² (capa)
1ª edição Editora Unesp: 2018

EQUIPE DE REALIZAÇÃO

Capa
Vicente Pimenta

Edição de texto
Ricardo Inácio dos Santos (Copidesque)
Tomoe Moroizumi (Revisão)

Editoração eletrônica
Eduardo Seiji Seki (Diagramação)

Assistência editorial
Alberto Bononi

Impressão e Acabamento